少年读春秋战国

诸侯崛起

漫阅童书 著·绘

北京理工大学出版社
BEIJING INSTITUTE OF TECHNOLOGY PRESS

图书在版编目(CIP)数据

少年读春秋战国 : 全四册 / 漫阅童书著绘. -- 北京 : 北京理工大学出版社, 2023.9

ISBN 978-7-5763-2681-9

Ⅰ. ①少… Ⅱ. ①漫… Ⅲ. ①中国历史－春秋战国时代－少儿读物 Ⅳ. ①K225.09

中国国家版本馆CIP数据核字(2023)第143095号

责任编辑： 王琪美　　**责任印制：** 王美丽

责任校对： 刘亚男

出版发行 / 北京理工大学出版社有限责任公司

社　　址 / 北京市丰台区四合庄路 6 号

邮　　编 / 100070

电　　话 / （010）82563891（童书售后服务热线）

网　　址 / http: //www. bitpress. com. cn

版 印 次 / 2023 年 9 月第 1 版第 1 次印刷

印　　刷 / 北京尚唐印刷包装有限公司

开　　本 / 710 mm × 1000 mm　1/16

印　　张 / 49.5

字　　数 / 400 千字

审 图 号 / GS（2022）5577号

定　　价 / 168. 00 元（全四册）

序

亲爱的家长们和小朋友们：

在孩子们的成长过程中，学习历史是一项非常重要的任务。历史不仅可以帮助我们了解过去，还能够培养孩子们的思考能力、判断力和价值观。而其中，春秋战国时期作为中国历史上的一个重要阶段，对于我们理解中国文化和思想的演变有着深远的影响。因此，推荐给大家一套非常出色的书籍——《少年读春秋战国》。

这套书在诠释春秋战国历史时有着独特的亮点。

首先，书中明确而清晰地展示了时间线，将每一个故事串联起来。孩子们可以通过阅读这本书，清晰地了解到春秋战国时期各个事件的发生顺序，有助于他们建立起对历史进程的整体把握能力。

其次，以历史人物群像为特点。生动的描写，使孩子们能够深入了解每个人物的思想和作为，帮助他们树立正确的人生观和价值观。

全书还配有精美的插画，将春秋战国时期的场景和人物栩栩如生地展现在孩子们面前，增加了阅读的趣味性和吸引力。孩子们不仅可以通过文字理解历史，还能通过栩栩如生的画像感受历史，使学习过程更加生动有趣。

让我们一起走进《少年读春秋战国》，重温那段辉煌的历史，感受智慧与勇气的交织，为孩子们的历史学习之旅注入新的活力。希望家长们能够鼓励孩子们阅读这套书，让他们在阅读中收获知识、成长智慧，为未来的人生道路打下坚实的历史基础。

陈诗宇

目录

公元前 782年——公元前 771年

第一话 镐京之乱

□不务正业周幽王

人 周幽王

后来的历史中，曾经评价周幽王，性格“暗昧”，意思就是糊涂，不明事理。

周宣王四十六年（公元前 782 年），周朝笼罩在一片愁云惨雾之中。

“哇哇哇……呜呜呜……”整个周王朝哭声一片，泪流成河，大家都在伤心流泪，原来是周宣王去世了。

悲伤过后，大家擦干眼泪，请太子即位带领大家继续前进。这就是周幽王。

周幽王上任之后，经常无故缺勤，成天琢磨怎么吃喝玩乐。皇后的父亲申侯见到这种情况，心急如焚。怎么解决这个问题呢？申侯想了三天三夜，也没想出办法。无奈，只能长叹一口气，退回封国。

周幽王重用的大臣是虢（guó）石父，此人贪图小利，但是特别会奉承人，所以获得了周幽王的重用。周幽王任命他为卿士，掌管国家大事。这引来了大臣和老百姓的怨言。

人 褒姒

姒是她的姓，褒国（今陕西省汉中市中部、留坝县以南地区）人。褒国礼制"妇人称国及姓"，褒姒因是褒国人，姒姓，故称褒姒。

太史伯阳是正人君子，一身正气，经常劝说周幽王关心老百姓，结果周幽王反而看见他就心烦，想让他距离自己三米开外，越远越好。

一天，传来消息，说泾水、黄河、洛水三川同时枯竭，岐山崩塌。周幽王听了，眼皮连抬都没抬，根本不理。没多久，褒人获罪。为求释放，褒人寻找到了一个美女名叫褒姒（bāo sì），将她献给周幽王。

周幽王一看到如花似玉的褒姒，顿时心花怒放，一高兴，立马下令释放了褒人。

□ 烽火戏诸侯

周幽王成天和褒姒寻欢作乐，不问朝政。

褒姒为周幽王生下了儿子，周幽王乐不可支，给这个孩子取名为伯服。周幽王很喜欢这个孩子，居然废掉了申后和太子宜臼，立褒姒为王后，伯服为太子。

申后的父亲申侯得到消息怒不可遏：自己的女儿和外孙有什么过错，凭什么这样对他们。

周幽王专宠褒姒，然而褒姒对此似乎无动于衷，她和以前一样，还是从来都不笑。周幽王为此很是苦恼。

一天，周幽王传令天下，能让王后一笑，赏赐千金！虢公眼珠一转，为周幽王献上一计。

这天晚上，骊山烽火台上狼烟四起。诸侯领着军队心

急火燎赶来支援，谁知到了却只听到阵阵音乐声。大家一个个大眼瞪小眼，敌人在哪儿呢？过了半天，他们才看到周幽王登上烽火台，慢慢悠悠地说，“辛苦大家了！今天晚上其实没有敌人，我不过是闲来无事，点燃烽火台罢了。大家都回去吧，散了，散了！”

诸侯张口结舌，一个个嘴巴张大，半天合不拢。所有的人敢怒不敢言，只得忍气吞声撤退。

褒姒看到各路人马惊慌失措的样子，笑得花枝乱颤。周幽王一看褒姒笑了，开心极了。此后，周幽王又多次为她点燃烽火。后来，诸侯们看到烽火台点燃烽火，再也不当一回事了。

申侯的「妙计」

烽火戏诸侯之后，大家议论纷纷，都觉得周幽王已经无可救药。申侯认真写了一封信，上书为女儿申冤。周幽王看了这封信，脸色从红变黑，又由黑变黄。他恼羞成怒，“申侯这老头莫非吃了熊心豹子胆，还想和本王叫板？”于是他下令，不但将申侯贬为申伯，还命令虢公率领军队讨伐申国。

申侯决定给周幽王一个教训。他派人给犬戎送去金珠宝贝，请犬戎发兵，约定攻打镐京，答应事成之后，国库中的宝物随犬戎取用。

犬戎的戎主一听眉开眼笑，这真是天上掉馅饼啊！犬戎出兵一万五千人，分为三队，由戎主亲自率领军队，直奔镐京杀来。

申侯的军队联合犬戎军队，人马密密麻麻，将镐京围了三圈。周幽王吓得

人

犬戎

古代部落名，居住于今陕、甘一带，都城位于今甘肃省静宁县威戎镇。

腿都软了，烽火台狼烟滚滚，却没有一个诸侯发兵支援。

犬戎军队杀入镐京，杀人放火，抢夺财宝，镐京城一片狼藉。虢公被犬戎大将斩于马下。周幽王带着褒姒乘小车逃跑。最终，周幽王被杀，褒姒被俘。

周幽王倒台了，申侯的目的达到了，但犬戎根本没有退兵的打算。多亏秦、晋、郑、卫联军，一夜混战，打退了犬戎。太子宜臼即位，是为周平王。

周幽王
本　名 姬宫涅
人物身份 西周最后一任君主
历史影响 西周因其灭亡
特殊技能 烽火戏诸侯
智慧值 ★
武力值 ★
公元前782年—公元前771年
（在位时间）

语文一点通

节选自 《史记·周本纪》

原文

褒姒不好笑，
幽王欲其笑万方，故不笑。
幽王为烽燧[①]大鼓，
有寇至则举烽火。
诸侯悉至，至而无寇，
褒姒乃大笑。
幽王说（yuè）之，
为数举烽火。
其后不信，诸侯益亦不至。

①烽燧：也称烽火台。古代边防告警时点燃烟火，夜里点的火叫烽，白天放的烟叫燧。

原文大意 褒姒不爱笑，幽王为了让她笑，用尽各种办法，褒姒仍然不笑。周幽王想出点燃烽火台并锤鼓，烽火燃代表有寇来袭。诸侯看到烽火都派兵过来，到了却发现没有贼寇。褒姒看后便笑了起来。幽王很高兴，于是又多次点燃烽火，诸侯后来都不相信了，再也不过来了。

公元前
770年

第二话 周天子搬家

——周平王第一件烦心事

公元前770年，周平王登上了周天子之位，从此以后，他再不是那个被父亲嫌弃的太子宜臼，也再不用因为父亲周幽王宠爱褒姒而为国家、为母亲担心了。

但是周平王刚刚上任，马上就有了新的烦恼。那就是曾经繁华的镐京，经历过犬戎的洗劫，再不是从前的模样了。

周平王也曾经微服私访，他看到战火纷飞之后的镐京城，到处断壁残垣，房屋毁坏，那些战马踩踏过的地方，哭哭啼啼的老百姓，时刻都在提醒着周平王，这里并不太平。

记忆中曾经宏伟壮观的镐京，已经变了模样。

周平王的心揪在一起，这都是犬戎干的好事！但是冷静下来后，他也想到，

现在埋怨或者后悔还有用吗？难道自己的父亲周幽王和勾结犬戎的申侯就不应该负责任？

周平王好多天吃不好睡不好，想破头也想不到会是如今这个局面啊！现在不但老百姓的房屋被损坏，自己的宫殿也变得破破烂烂了。而那些犬戎人也并未走远，反而趁势占据了西边很多土地。周平王眉头紧皱，心说：“犬戎贼心不死，随时可能卷土重来，这镐京是待不下去了！”

对于一个国家而言，迁都可不像过日子搬家那么容易，这意味着国家政治中心的迁移。而且说起迁都，要往哪儿迁呢？

职 **太宰**

太宰是中国古代官职，在不同的朝代职责和地位不同。“宰”作为官名，在甲骨文中已经出现，责任是总管王家事务。西周时开始设置太宰一职，也叫大冢宰，或大宰，即冢宰的首领。

周平王召集各位大臣，决定开会讨论一下。

会议刚刚开始，太宰马上鼓掌表示同意：“都怪这该死的犬戎，毁了我们的镐京城。如今城池破烂，再发生什么事情该如何防守？而重新修筑城墙和房屋，所需巨大。算个经济账，还是迁都比较划算。我看咱们可以迁都洛邑。”

旁边忽然响起剧烈的咳嗽声，原来是一位年纪大的老臣。大家等了半天，这位白胡子大臣终于清理好了嗓子，气定神闲地说道：“此言差矣！我们怎么能只看眼前利益，不顾长远利益呢？镐京可是风水宝地，自从周武王时期就在此建都。我们周人的宗庙可都在这里啊！这绝佳的地理位置，祖宗保佑我们大周！你再看看洛邑，不过是天子行宫，那是为了天子出巡修建的。洛邑的地势

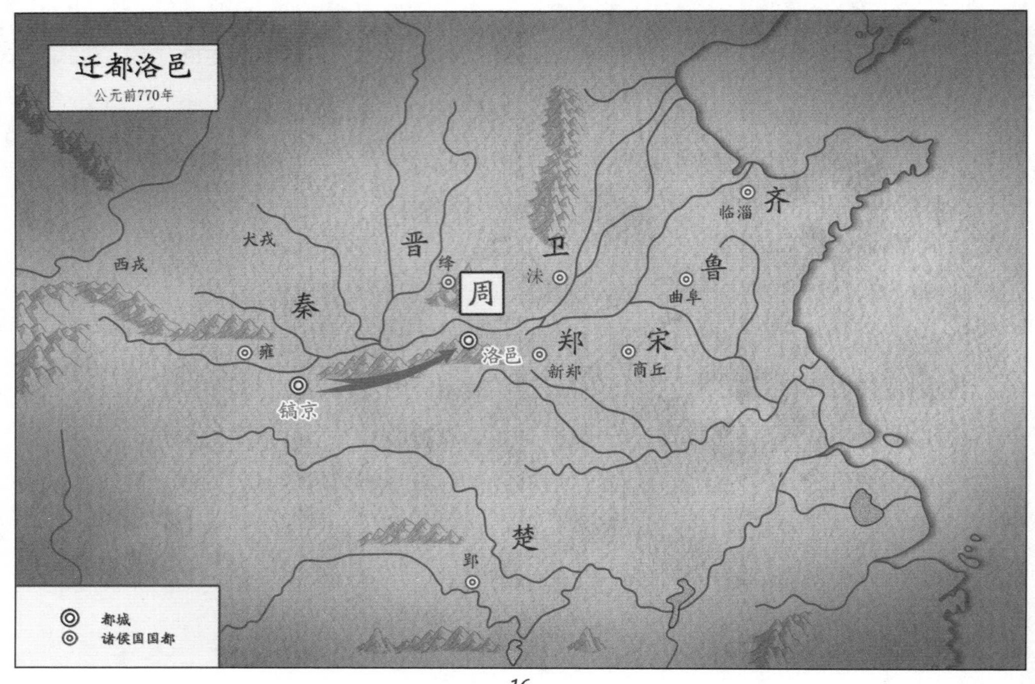

也太平坦了，一旦发生战争，将无险可守。”周平王心想，这是反对搬家?

他不服气地说：“那您说镐京地势这么好，犬戎不是照样攻进来了？”

“犬戎攻进来，那不是……”老臣没说完这句话，而是意味深长地看了周平王一眼，意思是，犬戎能攻进来，那不是上有你父亲周幽王“烽火戏诸侯”，大家都不听号令了，下有你姥爷申侯里外串通和犬戎勾结吗?

周平王脸红了。

这里面到底怎么回事，他心里很清楚。

老臣捋着胡子，接着说：“犬戎，如狼似虎。倘若我们现在撤退了，接下来他们就会得寸进尺，更要吞并我们的土地了！”

在周平王举办的迁都会议上，很多老臣表示反对。不过，还有其他臣子支持周平王迁都的决定，毕竟经历过这次战乱，大家实在是怕了。

太宰继续进行问题推演："哈哈哈，您老还是保守了！现在经历了犬戎之乱，国库空虚，而镐京城已经不具备防守功能，倘若犬戎真的攻来，谁能再次退兵？镐京一旦再次被攻破，那我们该如何向天下百姓交待？"

太史伯阳父忽然站了起来，黑着脸说道："大家不必犹豫。如今洛、泾、渭三川干涸，老百姓的生产、生活都成问题。再加上前一段时间岐山的地震，根据我的推算，这是上天的预兆，大周将要灭亡了！"

此言一出，整个会场安静下来。周平王坚定不移地说道：

“上天已经给了如此预兆，我们也不必勉强。这件事情就这么决定了，从即日起，开始准备迁都。这是大周唯一的选择，不容置疑。”

于是经过这次会议，周平王决定将都城迁移到洛邑。

在周平王即位第二年，迫于形势，周平王命令开始东迁。郑、秦、晋等诸侯得知迁都的消息，纷纷派出人马来护卫。浩浩荡荡的一队人马行走在前往洛邑的路上。

洛邑，成为新的都城。

东周，拉开了崭新的大幕。

在这次迁都过程中，兴建洛邑时依靠的是诸侯力量。从此之后，周王室逐渐衰弱，而诸侯的力量日益膨胀，开始了争霸厮杀。

周平王
本名 姬宜臼
人物身份 东周第一任君主
历史影响 开启东周时代
特殊技能 迁都城，建东周
智慧值 ★★★
武力值 ★
公元前770年—公元前720年
（在位时间）

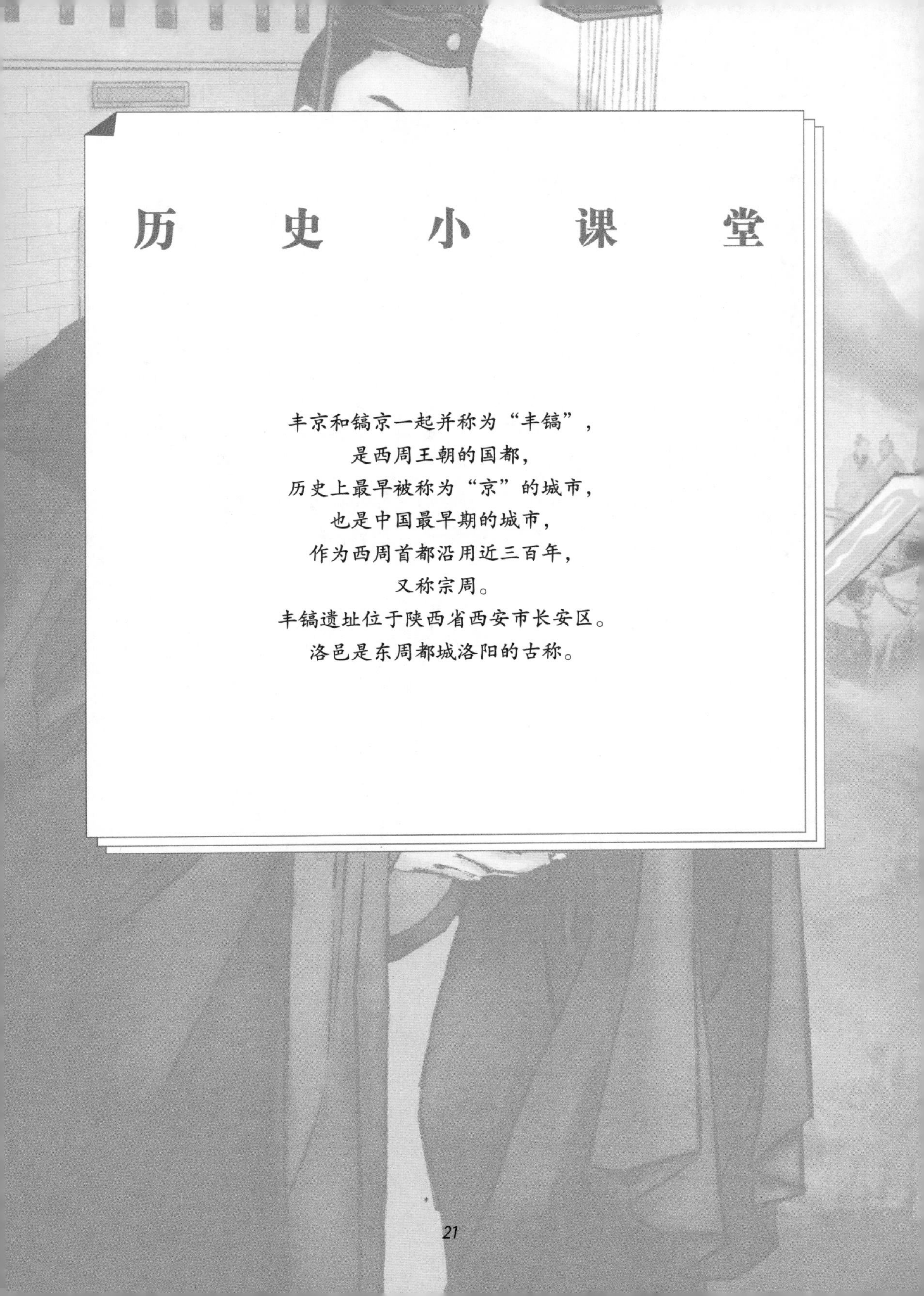

历　史　小　课　堂

丰京和镐京一起并称为“丰镐”，
是西周王朝的国都，
历史上最早被称为“京”的城市，
也是中国最早期的城市，
作为西周首都沿用近三百年，
又称宗周。
丰镐遗址位于陕西省西安市长安区。
洛邑是东周都城洛阳的古称。

公元前744年——公元前722年

第三话

郑庄公谋弟

——被亲妈嫌弃的郑庄公

人 武姜

中国国君之女，郑武公的夫人，郑庄公和共叔段的母亲。公元前761年，嫁于郑武公为妻，因郑武公谥号是武，故称武姜。

公元前744年，郑武公去世，他的儿子郑庄公即位。郑庄公表面上欢天喜地，其实一肚子委屈。因为给他制造麻烦的不是别人，而是他的亲妈——武姜。

后来他长大了才听别人说，原来自己出生时导致母亲难产，所以母亲从此就不喜欢自己了。据说，母亲还多次向父亲郑武公推荐小儿子共叔段做继承人，但父亲没有同意。郑庄公想起来就觉得后背发凉，非常后怕。

这天，郑庄公一大早就去给母亲请安。母亲说，弟弟的封地太小了，不然把制邑封给段吧！

郑庄公面露难色说道："制邑有虎牢关，那对于我们郑国而言非常重要，恐怕不行吧！"

"哼！"母亲一声冷哼。

郑庄公只能低头说道："那除了制邑，其他的地方，都行。"

母亲冷笑着说："那就京邑吧！"

第二天，郑庄公宣布，将京邑封给共叔段。大臣祭仲立刻表示强烈反对："都城超过百雉，就会成为国家的祸患。先王也曾经规定过：大城邑，不超过国都的三分之一；中等城邑，不能超过国都的五分之一；小城邑，不能超过国都的九分之一。现在您将京邑封给共叔段，是不合法度的。"

郑庄公苦笑着摇头说："我母亲姜氏请求的，怎么能推脱呢？"

人 公子吕

公子吕，姓姬，名吕，字子封，郑武公之弟。帮助郑庄公消灭了共叔段。史籍记载，隐公元年初，郑武公娶于申，曰武姜。生庄公及共叔段。

祭仲忍无可忍道：“姜氏怎么会有满足的时候？主公不早做打算，将来就如同滋长的草木，不可除了！”

郑庄公沉默了片刻，说：“多行不义必自毙，你且等等看。”

不久，共叔段让郑国西边和北边的城邑都必须听从自己的命令。

公子吕简直气疯了，单独面见郑庄公说，“您就给句痛快话，要是准备将郑国让给共叔段，我们也赶紧投靠他去得了！要不然就赶紧除掉他，免得人心惶惶。”郑庄公却很淡定，说不用除掉他，他自己会自取灭亡的。

紧接着，共叔段又命令两属的城邑都听命于自己，一直到廪（lǐn）延。公子吕更加急切，他建议郑庄公赶紧行动，共叔段的地盘在扩大，他将得到百姓的拥护。

郑庄公却说：“对君主不义，对兄长不亲，土地扩大了也会崩溃的。”

文 百雉

雉，古代计算城墙面积的单位。长三丈，高一丈为一雉。百雉，指城墙的长度达三百丈。是春秋时国君级别的特权。

文 多行不义必自毙

多做不义的事情，必定会自己垮台。

郑庄公二十二年（公元前 722 年），共叔段命令手下修理城邑，制造武器。郑庄公也得到了消息，母亲即将开启城门，联合弟弟共叔段谋反。

共叔段派自己的儿子公孙滑去卫国借兵，自己率领全部兵马攻打新郑。公子吕早就在等这个机会了，共叔段前脚走，后脚公子吕就偷袭，率领兵车二百乘，拿下了京邑。京邑的老百姓也拥护郑庄公，谁能帮着那个谋害亲哥哥的共叔段呢?

共叔段原本周密的计划，在郑庄公的精心部署下不堪一击，很快败下阵来。共叔段手下的兵也一哄而散。没办法，共叔段跑到共城，那是父亲最先封给他的城池。但共城在郑庄公和公子吕合力夹击下，很快就被攻破了。

共叔段自刎身亡。

郑庄公拍着段的尸体大哭：“弟弟，你好傻，为什么要死呢？”但擦干眼泪后，郑庄公立马拿着搜出来的谋逆书信，派人送给母亲，下令将母亲送到颍地，告诉她，不到黄泉不相见。

□ 黄泉相见

郑庄公平定了上任以来第一起谋反案，但是他心情很不好。

一天，颍地的地方长官颍考叔求见郑庄公。郑庄公于是赐给颍考叔饭食。但吃饭的时候，郑庄公发现这个颍考叔很奇怪，他把食物中的肉都留了下来。郑庄公于是询问颍考叔，这是为什么呢？

颍考叔恭恭敬敬地回答道："小人的母亲，凡是我吃过的食物，她都吃过。但是唯独没尝过君王赏赐的肉羹。请您允许我将这肉带回去给母亲吃。"

郑庄公眼神一下暗淡了，郑庄公对颍考叔说："你还有母亲可以孝敬，唯独我却没有母亲！"郑庄公对颍考叔说起了母亲被安置到颍地的原因和自己的纠结。颍考叔一拍手说道："臣有一计！"

颍考叔命令人在牛脾山下打井，一直到泉水涌出才停止，然后在地道中见面，谁能说这是违背誓言呢？

颍考叔先去见了郑庄公的母亲武姜，劝说她来到地道里，然后再请郑庄公来到地道。母子相见，都心痛不已，痛哭流涕。随后郑庄公请母亲登车，亲自驾车迎接母亲回到新郑。

一路上，围观的老百姓都拍手叫好，说郑庄公的确是大孝子。

在颍考叔的智慧调解下，郑庄公最终和母亲"黄泉相见"。这个故事在历史上被称为"掘地见母"，郑庄公没有食言，也没有弃母亲于不顾。

文 黄泉相见

"黄泉"是指人死后所居住的地方，"黄泉相见"是指人死后在地下会面。这里是指庄公和母亲武姜在地下见面，冰释前嫌的故事。

郑庄公
人物身份
郑国国君
历史地位
春秋初期小霸主
特殊技能
挟天子以令诸侯；远交近攻
智慧值
★★★★
武力值
★★★
主要贡献
平定内乱；抗击多国侵略，大获全胜
公元前744年—公元前701年
（在位时间）

《郑伯克段于鄢(yān)》

节选自 《左传·隐公元年》

原文

初，郑武公娶于申，曰武姜。生庄公及共叔段。庄公寤生，惊姜氏，故名曰“寤生”，遂恶之。爱共叔段，欲立之，亟请于武公，公弗许。

及庄公即位，为之请制。公曰：“制，岩邑也，虢叔死焉，佗邑唯命。”请京，使居之，谓之“京城大叔”。祭仲曰：“都城过百雉，国之害也……”公曰：“多行不义，必自毙，子姑待之。”

……

遂置姜氏于城颍，而誓之曰：“不及黄泉，无相见也。”既而悔之。

……

原文大意

从前，郑武公在申国娶了一妻子，叫武姜。她生下庄公和共叔段。武姜偏爱共叔段，想立共叔段为世子，多次向武公请求，武公都不答应。

到庄公即位的时候，武姜就替共叔段请求分封到制邑去。最后武公将京邑封给他。大夫祭仲认为此次分封已经违规，并且会对庄公不利。建议尽早斩草除根。庄公说：“多做不义的事情，必定会自己垮台，你姑且等着瞧吧。”

……

庄公就把武姜安置在城颍，并且发誓说：“不到黄泉（不到死后埋在地下），不再见面！”

公元前
720年

第四话 没用的人质

——郑庄公“辞职”

人 虢公

春秋战国时，姬姓诸侯国虢国的君主。

郑庄公将弟弟共叔段拿下之后，将郑国治理得井井有条。

可是这一天，郑庄公的心情好像天上那朵乌云，阴得能滴出水来。郑庄公本来是大周朝的卿士，周王朝的“高级领导干部”，地位高贵，可是就在刚才，郑庄公刚刚得到消息，有人要动摇自己的卿士之位。

能一出手就让郑庄公生气的那位，不是别人，正是郑庄公的顶头上司——周平王。

原来，郑庄公忙着在国内平定叛乱，之后又忙着恢复郑国的生产秩序，已经很久没有到洛邑工作了。时间久了，周平王就觉得郑庄公的工作态度有问题。再说，你这么久不来上班，工作谁干呢?

鲁隐公三年（公元前 720 年），周平王又物色了一位大臣——虢公，请他担任周朝卿士。

没过几天，郑庄公前来觐见。郑庄公微笑着说道：“郑国前一段时间出了点乱子，想必大王听说了。听说大王委政给虢公？我怎么敢与虢公相比。”周平王听了这话，目瞪口呆。

事 周郑交质

东周初期，随着郑国不断强大，遭到周王室忌惮，加之周平王宠信他人以此来压制郑庄公，周王室和郑国关系开始恶化。为了缓解关系，周平王提出交换人质，太子狐到郑国当人质，让郑国世子忽到周朝当人质，史称“周郑交质”。后来东周“礼崩乐坏”，就是从这件事情开始的。

郑庄公一见到周平王就提出要“辞职”，还说自己不能和他欣赏的虢公相提并论，看来自己偷着分权给虢公的事情他全都知道了。周平王一阵心虚，脸“腾”一下红了。

周平王没办法，还得耐着性子向郑庄公解释：“郑伯不必如此，并没有这样的事情，郑伯多虑了。”

郑庄公却面不改色，坚持说自己能力有限，确实比不上虢公。

谁都知道，郑国在郑庄公手里强大起来了，而且这个郑庄公对自己弟弟都能狠下心来，还听说要和母亲“黄泉相见”，要是得罪了他，将来还有好果子吃吗?

周平王的眼神黯淡下来，但郑庄公就是不松口。

罢了!

周平王诚恳地对郑庄公说：“郑伯不必多虑。为了证明寡人的诚意，就让王子狐去郑国为质，你们郑国也可以派一位公子来洛邑为质，你看如何?”

郑庄公脸上露出了惊讶的神色，虽然自己今天就是为难周平王来的，但也没想到周平王会让步。好!既然如此，反正是周平王提出来的，自己还有什么不能答应的?

郑庄公决定派公子忽到洛邑为人质。

然而周平王的委曲求全，真的能换来郑庄公的忠心吗?

郑庄公抢粮

周平王在位五十一年后去世了，由于太子早逝，大臣们拥戴周平王的孙子姬林即位，是为周桓王。周桓王对郑庄公恨得牙根痒痒，就是这个横行霸道的郑庄公，让我周天子颜面扫地！第二天，周桓王就告诉郑庄公，“郑伯是先朝元老，不敢让您在这里屈就。”周王室准备让虢公掌政。

郑庄公一听就明白了，马上告辞回到郑国。

郑庄公气呼呼回到新郑，把这件事告诉了大臣们，手下大臣一听也炸了锅。大夫高渠弥马上建议，干脆打倒这个欺负人的周天子吧！但颍考叔摇摇头说：“君臣之义，如同母子，怎么能这样呢？”最终，郑庄公决定采纳大夫祭仲的建议。

大夫祭仲率领精兵强将来到温地、洛地交界之处，告诉温地大夫，郑国今年收成不好，求取粟米千钟。温地大夫还没反应过来，祭仲一声令下，郑国的士兵已经去收割粮食了！

三个月后，郑国士兵又假扮商旅，在半夜时分收割了周的稻子。

周桓王得知消息火冒三丈，马上要出兵攻打郑国。但出兵不是小事，周桓王冷静下来，想到，现在寡人实力不济啊！要不然怎能看着郑庄公放肆！也罢，咱们骑驴看唱本——走着瞧！

人 高渠弥

春秋时期郑国大夫，于郑庄公时被任命为卿，公子忽（郑昭公）曾劝阻。郑昭公即位后，高渠弥惧其杀己，于公元前695年弑郑昭公，立公子亹（wěi）为君，次年被齐襄公车裂。

历　史　小　课　堂

周朝的礼乐制度

西周的礼乐制度属于上层建筑范畴，相传由周公（周文王的儿子，周武王的弟弟）制定。其分为礼和乐，礼为维护统治者等级制度的政治准则、道德规范和各项典章制度，后来发展为区分贵贱尊卑的等级教条。乐则是配合各贵族进行礼仪活动而制作的舞乐。其中“礼”深入西周社会的各个层面，如冠礼、丧礼、祭礼、聘礼、士相见礼、君臣上下之间的觐（jìn）见礼等，而“乐”源于祭祀，与礼相辅相成。

周公通过礼乐制度来治理国家，规范了当时的西周社会，使中华民族进入礼乐文明时代。

石碏
人物身份 卫国大夫
历史地位 春秋知名纯臣
特殊技能 赤胆忠心劝谏
智慧值 ★★★★
武力值 ★★
主要贡献 为国大义灭亲
生卒年不详

公元前735年——公元前719年

第五话 石碏大义灭亲

□野心勃勃的州吁

卫庄公偏爱自己的儿子州吁。州吁长相英俊，还很勇猛，行事潇洒，怎么看怎么顺眼！卫庄公觉得在自己的三个儿子之中，州吁偏爱军事，将来一定是国家一大助力。大臣石碏（què）为此忧心不已，他劝告卫庄公，“如果您真的喜欢州吁，就应该教会他做人的道理。现在州吁既然不是世子，而他又爱好研究兵事，将来必然是国家隐患。您身为一国之君，应该为国家提前除去祸患啊！”

但卫庄公左耳朵听，右耳朵出，看见州吁就俩字：高兴！他根本不把石碏的话放在心上。

其实石碏也很头痛，不仅仅是因为州吁，还因为他自己的儿子石厚。石厚和州吁两个人打得火热，经常外出游猎，还骚扰百姓，影响特别不好。石碏把儿子石厚抓住狠狠鞭打了一顿，还把他关在黑屋子里。

等到卫庄公去世，卫桓公即位，州吁的野心就再也藏不住了。

卫桓公也看出弟弟州吁野心勃勃，于是罢黜了州吁。州吁的野心和自己现实的处境截然相反，于是他出奔，离开了卫国。出奔之后，州吁开始为了实现自己的目的四处收拢从卫国出奔到别国的人，组成了属于自己的军事力量。

公元前719年，州吁带领着自己搜罗来的卫国逃亡之人重回卫国，袭击了卫桓公。这群乌合之众，出其不意，杀死了卫桓公。

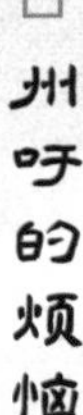

州吁如愿以偿，篡（cuàn）位成功，终于成为卫国的君主。但是他没有想到，卫国的老百姓太有正义感了。大家都听说了州吁弑君这件事，民怨沸腾。

卫国人因此议论纷纷，都很厌恶州吁。

州吁听了这些传言，脸都臊红了。他没想到，自己做的事情，老百姓全都知道了。

为了让大家看到自己的优点，州吁决定转移矛盾。

于是，州吁派使者到宋国，告诉宋国假如讨伐郑国，那么卫国将跟随宋国，还会联合陈国和蔡国跟从。就这样，宋、陈、蔡、卫一起联合攻打郑国。四国军队包围了郑国东门，五日后才撤退。

鲁隐公得知此后，询问众仲，州吁能成功吗？众仲想了想，说："我只听说过用德行安定百姓的，没听说用祸

乱的。用祸乱，如同要理出乱丝的头绪，反而更加纷乱。州吁此人，依仗武力而安于残忍。依仗武力就没有群众基础，安于残忍就没有亲附的人。百姓背叛，亲信离开，难以成功。军事，如同火一样，不去制止，就会焚烧自己。州吁杀了他的国君，又暴虐地使唤百姓，不致力于树立美德，反而想通过祸乱来取得成功，就一定不能免于祸乱了。”

人
州吁

卫庄公之子，卫桓公异母弟，卫国第十四位国君。公元前719年，州吁弑杀卫桓公自立，史称卫前废公，成为春秋时期第一位弑君篡位成功的公子。

人 陈侯

即陈桓公，陈国国君。陈，是中国历史上西周至春秋时代的一个诸侯国，妫姓，帝舜后裔。

州吁不能消除卫国百姓的不满。石厚亲自回去问他父亲到底该怎么办。石碏给他们出了个主意，去找陈侯吧，陈侯向来忠顺朝廷，他在周天子面前说话有分量。如果能请求陈侯引荐他们朝拜周天子，周天子认可了，老百姓也会认可。

这天夜里，石碏仔细思考之后，给陈侯写了一封密信。石碏告诉陈侯，卫国地方狭小，自己也七十多岁，不能再做什么事情了。然而，州吁、石厚竟然弑君，请您趁此机会除掉此二人。

州吁带着石厚来到陈国，刚到就被拿下了。陈侯出示了石碏的密信。

同年九月，卫国人派右宰丑在濮地杀死了州吁，而石碏派出家臣獳羊肩到了陈国处死了石厚。

十二月，公子晋被迎立为卫宣公，而石碏成为卫国人交口称赞的忠臣。当时人们都称赞石碏是“大义灭亲”。

历史小课堂

背景为鲁隐公三年，
卫国大夫石碏针对当时卫庄公对公子州吁
“有宠而好兵，公弗禁”之事
进行了规劝进谏（《石碏谏宠州吁》）。
卫庄公不听从。
第二年，桓公即位，
发生了州吁弑桓公而自立的事件。
为了家国大义，
石碏借陈国国君之手把弑君乱国的州吁
和自己的儿子——助纣为虐的石厚抓住，
并派人把他们杀死。
这一史实被称为“大义灭亲”。

公元前 719年——公元前 715年

第六话 敌我力量对比：四比一

□州吁的帮手

鲁隐公四年（公元前719年），州吁篡位之后，一直为老百姓不承认自己而恼火，明明自己已经是卫国唯一的领导了，这帮人怎么就这么犟，就不承认自己呢？

为了获得卫国老百姓的认可，州吁苦思冥想。他自己的行为和品德，已经被卫国老百姓嫌恶，思来想去，州吁觉得，还是要打仗，通过战争来展示自己的长处，让卫国的老百姓信服自己。

那么打谁呢？

想来想去，还是打郑国吧！

郑国早些年就与卫国的先君不对付，两国关系不好。如果趁此机会将郑国打败，一定能让卫国老百姓拍手叫好。不过，单凭卫国一国，要战胜郑国，也不那么容易，还需要找几个帮手，才能确保胜利。

州吁派出使者到宋国，表示假如宋国讨伐郑国，追捕和宋殇公争夺王位的公子冯，那卫国愿意奉宋国为盟主，卫国愿意和陈国、蔡国一起跟随宋国参加这次战斗。

人 **宋殇公**

宋殇公（？—公元前 710 年），子姓，宋氏，名与夷，宋宣公之子，春秋时期宋国第十五任国君，公元前 719 年—公元前 710 年在位。宋宣公在位时，立与夷为太子。

根据秘密情报，州吁派出的使者说动了宋、陈、蔡三个国家，集合人马，准备进攻郑国。

准备攻打郑国这一天，艳阳高照，彩旗飘扬，四国联军集合起来。大家推选宋殇公为联军盟主，让卫国的石厚为先锋，州吁殿后。为了表示组织者卫国的诚意，州吁还特地派出人马，给其他诸侯军队送去了很多粮草，希望大军前进时能有好的后勤保障。

这四国联军人多势众，你追我赶，不多日就将郑国的东门围得水泄不通。

郑国守军早上起来一看都懵了，怎么把我们围上了？

这一次四国联军，气势汹汹，将郑国都城的东门包围了五天才撤退。

这一年秋天，宋、鲁再次联合讨伐郑国，不但打败了郑国的军队，还割走了郑国的谷子才收兵。

郑国，还从未遭受过如此奇耻大辱。

公元前 718 年四月，郑庄公派出重兵攻打卫国，对去年东门被围展开报复。

卫国人得到消息，带领南燕军队先发制人，攻打郑国军队。郑庄公派出祭仲、原繁、泄驾率领三军，进攻南燕军队正面，又秘密派出曼伯和子元率领军队从后面包抄南燕军队。

面对训练有素的郑国军队，南燕军队胆怯了，甚至想不起来防卫后面。

六月，曼伯和子元率领郑国军队在虎牢关打败了南燕军。这一仗出奇制胜，打出了郑国军队的威风。

但郑庄公深知，当时攻打郑国的，不止卫国一个国家。

到了九月，由于宋国军队夺取了邾国土地，邾国人前来郑国求援，号称请郑国攻打宋国报仇雪恨，到时候邾国愿意担任向导。

这真是难得的好机会。

于是，郑庄公派出军队与邾国军队会合，一起攻打宋国，进入了宋国国都的外城，一雪前耻。

这年十二月，宋国又攻打郑国，包围了郑国的长葛，以此报复郑国攻打宋

事 东门之役

公元前 719 年，卫国纠合宋国、陈国、蔡国攻打郑国，围攻郑国的东门，史称“东门之役”。此战争更是开启了郑庄公与众诸侯间的一系列战争。

国都城外城。

公元前 717 年，郑庄公派出使者与鲁国修好。同年五月，郑庄公出兵攻打陈国，俘获甚多。在这之前，郑庄公曾经请求与陈国修好，但陈桓公不同意。

一年后，陈国与郑国修好。陈国派出陈佗到郑国参加盟会，并且与郑庄公歃血为盟。这之后，郑国也派良佐到陈国参加盟会，与陈桓公盟誓。陈桓公还请求将女儿嫁给郑庄公的儿子——公子忽。

公元前 715 年，郑庄公请求舍弃祭祀泰山而祭祀周公，而且拿泰山附近的祊田与鲁国交换许田。同年夏天，在齐僖公斡旋下，宋国、卫国和郑国重修旧好。

到了秋天，宋国国君、卫国国君和郑庄公在温邑会见，并在瓦屋会盟。

曾经引起五国混战的东门之役，还有那些在东门结下的恩恩怨怨，终于烟消云散。

在经历了四国联合讨伐郑国之后，郑庄公凭借自己的实力对侮辱过郑国的诸侯展开了报复；又凭借自己的头脑，折服其他诸侯，让他们与郑国保持了友好的关系。

州吁
本名
姬姓，卫氏，名州吁
人物身份
卫国第十四位国君，
卫庄公之子
历史影响
春秋时期第一位弑
君篡位成功的公子
智慧值
★
武力值
★★
公元前719年
（在位时间）

历史小课堂

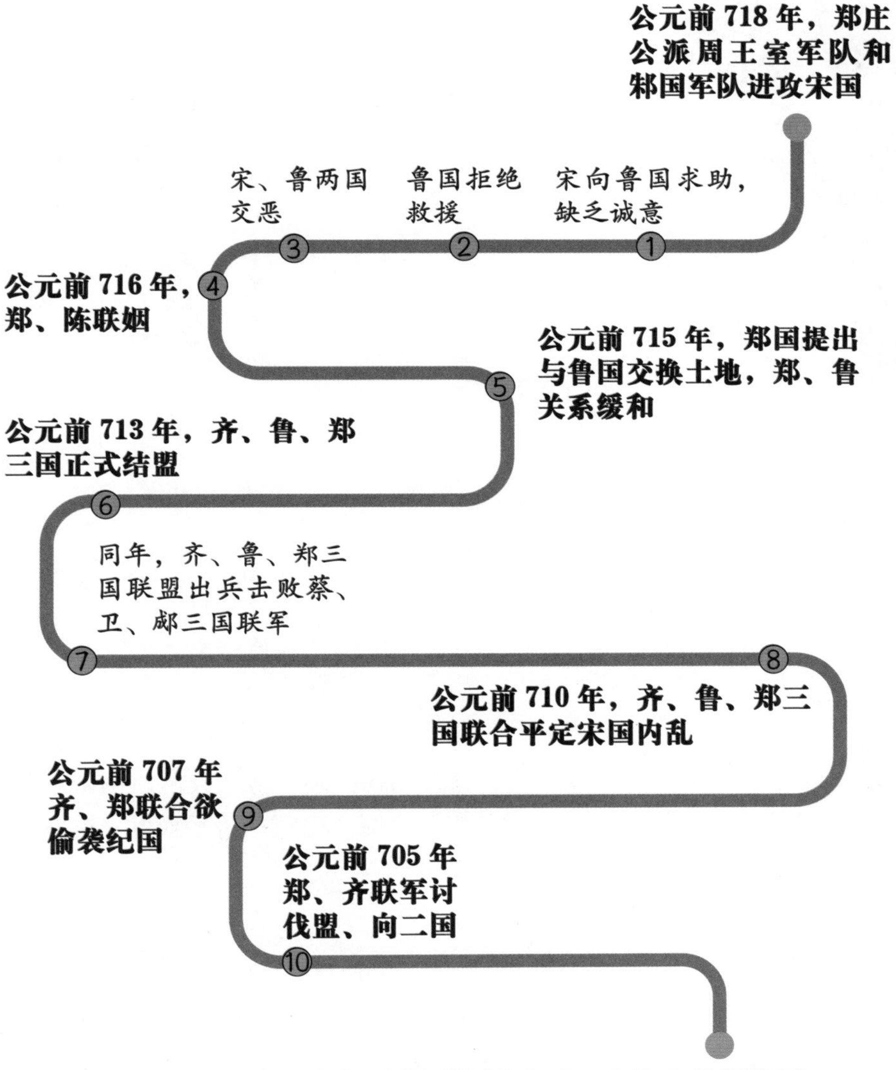

公元前 718 年，郑庄公派周王室军队和邾国军队进攻宋国

① 宋向鲁国求助，缺乏诚意

② 鲁国拒绝救援

③ 宋、鲁两国交恶

④ **公元前 716 年，郑、陈联姻**

⑤ **公元前 715 年，郑国提出与鲁国交换土地，郑、鲁关系缓和**

⑥ **公元前 713 年，齐、鲁、郑三国正式结盟**

⑦ 同年，齐、鲁、郑三国联盟出兵击败蔡、卫、郕三国联军

⑧ **公元前 710 年，齐、鲁、郑三国联合平定宋国内乱**

⑨ **公元前 707 年齐、郑联合欲偷袭纪国**

⑩ **公元前 705 年郑、齐联军讨伐盟、向二国**

结果：郑庄公政在齐、鲁两大国的辅助下，政治上联姻陈国，军事打击宋、卫、蔡、纪、盟、向等国。齐、鲁、郑三国结盟形成了一股强大的势力，为郑国的安全提供了强有力的保障

公元前 717年——公元前 712年

第七话 郑庄公的暴力合作

□礼尚往来

郑庄公二十七年（公元前717年），郑庄公朝觐周桓王。周桓王看见郑庄公就一肚子气，想当年你们郑国夺取了我们大周的禾稻，你还好意思来。成、温两地的粮食，就白白让你们郑国夺取了？

周桓王对待郑庄公这次朝觐，不太礼遇。

郑庄公看在眼里，怒在心里。于是对周桓王说："大周东迁，依靠的就是晋国和郑国。好好对待郑国，以此鼓励后来的诸侯都来不及呢，更何况还不加以礼遇？郑国以后不会再派人来了！"

周桓王更加恼怒。

郑庄公三十年（公元前714年），宋殇公对周桓王不敬，不去朝觐周桓王。当时的郑庄公还是大周卿士，于是以周天子的名义讨伐宋国。

这件事情还没进展，到了冬天，北戎入侵郑国。郑庄公派出郑国军队抵御北戎的进犯，但对此忧心忡忡。因为郑庄公深知，北戎军队是步兵，郑国军队是车兵，他担心北戎步兵包围突袭郑国军队。

公子突却毫不担心，他劝说郑庄公道：“可以派一些勇敢却不刚强的人前去诱敌，一旦交战就马上后退，并且设置三处埋伏。北戎军队轻率不整肃，贪心不互相关爱，战斗时互不相让，战败了互不相救。前面的人见到财物就会急于前进，假如遇到伏兵就会迅速逃跑。后面的人不救援，就不能互相救应。这样我们一定会获胜。”

郑庄公依计行事，果然大败北戎军队。

鲁隐公十年（公元前 713 年）正月，郑庄公假托王命，告诉齐国和鲁国，一起讨伐宋国。郑庄公与齐僖公、鲁隐公在中丘会面，同年二月二十五日，他们又在邓邑结盟，商议出兵讨伐宋国的日期。

到了六月，郑、鲁、齐三国在老桃汇合。郑庄公知道鲁国的公子翚贪婪，还特地告诉他，以后打下来的土地都归鲁国。公子翚一听说将来打下来的土地都归自己，于是更加疯狂，将宋军打得落花流水。

郑庄公命令所有将士休息三天，准备攻城。

宋殇公听说后吓得腿肚子直转筋，这可如何是好！真是悔不当初，为什么要惹郑庄公？急切之下，宋殇公想到，宋国得罪郑国，那也是卫国怂恿的，现在宋国有难，不找卫国找谁？

宋国去卫国搬救兵。六月十五日，郑国军队已经攻克了郜邑（gào yì），并在第二天将郜邑交给了鲁国。十天之后，郑国军队势如破竹，又攻克了防邑，紧跟着又将防邑交给了鲁国。

然而，就在胜利之时，所有人都没有想到，宋国趁着郑国和鲁国交接城池之时，联合卫国军队攻打郑国，还派出使者，请蔡国攻打郑国的附属国——戴国。

郑国留守国内的军队齐心协力，拼尽全力，挡住了宋国和卫国一次又一次的进攻。

郑庄公得到这个消息，马上赶回来救助。

宋国和卫国心知肚明，根本没办法战胜郑庄公，只能退守戴国。郑庄公又紧跟着包围了戴国。在郑庄公的指挥下，郑国的士兵英勇前进，很快便攻克了戴国。

宋国、卫国和蔡国三国军队都成了郑庄公的俘虏。

鲁隐公十一年（公元前 712 年），郑庄公又与鲁隐公联合，攻破了许国。

到了分战利品的时候，郑庄公决定，打下来的土地，齐、鲁各得一半。齐僖公要把许国的土地给鲁隐公，鲁隐公不敢接受，又交给了郑庄公。于是，郑庄公命令许国大夫百里奉许叔到许城东部安抚此地百姓。后来，他又派公孙获在许城西郊执行保卫任务。

历史小课堂

看郑庄公如何一一击破五国联盟，抵抗外敌入侵

①**《左传·隐公五年》**

"四月，郑人侵卫牧，以报东门之役。"

打败卫国，剪除中原诸侯盟主宋国的羽翼。

②**《左传·隐公五年》**

"伐宋，入其郛，以报东门之役。"

攻打盟主宋国国都，并且打入外城，算一雪前耻了。

③**《左传·隐公五年》**

"宋人伐郑，围长葛，以报入郛之役也。"

宋国来报复，包围了郑国的长葛。

④《左传·隐公六年》

"春，郑人来渝平。"

郑国重新和好鲁国，这算是玩的"远交近攻"的策略。

⑤《左传·隐公六年》

"五月庚申，郑伯侵陈，大获。"

郑国乘着宋国围攻长葛的时候直接攻打陈国，大获全胜，直接把宋国的一个小弟废掉了。

⑥《左传·隐公六年》

"冬，宋人取长葛。"

宋国围打了很久才终于拿下郑国的长葛，还赔上了一个小弟，没占到什么便宜。

⑦《左传·隐公七年》

"秋，宋及郑平。七月庚申，盟于宿。"

秋天，宋国在宿地签订和约。

公元前
712年

第八话 刺杀目标：鲁隐公

——公子翚的阴谋

公子翚在攻打宋国的战斗中英勇非凡，立了大功。他在鲁国的地位越来越高，权力也越来越大。但是公子翚的野心也随之膨胀了起来，他想向鲁隐公求取太宰之位，并一直琢磨这件事。

鲁隐公十一年（公元前712年）冬天，他鼓足勇气向鲁隐公提出了自己想法，不料被鲁隐公拒绝了。而且鲁隐公说让公子翚将来去求公子允。

公子翚百思不得其解。

公子翚想起来，鲁隐公的父亲鲁惠公曾经为鲁隐公求娶宋女。后来，鲁惠公见宋女美丽，就自纳之，那个美丽的宋国女子叫仲子，她生下的儿子便是公子允。仲子为鲁惠公宠爱，所以公子允更受宠爱。由于公子允太过年幼，这个秘密在鲁国很少有人知道。

鲁惠公本来是要传位给公子允的，但是无奈鲁隐公年长又很贤能，所以鲁惠公去世之后，鲁国的大臣都推举鲁隐公为鲁国国君。

鲁惠公去世后，长庶子公子息摄政，是为鲁隐公。公子翚倒是听说过，鲁隐公总是念叨着要还位给公子允，说那才是他父亲选中的继承人。

人 **公子翚**

姬姓，名翚，字羽父。
春秋初年鲁国大臣。

他还说自己只是暂时代替公子允掌管国家，因为公子允还小。

天下有这么傻的人？

公子翚眉毛拧到了一起，鲁隐公其实和郑庄公一样，都是不得父母宠爱的人。难道他说的其实是反话？

公子翚马上找到鲁隐公密奏，自告奋勇杀了公子允，为鲁隐公除去后患。当然也有条件，那就是希望鲁隐公将来任命自己为鲁国太宰。

谁知鲁隐公怒斥公子翚，“滚出去！这是先君遗命，我不过是摄政，等公子允长大，是要还政于公子允的！”

公子翚傻了，难道真要还政给公子允？

人 公子允

鲁桓公（公元前731年—公元前694年），姬姓，名允。鲁惠公嫡长子，鲁隐公之弟，春秋时期鲁国第十五任国君，谥桓。

公子翚本来想借除掉公子允向鲁隐公表忠心，这样可以顺理成章求取太宰之位。可谁知，鲁隐公是真心让位于公子允，这下公子翚可是弄巧成拙了。

“唉，真是个傻子！”公子翚把书房砸了个稀巴烂，眼下自己处境就尴尬了。还太宰，鲁隐公不宰了自己就不错了！

不行，我要活，我要风风光光地活！

既然鲁隐公这边不行，不是还有别人吗？公子翚夜里找到公子允，屏退左右，神秘兮兮地说：“主公命我加害于你！”

公子允愣了，眼泪一滴接一滴流了下来，哥哥不是对自己很爱护吗，难道都是假的？

公子翚又压低声音说道：“主公没即位时，曾经和郑国作战被俘，被囚禁在郑国大夫尹氏家中。尹氏家里有家神钟巫，主公曾经祈祷，得了上上签。后来，尹氏和主公一起逃了回来，主公后来在郊区立钟巫之庙。每年冬天，主公都会亲自前去祭祀，之后就会住在大臣蔿氏家里。这就是下手的好机会。”

公子允六神无主，居然答应了公子翚刺杀鲁隐公。

这年冬天，鲁隐公被刺杀了。

公子允即位，是为鲁桓公，公子翚如愿当上了太宰。为了避免这件事情被人发现，鲁桓公和公子翚又命令讨伐大臣蔿氏，让这个替罪羊承担了弑君罪名。

鲁隐公
人物身份
鲁国国君
历史影响
因《春秋》闻名于世
特殊技能
外交才能卓越
智慧值
★★★
武力值
★
主要贡献
在多国混战中为鲁国求得一份安宁
公元前722年—公元前712年
（在位时间）

外交能手——鲁隐公

《左传·隐公元年》

原文 ■ 三月，公及邾仪父盟于蔑，邾子克也……公摄位而欲求好于邾，故为蔑之盟。

译文 ■ 三月，鲁隐公和邾仪父在蔑地会盟，邾仪父就是邾子克。……鲁隐公摄政想要向邾国求得友好，所以举行了蔑地的盟会。

《左传·隐公二年》

原文 ■ 二年春，公会戎于潜，修惠公之好也。

译文 ■ 二年春季，鲁隐公在潜地与戎人会见，再次加强了惠公时期的友好关系。

原文 ■ 戎请盟。秋，盟于唐，复修戎好也。

译文 ■ 戎人请求结盟。秋季，在唐地结盟，再次加强了和戎人的友好关系。

《左传·隐公六年》

原文 ■ 六年春，郑人来渝平，更成也。

译文 ■ 六年春季，郑国人来鲁国要求弃怨结好，为的是重归于好。

原文 ■ 夏，盟于艾，始平于齐也。

译文 ■ 夏季，在艾地结盟，开始和齐国结好。

鲁隐公上台后，分别与邾、戎会盟，稳固刚刚继位时的外交环境。之后，进一步修复与周边大国——宋、郑、齐、莒交恶的关系，改变了惠公时期的外交局面。

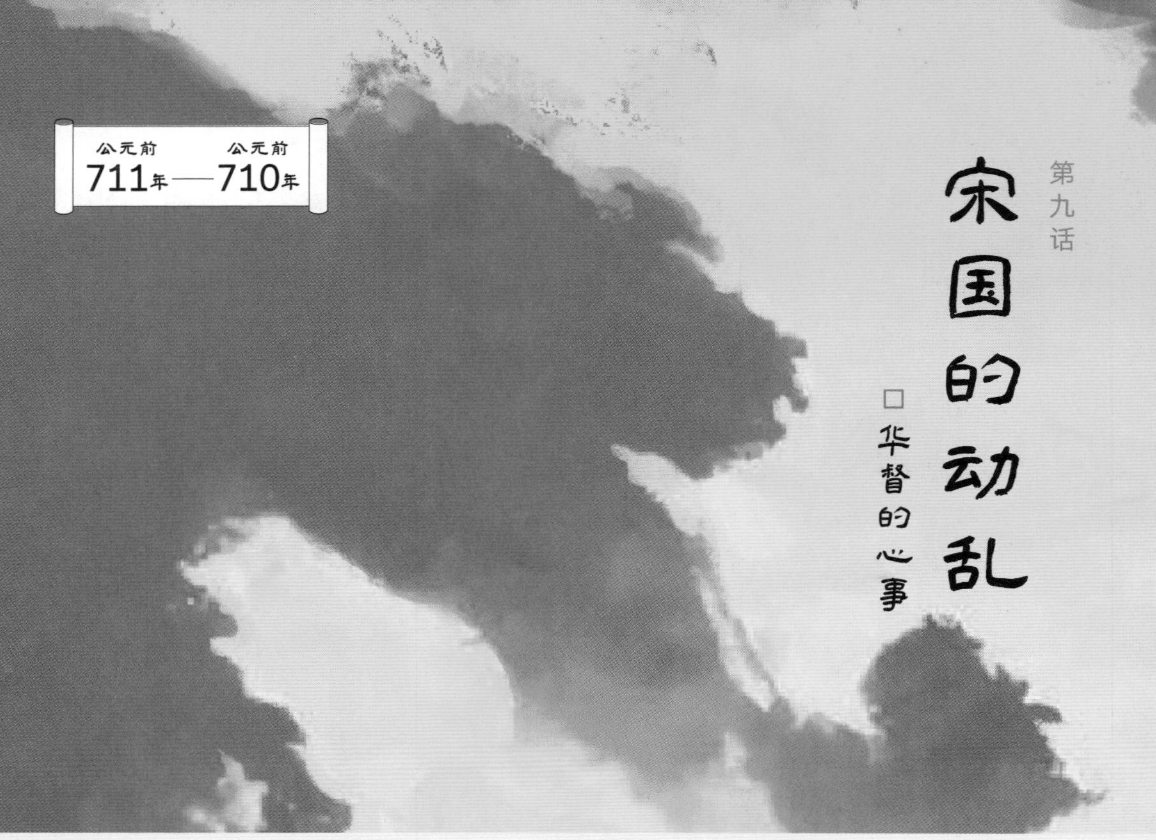

宋国太宰华督，身份贵重，是宋戴公的孙子，又手握重权。这几日，华督心里老有一股火，看谁都不顺眼。

鲁桓公元年（公元前 711 年）冬天，华督闲来无事去郊外游玩，忽然他发现前面有一乘小轿，但见有人拂开帘幕，坐在轿子里的女子眼含秋水，眉目如画。

华督愣了半天，一直目送女子远去。过了半天，华督才回过神来，他赶紧让手下去打听，原来这是孔父嘉的夫人。

华督嫉妒得发狂。

宋殇公即位十年，居然打了十一次仗，这其中还包括几次败仗。老百姓都因为宋国经常作战怨声载道。华督悄悄让手下放出风去：这些败仗都是孔父嘉导致的。

公元前 710 年，华督杀死孔父嘉，并夺走了他的妻子，家臣保护孔父嘉的儿子木金父逃往鲁国。后来，孔父嘉的儿子木金父以字为姓，改为姓孔。他的

后代，就是大名鼎鼎的孔子。

宋殇公听说这件事很愤怒，于是召见华督，可是华督称病不见。宋殇公前去拜祭孔父嘉，华督却将消息泄露给乱兵，说你们麻烦来了，大王即将兴师问罪。

在华督的暗示下，乱兵刺杀了宋殇公。华督趁机迎立了公子冯，是为宋庄公。

人 孔父嘉

（？—前 710 年），子姓，名嘉，字孔父。春秋时宋国（今河南商丘）人。宋国第五任国君宋闵公的五世孙，孔子六世祖，官至大司马。

华督因为这一系列的阴谋成为宋国实际上的权臣。他反复思量，始终觉得自己还是要和周边国家搞好关系，才能让曾经的罪恶被其他诸侯漠视。既然迎立了宋庄公，就等于获得了支持宋庄公的郑庄公的好感。

鲁桓公二年（公元前 710 年）的夏天，华督将宋国的郜大鼎贿赂鲁桓公。鲁国大夫臧哀伯听说了这件事后忧心忡忡，马上劝说鲁桓公千万不能收取宋国的贿赂。臧哀伯劝说鲁桓公说："君主治理百姓，应该宣扬德行，不应该做不合德义的违背礼法之事。君主唯恐自己德行有亏，这才修筑太庙，来告诫子孙。太庙的各项建设都是有规定的。只有这样，百官才能对君主有所畏惧，不敢违反纪律。现在，您收受了宋国的贿赂，就是灭德立违。将宋国的郜鼎放置在太庙，假如百官以此为榜样，又该如何治理？武王攻克

商，将九鼎迁移到了洛邑，到现在还有义士非议这件事情。主公如果将郜鼎放置于太庙，又该面临怎样的指责呢？”

臧哀伯说得都对，但是鲁桓公还是充耳不闻，坚持将宋国送来的郜鼎安放到了太庙。

周朝内史听说了这件事赞叹道：“臧孙达让鲁国后继有人了！君主违背礼制，他也能不忘劝谏。”

除了贿赂鲁国，华督给齐国、陈国、郑国等国家都送去了财货礼物。这三个国家收到华督的礼物后，都表示支持他。

于是，在宋庄公元年（公元前 710 年），华督如愿以偿，当上了宋国的国相。

华 督
人物身份 宋国太宰
历史影响 位及“六卿”之首
特殊技能 用计弑君
智慧值 ★
武力值 ★
？—公元前682年

《臧哀伯谏纳郜鼎》

节选自 《左传·桓公二年》

夏四月，取郜大鼎于宋，
戊申，纳于大 [tài] 庙，非礼也。
臧哀伯谏曰："君人者，将昭德塞违，以临照百官；
犹惧或失之，故昭令德以示子孙。
……
夫德，俭而有度，登降有数。文物以纪之，声明以发之，
以临照百官，百官于是乎戒惧，而不敢易纪律。
今灭德立违，而置其赂器于大庙，以明示百官。
百官象之，其又何诛焉？国家之败，由官邪也；
官之失德，宠赂章也。
郜鼎在庙，章孰甚焉？"
……

原文大意

鲁桓公接受了宋国送给的郜鼎，并把它安放在太庙里。鲁国大夫臧哀伯认为这样做"非礼"。

臧哀伯规劝桓公说："作百姓君主的人，要发扬德行，堵塞违礼的行为，以便监察百官，就这样还怕有不足之处，还要显示各种美德以传示子孙。所谓德行，就是节俭而有法度，事物的增减都有一定的数量，并用纹彩和颜色加以标志，用声音和光亮加以表现，以此来监察百官，百官这才警戒、畏惧，而不敢违反法度。现在君王毁灭德行，树立违礼的坏榜样，把别国贿赂的宝器安放在太庙里，以此明白昭示百官。百官都来效法，君王又用什么去惩罚他们呢？国家的衰败，是由于官吏不走正道。官吏丧失德行，则是因为国君宠爱和贿赂风行的缘故。郜鼎放在鲁国的太庙，还有比这更公开的贿赂吗？"

公元前
707年

第十话 郑庄公大战周天子

——愤怒的周桓王

公元前 707 年，郑庄公停止朝觐周桓王。

“无耻小人！”周桓王脸色铁青，一把将身前的几案掀翻了。早就知道郑庄公不是吃素的，但没想到他这么无耻啊！本来就是郑国夺取成、温之地的粮食在先，自己堂堂周天子，对他不礼遇，难道还有错吗？郑庄公不但不来朝觐自己，还假托王命讨伐宋国。我周桓王不被你放在眼里，还要被你利用。

周桓王气得心里一阵绞痛，好，你郑庄公不是好欺负的，难道我周天子就是吗？

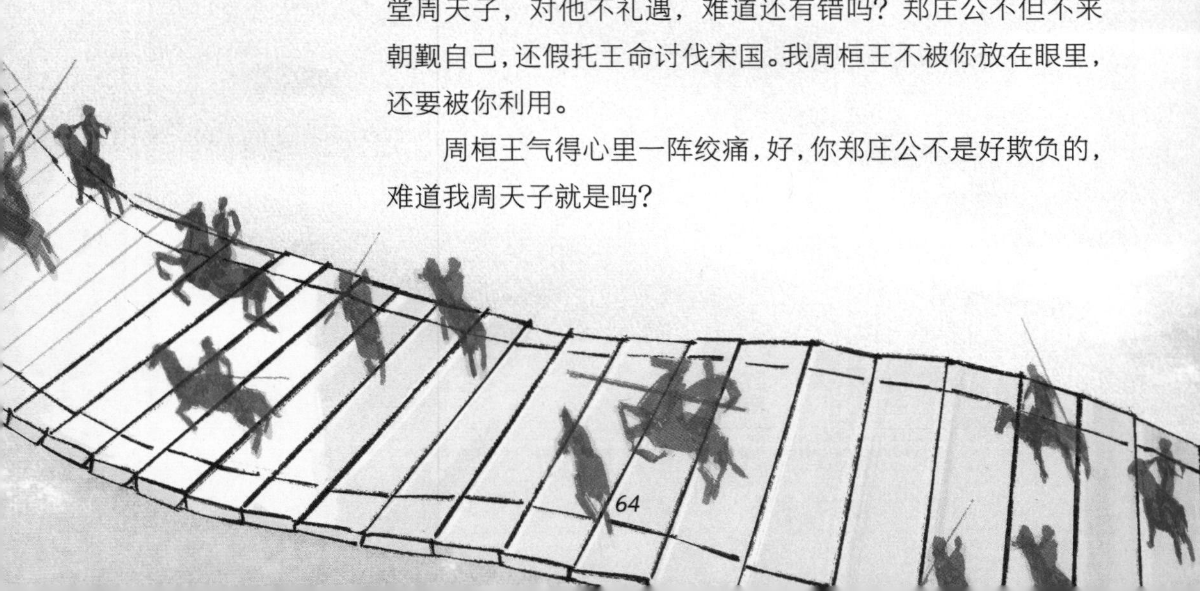

鲁桓公五年（公元前 707 年），周桓王任命虢公为唯一的大周卿士，不再用郑庄公。

郑庄公得到消息也气得够呛，好你个周桓王，你这是老账新账一块算了是吗？既然如此，你也别怪我不客气了。

郑庄公从此再也不去朝见周天子。

被郑庄公无视的周桓王每天都在生气。终于，这一年秋天，周桓王召集陈国、卫国、蔡国和虢国，亲自率领军队上阵，要攻打郑庄公。

周桓王亲自率领中军部队，命令虢公林父率领右军，蔡国、卫国军队跟随虢公；又命令周公黑肩率领左军，陈国军队紧随其后。

虽然军队出发了，但是这陈、卫、蔡、虢的士兵都三心二意，“听说那郑庄公可是个厉害角色，咱们此去，能成功吗？”

□ 迎战周天子

郑庄公得到周桓王发陈、卫、蔡等国之兵攻打郑国的消息，马上召开了紧急会议。经过郑国君臣热烈讨论，郑庄公决定和祭仲、高渠弥发兵自救。

郑庄公下定决心，“周天子怎么了？他打我，我就必须忍着？”

于是，郑庄公点兵布将，正式和周桓王的军队战场相见。

郑国的将军面对周天子的军队毫不怯场，子元建议郑国用左方阵，对抗蔡国和卫国军队；用右方阵对抗陈国军队。子元说：“陈国目前正是混乱的时候，陈桓公刚死，国内争权夺利。陈国军队怎么能有心情作战？到时候先攻打陈国军队，他们必定无心迎战，自乱阵脚。反而会扰乱周军的军心。蔡国和卫国看到这样的乱象，也一定先逃跑，那时候我们就能集中兵力对抗周军了。”

于是郑庄公采用了这一作战方案。他命令曼伯为右方阵营统帅，祭仲为左方阵营统帅，原繁、高渠弥跟随自己统领中军，摆出“鱼丽之阵”。

周桓王听说郑庄公点兵迎战，更生气了。“好你个郑庄公，竟敢反抗天子之怒！好，我倒要看看你有什么本事！到了明天对阵的时候，寡人要亲自上阵，看你们谁敢放肆！”

虢公吓得浑身上下冒冷气，苦劝周桓王，可千万不能亲自上阵啊！

阵

鱼丽之阵

是一种古老的阵法，指兵士如群鱼此起彼伏而前进。此阵法虽然以步兵为主，但是战车冲锋在前，步兵可以随时补充，堪称战争中的大杀器。

周桓王人在军营，因为郑庄公居然胆敢和自己对阵，又生了一晚上闷气。第二天早上起来，周桓王顶着两个大黑眼圈发布命令。

只听鼓声震天，郑国军营内大旗挥舞，紧跟着，大门洞开，杀声惊天动地，郑国士兵左右二军同时出动！

周桓王带领手下仓促迎敌，郑国士兵气势如虹，周桓王的手下好像在参加跑步比赛，转身就跑，还冲散了自己这一方的阵营。

周桓王领导的军队兵败如山倒，根本不是郑国军队的对手。士兵士气溃散，根本无法战斗，只能撤退。待鱼丽之阵启动后，周桓王手下士兵纷纷血染沙场。郑国的祝聃（dān）弯弓搭箭，只听一声呼啸，周桓王中箭了！

手下拼死将周桓王救出去，幸好只是伤到了左肩。周桓王带伤指挥军队。

祝聃请求继续追赶周桓王，郑庄公说：“君子不希望欺人太甚，哪里敢欺凌天子呢？只要能挽救自己，国家免于危亡，这就足够了。”夜里，郑庄公派祭仲带着牛、羊等礼物前去周桓王的大营慰问道歉。祭仲谦卑有礼，连声道歉，周桓王却一言不发。堂堂周天子被一国诸侯打败了，还说什么？

从此，周天子的权威逐渐落寞了。

郑庄公也被称为“春秋小霸”。

高渠弥
人物身份
郑国大夫
主要贡献
繻葛之战大败周王室
智慧值
★★
武力值
★★★★
？—公元前694年

历 史 小 课 堂

公元前707年，
周桓王率陈、卫、蔡等国军队讨伐郑国，郑庄公派兵抵抗，
两军战于繻葛，周桓王的军队大败。
至此，周天子威信扫地，
只有周天子拥有制作礼乐及发令征伐的权力的传统从此消失。
继郑国之后，齐国、晋国、楚国、秦国等大国先后兴起。
诸侯争霸，周王室无力征讨，
天子之位，形同虚设。

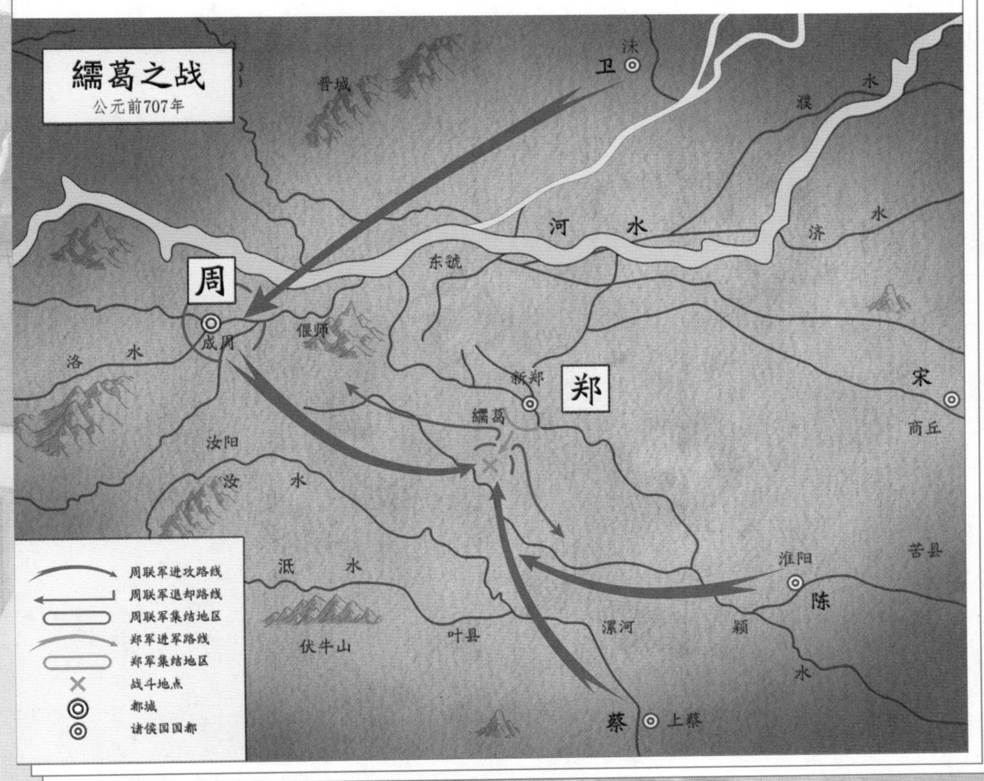

公元前
706年

第十一话

见义勇为世子忽

□北戎来犯

人 北戎

一般指山戎。山戎是中国春秋时期北方的古代民族。据史料记载，山戎的活动范围在今河北省北部，生活在燕山一带，以林中狩猎为主。

宋国太宰华督设计除去孔父嘉和宋殇公之后，扶立公子冯即位，是为宋庄公。为了掩盖这种弑君的罪行，华督张罗和几位诸侯结盟。在华督的努力下，郑国、鲁国、齐国与宋国在稷会盟。这几位都是当时很有实力的诸侯，他们承认了宋庄公权力的合法性，也认可华督为宋国太宰，一桩谋逆案就这样被抹杀了。

鲁桓公六年（公元前 706 年）夏天，待结盟完成之后，齐僖公在路上忽然得到消息，说北戎来犯。齐僖公本来不以为然，这些北戎人经常找机会抢劫，不值得惊讶。但很快，他脸色煞白，因为这次北戎派出了将军大良、少良，还有一万兵马，马上就要到历下了。

以前只是抢劫犯，现在是抢劫军团！

齐僖公恨不能马上插翅飞回齐国。

就在齐僖公一路疾驰赶回齐国的时候，郑庄公也得到了北戎进犯齐国的消息。齐国和郑国去年才一起访问了纪国，此时岂能坐视不管？郑庄公马上选派世子忽为主将，率领三百乘兵车，星夜驰援，奔赴历下。

郑庄公派出了郑国作战的“梦之队”，他们急人所急，率先赶到了历下。齐僖公看着迅速到来的郑国军队，感动得热泪盈眶。

雪中送炭啊！郑庄公，齐国感谢你！

□ 世子忽立功

在齐僖公举行的战前会议上，世子忽踊跃发言。他认为，北戎人爱好自由，打仗时习惯单兵作战，很少互相救援。而我们的士兵纪律井然，擅长列阵作战。所以，只要先用小股部队诱敌深入，然后在包围圈内就可以将敌人拿下。

这番话让齐僖公眼前一亮，郑庄公有个好儿子，这世子忽虽然年轻，却很有思想。

按照世子忽的建议，齐僖公安排齐国军队在东面，和北戎的前锋交战，郑国军队在北面堵住北戎撤退的道路。接下来，齐僖公又派公孙戴仲诱敌深入，务必将北戎军队引入埋伏圈。

北戎已经夺得了齐国的祝阿，如今正是得意的时候。元帅少良率领三千兵马前来对阵。前方那员战将，号称是齐国的公孙戴仲，他武艺相当稀松，几下就被少良打跑了。

少良率领手下人马开始追赶齐国的军队，这些人打仗胆小如鼠，跑起来好像兔子一样快。这场奔袭让少良找到了在大草原围猎的感觉，他兴奋极了，带着手下人马拼命追赶。

不知不觉，北戎人就追到了历下的东门。

本来空无一人的东门忽然大开，潮水一般的齐国军队涌了出来，他们的战车也井然有序。那些刚才还在逃命的齐国人，忽然都淡定了下来，他们登上战车，冷冷地看着眼前的北戎人。

“不好，中计了！”少良一看情况不对，回马就跑。他身后的北戎人也开始往回跑，溃不成军。

北戎少良元帅发现中了埋伏后，拼命逃跑。散兵游勇好不容易与大良元帅人马汇合，但是紧跟着，齐军的追兵也到了。北戎人斗志全无，一心只想赶紧逃跑，好赢得这次跑步保命比赛的“冠军”。

大良元帅勇敢地留下来与齐军战斗，为其他人逃命赢得了宝贵的时间。这群北戎逃兵跑得上气不接下气，终于跑到了鹊山，身后的齐军也不见了踪影。

一群北戎的逃兵横七竖八躺倒了一地，刚要喘口气，就听见一声怒吼："大将高渠弥在此！"

还有追兵?

这群北戎士兵不得不迈开腿再次开始逃命。这次，他们遇到的是早就埋伏在这里由世子忽和高渠弥率领的郑国军队。这场混战杀的北戎人魂飞胆丧，郑国军队生擒了大良元帅、少良元帅，还斩首了北戎带甲将士三百人。

世子忽将北戎俘虏献给齐僖公，齐僖公高兴地开怀大笑。

当天晚上，齐僖公设宴款待世子忽。他觉得这个年轻人有勇有谋，越看越喜欢。齐僖公在宴会上就提出，要将女儿嫁给世子忽，但是世子忽很谦虚地推辞了。

是不好意思吗?

人 **文姜**

（?—前 673 年），姜姓，名字不详，齐僖公之女，齐襄公异母妹，鲁桓公的夫人，鲁庄公之母。春秋四大美女之一。

其实，齐僖公之前就想将女儿文姜嫁给太子忽，当时世子忽就推辞了这门亲事。有人问世子忽为什么拒绝？世子忽说：“人各有自己合适的配偶，齐国强大，和我不相匹配。诗云，‘自求多福’，靠我自己就是了，要大国干什么？”于是人们说，世子忽善于为自己打算。

这次，郑国救援齐国，齐僖公旧事重提，不料世子忽还是拒绝了。有人问世子忽为什么这样？他说：“我为齐国没有做什么事情，尚且不敢娶他们的女子。现在由于国君的命令，急忙到齐国解救危机，反而娶了妻子回国，这是利用战争成婚，百姓将会对我有什么议论呢？”世子忽用郑庄公的名义推辞了与齐国的婚事。

在世子忽心中，救援就是救援，不能掺杂利益。

郑昭公
本 名 姬忽
人物身份 郑国第四任及第六任君主
特殊技能 有勇有谋，才智过人
智慧值 ★★★★
武力值 ★★★★
主要贡献 抗击北戎，救齐国
公元前701年、
公元前697年—公元前695年
（在位时间）

语文一点通

“齐大非偶”

指婚姻双方不是门当户对，
因此不敢高攀。

出自《左传·桓公六年》

齐侯欲以文姜妻郑大子忽，
大子忽辞。人问其故，
大子曰：
“人各有耦，齐大，非吾耦也。”

原文大意 齐僖公准备把小女儿文姜许配给郑国太子姬忽，而太子姬忽拒绝了这门亲事。有人问其原因，姬忽说：“每个人都应该有与自己相匹配的配偶。齐国是大国，郑国是小国，所以两国的联姻是不相匹配的。”姬忽的担心不无道理，齐国过于强大，联姻反而对郑国不利，因此，后来他选择与陈国联姻。

公元前706年——公元前704年

第十二话 自立为王

□楚国的传说

当郑庄公势力膨胀的同时，就在青山绿水的南方，有一个神秘的国度正在悄然崛起，那就是楚国。

楚国是汉东最大的国家。传说，楚国的祖先是颛顼的孙子重黎。重黎不但出身高贵，而且能力很强，是高辛氏的火正之官——祝融，也就是民间经常说的火神。

可惜，在执行剿灭共工的任务中，重黎失败后被处死，他的弟弟吴回接替他成为新的祝融。吴回有一位伟大的妻子。吴回与鬼方国君的女儿结婚后，这位伟大的妻子生下了六个儿子，据说还是肋下产子。也许，这是一个神奇的故事。这六个儿子中的芈（mǐ）季连就是楚人的先祖。

人 **祝融**

祝融，号赤帝，中国古代神话中的火神、南方神、南岳神、南海神、夏神、灶神，五行神之一。据《山海经》记载，祝融长着兽身人面，驾乘着两条龙，直接听命于天帝。据《史记》记载，祝融是楚人的祖先。

芈季连的后代中有一个名人，那就是鬻（yù）熊。鬻熊不但长寿，而且很有文化。据说他九十多岁的时候曾经拜访周文王，结果周文王对他大为佩服，拜鬻熊为师。

后来，楚国最高领导人就以熊为姓。鬻熊的曾孙子熊绎被周成王册封为子爵，封地在荆南，以丹阳为都城。

伴随着时间的流转，周王室势力衰微，各位诸侯为了扩张地盘打得不亦乐乎。楚国此时的最高统治者熊通急得眼都红了。熊通得知郑庄公居然打败了周天子后，简直感觉打开了新世界的大门。

既然大家凭实力说话，那我们楚国是不是也可以扩张一下子？

□目标：随

想要扩大楚国的念头，如同野草在熊通心里发芽、生长。这天，熊通和楚国的宰相斗伯比商议此事。斗伯比说：“汉东一带国家虽然多，但是随国势力最大。如果我们这次假装示弱，随国自大起来，那么汉东的国家我们就可以趁机谋划了。”

熊通采纳了斗伯比的建议，在瑕地屯兵，派大夫薳章去随国谈判。随国大臣少师自请前往楚国大营一探究竟。于是随侯派少师去瑕地。少师到了一看，楚国的军队军容不整，队伍歪七扭八，这军队能打仗？

熊通对少师说：“楚国连年灾荒，其实我们来是希望和随国结为兄弟，应对危机。”

少师要笑死了，就为这个？于是少师代表随国与楚国结盟。

文 **孟夏**

是进入夏季的第一个月，即农历四月。
用十二地支中的“巳”表示。

少师回国之后，马上建议随侯，可以追击楚军，绝对可以打个大胜仗。但是大臣季梁却表示反对，季梁说：“楚国表现得如此软弱，只不过是在引诱我们追击罢了。臣听说，所谓道，就是要忠于民而信于神。现在老百姓生活困苦，而君主却要满足自己的欲望，祝史祭祀也诈称功德，臣不知道这也是允许的。”

随侯被季梁说服，开始专心整顿内政。楚国也没有了进攻随国的借口。

鲁桓公八年（公元前 704 年），少师成为随侯心腹大臣，楚国令尹斗伯比对熊通说，机会来了。

斗伯比建议说：“您可以召集汉东各国集会，到时候随国敢不来，那就是背弃了盟约，可以以此为借口攻打随国。”

熊通于是派出使者和汉东各国约定时间，即孟夏之朔，在沈鹿集合。到了那一天，其他小国使者都惧怕楚国，纷纷按时到来，唯独黄国和随国的使者没到。

熊通喜出望外，急忙命使者前去兴师问罪。

楚国的使者薳（wěi）章气势汹汹前来问罪，黄国的黄子是个聪明人，马上就诚恳认错。而随侯可不服气，一蹦三尺高，凭什么说我？我不去怎么了？

使者冷笑着离开了，很快，楚国的军队在汉水之东、淮水之间陈兵布阵。

季梁分析道，“楚国这次一定是有备而来，不如先求和，假如他们不许，那就是他们不对，我们也占理。”

少师翻了个白眼，说：“胆小如鼠！这次我们只要速战，一定可以获胜！”在少师的鼓动下，随侯亲自上阵迎战。季梁对随侯说：“楚国人以左为尊，楚王必定在左军。我们不要和楚王对战，攻击楚军右军，必定能战胜楚军。楚国的偏军一败，大军就离散了。”少师却说：“不和楚王

正面作战，就表示我们和他不对等。”随侯听信了少师的话，结果导致随军大败。

随侯侥幸逃生。而活着逃回来的随国士兵还不到三分之一。无奈，季梁只得代表随国前去求和。季梁首先道歉，号称如今这场战争都是少师小人挑拨离间造成的，随国愿和楚国订立友好盟约。

对于随国的求和，熊通原本是不打算答应的。但是斗伯比却认为，如今少师被俘虏，随国的贤臣季梁尚在，现在还不到灭亡随国的时候。

于是，熊通与随国订立了盟约，楚国的强大，已经不是汉东各国能够抗衡的了。至此，周天子的权威更加落寞了。

楚武王
本　名　熊通
人物身份　楚国君主
历史地位　春秋三小霸之一
特殊技能　开诸侯僭号称王之先河
智慧值　★★★★★
武力值　★★★★
主要贡献　使楚国走向强盛
公元前741年—公元前690年
（在位时间）

历 史 小 课 堂

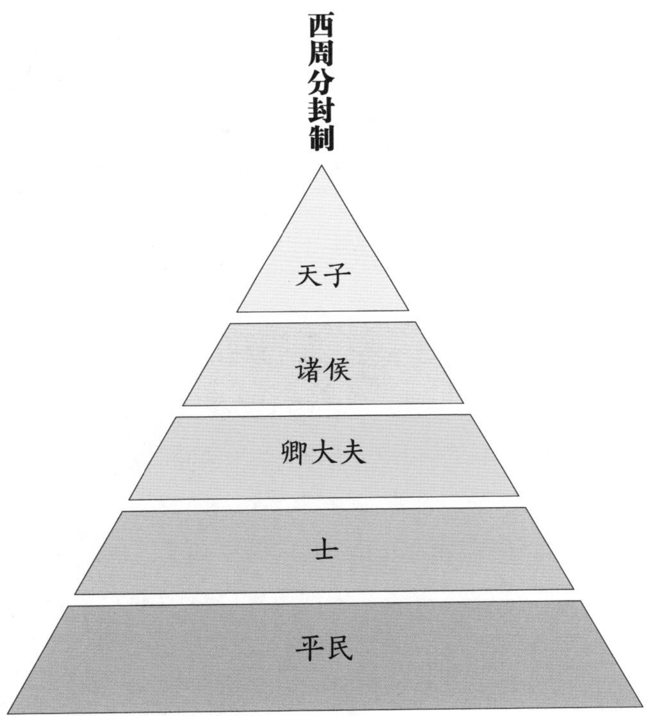

西周实行分封制，形成天子、诸侯、卿大夫、士等各级宗族贵族组成的金字塔式等级制机构。其目的是为了巩固奴隶主国家政权。分封的对象主要是王族、异性功臣和以前王族后人。其做法是周天子把土地和人民分赐给受封的诸侯，叫他们在自己的封地内建立诸侯国。诸侯有权管理封地内的居民，有权将自己的封地以及居民分封给自己的亲族，让他们作诸侯的卿大夫。诸侯听从天子的命令，向天子缴纳贡品，跟随天子作战。这样，既开发了边远地区，又加强了政治统治力度，得以建立一个强盛的国家。

第十三话 谁是郑国接班人

郑庄公的烦恼

公元前701年——公元前697年

郑庄公凭着自己的智慧和谋略，不但让郑国在他手中焕发出勃勃生机，让郑国的老百姓生活平安，也让国家强大了起来。郑国在诸侯中说话的分量越来越重，甚至连周桓王都不能轻视郑国。

周桓王十九年（公元前 701 年），郑庄公生病了。这次生病，让不惧怕任何危险的郑庄公心底产生了一丝恐惧：他感到身体大不如从前，而郑国的继承人还没选定，这可是国家的一大关键问题。

郑庄公马上将祭仲召来，和他讨论这个问题。

郑庄公分析了自己的儿子们，对于传位给谁，始终没有定论。

祭仲明白，郑庄公对于让世子忽继承郑国产生了动摇。祭仲为郑庄公分析了一番，他认为世子忽是嫡子，他的母亲是元妃邓曼。而且世子忽很有能力，上次救援齐国时，就大显身手，连齐僖公都想把女儿嫁给他。按照立嫡立长的传统，世子忽作为郑国继承人，无可厚非。假如您偏心某位公子，这其实反而是让那位公子处于危机中了。

郑庄公沉默了。

的确，卫侯不就是因为偏心州吁，最后导致州吁野心膨胀，弑君篡位的吗？卫国也因此陷入混乱，这样的悲剧绝不能在郑国重演。

郑庄公命令，将原本宠爱的公子突送回他的外家——宋国去。

□祭仲的选择

鲁桓公十一年（公元前 701 年）五月，郑庄公薨。

这个雄才大略的君主，他挫败共叔段的阴谋，智退五国伐郑，打败周桓王，使郑国在诸侯中崛起。也因此被称为“春秋小霸”。

世子忽即位，是为郑昭公。

公子突在宋国住在雍氏之家，因为他的母亲就是雍氏之女，而雍氏，是宋国很有实力的家族。

宋庄公听说祭仲拥护世子忽即位，决定为雍氏的外孙——公子突出头。宋庄公派人引诱祭仲来到宋国，他准备了一份“大礼”要送给祭仲。

同年九月，祭足来到宋国雍氏家里，却被雍氏扣留。雍氏要求祭足帮助公子突回郑国争夺君主之位，并且废除郑昭公。祭足一口回绝了雍氏的要求，雍氏却用死亡威胁祭足。

祭仲大脑一片空白，只能对天盟誓，答应了宋人，成为公子突的内应。

宋庄公也不白辛苦，他对公子突表示支持，还亲自设计谋逼迫祭仲。公子突对宋庄公千恩万谢，表示一旦在郑国执掌大权，就要送重礼感谢宋庄公。

为了保证事情顺利，宋庄公还命令祭仲将女儿嫁给雍氏之子——雍纠。祭仲返程时，公子突和雍纠就偷偷跟随在队伍后面。

祭仲回到郑国就称病不起。

郑国的大臣都来看望祭仲，谁知祭仲居然满面红光说："各位，先君看重公子突。现在公子突在宋国，宋国即将出兵，为公子突回国要个说法。郑国，要大祸临头了！"

各位大臣面面相觑，祭仲啊，你这病，很难治啊！

祭仲早就写好了奏章，说为了避免战争，请郑昭公退位。现在，需要各位大臣签字。大家没办法，只能签字同意。

但是谁都不知道，祭仲随奏章附上一封密信，写明当日自己力保郑昭公即位，如今被宋庄公胁迫，不得不如此。祭仲请郑昭公忍耐，将来一定想办法让郑昭公复位。

郑昭公收到奏章，明白事情紧急，出奔卫国。公元前701年，祭仲迎立公子突，是为郑厉公。

郑国的国家大事都由祭仲做主。祭仲将女儿嫁给了雍纠。雍纠担任郑国大夫后，深得郑厉公的宠信。

人

郑厉公

（？——前673年），姬姓，郑氏，名突，亦称公子突，郑庄公次子，郑昭公异母弟。春秋时期郑国国君。

祭仲在郑国真正把持了国政。时间久了，郑厉公对祭仲很忌惮。该如何除掉祭仲这个心腹大患呢？郑厉公想了很久，暗中派人找到了祭仲的女婿——雍纠。郑厉公密令雍纠杀死祭仲。

雍纠的妻子得知了这个秘密，心神不宁。她回到家问母亲："父亲和丈夫哪个更亲呢？"母亲回答说："父亲只有一个，但任何男人都可以成为丈夫。丈夫怎么能和父亲相比呢？"于是，雍纠的妻子将这个阴谋告诉了父亲祭仲。

祭仲得到消息之后，将雍纠杀死，并且在大街上陈尸示众。郑厉公没办法，只能怒斥雍纠："这么大的事情竟然和妇人商量，死得活该！"公元前697年夏，郑厉公由于和祭仲不和，便出居到了边邑栎。祭仲迎接郑昭公回国，六月，郑昭公重登郑国君主之位。

老年郑庄公

历　史　小　课　堂

公元前744年

- 郑国第三代君主登基，史称“郑庄公”。

公元前722年

- 平定共叔段叛乱，统一郑国。

公元前720年

- 周郑交质。

公元前719年

- 卫、宋、陈、蔡国联合伐郑。

公元前714年

- 助齐国击败来犯的北戎。

公元前713年

- 与齐国、鲁国正式结盟。

公元前707年

- 繻葛之战。

公元前706年

- 在世子忽的带领下，郑国军队再次助齐击败北戎的来袭。

公元前701年

- 郑庄公薨。

公元前
686年

第十四话 都是吃瓜惹的祸

□齐襄公吃瓜食言

齐襄公是齐僖公长子，名字叫诸儿。作为一方大国诸侯，齐襄公最大的特点就是：不靠谱。他个人能力有限，还总喜欢组织各国混战一场。被他打过的国家有卫国、鲁国和郑国。

在齐襄公的领导下，齐国逐渐混乱起来。

鲁庄公八年（公元前 686 年），由于攻打了那么多国家，齐襄公为了安全起见，阻挡东南方向的敌人来犯，命令将军连称率领大军，在葵丘驻扎，命令管至父为副将辅佐连称。

临出发时，连称和管至父穿戴全套盔甲，威风凛凛地前来和齐襄公告别。连称恭恭敬敬地问："君上，敢问此次前去葵丘，您还有什么别的吩咐吗？"

齐襄公捧着一块瓜正吃得高兴，今年这瓜长得不错，水分大，还很甜。齐襄公忙着吃瓜，摇摇头，意思是没什么嘱咐的了。

连称想了想，又问道："君上，那我们这次驻守葵丘，这任务执行到什么时候呢？"

齐襄公有点不耐烦，就不能让人安安静静吃瓜么？他随口说道："这时候正是瓜熟时节，那这样，你们俩去驻守葵丘，等到明年瓜熟时，派别的将领代替你们。"

连称于是率领军队前往葵丘驻扎。

在这一年的时间里，连称和管至父披星戴月，率领军队严防死守，忠于职守。

时间很快过去了，天气逐渐热了起来。

一天，训练完毕，有兵丁送上瓜给两位将军解渴。连称问管至父："君上当时说好了，等今年瓜熟了派人来接替我们，我没记错吧？"

管至父也想起来了，大眼睛一瞪说："对，有这回事！可是这瓜现在不是熟了吗？怎么还没人来接替我们？这到底是怎么回事？"

连称想了想说："这样，先别忙着下结论，派个人去都城打听打听，别是有什么大事耽误了。"

于是，连称选了个精明能干的手下，派他前往都城打听消息。

三天后，手下从都城返回，禀报连称，君上去外地度假，已经有一个月了，还未回来。

"岂有此理！"连称怒不可遏，打碎了案上的茶杯。

连称听说齐襄公忙着游玩，完全忘记了和自己的约定，也未安排别的将军接替自己，便不由得大怒。

他气得浑身发抖，管至父一看赶紧劝连称：“别，千万别生气，气大伤身啊！这样，咱们想个办法，提醒一下君上，万一君上贵人多忘事，不记得这件事了呢？你总得给人一个改正错误的机会吧！”

连称听了这话冷静下来，对，应该提醒一下齐襄公，看看他到底是忘了这件事，还是根本不拿自己这些将士当回事？

连称想了想，还是给齐襄公送点礼吧！

连称让手下挑选了葵丘最好的瓜，满满装了一大车，送去都城。临走前，他还仔细嘱咐手下，见了齐襄公，就这么说。

齐襄公见到连称专程派人送瓜，便感到有点奇怪，难道吃瓜还有什么固定的日期或者代表美好的祝福？

齐襄公于是询问来人，“葵丘最近情况怎么样？”

来人谨慎地回答了齐襄公的问题，还按照连称的嘱咐，询问齐襄公：“君

事 **公元前 686 年**

公元前 686 年，公孙无知联合连称、管至父弑杀齐襄公，自立为君，史称齐前废公。

上，去年您曾经说过，到今年瓜熟时找人接替我们将军，不知道此事现在可以进行吗？”

这句话一说，齐襄公的脸好像着火了，“腾”地红了。是呀，瓜熟而代，这是去年自己答应过连称的，自己怎么把这件事忘记了？不过，连称太可恶了！给我送瓜的目的，是拐着弯儿说我不讲信用吗？难道身为齐国君主，我还决定不了你的去留？你这是讽刺我说话言而无信！

齐襄公的脸色从红转白，又变得铁青，他冷冷地说道：“当然没忘。连称就这么着急吗？要知道，代与不代，都是寡人说了算。既然如此，那就等明年瓜熟再说吧。”

连称得到回复，险些咬碎了牙齿，欺人太甚！他找到管至父，“既然君上根本没拿我们当回事，那我们也不必苦等，不如反了！”

公孙无知联合连称、管至父，刺杀了齐襄公。

齐国大乱，各方势力开始争夺齐国君侯之位。

齐襄公
本　　名　诸儿
人物身份　齐国君主
历史影响　残暴，连杀鲁、郑两国国君
特殊技能　装傻、拖字诀
智慧值　★
武力值　★
主要贡献　间接为春秋第一霸主的横空出世创造了条件
公元前698年—公元前686年
（在位时间）

语文一点通

“瓜熟而代”

指为官任职期满，由人接替。

出自《左传·庄公八年》

齐侯使连称、管至父戍葵丘。
瓜时而往，
曰：“及瓜而代。”

原文大意 齐襄公派连称、管至父去戍守葵丘（今山东临淄县西），瓜期时（七月）派他们去，答应等到第二年瓜期时就派人接替他们，让他们回来。可是一年过去了，瓜都烂在地里了，齐襄公也不派人去接替。有人提醒齐襄公，齐襄公也不管。连称和管至父很生气，于是联合公孙无知，带领部队回到都城，冲进王宫，杀了齐襄公。于是后人就用“瓜熟而代”比喻作为君王，如果对臣子无信，政令无常，必然要付出惨重的代价。

公元前

685年

第十五话

『跑步冠军』公子小白

□高敬仲的宴席

齐襄公遇刺之后，齐国的大臣陷入君主被弑的悲痛中。朝会散去后，一群大臣垂头丧气，浑身乏力。大夫雍廪（lǐn）忽然低声说了一句："听说，公子纠即将借兵于鲁国，攻打某贼子……"这句话如同有魔法，大臣们三三两两汇聚到雍廪家，一探究竟。

雍廪一看，所有来的大臣眼含热泪，义愤填膺，于是号召大家一起诛杀逆贼。

雍廪这样反对公孙无知是有原因的。因为雍廪虽然是齐国大夫，公孙无知对雍廪却非常暴虐。

雍廪实在是无法忍受下去了。

既然你不让我好好活着，那我何不拼死一搏？

雍廪下决心要刺杀公孙无知。

从公孙无知到齐君无知，无知的日子却过得一天比一天好。现在，强大的齐国整个掌握在自己的手里，所有人都要听自己的，想干什么就干什么！

齐君无知即位第二年春天，春光明媚，齐君无知到雍林游玩。正在他沉浸在春日美好的风景中时，一个身影悄悄出现在密林中。

齐君无知忽然感觉胸口一阵刺痛，一把利刃刺透了他的胸膛。

齐君无知缓缓倒下去，再也没有醒来。

刺杀齐君无知的，正是雍廪。雍廪将这件事情禀报朝廷，说："无知弑君自立，臣谨诛杀之。请立公子中当立者，唯命是听。"

齐国，又将面临一次权利的你争我夺。

人 公孙无知

公孙无知（？—公元前685年），姜姓，吕氏，名无知，齐庄公之孙，齐僖公的侄子，齐襄公和齐桓公的堂兄弟，春秋时期齐国公族，曾自立为齐国国君。公元前685年，公孙无知到雍林游玩时，被大夫雍廪袭杀。

鲁庄公九年（公元前685年）春天，公孙无知被刺，齐国的高氏、国氏两大家族率先暗中召唤在莒国的公子小白回国继位。

早年间，齐襄公将鲁桓公灌醉杀死，他行事荒诞，沉迷女色。齐襄公的几个弟弟害怕被齐襄公引起的祸患连累，纷纷出奔。齐襄公的弟弟公子纠逃亡到了鲁国，公子纠的母亲是鲁国人。鲁庄公得到齐君公孙无知已死的消息，决定亲自护送公子纠回国即位。鲁庄公发兵车三百乘，派曹沫为大将，护送公子纠回国即位。

公子纠有个厉害的谋士，那就是历史上大名鼎鼎的管仲。看似公子纠回国就能即位，但管仲不这么认为。管仲对公子纠说："公子此行不可大意，要知道，公子小白也在姥姥家，他人在莒国，莒国距离齐国，可比鲁国到齐国近啊！"

公子纠一听就急了，可不是，那怎么办？

管仲说："请您等待片刻，管仲为您筹划其他事情。"

管仲找到鲁庄公，请求借给他好马，要狙击公子小白。

鲁庄公一听，还额外给了管仲三十乘兵车。

射杀公子小白

公孙无知去世的消息很快也传到了莒国。公子小白与辅佐他的鲍叔牙商议之后，跟莒国借兵，跨马加鞭，要赶回国抢夺齐国继承权。

管仲率领手下一路驱驰，终于在过即墨三十里的地方，赶上了公子小白。管仲上前行礼，询问公子小白去哪里。

公子小白大咧咧地说：“当然是回齐国奔丧啊！”

呵，还学会撒谎了。

管仲知道公子小白没说实话，但是他假装不知道这事，反而劝说公子小白不用着急回去。公子纠是长子，丧事自然有公子纠处理。此时国内动荡不安，何必回去，万一发生危险怎么办?

公子小白用炯炯有神的眼睛盯着管仲，威胁我?

鲍叔牙是管仲好朋友，劝说管仲还是回去吧，不过是各为其主，何必多言呢。

忽然，管仲脚下一滑，似乎要摔倒，众人正在担心，却见他弯腰取出了弓箭，一眨眼的工夫，管仲已经向着公子小白射出了一箭！

地 莒国

周朝诸侯国，国君为己姓 。是山东东夷中最强的国家，顾栋高在《春秋大事表》中叙述：" 莒虽小国，东夷之雄者也。其为患不减于荆（楚）、吴 "。

公子小白“口吐鲜血”朝后倒去，旁边的随从哭着去救助他，乱成一锅粥。

管仲却冷冷看了一会儿，从容离开了。

管仲回到鲁国报告了公子纠，已经为公子纠除去了竞争对手，公子纠这才离开鲁国。

不料，公子纠在路上遇到了齐国使者，说公子小白已经在齐国即位，是为齐桓公。

原来，管仲射中了公子小白的带钩，当时吐出的鲜血，不过是公子小白在使诈。

就这样，历史上大名鼎鼎的齐桓公，终于登上了属于他的舞台。

齊
晋
魯
秦
楚
吴
齐桓公
本名 姜小白
人物身份 齐国君主
历史影响 春秋中原第一个霸主
特殊技能 知人善用
智慧值 ★★★★★★
武力值 ★★★
主要贡献 尊王攘夷；选贤任能，改革齐政，使齐国国富民强
公元前685年—公元前643年
（在位时间）

历 史 小 课 堂

公子小白与公子纠的“马拉松”比赛

节选自 《史记·齐太公世家》

原文

及雍林人杀无知，议立君，
高、国先阴召小白于莒。
鲁闻无知死，亦发兵送公子纠，
而使管仲别将兵遮莒道，射中小白带钩。
小白详死，管仲使人驰报鲁。
鲁送纠者行益迟，六日至齐，
则小白已入，高傒立之，
是为桓公。

原文大意 公孙无知去世后，齐国面临立新君的问题。高氏、国氏抢先暗中从莒国召回小白，鲁国护送公子纠返回齐国，纠命令管仲阻止小白返回齐国。在返回途中，小白被阻拦他的人射中衣带钩。小白将计就计，通过假死骗过管仲。鲁国护送公子纠的部队速度就放慢了，走了六天才至齐国，而小白已先入齐国，被立为桓公。

公元前 698年——公元前 685年

第十六话 管鲍之交

□管仲挚交：鲍叔牙

管仲长相英俊，又很有才华，放眼整个齐国也是智慧型大帅哥。但是管仲身边没有什么朋友，直到他认识了鲍叔牙。

管仲和鲍叔牙认识之后，两个人合伙做生意。两个聪明人一起做生意，自然获利颇多。但是等到分钱的时候，管仲却每次都比鲍叔牙多拿一倍的收入。

旁边的人都看不下去了，说："哪儿有这么办事的？太不公平了，想不到管仲如此贪财。"

而鲍叔牙却总是微微一笑，说："管夷吾并非贪财之人，他是因为家里太贫困才会这样。这些钱财也并非管夷吾强取的，而是我让给他的。"

后来，管仲又和鲍叔牙上战场。可是谁能想到，高大魁梧的管仲，上阵杀敌时每次都躲在后面，论功行赏却冲在前面。这次，连鲍叔牙的随从都看不过去了。鲍叔牙却替管仲解释说："管夷吾家里有老母亲要奉养，所以不是他胆小，他若冲锋陷阵出了事，谁来奉养老母？"

管仲每次商议事情，总是要和别人说不一样的看法。别人都不喜欢管仲。管仲也曾经几次做官，但是每次都被免职了。而鲍叔牙却感叹道："人是需要机遇的。如果管仲得到了机遇，那一定是百无一失。"

这些话传到管仲耳中，大为感动，于是和鲍叔牙结为生死之交。后来，齐襄公为公子纠和公子小白寻找教导他们的老师，管仲就建议鲍叔牙和他一起，两个人每人辅佐一位公子，到时候发达的那个举荐不发达的那个。

文 治世之才

孔子认为，一个人要想“非富即贵”，首先要有治世之才。就是胸怀天下，也就是有历史使命感之人。

鲁庄公本来想护送公子纠回国即位，谁都没想到，公子小白居然骗过了管仲，先跑回去即位了。

鲁庄公一怒之下出兵攻打齐国，不料惨败。后来，多亏麾下将士们血战到底，付出了惨痛的代价，他才逃了出去。

齐桓公派鲍叔牙率领齐国军队来到鲁国，要求就两个：请鲁庄公诛杀公子纠；至于公子纠的谋士管仲和召忽，那是我们的仇人，请交给我们，让我们主公亲自手报仇雪恨。

没办法，鲁庄公命人处死了公子纠，公子纠身边的召忽触柱而死。管仲虽也大义凛然，却并未赴死，而是甘愿被囚禁起来。

管仲被押上了囚车，所有人都觉得，管仲此去，凶多吉少。但谁都想不到，一进入齐国边境，鲍叔牙马上就亲自给管仲松绑。

原来，回到齐国之后，鲍叔牙就禀告齐桓公，说：“我有幸跟随您，您终于成为国君。您的尊贵地位，我已经无法帮助您再提高。如果您只想治理齐国，那么有高傒和我就足够了。您如果想成就霸王之业，没有管夷吾不行。管夷吾所居之国，其国必强。管仲有治世之才，您要是重用管仲，齐国必定能够飞速发展。”

齐桓公还不明白怎么回事，等听明白说的是管仲时，气得直咬牙，“管夷吾射我的箭我还留着呢，怎么可能重用他？不杀了他就不错了！”

鲍叔牙笑道：“当时不过各为其主，主公何必在意？再说，当时管仲射的可是公子小白，如今您可是齐桓公！”

这句话触动了齐桓公，既然身为齐国之主，就不能心胸狭窄。

齐桓公于是召见管仲，询问他自己上任后该如何做？

管仲的回答是，抓住“礼义廉耻”四方面，这是立国根本。齐桓公和管仲一连谈了三天三夜，不知疲倦。最终，齐桓公对管仲心服口服，拜他为丞相。

齐桓公得到管仲之后，让他与鲍叔牙、隰朋、高傒共同修治齐国政事。

从此，齐国的发展踏上了快车道。

文

礼义廉耻

古人认为礼定贵贱尊卑，义为行动准绳，廉为廉洁方正，耻为有知耻之心。这四方面为社会的道德标准和行为规范。出自《管子·牧民》。

语文一点通

“管鲍之交”

指管仲和鲍叔牙之间的深厚友情（管：管仲。鲍：鲍叔牙。交：交情），后用来形容朋友之间交情深厚、彼此信任的关系。

出自《列子·力命》

“生我者父母，知我者鲍叔也！”
此世称管鲍善交者，
小白善用能者。

衍生典故 《史记·管晏列传》，“生我者父母，知我者鲍子也。”后人根据以上典故概括出了“管鲍之交”这个成语。

管 仲
人物身份
齐国宰相
历史影响
华夏第一相
智慧值
★★★★★
武力值
★★
主要贡献
强齐图霸，辅佐桓公九合诸侯，礼让天下，开法家先驱
？—公元前645年

鲍叔牙
人物身份 齐国大夫
主要技能 慧眼识珠
智慧值 ★★★★
武力值 ★★
主要贡献 将管仲推荐给齐桓公
？一公元前644年

公元前
684年

第十七话

曹刿论战

□愤怒的鲁庄公

齐桓公任命管仲为丞相后，管仲将齐国管理得井井有条。齐桓公深感欣慰，于是尊称管仲为“仲父”。

消息传到鲁国，鲁庄公气得砸碎了吃饭的饭碗。

好你个小白，你不是说要报仇杀了管仲吗？你居然任命他为丞相，合着拿我当傻子骗呢？

鲁国和齐国在乾时大战，可惜鲁国大败。鲁庄公想起来就气愤难平。

鲁庄公十年（公元前 684 年）春天，齐桓公借口鲁国曾经支持过公子纠，再次出兵直犯长勺。

鲁庄公也想起来了，上次在乾时，我们好像被齐国打得挺惨啊！这可如何是好？

事 **乾时之战**

一般指齐鲁乾时之战。公元前 685 年，齐军在乾时（现今山东临沂以西）击败了鲁军。

鲁庄公正在发愁，鲁国有一个能人听说了齐国攻打鲁国的消息，准备去拜见鲁庄公，这人便是曹刿（guì）。

曹刿出发时，他的相邻知道后便问他，“这是肉食者才谋划的事情，你又何必去参与呢？”曹刿哈哈大笑，说：“尊贵的肉食者没办法，不能深谋远虑，我必须去拜见君主啊！”

鲁庄公见到曹刿，和他谈及战事，觉得曹刿思路清晰，是行家。于是，鲁庄公和曹刿同乘一辆车到前线视察。

二人来到阵地，发现齐军鼓声阵阵，士气高涨。鲁庄公气坏了，命令鲁军也击鼓，震一震齐军。曹刿却说：“对方士气高涨，我们最好静待不出。”

鲁庄公半信半疑，但看曹刿非常镇静，于是命令军队保持安静，不得混乱。

□长勺之战

齐军几次挑战，但是鲁军好像被施了定身法，完全没有反应。于是，齐国命令军队再次冲击！

曹刿凝神细听，齐军的鼓声，已经是第三次了。这一次，鼓声虽然还是很大，但是明显击鼓之人心浮气躁，曹刿大吼一声："击鼓，此时可以进攻！"

鲁庄公赶紧命令手下，击鼓，进攻！

憋了许久的鲁军如同愤怒的狮子，冲向齐军。原本懒洋洋的齐军没想到鲁军这次居然真的冲击过来，一时之间有点愣神。片刻，看着愤怒的鲁军，居然产生了要跑的冲动。齐军的将军声嘶力竭："鲁军过来了，给我顶住！"

这场战斗毫无悬念，鲁军杀得齐军丢盔弃甲，四散奔逃。

鲁庄公高兴得直拍手，恨不得自己也能上阵杀敌。眼看着齐军都开始逃跑了，鲁庄公就想让军队追击齐军。然而曹刿却冷静地制止了鲁庄公。曹刿下了战车，仔细查看战场，之后又登上战车向远处瞭望，沉吟片刻后，才示意鲁庄公可以追击了。

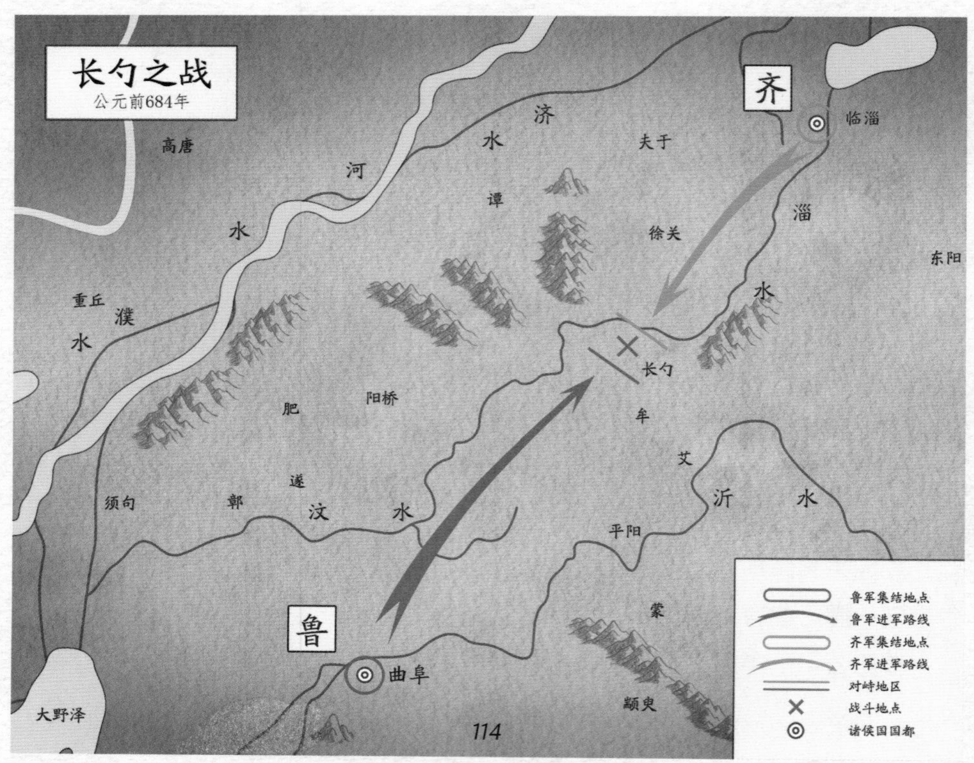

文 一鼓作气

原意是作战擂响第一声战鼓时，士气最为高涨，在现代则比喻趁劲头大的时候鼓起干劲，一口气把工作做完。

鲁军高奏凯歌而归，整个鲁国喜气洋洋。

回到都城之后，鲁庄公询问曹刿："为什么第一次齐军战鼓响起，我们不应该出战呢？"

曹刿知道，自己刚才对于战斗的判断现在鲁庄公还不明白，于是便将战斗中的决定分析给鲁庄公听。所谓第一次击鼓，士气高涨，第二次击鼓，士气低落，等到第三次击鼓，士气就衰竭了。齐军三次击鼓，我方都不迎战，我们的士兵心里憋着一股劲。等到我们迎战，第一次击鼓，士气爆发，而齐国早已士气低落，这就是我们能够战胜齐国的原因。

鲁庄公又问道："为什么齐军刚开始败落的时候，不能追击呢？"

原来，曹刿认为齐国虽然战败，但毕竟是大国，假如这样的大国留有埋伏，前去追击就会中计。如果进了齐国的埋伏圈，刚才的胜利便会化为泡影。所以曹刿特地下战车观察，发现逃跑的齐军丢弃了旗帜，也没什么队形，上战车后又发现，齐军撤退时战车车辙散乱，这才确定他们是真失败了。这才是可以追击的原因。

鲁庄公心服口服，认为曹刿确实是难得的军事人才，于是便任命他为大夫。

曹刿
人物身份
周文王儿子曹叔振铎的后人
历史地位
春秋时期著名军事理论家
智慧值
★★★★★
武力值
★★★
主要贡献
取得“长勺之战”的胜利
生卒年不详

语文一点通

《曹刿论战》

节选自 《左传》鲁庄公十年

原文

十年春，齐师伐我。
公将战，曹刿请见。
……
既克，公问其故。
对曰：“夫战，勇气也。
一鼓作气，再而衰，三而竭。
彼竭我盈，故克之。
夫大国，难测也，惧有伏焉。
吾视其辙乱，望其旗靡，故逐之。”

释义 鲁庄公十年的春天，齐国的军队攻打我们鲁国，鲁庄公将要迎战。曹刿请求拜见（鲁庄公）。……

胜利后，鲁庄公问他（取胜的）原因。曹刿说：“作战，是要靠勇气的。第一次击鼓（能够）振作（士兵们的）勇气；第二次击鼓士兵们的勇气就开始低落了；第三次击鼓，士兵们的勇气就耗尽了。他们的勇气已经消失而我军的勇气正旺盛，所以打仗胜了他们。那些（像齐国这样的）大国，（他们的情况）是难以推测的，怕（他们）在那里设有伏兵，（后来）我看到他们车轮的痕迹混乱，望见他们的旗帜倒下了，所以（才下令）追击他们。”

公元前
684年

第十八话 楚文王伐蔡灭息

□息侯告状

事 公元前 684 年

公元前 684 年（周庄王十三年，丁酉），齐攻鲁，鲁人曹刿见鲁君庄公姬同论战，后果获胜利。夏，齐国派鲍叔牙联合宋国再攻击鲁国，败于乘丘（山东钜野西南），鲁擒获宋大夫南宫长万。

发展到楚文王当政时期，楚国国力更加强盛，有斗廉、鬻拳等能臣辅政。

鲁庄公十年（公元前 684 年），息侯派出使者来到楚国，说息侯可以配合楚国攻打蔡国。

楚文王眯起了眼睛猜想着，息侯对楚国这么忠心？恐怕是假的。不过也无所谓，楚国早就准备扩张势力，如今更是好机会。

其实，息侯的确不喜蔡哀侯，但并非这位使者所说的是看不惯蔡哀侯，而是因为息侯和蔡哀侯都娶了陈国女子为妻。一次，息夫人回娘家时路过蔡国，蔡哀侯特意接待了她。但没想到蔡哀侯举止无礼。息侯得知这件事情后对蔡哀侯恨之入骨，但是要攻打蔡国，息侯还没那个实力，所以只能挑唆楚国这个大国冲在前面。

楚文王表示同意之后，使者说出了息侯的计划：请楚国假装攻打我们息国，我们会向蔡国求助，那时候出其不意，楚国和息国一起攻打蔡国，还愁不能胜利？

利用别人的同情心，简直太卑鄙了。

楚文王大喜，于是马上派兵攻打息国。

而息侯的求助信一到，蔡哀侯也没怀疑，马上出兵救助息侯。结果如息侯预料，蔡哀侯成了楚文王的囊中之物，被楚军活捉。

□鬻拳胁迫楚文王

楚军活捉了蔡哀侯，楚文王洋洋得意，我们楚国果然所向披靡。

楚文王决定在太庙杀了蔡哀侯，威慑四方。这消息传出去之后，鬻拳坐不住了。他找到楚文王表示反对："大王，何必非要如此？蔡哀侯虽然是俘虏，但罪不至死。杀了蔡哀侯容易，到时候谁还敢归顺我们楚国？不如释放蔡哀侯，到时候蔡国归顺楚国，结果也是一样的。"

但楚文王太骄傲了，根本听不进去。鬻拳好说歹说，楚文王还是坚决要杀了蔡哀侯。最后，鬻拳也急了，他掏出刀子，一手拽着楚文王比划，说宁可死，也不能看着楚文王失去人心！

这下把楚文王吓醒了，他马上劝鬻拳，千万别激动，一切都按照鬻拳说的去做。

楚文王答应了，鬻拳却觉得自己胁迫楚文王大逆不道，挥刀斩下了自己的一只脚谢罪。楚文王深为感动，命令将鬻拳的脚封在大府珍藏。

人 **大阍**

古代守卫城门之官。

鬻拳失去了一只脚不能再征战了，楚文王就任命鬻拳为大阍，掌管国都的城门。

楚文王决定赦免蔡哀侯。在送蔡哀侯回国的前一天晚上，楚文王命令隆重设宴款待蔡哀侯。酒席间，歌舞翩翩，楚文王志得意满。他想借此机会炫耀楚国的国力，让蔡哀侯从心底佩服楚国。楚文王还指着跳舞的女子问蔡哀侯，觉得这女子美丽吗?

蔡哀侯刚要回答，忽然眼珠子一转，说："这世上最美的女子,非息夫人莫属！大王可能没见过,那息夫人真是，面若桃花，眼如秋水……"

本来楚文王想要用送别酒席上的奇珍异宝和楚国美女给蔡哀侯留下深刻印象，让他切身体会到楚国地大物博，人杰地灵，没想到反而被蔡哀侯说动了。在蔡哀侯口中的息夫人，那可真是明艳动人，天下无双。

楚文王内心开始种下了思念的种子，他每天都会想，息夫人到底长什么样呢，为什么蔡哀侯对息夫人如此夸赞？

终于有一天，楚文王再也忍不住了，亲自去息国巡视。息侯隆重接待了楚文王，还设宴为他接风洗尘。在酒席上，楚文王问道："上次，本王解决了息国的安全问题。现在本王来此，息夫人是否能够为本王斟酒一杯？"

息侯心里一千个不情愿，但他得罪不起楚文王，只能命人请息夫人来此。

息夫人身材袅娜，气质高雅，并不穿金戴银，只在乌压压的头发上戴了几朵鲜花。楚文王喝了这酒，如同腾云驾雾，不知身在何处。

第二天，楚文王设宴回请息侯，他再次询问，息侯准备如何答谢楚国？不如请息夫人去楚国游玩。

息侯不肯答应。楚文王却借酒撒疯，大骂息侯忘恩负义。息夫人得到消息本来想跳井，却被身边人拦住，苦苦劝导，夫人也要想想息国的百姓啊！息夫人哀叹道："这才是引狼入室！"

最终，息夫人被楚文王抢回了楚国。息国之地，尽归楚国所有。

人

息夫人

春秋四大美女之一，为陈国君主陈庄公之女，生于陈国宛丘（今河南省周口市淮阳区），因嫁给息国国君，故亦称息妫。

楚文王
本　名　熊赀
人物身份　楚国君主
主要贡献　逐鹿中原
智慧值　★★★★
武力值　★★★★
公元前689年—公元前677年
（在位时间）

历史小课堂

楚文王为楚国崛起所做的贡献

公元前689年

即位，迁都于郢（今湖北省江陵县）。

公元前688年

借道邓国讨伐申国，开始北进中原。

公元前684年

伐息国、蔡国，并在两国设县，打通了北上通道。

公元前679年

为逐鹿而深入中原腹地，向正在成为霸主的齐国示威，次年（公元前678年），举兵伐郑。

·践行法治，对楚国形成法治社会具有定型作用

公元前 684年——公元前 682年

第十九话 弑君者：南宫长万

□被侮辱的勇者：南宫长万

长勺之战，由于曹刿的谋划，齐军丢盔弃甲而逃。齐桓公大怒，声称一定要报仇雪恨。夏天到了，齐桓公联合宋国一起讨伐鲁国。

鲁庄公十年（公元前 684 年），乘丘之役爆发。

南宫长万是宋国有名的猛将，面对两大强敌，鲁庄公决定主动出击。经过侦查，发现齐国队伍戒备森严。

鲁国的公子偃请战说："宋国军队军容不整，可以先攻打宋国。等宋国军队被打败，齐国军队必然也会撤退。"果然，鲁国军队将宋国军队打得溃不成军，南宫长万虽然勇猛，却控制不了溃散的军队。鲁庄公也参加了追击宋国军队的战斗。他在乱军中发现了宋国将军南宫长万。鲁庄公命令手下取来金仆姑，这是鲁国最厉害的一种弓箭。鲁庄公弯弓搭箭，只听"嗖"的一声，南宫长万肩膀中箭，应声而倒。

南宫长万被俘虏了。不过他抱定了要牺牲的壮志，绝不奴颜婢膝，鲁庄公很钦佩他，对他另眼看待。

后来，周庄王将王姬下嫁给齐桓公，鲁庄公是主婚人。齐鲁两国重归旧好。宋国也派使者去鲁国，趁机带回了南宫长万。

南宫长万终于回到了宋国，他跪在宋闵公面前，泣不成声。鲁庄公十一年（公元前683年），宋闵公有一次故意和南宫长万开玩笑说道："开始我挺敬重你的，如今你可是当过鲁国俘虏的南宫长万，我不再敬重你了。"南宫长万听了这话，面红耳赤，心里暗恨宋闵公。

大夫仇牧私下劝说宋闵公，这样开玩笑太不严肃了，而且侮辱人格，小心有变。

宋闵公却毫不在乎，开个玩笑不可以吗？

文 奴颜婢膝

指表情和动作奴才相十足。形容对人拍马讨好、卑鄙无耻的样子。

□ 愤怒的囚徒

鲁庄公十二年（公元前682年），秋风起，南宫长万奉命陪伴宋闵公到蒙泽游玩。在密林深处，南宫长万陪同宋闵公打猎。南宫长万很是勇猛，打到很多野兽。

不过，谁也没有想到，宋闵公居然和南宫长万因为争夺猎物吵了起来。宋闵公看到南宫长万居然敢跟自己争夺猎物，恼羞成怒，开始辱骂南宫长万："就凭你，原来我尊敬你，现在你不过是鲁国的俘虏，所以不再值得我尊重！"

南宫长万抓着猎物的手松开了，宋闵公得意洋洋："一个囚徒，还敢和寡人斗！"

南宫长万的拳头又悄悄攥紧了，心里如同刀割。

就算是囚徒，也是为国而战才被俘虏的！

南宫长万再也忍不住了，他大吼道："你可知道？囚徒也是可以杀人的！"

宋闵公干脆拿来戟，往南宫长万身上刺。

南宫长万也不用兵器，抡起拳头，一下、两下……没几下，打得宋闵公当场去世！

南宫长万手提长戟，出门去了。

南宫长万出门后，正好遇到大夫仇牧。仇牧得知他杀了宋闵公，就要来拼命，结果被南宫长万一拳打死。

太宰华督得知噩耗，马上登车，率领人马捉拿南宫长万。结果被南宫长万一戟刺死在车上。

现在，南宫长万成为宋国最恐怖的人，也是唯一的权臣。他驱逐了宋国的公子，扶立宋闵公的从母弟公子游。各位公子出奔到了萧邑，公子御说出奔到亳，南宫长万派弟弟南宫牛将亳团团围住，谁知萧叔带来军队又将南宫牛的军队包围了。最终，在公子御说和萧叔的夹击下，南宫牛兵败身死。

南宫长万将老母推上小车，出奔到了陈国。一路居然无人敢拦。

鲁庄公十三年（公元前 681 年），公子御说即位，是为宋桓公。陈国人于是设宴款待南宫长万，美酒佳肴，歌舞美女，南宫长万却心情抑郁，喝得酩酊大醉。

南宫长万彻底醉了后，陈国人拿出犀革将南宫万包裹了起来，还在外面束上牛筋。

南宫长万酒醒之后不断挣扎，到了宋国，他的手脚都露了出来。

宋国人将南宫长万剁成了肉酱，南宫长万用生命偿还了自己犯下的罪过。

南宫长万
人物身份 宋国将领
历史地位 春秋第一猛士
历史影响 因一言而弑君，造成宋国动乱
智慧值 ★
武力值 ★★★★★
？一公元前682年

历 史 小 课 堂

春秋第一武士——南宫长万

春秋战国时期，有不少能人异士，
宋国大将南宫长万就是其中极具代表性的人物。
他力大无穷却有勇无谋，
但对亲人孝顺有加，
这些在《左传》中也被一一展示出来。

《左传·鲁庄公十二年》

原文 ■ 十二年秋，宋万弑闵公于蒙泽。遇仇牧于门，批而杀之。遇大宰督于东宫之西，又杀之。立子游。

译文 ■ 鲁庄公十二年的秋季，宋国的南宫长万在蒙泽杀死了宋闵公。在城门口遇到仇牧，反手便打死了他。在东宫的西面遇到太宰华督，也把他杀了。接着，便拥立子游为国君。

原文 ■ 冬十月，萧叔大心及戴、武、宣、穆、庄之族以曹师伐之。……南宫万奔陈，以乘车辇其母，一日而至。

译文 ■ 冬季十月，萧叔大心和宋戴公、武公、宣公、穆公、庄公的族人借助曹国的军队讨伐南宫牛和猛获。……南宫长万逃往陈国，自己驾车载着他的母亲，一天就到了。

原文 ■ 陈人使妇人饮之酒，而以犀革裹之。比及宋，手足皆见。

译文 ■ 陈国人让女人劝南宫长万饮酒，将他灌醉之后，就用犀牛皮包了起来。等南宫长万被送到宋国时，他的手脚都从犀牛皮里露出来了。

公元前
681年

第二十话

北杏会盟

□齐桓公的第一次会盟

经过齐桓公和管仲的携手治理，齐国蒸蒸日上。齐桓公心里那个高兴，比喝了最好的美酒还美。

他忍不住开始畅想未来：我们齐国，是不是可以做一两件让诸侯刮目相看的事情？比如说，会盟。也让他们知道，谁才是天下诸侯的首领！

这个念头好像蝴蝶，飞入齐桓公的脑海，让他开心地不得了。齐桓公马上召来管仲，商议大事。

管仲看着齐桓公兴奋的脸庞，听着他的讲述，却始终很冷静。等齐桓公说完了，管仲才说："主公的心情可以理解，可是，现在强大的诸侯可不少，比如南方的楚国，西边的晋国和秦国。这些国家都在卯足了劲发展实力，但他们有一个共同点，那就是没有人不尊崇周釐（xī）王。"

齐桓公忽然很失望。管仲继续说道："假如主公非要会盟不可，那就要抓住周釐王。"

抓住周釐王？

齐桓公惊讶极了。原来，管仲的意思是，如今宋国动荡不已，如果能够让宋国安定下来，内尊周王，外平四夷，诸侯知道齐国一心为公，不用武力，他们也会心服口服。

于是齐桓公采纳了管仲的意见，马上上书请求周釐王下旨，平定宋国动乱。

周釐王激动不已，已经太久没有诸侯请示我这个周天子了！

文 衣裳之会

国与国间以礼交好之会。出自《谷梁传·庄公二十七年》。

周釐王马上下旨，而且特意表扬齐桓公心念周王室，以后泗上诸侯，可以听齐桓公的。

一切都和管仲预计的一模一样。鲁庄公十三年（公元前681年）春天，齐桓公将周釐王的旨意颁布四方，并且邀请宋、鲁、蔡、卫、陈、郑、曹等国家，三月，在北杏会盟。会盟的主要目的，就是平定宋国国内由于争夺君位引起的变乱。

管仲又提议，各国来参加会盟，不必带兵马，我们举行一个衣裳之会。

齐桓公期待已久的一场会盟，即将拉开帷幕。

□柿子专挑软的捏

齐桓公命人修筑会盟高台，左边挂钟，右边悬鼓。不管周釐王能不能来，先给他留出第一个位置。

第一个来到北杏的，是宋桓公。宋桓公内心对齐桓公充满感激，不管齐桓公出于什么目的，总之目的是让宋国的动荡局面得到了控制，自己这个莫名其妙得来的宋侯之位也得到了周釐王的承认。正所谓得来全不费工夫，怎么能不感谢齐桓公呢？

宋桓公拉着齐桓公的手，眼泪汪汪倾诉了半天感激之情，表示以后宋国就听齐国的！

紧接着，陈宣公和邾子克也相继来到。而蔡哀侯由于恨极了楚文王，也赶来北杏。

可是此后，再没有诸侯来报到了。

齐桓公开始还挺期盼，后面简直就失望极了。通知了那么多国家，现在才来了四个？就这还是周釐王给了正式文件的，可见这会盟不成功。

眼看着日历都翻到了二月份，齐桓公一时生气道，咱们这次会盟就算了，等下次有机会再说！

曾经对会盟不那么积极的管仲却表示了反对："现在来了四个国家，三人为众，已经不算少了。而且您是奉王命行事的，怎能随意更改时间？假如您改了时间，那就是有辱王命，但是您如果按期举行会盟，就是其他诸侯的不对了。"

于是，齐桓公决定如期举行会盟。

在陈宣公倡议下，其他诸侯公推齐桓公为主，大家一起向周釐王的座位行礼，然后结盟。

齐国的史官，如实地记录了这次会盟。

虽然这次会盟一共只有五个国家，但这却是齐桓公霸业的起点。这是第一次，以诸侯的身份主持天下会盟，而这个记录，是齐桓公创造的。

仪式举行完毕后，管仲上前禀告："鲁、卫、郑、曹违抗王命，不可不讨。"

缺席的还要被讨伐？

其他四国诸侯眼珠子蹬得滚圆，暗自庆幸，多亏自己来了！蔡哀侯、陈宣公和邾子克马上表示赞同，唯有宋桓公一言不发。

这天晚上，宋桓公马上决定离开北杏。这个齐桓公，太可怕了！如此霸道，跟着你？我们宋国可没有好果子吃！

第二天一大早，齐桓公就得知宋桓公不辞而别的消息。齐桓公气得冒烟儿，说到底，这次会盟也是为了你正名啊！宋桓公，你可真行！

齐桓公准备派兵马捉拿宋桓公，可是管仲制止了他。管仲说，还有更要紧的事情，宋远鲁近，这次会盟，鲁国压根没来人。如果不拿下鲁国，宋国能服气吗？

历　史　小　课　堂

“北杏会盟”

出自《左传·庄公十三年》

十三年春，
会于北杏，
以平宋乱。
遂人不至。

在北杏会盟之前，所有与诸侯的盟会皆由周天子主持。而以诸侯（未造反的诸侯）身份主持盟会，担当盟主，齐桓公是第一个。从此开启了齐桓公称霸的时代。春秋五霸辉煌篇章便由此翻开。

公元前
681年

第二十一话

柯地会盟

□战，还是降？

鲁庄公收到齐桓公的邀请，却没参加北杏会盟，这件事让齐桓公很是生气。管仲建议，必须让鲁庄公付出代价。不过，倒也不用和鲁国发生正面冲突。

第一步，打鲁国旁边的小国——遂国。遂国地窄人稀，一日可攻下，到时候就是对鲁国的威慑。

第二步，派使者到鲁国，指责鲁庄公不尊王命。等鲁庄公求和，齐桓公答应之后，就可以腾出手来，对付宋国了。

鲁庄公十三年（公元前 681 年）六月，遂国面对齐军毫无抵抗能力，坚持了不到一天就被攻克。鲁庄公得知消息大吃一惊，马上召开会议商讨。

会上大臣们纷纷表示：齐国经过管仲的治理，如今已经不是昨天的那个齐国了！其次，齐国责备我们不尊王命，这是事实啊！人家齐桓公的确拿到了周釐王的旨意，难道我们不去，还有理了？最后，齐桓公当时即位，我们鲁国却帮助他的对手——公子纠，说到底还是有过节。可是后来我们和好了呀，齐桓公娶王姬，您还是主婚人。这时候撕破脸，当时干嘛去了？这不是反复无常的小人吗？

鲁庄公赶紧给齐桓公写信承认错误，说自己没参加北杏会盟，并非有意冒犯，那几天刚好身体不适，所以没能成行。他诚恳请求齐桓公先退兵，自己亲自去柯地谢罪，并同意参加下次会盟。

齐桓公收到信，很是开心。

人

公子纠

公子纠（?—前685）春秋时齐国人。齐僖公之子，齐桓公之兄，母为鲁女。齐襄公时，政令无常，恐遭杀害，于鲁庄公八年（前686年）携管仲、召忽奔鲁。

鲁庄公十三年（公元前 681 年）冬天，齐、鲁约定在柯地会盟。

鲁庄公在大臣中寻找能够出使齐国的使者，将军曹沫请命前往。鲁庄公很吃惊，因为曹沫已经被齐国打败过三次，还主动去？难道想自取其辱？

但曹沫却慷慨陈词，说自己正因为被齐军打败过，才主动要求参加这次会盟。鲁庄公就问，去了将军准备如何应对？曹沫说：“君当其君，臣当其臣。”意思是自己会尽臣子的本分，守护鲁庄公的尊严。

鲁庄公深为感动，决定带曹沫为使臣，亲自前往柯地谢罪。

齐桓公命令手下，修建一座豪华型结盟祭坛，务必杀一杀鲁国的威风。

按照齐桓公的指示，这座祭坛高七层，东西南北四个方向各有青白赤黑旗帜为代表，每个方向有一位玉树临风、魁梧高大的齐国将军为队长。上面有杏黄旗一面，上写着——“方伯”，意思是方霸。祭坛上的大鼓由王子成父掌管，还有香案、祭祀之物，东郭牙为傧，管仲为相。

整个祭坛威风八面。这还不算，齐桓公命令，鲁庄公到了之后，只能带一个随从上祭坛。

鲁庄公带着曹沫走向祭坛，他感到屈辱极了。

鲁庄公一头汗，总算走上了祭坛。三声鼓响，两个人各怀心事，对着香案行礼。

齐国将军隰朋端着玉盂，请二位完成歃血的仪式。

这时，意外发生了！

事

柯地会盟

公元前681年，齐鲁两国在柯地（今山东省阳谷县东北）会盟。此次会盟也被后世视为春秋前期齐鲁关系的转折点，具有标志性意义。而齐国也开始调整国策，最终成为春秋五霸之首。

曹沫以迅雷不及掩耳之势拔出了剑，另一只手揪着齐桓公的衣服领子，怒目圆睁，所有人都傻了，只有管仲反应快，迅速挡在了齐桓公前面。

曹沫目眦（zì）尽裂，怒喝道："听说君侯提倡扶贫救弱，尊崇周天子。可是我们鲁国，多次被卷入战争，这话怎么说？"

管仲很聪明，知道曹沫情绪已经失控，也不和曹沫理论，只是问他有什么要求？

曹沫镇定了，回答说："请齐国归还抢占我们鲁国的汶阳之地，我们主公才能和齐国结盟。"

汶阳之地，是当时鲁庄公为了扶助公子纠，在与齐国作战时丢失的。

齐桓公不得不答应，甚至当着齐国众臣的面发誓，一定会归还汶阳之地。

第二天，齐桓公设宴款待鲁庄公，也算庆祝齐鲁结盟成功。齐桓公还归还了鲁国的汶阳之地。

齐桓公的大度为诸侯称颂，卫国和曹国都主动派出使者，请求和齐国结盟。

其他诸侯听说齐桓公连被胁迫时的诺言都能遵守，都觉得齐桓公很有信誉，逐渐都想依附齐国。

曹沫
人物身份
鲁国将领
历史地位
《史记·刺客列传》所载侠客之首位
智慧值
★★
武力值
★★★★
主要贡献
以剑劫盟救鲁国
生卒年不详

历　史　小　课　堂

《史记·刺客列传》中的五大刺客

曹沫　春秋时期鲁国人，以力大勇猛著称，曾被任命为将军。

专诸　春秋时期吴国人，成功刺杀吴王僚，使用的兵器为“鱼肠剑”。

豫让　春秋时期晋国人，曾做过范氏、中行氏和智伯的家臣，为替智伯报仇，行刺赵襄子。

聂政　战国时期韩国人，青年侠士，一人仗剑刺杀韩相侠累及其侍卫数十人。最终，为了不连累亲人，他选择自尽。

荆轲　战国末期卫国人，著名刺客，入秦国行刺秦王，失败后自刎。

公元前 680年——公元前 679年

第二十二话 鄄地会盟

□山野村夫：宁戚

作为没参加北杏会盟的诸侯之一，鲁庄公在柯地会盟中丢尽了脸面。而接下来，齐桓公就要全力以赴对付宋国了。

鲁庄公十四年（公元前 680 年）春天，齐桓公派使者送信给周釐王，说明宋桓公不尊王命，自己要讨伐宋桓公，请周釐王派王师下降。周釐王觉得这是树立周天子威望的好机会，于是派出单伯率领周军，参加讨伐宋国。而陈国和曹国更是派出军队，主动担任先锋。

齐桓公威名远扬，想要投奔他的能人异士不在少数。如何能给齐桓公留下深刻印象？是很多人苦思冥想的问题。

卫国的宁戚是个很有才华的人，但是家里非常穷，根本没办法请求齐国的贵族推荐自己。但宁戚对于实现自己的理想很有决心，他搭乘商人的货车来到了齐国。

到了晚上，宁戚就在城门外居住。碰巧这一天，齐桓公晚上到郊外迎接客人。临淄城门大开，商人的小货车被命令要避让。火光照亮了夜晚的道路，齐国的卫士们精神抖擞。

宁戚一边喂牛吃草，一边敲着牛角唱起了歌。

齐桓公碰巧听到一句："生不逢尧与舜禅"，有点生气，这人是说现在的

人 尧

又称唐尧，传说中父系氏族社会后期部落联盟领袖。被司马迁视为“最理想的君主”。开创了禅让制，晚年，尧辟位，由舜继天子位。“尧舜禅让”的历史传说，反映了原始公社的民主制度。体现了“以人为本，任人为贤”的思想。

日子不好呀！齐桓公命令把此人带过来，质问他为什么胡说八道？

宁戚不慌不忙说：“尧舜时候，诸侯宾府。现在，您第一次聚会，宋国背叛了您；第二次聚会，鲁国劫持了您。战争不断，百姓生活艰难。您为什么不效仿尧禅让？为了争夺齐侯之位，您还杀了自己的哥哥公子纠，难道不是吗？”

这些话句句捅齐桓公的心窝子，有一瞬间齐桓公觉得自己没办法呼吸了。齐桓公马上叫人，“快给我砍了这个逆贼！”

宁戚却哈哈大笑。旁边有人劝说齐桓公，这人不但不害怕，还大笑，一定是个高人。齐桓公让人放了宁戚，说自己刚才不过是试探宁戚的胆量。

宁戚和齐桓公谈起了治国安民的道理，齐桓公很佩服他的才干，于是要重用宁戚。有些大臣对此议论纷纷，说宁戚是卫国人，卫国距离齐国不远，不如去卫国打听一下，宁戚为人如何？如果宁戚确实是一个贤能的人，那时候再任用他不迟。

齐桓公却说：“不能这样。假如我们去询问宁戚的情况，恐怕他有点小毛病。因为小毛病而抹杀了大优点，这就是让君主失去天下贤能之人的原因。”

宁戚明白齐桓公现在最想要做什么，主动请求当说客，说服宋桓公投降。

宁戚主动要当说客，说自己能说服宋桓公投降，令齐桓公喜出望外。

于是，宁戚带着几个随从，直奔宋国而来。

宋桓公早听手下说，这人好像是个说客。于是宁戚进来后，宋桓公根本没理他，自顾自看起书来。

宁戚遥施一礼，忽然哭了起来，“宋国，危矣！”

这可把宋桓公吓了一跳，赶紧问，此话怎讲呢?

宁戚正色道：“君侯和周公比，如何？”

宋桓公说我怎么敢和周公相提并论?

宁戚说：“周公辅佐成王，一饭三吐哺，招揽天下英才。您既然不能与周公相比，还不招揽英才？宋国没有人才，还不危险？”

宋桓公赶紧向宁戚请教，宁戚马上分析道，“如今周天子式微，诸侯分立。齐桓公奉王命在北杏会盟，君侯既然参加了会盟，却又先行退出。现在周釐王派出王师，汇集诸侯军队讨伐宋国，难道以宋国之力，可以与王命和诸侯之力抗衡？宋国岂不是危在旦夕！”

宋桓公吓得脸色铁青，这时宁戚又劝他，说不如早日找齐桓公承认错误，

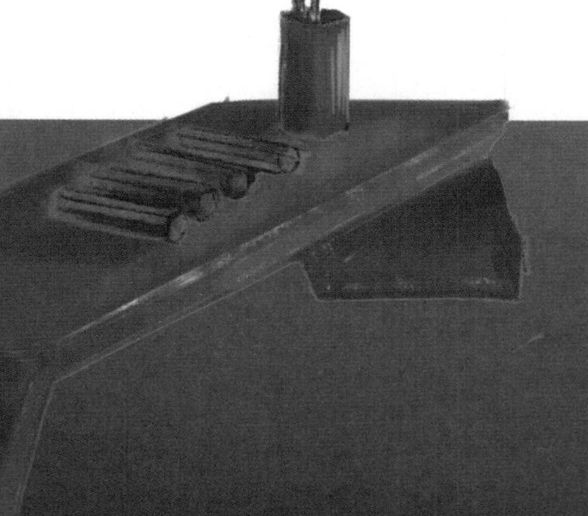

参加会盟，可以为宋国免除此祸。

宋桓公听了这话，却沉吟片刻，没有说话。

宁戚明白，宋桓公心里有顾虑。于是又劝说道：“君侯不必顾虑。想想鲁国，当年齐桓公回国即位，鲁庄公可是帮助齐桓公的竞争对手——公子纠，甚至还帮着公子纠与齐桓公作战。上次北杏会盟，鲁庄公连去都没去，这次柯地会盟，他们又胁迫齐桓公。可是齐桓公都原谅了他们，依旧和他们结盟。不管怎么说，当时北杏会盟宋国总是参加了的。齐桓公不会得理不饶人的。”

宋桓公这才下决心向齐桓公道歉。宋国的使者来到齐国军营，送上白璧十双，黄金千镒。齐桓公却并没有收，而是让单蔑转交给了周釐王。

鲁庄公十五年（公元前 679 年），齐桓公与宋国、卫国、郑国三国国君在鄄地会盟。

诸侯看到，齐桓公获得了周天子的支持，纷纷表示佩服，齐桓公的霸主地位得到了进一步加强。

事 鄄地会盟

让齐桓公成为历史上第一个充当盟主的诸侯，也标志着他将成为中原第一位霸主。

宁戚
人物身份 齐国大夫
智慧值 ★★★★
武力值 ★
主要贡献 促进齐国农牧业的发展
生卒年不详

历史小课堂

关于齐桓公的十六次会盟

公元前681年 春
齐宋陈蔡邾：北杏会盟

公元前680年 冬
齐宋卫郑：鄄地会盟

公元前679年 春
齐宋陈卫郑：鄄地会盟

公元前678年 十二月
齐鲁宋陈卫郑许滑滕：幽地会盟

公元前667年 六月
齐鲁宋陈郑：幽地会盟

公元前659年 八月
齐鲁宋郑曹邾：柽地会盟

公元前658年 九月
齐宋江黄：贯地会盟

公元前657年 秋
齐宋江黄：阳谷会盟

公元前656年 夏
齐楚鲁宋陈卫郑许曹：召陵会盟

公元前655年 夏
周齐鲁宋陈卫郑许曹：首止会盟

公元前653年 七月
齐鲁宋陈郑：宁母会盟

公元前652年 正月
周齐鲁宋卫许曹陈郑：洮会盟

公元前651年 夏
周齐鲁宋卫郑许曹：葵丘会盟

公元前647年 夏
齐鲁宋陈卫郑许曹：咸地会盟

公元前645年 三月
齐鲁宋陈卫郑许曹：牡丘会盟

公元前644年 十二月
齐鲁宋陈卫郑许邢曹：淮地会盟

第二十三话

改变命运的晋武公

□桐叶封弟的隐患

西周第二位君主——周成王，小时候和弟弟叔虞玩耍，把一个桐树叶子剪成玉圭模样的玩具给叔虞，说用这个玉圭封你。于是史官就请求选择良辰吉日封叔虞为诸侯，这下子周成王慌了，连声说："我是和叔虞玩游戏呢！"可是史官说："天子无戏言。天子之言，史官记录，必须按照礼节完成。"于是，周成王将唐封给叔虞，就在黄河、汾河的东边，方圆一百里。

叔虞被封在唐，历经九世，传到了晋穆侯。晋穆侯去世后，长子仇即位，是为晋文侯。晋文侯惧怕叔叔成师权势过大，于是将叔叔分封到了曲沃，尊称他为曲沃桓叔。

不得不说，晋文侯给自己的后代埋下了安全隐患。曲沃经过桓叔的治理，逐渐强大起来，成为可以与晋侯分庭抗礼的存在。

晋昭侯七年（公元前739年），大夫潘父杀死了晋文侯，立晋文侯之弟平为君，是为晋孝侯。八年后，曲沃桓叔去世了，他的儿子继承了曲沃伯之位，被称为曲沃庄伯。

晋孝侯十五年（公元前 731 年），曲沃庄伯经过几年的发展，待势力强大之后就出兵攻打晋孝侯。曲沃庄伯战斗力太强了，最后杀死了晋孝侯。但晋国人没有听天由命，而是立晋孝侯的弟弟为晋鄂侯。

晋鄂侯在哭声中即位，他忘不了哥哥身为诸侯却被曲沃庄伯杀死的屈辱。即位后，他励精图治，可惜又被曲沃打败了。不得已，晋鄂侯出奔随国，他的儿子光被立为晋哀侯。

两年后，曲沃庄伯去世了，他的儿子被立为曲沃武公。

晋哀侯九年（公元前 709 年），曲沃武公出兵讨伐晋哀侯，历史再一次重演，晋哀侯兵败被俘。

于是晋国人又拥立哀侯的儿子小子为国君，就是小子侯。

鲁桓公八年（公元前 704 年），曲沃武公又骗小子侯前往曲沃，诱杀了他。

曲沃氏成为晋国权利的中心，每次战争都是以曲沃氏的胜利而告终。

曲沃武公诱杀了小子侯，随后终于灭亡了晋国的翼城。这引起了其他诸侯的公愤。于是，鲁桓公九年（公元前 703 年）秋天，虢仲、芮伯、梁伯、荀侯、贾伯等共同出兵攻打曲沃武公。

然而这并不能让曲沃武公改变自己的野心。

鲁庄公十五年（公元前 679 年），曲沃武公终于起兵灭了小子侯的弟弟晋侯缗，彻底兼并了晋国的土地。曾经偏安一隅的曲沃武公，如今成了晋国的真正主人。

但此时，曲沃武公还面临着一个大问题，那就是这打下来的天下，还不是合法的。要让曲沃武公合法变成晋武公，还需要周釐王的官方认证。

这难不倒曲沃武公，他派人将晋国的奇珍异宝运到了洛邑，送给周釐王。

闪亮的珠宝会说话，周釐王看到这么多宝物，心花怒放。很快，周釐王承认了曲沃武公的合法性，任命他为晋君，列为诸侯。

于是，鲁庄公十六年（公元前 678 年），曲沃武公改称为晋武公，名正言顺地搬入晋国都城翼城。

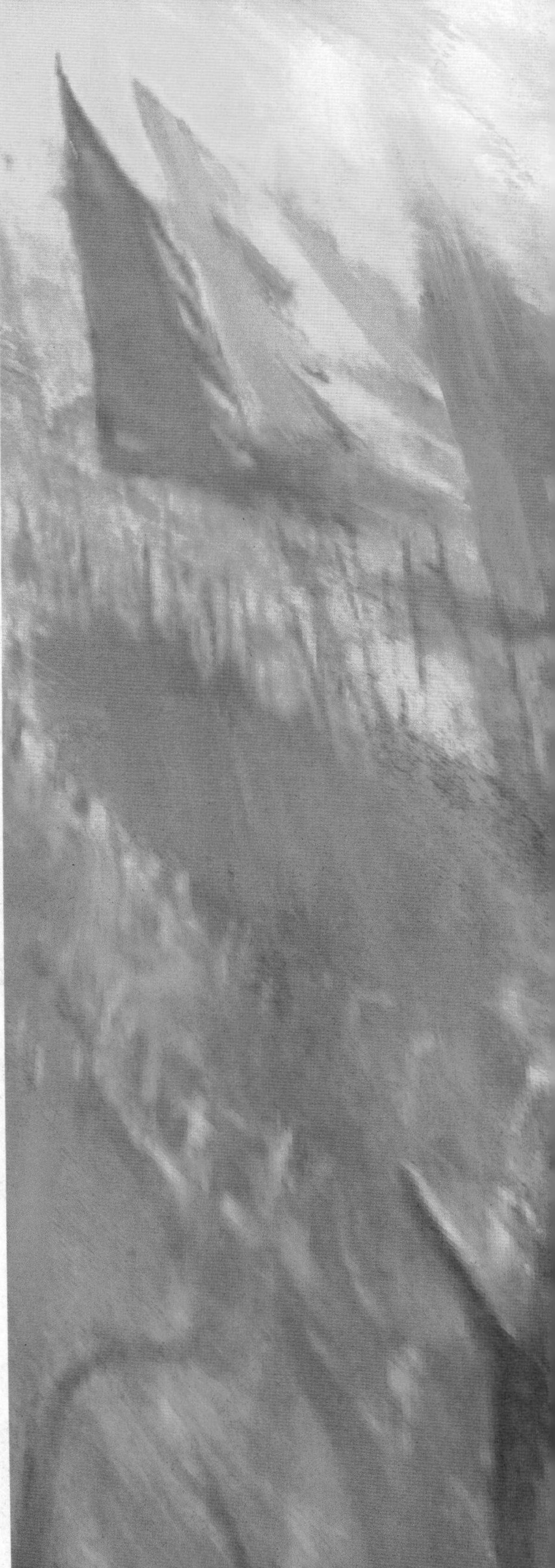

从桓叔被封到曲沃一直到晋武公灭晋，一共六十七年。六十七年的交战，换来了如今晋武公的成功。晋武公统一晋国之后，实行了“富民强兵”的政策，使晋国的经济和军事快速发展。

周釐王对于晋武公的认可，其实就是对于诸侯之间兼并的认可。到现在，周釐王已经无力要求诸侯遵守周王室的分封，甚至还要为凭实力上位的晋武公进行官方认证。

分裂了近七十年的晋国统一了，这为晋国之后的发展奠定了坚实的基础。

晋武公
本名
姬称
人物身份
晋国国君
智慧值
★★★★
武力值
★★
历史影响
完成“曲沃代翼”，揭开晋国霸业的序幕
公元前716年—公元前677年
（在位时间）

历　史　小　课　堂

“曲沃代翼”

历史上又称为曲沃代晋、曲沃克晋、曲沃篡晋。是春秋时代早期发生在晋国长达近七十年的内战。被封于曲沃的小宗曲沃桓叔、曲沃庄伯、晋武公祖孙三代杀逐大宗五位国君，完全灭掉晋国大宗，并通过贿赂手段得到周天子的认可，最终成为晋国的新主人。该事件成为礼乐崩坏的标志。

公元前
666年

第二十四话

历史上第一次空城计

□子元的秘密

楚文王去世之后，儿子熊艰即位。熊艰很喜欢游山玩水，郊游打猎。即位三年了，熊艰没为国家出过力。但熊艰并不是对国事一点不上心，比如对自己的亲弟弟——熊恽，他就很是忌惮。毕竟，这个弟弟和自己同父同母，是自己最大的威胁。

熊艰想过，杀死弟弟，永绝后患。但还没来得及动手，弟弟熊恽畜养的死士已经找到机会，趁着熊艰外出游猎，刺杀了熊艰。熊恽哄骗母亲息夫人，说哥哥是遇到意外去世的。

熊恽即位，是为楚成王。楚成王任命叔叔子元为令尹。子元成为楚国炙手可热的权臣。

子元即位之后，心底暗藏的秘密再也没办法隐藏了。他早就垂涎于嫂子息夫人的美貌，现在成为楚国的权臣，手握重权，这个不能告人的秘密就开始逐渐浮出水面。

等到楚国的老臣斗伯比去世之后，子元彻底自由了，

现在，他可以在楚国为所欲为了！

鲁庄公二十八年（公元前 666 年），子元在距离息夫人宫殿外不远的地方，修筑了亭台楼阁，每天命令手下的伶人吹拉弹唱。

一天，息夫人在花园散步，忽然听到外面奏乐声阵阵，息夫人很奇怪，于是询问左右宫人。宫人打听后回复息夫人，说是子元大人修建的行馆在奏乐跳舞。

一个令尹，能在王宫附近修住宅，还能每天开联欢会？

息夫人很聪明，马上对宫人说："先王在的时候，南征北战，百姓安定，诸侯朝拜。如今，楚国已经十多年不用兵了，再这样下去，恐怕没有能上阵杀敌的将军了吧？令尹不操心国事，反而每天在未亡人旁边吹拉弹唱，是何道理？"

这话传到子元耳中，他羞愧不已。

身为楚国令尹，身系楚国百姓安危，却从来没有为国筹谋，还不如息夫人一介女流。

这年秋天，羞愧的子元发兵车六百乘，攻打郑国。

□ 郑国的对策

楚国来势汹汹，郑国愁云惨淡。

郑文公马上召开紧急工作会议，商议如何应对楚国大军。大臣们吵吵嚷嚷，都有自己的想法。有人说，楚国实力雄厚，咱们不如早早投降，免得战火蔓延。也有人说，还没打就投降？太没骨气了，我们就应该和楚国血战到底！

然而有的大臣却认为，楚国虽然来势凶猛，却不能持久，不必在意，他们自己会撤退的。

郑文公都快气笑了，楚国来攻打我们，自己撤退？

原来，郑国的大臣经过分析后认为，楚国自建国以来，从来没有过发兵车六百乘这样的大阵仗。越是声势浩大，其实越空虚。根据臣的分析，自从子元担任令尹以来，在治理国家方面并没有拿出什么有力的措施。这次发出声势惊人的攻击，恐怕是为了给自己树立威望。等他来了，我自有妙计退敌。

郑文公半信半疑，但是现在也没有好的办法，不得不听从这个迎敌计划。

正在朝堂议论纷纷的时候，前方战报送达，说楚军已经攻破了桔柣之门，马上就到逵市！

郑国发布了命令，百姓如常生活，城门大开，所有军队在城内埋伏。

楚军的先锋部队很快就到了新郑城外，奇怪的是，并没看见郑军，甚至连城门都是开着的！外面依稀可见新郑城内车水马龙，大街上的百姓熙熙攘攘。

先锋将军斗御疆看了半天，觉得肯定是有诈！决定还是等令尹子元到了再做打算。

子元查看了半天，感慨道："郑国有能人啊，看来郑国早就得到消息，有所防备了。我们没有胜算，城门大开，说不定里面埋伏了多少人马等着我们呢！这要是打输了，还有什么脸面回楚国？这样，先安营扎寨，探听虚实再说。"

郑国的空城计骗过了子元，而子元的犹豫带给了郑国更多的机会。

这天晚上，斥候传来消息，齐国、鲁国和宋国要联合出兵救援郑国，很快就到！

子元一听就急了，等这三国联军到了，楚国岂不是陷入两面夹击之势？

撤退，赶紧撤退！

一场大战，消失得影无踪。

子元
人物身份
楚文王之弟，楚国令尹
历史事迹
攻打郑国无功而返
智慧值
★★
武力值
★★
？—公元前630年

历 史 小 课 堂

空城计

《三十六计》中的第三十二计——空城计，
指在敌众我寡的情况下，
缺乏兵备而故意示人以不设兵备，
造成敌方错觉，
从而惊退敌军之事。
后泛指掩饰己方力量空虚、
迷惑对方的策略。

历史上“最著名的空城计”

出自中国四大古典名著之一的《三国演义》，作者罗贯中根据《三国志裴松之注》“条亮五事”改编的一段故事。魏国派司马懿挂帅进攻蜀国街亭，诸葛亮派马谡驻守失败。司马懿率兵乘胜直逼西城，诸葛亮无兵迎敌，但沉着镇定，大开城门，自己在城楼上弹琴唱曲。司马懿怀疑此地设有埋伏，引兵退去。

第二十五话

楚国栋梁

□

天才儿童

楚国能臣斗伯比幼年丧父，他的母亲是郧国国君的女儿。于是斗伯比和母亲一起居住在郧国，也就是姥姥家。当时的郧国国君是斗伯比的舅舅，郧夫人很喜欢斗伯比，经常请他去王宫里玩儿。

斗伯比和表妹郧女一起长大，青梅竹马。后来，两个人私定终身，直到郧女怀孕，郧夫人才得知此事，并且极力反对。

原本想着迎娶表妹的斗伯比，带着母亲离开了郧国。

没多久，郧女生下了一个儿子。郧夫人命令下人将孩子扔到了云梦泽。

郧子（即，斗伯比的舅舅）正好到郊外打猎，发现两头猛虎乖乖蹲着，这可太奇怪了！郧子仔细一看，发现两只猛虎小心翼翼守卫的，居然是一个婴儿！其中一只老虎正在给孩子喂奶。郧子大为震惊，这孩子必定不是凡人。郧子回家之后，将这件怪事讲给郧夫人听。

郧夫人听说后，半天嘴巴都合不拢，那孩子，是你的外孙！

什么?

郧子差点跳起来，他马上让人收养了这孩子，妥善安置。第二年，郧子送女儿去楚国与斗伯比成婚，还给孩子取名为“斗谷於菟”，字子文。其实，按照楚国人的口音，“谷”是“乳”，“於菟”是老虎。这名字的意思是斗家那个老虎给喂奶的孩子。

子文小时候就很聪明，长大后更是文韬武略，全面发展。他的父亲斗伯比在楚国担任大夫，子文在父亲去世后继承了父业，也成了楚国大夫。

□ 令尹子文

楚国令尹子元，在讨伐郑国之后，居然堂而皇之住进了王宫。这成何体统？斗射前来劝阻子元，子元居然将斗射抓了起来。到了秋天，忠于王室的申公斗班杀死了子元。

子元被诛，楚成王拜斗谷於菟为令尹，还效仿齐桓公对待管仲，只称呼斗谷於菟的字：子文。

楚国在子元当政时期，国政混乱。子文上任之后的第一个命令就是将自己家里的财产都捐献出来，以此缓解楚国的危难。为了楚国，子文捐献了全部家产，这让楚国人为之感动，也让楚国人齐心协力，下定决心要让楚国重新恢复繁荣昌盛的国力。看到子文一心为国，不惜牺牲自己家的利益，其他贵族都无比敬佩。

子文又对楚国的山川地理进行了详细勘测。经过分析，郢城地理位置优越，南极湘潭，北据汉江。子文建议楚成王迁都于此。于是，历史上著名的郢都诞生了。

子文明白，必须从自己做起，艰苦奋斗，才能带领楚国人民，让楚国再现辉煌。于是，子文上朝的时候身穿朴素的黑色丝绸长衫，在家就穿着简朴的鹿皮衣。每天黎明，子文就已经动身上朝，到了太阳落山时之才回到家吃饭。有时候忙的吃完早饭就顾不上吃晚饭，连一天的饭都没办法按时吃。楚国人都说子文是奉公守法、安于贫困、忧虑国家安危的令尹。在子文的领导下，楚国能人辈出，国家迅速发展。整个楚国焕发出不一样的生机，令其他诸侯刮目相看。

文 郢都

郢，古地名。春秋战国时期楚国国都，位于湖北省荆州北面离城八公里的纪南城。楚人有将都城命名为郢的习惯，由于历史的原因，楚国的都邑曾几经迁徙，其所迁的都邑之多、迁都之频繁，是其他周初诸侯所难以比拟的。曾经有二十个王以此作为都城，历时四百多年，因此成为当时南方的一个大都会。

子文
本　名
芈子文
人物身份
楚国令尹
智慧值
★★★★
武力值
★
主要贡献
楚国迁都；发布新政，带领国家强盛繁荣
生卒年不详

语文一点通

《论语》与令尹子文

《论语·公冶长》

子张问曰：
"令尹子文三仕为令尹，
无喜色；三已之，无愠色。
旧令尹之政，
必以告新令尹。
何如？"
子曰："忠矣。"
曰："仁矣乎？"
曰："未知，焉得仁？"

原文大意 子张问："楚国的令尹子文多次做令尹，没有露出喜悦的神色；多次被罢免，没有露出怨恨的神色。每次都一定把自己的全部政令全部告诉接位的新任令尹。这个人怎么样？"孔子说："可说是尽忠于国家了。"子张说："他算不算仁呢？"孔子说："不晓得，这怎么能算仁呢？"

第二十六话

千里救燕

——盟主的责任

公元前664年——公元前663年

齐国实力日益强盛，齐桓公也成为诸侯心目中的老大哥。鲁庄公三十年（公元前 664 年）某天，齐桓公忽然接到一封信，信是燕庄公写的，说燕国现在被山戎攻打，形势危急，恳请齐国前来救援。

齐桓公马上找到管仲商议此事。

管仲给齐桓公普及了一下关于山戎的知识：

山戎属于北戎的一支，山戎的西面是燕国，东南面就是齐国和鲁国。山戎人以游猎为生，个个骑术精湛，箭术高超。这样的国家，非常有战斗力。

齐僖公当政时，山戎也攻打过齐国，结果被前来救援的郑国世子忽设下计谋，打得全军覆没。

管仲正色道："如今天下动荡，南有楚国，北有山戎，西有狄人。燕庄公求救于主公，因为主公是诸侯盟主。所以，必须救援。"

齐桓公发兵救助燕国，路经济水，鲁庄公前来迎接，还表示想出兵和齐国一起攻打山戎。但被齐桓公婉言谢绝了。长途跋涉，人越多，心越不齐。

齐桓公率领大军赶到燕国，可是山戎早听说过齐桓公的大名，脚底下抹油——溜之大吉。

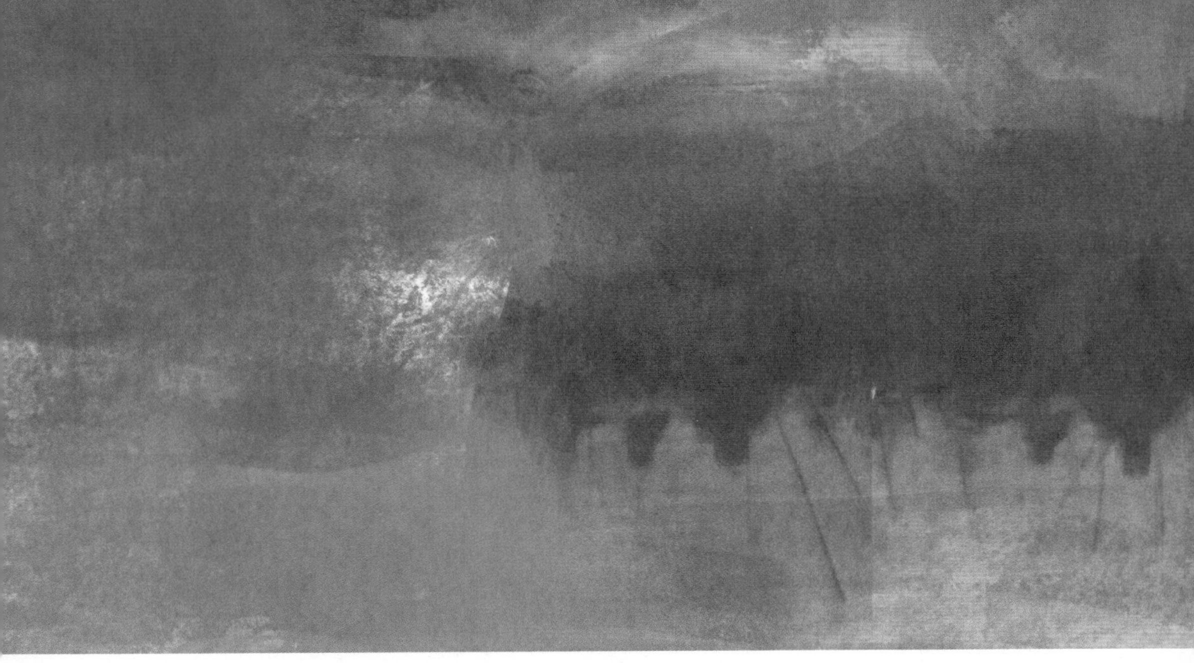

燕庄公对齐桓公感激涕零，但管仲却建议不可撤退，否则一旦撤退，山戎再次来袭，那时候齐国还能再回来？

燕庄公自荐要当先锋，还说不远处的无终国也是戎人，但不依附于山戎。假如让无终国人当向导，事半功倍。

齐桓公派公孙隰（xí）朋去无终国联系，无终子派出两千人马参加战斗。

大军出发走到一处，怪石嶙峋，路途狭窄，这里就是“葵兹”。燕庄公说，这就是山戎每次来进攻燕国的必经之路。齐桓公命人将所有辎（zī）重粮草分一半，在这里设立关卡，又命令鲍叔牙在此地负责转运之事。

山戎得知齐桓公大军来此，也有了应对之法。

文 无终国

曾出现于冀东大地。该国建立于约公元前11世纪周武王兴兵谋反灭商、分封诸侯之时，灭亡于战国前期赵襄子五年（公元前470年）。齐桓公二十三年（前663年），因燕国军队抵挡不住戎兵的猖狂进攻，便向当时的诸侯盟主齐桓公告急求救。无终国与齐国、燕国组成三国联军，共同讨伐山戎令支国。

□ 蚂蚁是救星

齐桓公率领军队攻打山戎，关键时刻，山戎人断了齐军的水源。管仲赶紧找齐桓公商量对策，齐桓公下令："赶紧寻找蚂蚁！"原来，公孙隰朋报告，有蚂蚁的地方必定有水源，蚂蚁冬天住在山的南面，夏天住在山的北面。而蚁穴下一寸的地方必然有水。

于是，齐军开始漫山遍野寻找蚂蚁。终于，在山的南面，齐军找到了蚂蚁，紧跟着就寻找到了清澈的山泉。齐桓公高兴地说："隰朋可以称圣了！"齐桓公将这伏龙山改名为龙泉山，将这泉水命名为圣泉。

山戎人自以为可以安枕无忧了，便饮酒作乐，喝得舌头都说不清话了。忽然，外面杀声震天，齐军到了！齐军杀了山戎个措手不及，缴获物资无数，也解救了很多被山戎俘虏的燕国百姓。

齐桓公命令不许滥杀无辜，投降的山戎人中，有人报告说，山戎国旁边有个孤竹国，山戎军队逃跑，一定是去孤竹国了。

齐军追踪山戎逃军，越走越荒凉。参天大树，原始森林，根本无路可走。管仲命人放火烧山，等火灭之后让战车先行，硬是开辟出了一条道路。

齐军实力雄厚，山戎逃兵和孤竹军队渐渐败下阵来。

孤竹军人心涣散，大多成了齐军俘虏。

追踪敌人的时候，齐军跟着进入旱海。这里黄沙扑面，天色灰暗。管仲急忙命令，敲起金鼓，跟着声音走。到晚上，一轮明月照亮了周围，齐军损失惨重。

管仲建议，可以将老马解开缰绳。老马识途，跟着老马，或许可以走出这片沙漠。

月色下，齐桓公一行人跌跌撞撞，终于跟着老马走出了旱海。

管仲派虎儿斑带领几十个手下，扮作老百姓混入无棣城。半夜，无棣城忽然火光冲天，齐军杀了进来。一场混战，宰相和元帅都被斩首，而国主答里呵则被生擒。

齐桓公命令将答里呵斩首。

燕庄公送齐桓公进入齐国国境，然而齐桓公却说："不是天子，诸侯相送不出境。吾不可无礼于燕。"齐桓公将燕庄公走过的土地都送给燕国，还请燕庄公要纳贡于周，就像成康时一样。

燕庄公感激涕零，诸侯纷纷传颂齐桓公的高风亮节。

事 孤竹国

是我国北方的著名古国。商代，孤竹国既履"任王事"之职，又负代商守土之责，为享有尊贵地位的诸侯国。西周之时，孤竹周边强国环伺，孤竹国势力衰微，不得不从属山戎，在公元前 660 年齐灭山戎之战中被一并消灭。

历史小课堂

山戎族之谜

大约距今3500年，位于内蒙古赤峰地区，曾活跃着中国北方最早发育起来的一支半农耕半游牧的民族——山戎。山戎人“以射禽兽猎物为食，其猎皮为衣，人习战以侵戎”，生性彪悍，民族分支多，在历史上有“百有余戎”之称，其鼎盛时期约为西周至春秋早期。

历史有记载，西周曾对戎有过多次战事，“烽火戏诸侯”的故事就发生在那一时期，最终犬戎杀掉周幽王，掳走褒姒，周王室被迫东迁。到了公元前664年，齐桓公兴兵救燕国，伐山戎，灭掉令支、孤竹山戎部旅，约战国晚期，山戎逐渐销声匿迹。

语文一点通

成语典故

“老马识途”

释义

老马认识路，形容有经验的人对事情比较熟悉。

出处

《韩非子·说林上》

原文 管仲、隰朋从于桓公而伐孤竹，春往冬返，迷惑失道。管仲曰：“老马之智可用也。”乃放老马而随之，遂得道。

译文 管仲、隰朋跟随齐桓公去讨伐孤竹国，春季东征，冬季返回，迷了路。管仲说：“可以利用老马的才智。”于是，（管仲、隰朋）放开了老马，跟随着它，终于找到了路。

第二十七话

鲁难未已

□鲁庄公的兄弟和儿子们

鲁庄公有三个兄弟，庶母兄长：公子庆父，庶母弟弟：公子叔牙，亲弟弟：公子季友。这三个兄弟都担任了鲁国大夫，但是季友最为贤德，鲁庄公和他最亲密。

鲁庄公即位后，经常去郎台观看风景。一天，他偶然发现一个美女，是党氏之女孟任。鲁庄公一见倾心，但孟任却将鲁庄公拒之门外。鲁庄公发誓，一定让孟任成为鲁国的夫人。孟任最终同意了鲁庄公的追求，两个人割破手臂盟誓。后来，孟任跟随鲁庄公回宫，一年后生下了公子般。

鲁庄公的幸福生活，让一个人大为恼怒，那就是鲁庄公的母亲——文姜。文姜虽然是鲁庄公的母亲，但她更是齐僖公的女儿，她心心念念的，是要让鲁庄公和齐国联姻。

公元前 662年——公元前 660年

人 卜齮（yǐ）

春秋时鲁国大夫。造成鲁国乱局的罪魁祸首之一。

在文姜的努力下，鲁庄公不得不与齐襄公的女儿姜氏订下婚约。鲁庄公又娶了姜氏的妹妹叔姜，生下公子启。鲁庄公的妾风氏生下公子申。鲁庄公三十二年（公元前 662 年），鲁国的危机终于爆发了。

这年冬天，鲁庄公准备进行雩祭祈祷，祭祀的前一天，在大夫梁氏家中彩排。梁氏的女儿花容月貌，是远近闻名的美人。

彩排当天，梁女踩着梯子看歌舞盛况，不料一个圉人也就是养马的人对着梁女唱起了情歌。公子般派人将圉人鞭打得头破血流，求饶不止，又跑去跟父亲鲁庄公诉苦。鲁庄公却说："听说那圉人勇猛无比，你应该杀了他，不然恐怕他会对你不利。"

鲁庄公三十二年（公元前 662 年），鲁庄公病重，他召见弟弟叔牙，问起自己的身后事。叔牙对哥哥庆父赞不绝口，而鲁庄公的眼神却越来越冷。

紧跟着，鲁庄公又召公子季友，问："鲁国的继承者，你觉得谁更合适呢？"

季友惊讶极了："主公何出此言？季友誓死捍卫公子般。"鲁庄公却说，"叔牙是想立庆父的，这该如何是好？"

季友回家之后，马上向叔牙宣读了鲁庄公的命令，赐叔牙喝鸩酒，否则灭族。叔牙只能喝下鸩酒，很快就去世了。

鲁庄公三十二年（公元前 662 年）八月，鲁庄公安然去世，公子般即位。

同年十月，公子般前去外祖父家奔丧。一天晚上，一个黑影潜入党臣家。就听见一声惨叫，家人慌忙赶到，却见公子般已经被杀死。党臣家人将刺客乱剑刺死。

这个刺客就是公子般之前痛打的圉人，给他通风报信的，就是庆父。

季友出奔陈国避难。

庆父扶立公子启即位，是为鲁闵公，这年鲁闵公才八岁。

鲁闵公虽然年幼，但也知道，落在庆父手里凶多吉少。鲁闵公元年（公元前 661 年），鲁闵公和齐桓公在落姑会盟。鲁闵公将鲁国发生的所有惨剧都告诉了齐桓公。

齐桓公支持鲁闵公召回季友为相国。这年冬天，齐桓公还派出大夫公孙湫出使鲁国。

仲孙湫回国后禀告齐桓公："庆父不除，鲁难未已。"齐桓公便问公孙湫，

人 圉（yǔ）人

官职名。周朝置，负责养马刍牧等事。

如何除掉庆父？公孙湫回答说：“祸患不止，将会自取灭亡，就请您等着吧！”齐桓公又问：“鲁国可以取得吗？”公孙湫说：“不行。鲁国人还遵行周礼。周礼，是立国的根本。下臣听说，国家将要灭亡，如同大树，躯干必然先行仆倒，然后枝叶随着落下。鲁国不抛弃周礼，是不能动它的。您应当安定鲁国的祸患并亲近它。再亲近有礼仪的国家，依靠稳定坚固的国家，离间内部涣散的国家，灭亡昏暗动乱的国家，这才是称霸称王的方法。”

卜齮找到庆父，告状说闵公的保傅夺他的田地。庆父却说：“假如鲁闵公遇刺，我就即位，那时候还收拾不了申不害？”鲁闵公二年（公元前660年），卜齮找刺客刺杀了鲁闵公。季友得到消息后，马上带公子申连夜出奔到邾国避难。

庆父逃跑到了莒。季友拥立公子申即位，是为鲁僖公。

鲁国请求莒国交出庆父，莒国派人将庆父送回鲁国。回去自然是死路一条，庆父在出奔路上请公子鱼替自己向季友求情，能否赦免自己？公子鱼哭着回来，庆父知道自己作恶多端，得不到赦免，走投无路，上吊身亡。

由庆父引发的危机，终于落下帷幕。

庆父
人物身份 鲁国上卿
智慧值 ★★
武力值 ★
生卒年不详

语文一点通

『庆父不死，鲁难未已』

出自《左传·闵公元年》

比喻若不清除制造内乱的罪魁祸首，国家就不得安宁。

成语背景 鲁国公子庆父为了一己私欲，蓄谋争夺君位，先后杀死两位国君，齐国大夫仲孙湫说如果不除去庆父，鲁国的灾难是不会终止的。在鲁国公子季友的带领下，百姓纷纷响应，一起声讨庆父。庆父自知大势已去，自杀身亡。

公元前
660年

第二十八话

爱鹤亡国

□热爱仙鹤的卫懿公

在卫国人眼中，卫懿公并不是一个好领导。他的全部兴趣都放在了饲养宠物上面。别人的宠物都是猫，狗，他则喜欢仙鹤。

卫懿公对仙鹤的喜爱达到了疯狂的程度。他爱仙鹤优雅的姿态，更爱听仙鹤高亢的鸣叫声。卫国人，凡是献上仙鹤的，都能获得重赏。没多久，卫懿公养了非常多的仙鹤，足有几百只。

卫懿公看仙鹤，越看越喜欢，他还给仙鹤册封了官职，有的仙鹤是大夫官职，有的仙鹤是士的职位。所以在卫国，当官的不只是人，还有卫懿公最爱的仙鹤。

每当外出游猎时，卫懿公就命令准备豪华宽敞的大车，让那些宝贝仙鹤坐在车里，和自己一起外出。

仙鹤当官，拿俸禄，这些钱都从哪儿来呢?

当然是卫国老百姓出钱了。

人 宗室之女

宗室之女是指与君主同宗的女儿，即不是皇帝的女儿，而是王爷的女儿，称为"宗室女"。

人 公子燬（huǐ）

卫文公（？—公元前 635 年），姬姓卫氏，初名辟疆，后改名燬，卫宣公之孙，卫昭伯（昭伯顽）之子，卫戴公之弟，春秋时期卫国第二十任国君，公元前 659 年—公元前 635 年在位。

卫国老百姓为了让仙鹤过的舒服，一天天当牛做马，活得很艰难。但是卫懿公根本不在乎。

忠臣石碏的后代石祁子是卫国大夫，他和大臣甯（nìng）速对此非常担心，多次劝告卫懿公，不能这样下去了，但是卫懿公权当是耳旁风，根本听不进去。

卫国的明白人都看出来，再这么下去，卫国人心都散了，必将遭遇大难。

公子燬出奔到齐国，齐桓公收留了他，还将宗室之女嫁给他。

卫国的危机，眼看就要发生了。

此时，北戎强大起来。

鲁闵公二年（公元前 660 年）十二月，北戎攻打卫国。

卫懿公得知北戎派大军攻打卫国，吓得六神无主，心里乱成一团：北戎凭什么攻打我们？我们卫国怎么得罪他们了？

卫懿公赶紧让手下把武器发给老百姓，希望发动老百姓一起抵抗北戎。但是老百姓早就为了逃难跑到郊外去了。士兵抓来几个老百姓回话，卫懿公很是气愤，问道："国家大难临头，尔等不战而逃，是何道理？"

老百姓却反驳说："主公最爱仙鹤，平时仙鹤拿了那么多俸禄，如今敌人来袭击，派仙鹤去迎敌就行了，何必找我们呢？"

这句话堵得卫懿公无话可说，脸一下就红了。自己平时的确除了仙鹤，没关注过国计民生，有什么理由要求老百姓保家卫国呢?

此时，北戎人已经杀到了荥泽。

卫懿公决定和北戎决一死战。他决定承担自己曾经付出的错误。甯速请求率兵对抗北戎，但卫懿公拒绝了。他将玉玦送给石祁子，让石祁子监国，又递给甯速一支箭，命令甯速保卫卫国。

卫懿公到了荥泽之后，奋勇杀敌，却不幸陷入了北戎的埋伏。卫国的士兵请求卫懿公去掉旗帜，赶快逃命，但是卫懿公拒绝了。最终，卫懿公和几个将军都阵亡了。

北戎囚禁了史官华龙滑和礼孔，并带着此二人一起追赶卫国人。这两个人说："我们是太史之官，掌管祭祀。如果不先回去，你们是不能得到国都的。"于是，北戎人让他们先回去。华龙滑和礼孔到了之后，就告诉守卫的人说，不能抵抗了。到了夜里，华龙滑和礼孔与国都的人一起撤退。北戎进入了卫国国都，又穷追不舍，在黄河边上击败了卫国人。太史滑龙华回去报信，说卫军全军覆没！

渡过黄河后，跟来的百姓，只有七百三十人。加上共、滕两邑的百姓五千人，卫国人拥立公子申为戴公，戴公在野外修筑草庵暂住在曹地，这在历史上被称为"庐于曹"。公元前 658 年，卫戴公因病去世。公子燬即位。齐桓公命公子无亏率领兵车三百乘，披甲战士三千人，保护公子燬，还送去猪马牛羊等生活物资。

之后，公子燬改元，是为卫文公。由于王宫经历了北戎的洗劫，卫文公只能在民间暂住。

人

戴公

卫戴公卫申，姬姓卫氏。卫国第十九位国君，前660年在位。他是卫宣公之孙，昭伯顽之子，卫懿公之堂弟，卫文公之兄。

卫懿公
本名 姬赤
人物身份 卫国国君
主要贡献 曾亲自率军反击狄人，最终失败
智慧值 ★
武力值 ★
公元前668年—公元前660年
（在位时间）

语文一点通

爱鹤失众《左传·闵公二年》记载

冬十二月，狄人伐卫。
卫懿公好鹤，鹤有乘轩者。
将战，国人受甲者皆曰：
"使鹤，鹤实有禄位，
余焉能战！"

原文大意 卫懿公九年（公元前660年）十二月，狄人攻打卫国。由于卫懿公非常喜爱仙鹤，甚至在出游的时候，这些鹤也各依品第，如同士大夫一样，乘载于华丽的轩车中。因此卫懿公准备派兵抵抗，但是国人说："让鹤去抵御狄人吧，俸禄官位都给了仙鹤了，我们哪里有本事为您打仗呢！"

后世相关诗词
元稹《和乐天感鹤》

我有所爱鹤，毛羽霜雪妍。
秋霄一滴露，声闻林外天。
自随卫侯去，遂入大夫轩。
云貌久已隔，玉音无复传。

公元前 659年——公元前 658年

第二十九话 报之以琼瑶

□狄人又来了

卫国被北戎攻击之后，整个国家一贫如洗，从卫文公到老百姓，大家都很艰难。齐桓公准备给卫国修筑一个城池。但刚有这个想法，就有消息说，狄人又来了！

齐桓公都气笑了，感情你们狄人回去度了假，休息够了又再来一次是吗？我们中原诸侯就那么好欺负？个个是薄皮大馅儿的包子，都是你们狄人的菜？

但眼下是帮卫国修城池呢，还是去打狄人？

管仲建议，当然要先打狄人。上一次，北戎攻击卫国，我们得到消息晚了，卫国遭受了灭顶之灾。如今狄人又攻打邢国，只能让卫国的百姓先等一等，打退了狄人再说修城池的事。

于是，齐国、宋国、曹国的军队在聂北集合。你们狄人不是一个一个国家打我们吗？这回就让你们看看，中原诸侯齐心协力的力量！

宋国和鲁国先到，但管仲建议，可以等一等，其他国家都聚齐了再打。让狄人好好消耗一下力量，这样联军就可以减少一些损耗。

不过，如此等待也很无情，因为此刻对抗狄人的，只有措手不及的邢国。

齐国和鲁国、宋国军队就在邢国边上，这期间狄人每日都在攻城。两个多月过去了，一天，邢国终于被攻破了。百姓四散逃命，还有直接逃进齐军大营求救的。

一个人痛哭流涕来找齐桓公，此人正是邢侯叔颜。叔颜哭着求齐桓公赶紧发兵，齐桓公也很惭愧。于是，三国大军一出，四散逃命的变成了狄人。

修了两座城

地 楚丘

古地名。夏中后期，季连（楚人先祖）部落的一支居此，故名楚丘。楚丘遗址位于今山东省曹县东北梁堌堆景山遗址中。

邢国被狄人放火烧成了平地。鲁僖公元年（公元前 659 年），齐桓公听说百姓们都往夷仪去了，于是便派人前往夷仪，为邢国修建城池。一个国家需要的太庙、朝堂、住所，百姓需要的街市，无不具备。另外，齐桓公还派人从齐国运送了很多猪马牛羊，生活用品，帮助邢国恢复正常生活。

鲁僖公二年（公元前 658 年）春天，安排好了邢国，齐桓公马上带着齐鲁宋联合工程队到了卫国。卫文公早早就在郊外等待了。

齐桓公便询问卫文公，是否找好了修筑城池的地点?

卫文公恭恭敬敬地说："已经找人占卜过，最佳地点就是楚丘。"齐桓公马上召集诸侯，前往楚丘，为卫国修筑城池。

号子声此起彼伏，人声鼎沸，数不尽的木料运送到卫国。一支浩大的多国工程队日夜奋战。终于，崭新的城池出现了，这里有恢弘的殿堂，整齐的住宅，笔直的大道，所有生活、生产需要的设施，都已经完备。

齐桓公作为诸侯盟主，带领诸侯抵抗外敌入侵，又为邢国、卫国修筑城池，彰显大国风范。

卫文公穿大布之衣，戴大帛之冠。他要从自身做起，尊崇俭朴，白手起家，重建卫国。卫文公教导百姓要勤于务农，也支持通商，在民间敬教、劝学，选取人才。

经过一代人的艰苦奋斗，鲁僖公元年时，卫国仅有革车三十乘，到鲁僖公二十五年，卫国已经拥有革车三百乘。

对于齐桓公的无私帮助，卫国老百姓交口称赞，卫文公为了表示心中的感激之情，特地创作了《木瓜》这首诗：

投我以木瓜兮，报之以琼琚。
投我以木桃兮，报之以琼瑶。
投我以木李兮，报之以琼玖。

到此时，齐桓公已经有保全鲁国、邢国和卫国三个诸侯国的功劳，还曾经帮助燕国灭了山戎。所以后人都尊称齐桓公为“春秋首霸”。

《卫风·木瓜》

原文

投我以木瓜兮，报之以琼琚。
匪报也，永以为好也。
投我以木桃兮，
报之以琼瑶。
匪报也，永以为好也。
投我以木李兮，
报之以琼玖。
匪报也，永以为好也。

原文大意　你将木瓜投赠我，我拿佩玉作回报。
不是仅为答谢你，珍重情意永相好。
你将木桃投赠我，我拿美玉作回报。
不是仅为答谢你，珍重情意永相好。
你将木李投赠我，我拿宝石作回报。
不是仅为答谢你，珍重情意永相好。

公元前658年——公元前655年

第三十话 假道伐虢

——宝璧与宝马

晋武公去世之后，他的儿子诡诸即位，是为晋献公。

晋国有两个邻国：虢国和虞国，这两个国家的最高领导人也是姬姓，和晋献公一个姓。但这虢公经常寻找机会在边境上和晋国发生冲突，总想多占点便宜。

时间长了，晋献公觉得，必须将这两个国家拿下，晋国才能安生。

鲁僖公二年（公元前658年），晋献公向大夫荀息问计，假如晋国攻打虢国，可行吗？荀息说那肯定不行啊！虢国和虞国是一条绳上的蚂蚱，我们打虢国，那虞国马上就来帮忙，到时候以一敌二，我们就吃亏了。

晋献公很是苦恼。

荀息说："主公，也不是没有办法。只要我们联系犬戎，让他们攻打虢国边境，我们就可以趁机出兵了。"

晋献公觉得计划不错。不料，虢公却打败了进犯的犬戎。

荀息又建议，可以贿赂虞国，借道攻打虢国，到时候还可以将这两个国家一起拿下。不过，需要将晋献公收藏的垂棘之璧和屈产之马送给虞公。

晋献公一听，心疼得直抽抽，他苦着脸问荀息："这两样实在是寡人心爱之物，能不能不送？换别的礼物行不行？"

荀息忙劝说："我们送去重礼贿赂虞公，就可以从虞国借道讨伐虢国。到时候虢国不存在了，虞国还能独存吗？到时候不都是主公囊中之物吗？"

荀息接着说道："宫之奇为人懦弱，不敢强谏；虞公贪心又愚蠢，就算有贤臣进谏，他也不会听的。"

看到荀息已经将虞公看透了，晋献公便放心地将珍爱的宝璧和宝马交给了他。

物 垂棘之璧

垂荆，春秋晋地名，以出产美玉著称。后借指美玉。

物 屈产之马

屈产，春秋晋地名，产良马。

荀息带着晋献公最宝贝的垂棘之璧和屈产之马来到虞国，将宝璧和宝马献给虞公。虞公早就听说过这两样宝贝，只恨无缘得见。如今宝物忽然主动来到虞国，荀息还说是晋献公送给自己的礼物，虞公高兴得就差跳舞了。他瞪大了双眼，眨也不眨盯着宝物，贪婪地看。

荀息非常谦卑地说道：“我们将这微薄的礼物赠送给君侯，是因为仰慕您的力量。而且，虢国无道，在客舍修筑堡垒，以此攻打敝国南部边境。我们希望能够从您这里借道路过，攻打虢国，出一口恶气。”

借路而已，就送这么宝贵的礼物?

虞公马上答应了。然而宫之奇却马上阻止说道：“主公千万不可答应！到时候虢国被灭，我们就是晋国下一个目标！我们和虢国是唇亡齿寒，互相依存。千万不能帮着晋国！”

不愧是宫之奇，一眼就看穿了荀息的诡计。

然而不管宫之奇怎么说，虞公就是听不进去。鲁僖公五年（公元前 655 年）冬天，晋献公出兵攻打虢国。晋国出其不意，很快就攻克了虢国。晋国军队撤退时在虞国驻扎。让虞公想不到的是，晋国军队顺便就灭了虞国。虞公和大夫井伯、百里奚都成了晋国的俘虏。

荀息将曾经送给虞公的宝马和宝璧交还给晋献公，晋献公审视一番说道：“宝璧还是那块宝璧，然而宝马的年齿却增长了。”

虞公悲叹道：“这就是没听宫之奇劝谏的下场啊！”

荀 息
人物身份 晋国大夫
历史影响 假途灭虢、危如累卵、献公托孤
特殊技能 外交才能卓越
智慧值 ★★★★
武力值 ★★
生卒年不详

语文一点通

“假道伐虢”

指以向对方借道为名义，而实施消灭对方的行动。

出自《左传·僖公二年》

晋荀息请以屈产之乘与垂棘之璧，假道于虞以伐虢。

原文大意 晋国的荀息请求用屈地出产的马和垂棘出产的玉向虞国借路来进攻虢国。

《三十六计》第二十四计——假道伐虢

“唇亡齿寒”

出自《左传·僖公五年》

晋侯复假道于虞以伐虢。
宫之奇谏曰：“虢，虞之表也；虢亡，虞必从之。
晋不可启，寇不可玩，一之谓甚，其可再乎？
谚所谓‘辅车相依，唇亡齿寒’者，其虞、虢之谓也。”

原文大意 虢国和虞国是春秋时期互相依赖的两个小国，相互扶持着。晋献公送给虞国国君许多礼物，请求借道虞国伐虢国。大夫宫之奇阻止说：“不行啊！虞国和虢国就像牙齿和嘴唇的关系，没有了嘴唇，牙齿就会感到寒冷（唇亡齿寒）。我们两个小国相互依存，有事可以彼此帮助，万一虢国被消灭了，我们虞国也就难保了。借道给晋国万万使不得。”

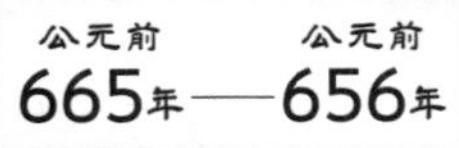

第三十一话 骊姬之乱

□申生的危机

晋献公有八个儿子，其中世子申生品德高尚，又有能力，最受百姓爱戴。但是晋国有一个人最恨申生，那就是晋献公的宠妃——骊姬。申生越优秀，骊姬的儿子奚齐继承晋国就越不可能。

骊姬为了儿子奚齐将来能登上晋侯之位，便与晋献公的宠臣梁五、东关嬖（bì）五勾结到了一起。鲁庄公二十八年（公元前 666 年），梁五和东关嬖五两个人就劝说晋献公，曲沃有晋国的宗庙所在，是我们晋国的宗邑。这么重要的地方，当然需要世子申生为主，公子重耳和公子夷吾去守卫蒲与屈，这样我们晋国才能威慑周边的戎人。

晋献公欣然同意。于是，到了夏天，各位公子都被安排到了边境，唯独留下骊姬和妹妹的两个儿子在绛城。

鲁闵公二年（公元前 660 年），晋献公命令世子申生去攻打侵犯晋国的东山皋落部。大夫里克马上劝谏晋献公，不应该让世子申生率兵攻打皋落氏。

“世子出则抚军，守则监国，这是从古代流传下来的制度。世子作为您的继承人，假如出征不顺，还怎么继承呢？”

(物) **胙**

古代祭祀时上供的肉。

但晋献公却直接回答里克："寡人有子，不知道立谁！"

这句话暴露了晋献公想要废除申生的真实想法，里克便默默退下了。

老臣狐突得到消息，马上意识到世子深陷危机。他劝说申生赶紧逃跑吧，但申生却说自己宁愿战死，也绝不逃跑。因为这是父亲的命令，不能违抗。就算是自己战死，也能留下一个好名声。

所幸，这次战斗，申生凯旋。

晋献公假道伐虢之后，骊姬又劝说晋献公让荀息当奚齐的师傅，为儿子拉来了一个有力的帮手。对于另一个重臣——里克，骊姬也派人威胁他，不许干涉自己的计划。

鲁僖公四年（公元前 656 年），骊姬告诉世子申生，说晋献公梦到了去世的夫人齐姜，世子应该赶紧祭拜一下自己的生母齐姜。申生祭拜之后，按照常例，将祭祀后的祭肉送给晋献公。但是，当时晋献公在外打猎，没在宫中。

六天后，晋献公回宫，骊姬派人献上申生献上的祭肉，说这是申生祭祀后送来的。晋献公刚要吃，骊姬又惺惺作态道：“主公，外来的东西还是检查清楚再吃吧！”

骊姬派人拉来一条小狗，将肉扔在地上。小狗过来吃了肉，突然狂吠起来，不一会儿就死去了。

晋献公看得眼睛都直了，这是我儿子给我送来的肉？

晋献公大怒，马上派人处死了申生的太傅杜原款。

有人建议世子申生应该入宫向晋献公辩白，说清楚这件事情，晋献公一定能分辨事情真相。但申生却说：“父亲如果没有骊姬，一定会居不安，食不饱。我若说清楚这件事，骊姬必定获罪。父亲年老，我不能令父亲开心。”

于是，有人问世子申生是要出奔他国吗？

申生感叹道：“我担负着杀父的罪名，谁能接纳我呢？”

这年冬天，世子申生在新城自尽。

人 **杜原款**

晋国大夫，太子太傅。据《京兆杜氏宗谱》记载：“原款，晋太子申生太傅。”

文 谗言

指说坏话诽谤人。亦指挑拨离间的话。

公子重耳和夷吾来见晋献公，有人对骊姬说，“这两位公子怨恨你进谗言害死了世子。”骊姬听了这话，胆战心惊，决定开始实施新的计划。

骊姬对着晋献公哭诉：“听说公子重耳和夷吾早就知道世子申生下毒害您这件事。”晋献公这次有点怀疑，怎么我的儿子都是叛贼？

公子重耳和公子夷吾听说了这件事，内心惶恐，分别出奔到蒲和屈。

晋献公大怒，这两个逆子，果然有阴谋！

晋献公派兵马捉拿公子重耳和公子夷吾。这两位公子明白父亲受骊姬蛊惑，晋国，已经待不下去了。

公子重耳、公子夷吾分别出奔别国，晋国从此陷入骊姬的掌控。

骊　姬
人物身份
晋献公宠妃
主要事绩
以一己之力，使晋国王室动荡
智慧值
★
武力值
★
生卒年不详

历史小课堂

『骊姬之乱』给晋国带来的灾难

骊姬之乱持续了六年之久，晋献公废立太子，致使重耳、夷吾被迫逃往他国，动摇了晋国国本。

晋侯献公在位二十六年，是晋国由小到大、由弱到强的大发展时期。“骊姬之乱”暂时中断了武、献以来蓬勃发展的进程，从献公二十六年（前651）到文公元年（前636）的十五年间，政治局势很不稳定，再到晋侯文公归国，才结束了“骊姬之乱”的影响。

此外，“骊姬之乱”间接影响了晋国未来的政局走向。在献公继位后，晋国公族尽灭，异姓卿族势力兴起，这也为以后的三家分晋埋下了伏笔。

公元前
656年

第三十二话 秦晋之好

联姻的好处

文 戎狄

是先秦时代华夏对西方和北方的非华夏部落的统称，即北狄和西戎的合称。

秦穆公名叫任好，是秦国第九位国君。

秦国和晋国相邻，眼看着晋国逐渐强大了起来。秦穆公即位六年，还没有夫人。于是，秦穆公派公子絷（zhí）出使晋国，希望求娶晋献公的长女为夫人。

对于秦国和晋国而言，两个相邻的国家都有通过联姻修好的必要性。

因为在秦国和晋国壮大发展的过程中，势力扩张，发生过一些摩擦。

对于秦国来说，立国比中原诸侯晚，地理位置又比较偏僻，秦国要实现称霸的目的，就必须解决东出中原的障碍。

而对于晋国来说，虽然实力雄厚，却经常受到戎狄的骚扰，而且若要实现称霸目的，也需要像秦国这样的盟友。

所以，晋献公一见到公子絷，就马上明白了秦穆公求亲的诚意。

晋献公派太史苏对这桩婚事进行了占卜，太史苏占卜的结果是《雷泽归妹》卦变到了《睽》卦。

太史苏一看，结果不妙啊！秦国就在晋国西边，这“西邻责言”，难道两国还要发生纠纷？而且这卦又是雷，又是火的，车子脱离了车轴，大火烧了军旗，这不利于出师。

晋献公虽然觉得卦象不好，却在心里坚定地认为，和秦国联姻，对晋国非常有利。想到曾经有从筮不如从卜的传统，就答应了秦穆公的求婚。

三定晋君

秦穆公与晋国联姻之后，励精图治，为增强秦国实力不断努力。

但谁都想不到，晋献公去世之后，由于晋献公的宠妃骊姬争权，晋国陷入混乱之中。

秦穆公这样一位西方诸侯，又是晋国姻亲，成了晋国诸位公子争取的助力。最终，在秦穆公帮助下，公子夷吾回到晋国即位，是为晋惠公。

然而谁都想不到，晋惠公回国之后，马上反悔了要将河西之地答谢秦穆公的承诺，还立刻杀害了晋国的七舆大夫。后来晋国发生了饥荒，晋惠公又向秦穆公求助，秦穆公宽容大度，发动泛舟之役，倾尽全力帮助晋国度过饥荒。

然而，等秦国发生饥荒的时候，晋惠公却拒绝了秦穆公的求援。

由于晋惠公的忘恩负义，秦国和晋国发生了韩原之战，秦穆公大败晋惠公。晋惠公也被秦军俘虏。

晋惠公回国之后，不得不将河西之地献给秦国。

晋惠公去世之后，在秦国为人质的世子圉逃回晋国即位，是为晋怀公。

世子圉在秦国为人质时，秦穆公曾经将女儿怀嬴嫁给他。如今，世子圉为了即位居然逃跑，这又激怒了秦国。

晋怀公无力平定晋国内乱，秦穆公于是派人找到了公子重耳。秦穆公将宗室之女五人嫁给了公子重耳，还派重兵护卫公子重耳回到晋国。

公子重耳回国之后即位，是为晋文公。

秦国对晋国君主的扶立，被《史记》称赞为“三置晋君”。

秦晋联姻对后来晋国的国君即位产生了重大影响。而秦国，也在与晋国的一次次合作与斗争中逐渐成为一个强大的国家。

语文一点通

“秦晋之好”

泛指两家联姻。

出自《左传·僖公二十三年》

秦伯纳女五人，
怀嬴与焉。
奉也沃盥，
既而挥之。
怒曰：
“秦、晋匹也，
何以卑我！

原文大意 “秦晋之好”这则成语原作“秦晋之匹”，指两姓相匹配的联姻。春秋时，秦、晋两国国君好几代都互相通婚，故有此称。后世多作“秦晋之好”，泛指两家联姻。

公元前
655年

第三十三话

百里奚的春天

□羊皮换来的人才

虞公被晋国俘虏之后，大臣百里奚陪他在晋国当俘虏。虞公去世后，百里奚被选为晋国与秦国联姻时陪嫁的奴隶。百里奚不堪受辱，所以逃到楚国放牛。

秦穆公得知百里奚很有才华，想将百里奚挖到秦国重用。为了不被楚王发现，秦穆公派人拿五张羊皮去楚国，说百里奚是逃跑的奴隶，要他返回秦国。楚成王一听，这么点小事还来报告我？大手一挥，就让百里奚走了。

秦穆公见到百里奚，很是失望，这老人头发全白了，他忍不住问：“您有多大年纪了？”

百里奚说自己七十岁了。

秦穆公放了百里奚，要同他畅谈国事。百里奚推辞说道：“我不过是亡国之臣，还有什么可问的。”秦穆公说：“虞公正是因为没有听您的劝告才亡国的。”于是和百里奚畅谈了三天三夜，秦国的未来如何发展，逐渐在他的脑海中清晰起来，如同美丽的蓝图。

秦穆公拜百里奚为上卿，将秦国的重要政务都交给他处理。

百里奚的朋友

百里奚这个被秦穆公用五张公羊皮换回来的上卿深得老百姓喜爱，他们尊称百里奚是五羖（gǔ）大夫。

然而百里奚却找到秦穆公，说推荐一个人，代替自己当秦国的上卿。秦穆公很惊讶，难道秦国对百里奚有不到之处?

百里奚却说，蹇（jiǎn）叔的眼界远在自己之上。早年间，百里奚外出游历被困在齐国，穷困到要饭为生，是蹇叔收留了自己。后来，百里奚想要投奔齐国的国君无知，蹇叔却说不可。百里奚因此就没去，于是躲过了齐国动乱的灾难。到了周朝之后，百里奚又想凭自己养牛的本事出仕，因为当时的周王子颓很喜欢牛。又是蹇叔劝阻了百里奚，百里奚因此又躲过了一次杀身之祸。其实，当时百里奚到虞国时，蹇叔也劝阻过他，百里奚自己也知道虞君贪财忘义，必定不能重用自己。但是由于百里奚实在太想找到发挥能力的地方，最后没听蹇叔的，到了虞国为官。

百里奚两次听从蹇叔的劝告，就躲过了两次灾难。一次没听从蹇叔的劝告，就被俘成为奴隶。所以百里奚真心佩服蹇叔，认为蹇叔有经天纬地之才，他若能当秦国上卿，自己甘愿让贤。

秦穆公于是命人带着礼物和百里奚的亲笔信，到鹿村寻访这位能人——蹇叔。

蹇叔被秦穆公的诚意打动，带着儿子白乙丙前去拜见。秦穆公封蹇叔为左庶长，封百里奚为右庶长，封白乙丙为大夫。蹇叔和百里奚一起，对秦穆公争霸，起到了关键性作用。

百里奚
本　名
姜姓，字子明，号五羖大夫
人物身份
春秋时期著名政治家、思想家
主要贡献
帮助秦国称霸西戎，为秦国最终统一奠定了牢固的基础
智慧值
★★★★
武力值
★
公元前725年—公元前621年

语文一点通

五羖皮，
出自《史记·卷五》，
意为五张公羊皮，
还用来代指五羖大夫百里奚，
后也用来比喻出身低贱的才士。

原文大意 ……“吾媵臣百里奚在焉，请以五羖羊皮赎之。”……固问，语三日，缪公大说，授之国政，号曰五羖大夫。

故事背景 百里奚本是春秋时虞国大夫，晋灭虞后成为晋国俘虏。秦穆公听到了百里奚的情况，并了解到他是一位很有才干的贤士，想将他赎回。为了不引起怀疑，便只用了五张公羊皮为代价将他赎了回来。百里奚果然不负众望，帮助秦穆公治理国家，而他也得了“五羖大夫”的雅号。

公元前 655年——公元前 636年

第三十四话 公子重耳的流亡之路

□ 公子重耳的班底

晋国即将陷入大乱。

鲁僖公五年（公元前 655 年），晋献公派出宦官勃鞮到蒲地捉拿公子重耳，命令贾华到屈地捉拿公子夷吾。

重耳说：“父亲和君主的命令是不能抵抗的。”

狐偃和哥哥找到重耳商议，可是宦官勃鞮已经率兵赶到，包围了重耳的府邸。正在这时，勃鞮赶到，居然将手中剑飞出，斩掉了重耳的衣袂。

重耳狼狈不堪地逃到了翟国，凳子还没坐热，追兵又来了！翟君正要命令放箭，来人高声呼喊：“别放箭！我们是来投奔公子的！”重耳仔细一看，说话的人是大夫赵衰，还有胥臣、魏犨、狐射姑、颠颉、介子推与先轸。这些都是晋国的贤臣，重耳至此才松了一口气。

后来，晋献公在临终前，将奚齐托付给荀息，让奚齐继承自己的晋侯之位。

晋献公对荀息说："我打算立奚齐为继承人，可是他还太小，恐怕大臣们不服。我也害怕会出乱子，你能拥立他吗？"

荀息说："能。"

晋献公问，"你有什么凭证呢？"

荀息说："即使您死而复活，在世的我依然不会对您感到愧疚，以此为证。"于是，晋献公将奚齐托付给荀息。

为了保证奚齐能够顺利即位，晋献公甚至将所有的公子赶出晋国，晋国王室为之一空。

九月份，晋献公去世。骊姬的计划成功了。但她深知，公子重耳就在翟国，公子夷吾也出奔到了梁国，威胁依然存在。

□自愿流亡

人 晋文公“五贤士”

晋文公重耳流亡期间一直有贤臣相辅，他们不仅对重耳忠心耿耿，在逃亡十九年里不离不弃，在重耳登基之后，更是帮助他用短短四年时间实现霸业，这几位也被世人称为“五贤士”。他们分别是：文武全才狐偃、机智如渊赵衰、果敢有谋的名将先轸、“兄长”贾佗和“武夫”魏犨 [chōu]。

大臣里克找到荀息，劝说他不要帮助骊姬，以免晋国大乱。可惜，无论里克怎么说，荀息都坚守曾经对晋献公许下的诺言。

在奚齐为晋献公举哀时，里克派去的刺客刺杀了奚齐。荀息急得要碰柱尽忠，骊姬却劝住了荀息，说还可以立卓子。

卓子是骊姬妹妹与晋献公之子。但里克决心未改，卓子、荀息、骊姬也先后被杀死。

里克等人打算拥立公子重耳为君，但重耳推辞说：“我违背父亲的命令逃出晋国，父亲去世了我又没有奉行当儿子的礼节守丧，我怎么敢回国即位呢？大夫们还是改立其他公子吧。”

虽然里克明白夷吾为人残酷贪婪，但也没有更好的选择，只能拥立夷吾即位。

公子夷吾在秦穆公帮助下，顺利回到晋国即位，是为晋惠公。重耳在失去了一大批亲人之后，与晋侯之位无缘，在翟国一住就是十二年。晋惠公对重耳也不放心，又派宦官勃鞮去刺杀他。

路过卫国，重耳本想借住，但卫文公对待重耳十分无礼。重耳一行人只能离开卫国，在五鹿这个地方，重耳实在饥渴难忍，便让狐偃去要点吃的。干活的农夫居然递给他们泥土，让他们吃土充饥。重耳大怒，赵衰急忙劝告：“这是天大的吉兆！这不是上天要送给公子土地吗？”

大家只能再度上路，越来越走不动。忽然介子推送上了肉汤，重耳狼吞虎咽喝下肉汤，恢复了体力。他询问介子推，怎么会有肉汤？介子推说：“臣无能，只能割肉为公子疗饥。”重耳心痛如绞，流下了热泪。

一路艰辛，总算走到了齐国。齐桓公盛宴款待重耳，还送给他美女宝马。生活又安定下来。

后来齐国发生变乱，重耳不得不再度出奔避难。在曹国，曹共公听说重耳生来骈肋，居然偷看重耳洗澡。重耳不得不到了宋国。宋襄公虽然热情，但新打了败仗，无力帮助重耳回晋国。重耳日夜兼程到了郑国，郑文公却嘲笑重耳背父弃君，对他十分无礼。郑国的大臣叔詹劝说郑文公道：“晋国这位公子十分贤明，跟随他的人都十分有才能。而且，晋国和郑国原本就是同姓。”但郑文公却十分不屑，说出奔的这些公子路过郑国的太多了，怎么可能都以礼相待？

最后，重耳来到楚国，受到楚成王热情接待。

又过了很多年，在秦穆公帮助下，重耳即位，是为晋文公。这时他已经六十二岁，他出奔到翟国时，四十三岁。

十九年流亡之路，成就了春秋五霸之一——晋文公。

历 史 小 课 堂

公子重耳的流亡之路

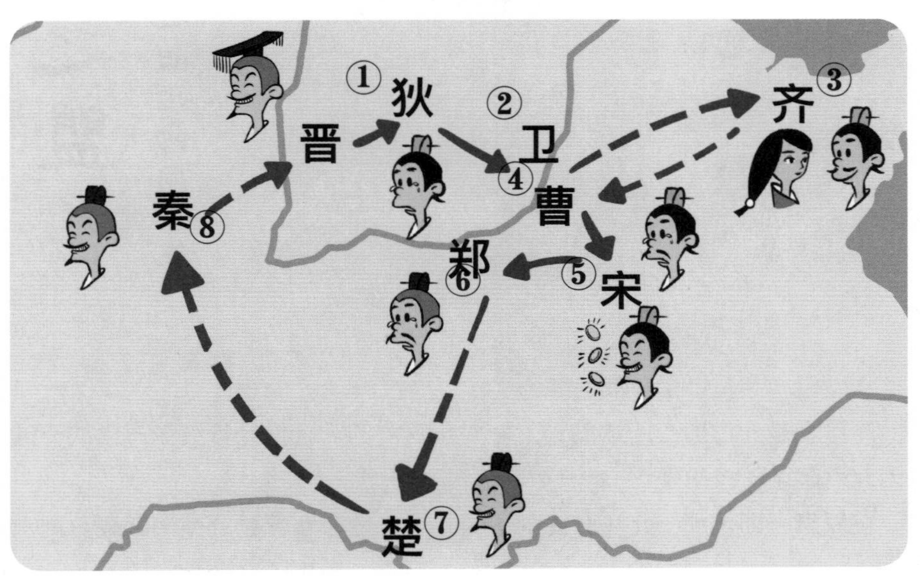

由于骊姬之乱，
被迫离开晋国

① **狄国**（外祖父的国家）

② **卫国**（不被礼貌对待）

③ **齐国**（受到齐桓公的礼遇，并娶妻齐姜）

④ **曹国**（被曹共公偷看沐浴）

⑤ **宋国**（受到宋襄公礼遇）

⑥ **郑国**（不被礼貌对待）

⑦ **楚国**（以国君之礼的接待，许战争时“退避三舍”作为报答）

⑧ **秦国**（受到秦穆公的礼遇，并赐婚，一路护送回晋国）

公元前
651年

第三十五话 葵丘之盟

□偏心眼儿的周惠王

人 周惠王

周釐王姬胡齐之子，东周第五任君主，谥号惠王。

周惠王是一位随心所欲的君主。对于喜欢的人，他经常给予超常的待遇，也因此引起了一些纷争。

在周惠王即位那一年（公元前 676 年），虢公和晋献公都去朝觐。周惠王很开心，于是用甜酒招待虢公和晋献公。后来，周惠王又分别赏赐虢公和晋献公玉五对、马四匹。

然而，这看似公平的举动，其实是非常不合乎礼仪的。因为周天子分封的诸侯爵位不同，相对应的礼仪也是不同的。晋国的爵位是侯爵，而虢公曾经担任周王朝卿士，爵位高于晋国。所以周惠王用同等礼仪招待虢公和晋献公，并不对。

周惠王在即位那年迎娶陈国女子为王后，史称惠后。惠后偏爱小儿子带，时间久了，周惠王就想要废了太子郑，将小儿子带立为太子。

消息传到齐国，齐桓公脸色大变，身为诸侯首领，要想在这件事情上置身事外，是不可能的。难道，齐国又要开始作战了？

管仲说：“主公何必担心？太子郑之所以境况危急，是因为没有靠山。假如主公上奏周惠王，诸侯求见太子，那时候君臣见面，诸侯支持，太子之位就无法动摇了。”

事 葵丘之盟

公元前 651 年，齐桓公在葵丘大会诸侯，参加会盟的有齐、鲁、宋、卫、郑、许、曹等国的国君，周襄王也派代表参加，对齐桓公极力表彰。这是齐桓公多次召集诸侯会盟中最盛大的一次，标志着他的霸业达到了顶峰，齐桓公成为中原的首位霸主。

事 宗庙

是中国古代天子或诸侯祭祀祖先的场所。

于是齐桓公一边联系各路诸侯，一边上奏周惠王。周惠王看着齐桓公的上书，真是心窝子发酸，眼眶子发热。想不到我儿子比我有人缘！但周惠王没有理由拒绝，尤其是，这是齐桓公发出的倡议。

齐桓公得到周惠王同意后，马上在首止修建宫殿。齐桓公率领宋、鲁、陈、卫、郑、许、曹这几国的诸侯在首止迎接太子郑。

见面之后，齐桓公坚持让诸侯用君臣之礼拜见太子郑，而太子郑却坚持用宾主之礼。太子郑的谦虚，让各路诸侯都对他印象很好。

单独和齐桓公见面时，太子郑眼圈红了。自从母亲姜后去世之后，还没有人这样帮助过自己。自己每日生活在父亲的嫌弃和继母的挑剔中，活得太艰辛了。

齐桓公好言劝慰太子郑，说自己一定会将这件事情管到底，请他放心。这天晚上，太子郑在行宫睡得很踏实。

齐桓公请太子郑安心住下，等暑气退去再结盟。

这次会盟之后，太子郑获得了以齐桓公为代表的诸侯支持。后来，周惠王去世后，齐桓公率领宋、鲁、卫、陈、郑、曹、许，八国诸侯派出代表到洛邑，拥护太子郑即位，是为周襄王。

鲁僖公九年（公元前 651 年）夏天，齐桓公会同鲁僖公、宋子、卫侯、郑伯、许男、曹伯在葵丘会盟。周襄王派出太宰宰孔参加了这次会盟。

为了表示对齐桓公支持自己的感谢，周襄王特地命宰孔赐齐桓公胙，（也就是祭庙肉），并说：“天子祭祀周文王和周武王，派宰孔赏赐给伯舅胙。”

按照惯例，宗庙胙肉是只分给同姓的。但天下公祭，异姓被（pī）功德者也可同得赐胙。

齐桓公激动万分，在即将下拜时，又听宰孔说：“还有后命，天子派宰孔说，因伯舅年老，又劳顿，赐一级，无下拜！”

这来自周天子的另眼相看让齐桓公感动了，他说：“天威不违颜咫尺，小白怎么敢贪天子之命，不下拜呢？”

齐桓公郑重按照礼节下拜。

齐桓公和各位诸侯在葵丘之盟郑重宣誓：“凡我同盟之人，既盟之后，言归于好。”

齐桓公的霸业达到顶峰，成为中原首位霸主。

历　史　小　课　堂

节选自　《孟子·告子下》

原文

五霸，桓公为盛。
葵丘之会诸侯，
束牲、载书而不歃血……今之诸侯，
皆犯此五禁，
故曰：今之诸侯，五霸之罪人也。
长君之恶其罪小，逢君之恶其罪大。
今之大夫，皆逢君之恶，
故曰：今之大夫，
今之诸侯之罪人也。

原文大意　在五霸中，齐桓公的事功最为盛大。在葵丘的一次会盟中，大家捆绑了祭祀的物品，把盟约放在它身上，因为相信诸侯不敢负约，便没有歃血……然而，今天的诸侯都违反了这五条禁令，所以说：今天的诸侯，对五霸来说是有罪之人。臣下帮助君主干坏事，这罪行还小；臣下为君主干坏事找借口和依据，使他更加无所忌惮，这罪行可就大了。而今天的大夫，都逢迎君主的过失与罪恶，所以说，今天的大夫，对诸侯来说也是有罪之人。”

孟子借公元前 651 年的“葵丘之盟”，对春秋战国时期的诸侯大夫提出了深刻的批评，崇尚王道，反对霸道。

审读推荐 | 陈诗宇　《汉声》编辑《国家宝藏》服饰顾问，工艺美术史学者

全文审读 | 杨笑然　北京一零一中学历史教师

文字作者 | 张　园　现当代文学硕士，自由撰稿人。喜马拉雅签约主播，主讲《〈古文观止〉背后的故事》（订阅听众一万人）；读者 · 新语文公众号签约撰稿人；在期刊发表多篇文学赏析、历史文章，曾经出版历史作品《有趣又好读的古诗文》。

漫阅童书

漫阅童书是一家集童书出版、版权授权与运营、图书销售、供应链服务于一体的多平台综合性传媒公司，以推动全民阅读为己任，以提高中国儿童阅读心智为目标，致力于打造和推广适合中国家庭阅读的精品原创童书。2020 年荣获当当平台飞速增长供应商荣誉称号。

策 划 人 | 刘润东　魏　诺

统筹编辑 | 王琪美

装帧设计 | 刘雅宁　张立佳　辛　洋　马司雯

少年读春秋战国

争霸之路

漫阅童书 著·绘

北京理工大学出版社
BEIJING INSTITUTE OF TECHNOLOGY PRESS

图书在版编目（CIP）数据

少年读春秋战国：全四册 / 漫阅童书著绘. -- 北京：北京理工大学出版社, 2023.9
ISBN 978-7-5763-2681-9

Ⅰ. ①少… Ⅱ. ①漫… Ⅲ. ①中国历史—春秋战国时代—少儿读物 Ⅳ. ①K225.09

中国国家版本馆CIP数据核字(2023)第143095号

责任编辑：王琪美　　　责任印制：王美丽
责任校对：刘亚男

出版发行 / 北京理工大学出版社有限责任公司
社　　址 / 北京市丰台区四合庄路 6 号
邮　　编 / 100070
电　　话 /（010）82563891（童书售后服务热线）
网　　址 / http://www.bitpress.com.cn

版 印 次 / 2023 年 9 月第 1 版第 1 次印刷
印　　刷 / 北京尚唐印刷包装有限公司
开　　本 / 710 mm × 1000 mm　1/16
印　　张 / 49.5
字　　数 / 400 千字
审 图 号 / GS（2022）5577号
定　　价 / 168.00 元（全四册）

序

亲爱的家长们和小朋友们:

在孩子们的成长过程中，学习历史是一项非常重要的任务。历史不仅可以帮助我们了解过去，还能够培养孩子们的思考能力、判断力和价值观。而其中，春秋战国时期作为中国历史上的一个重要阶段，对于我们理解中国文化和思想的演变有着深远的影响。因此，推荐给大家一套非常出色的书籍——《少年读春秋战国》。

这套书在诠释春秋战国历史时有着独特的亮点。

首先，书中明确而清晰地展示了时间线，将每一个故事串联起来。孩子们可以通过阅读这本书，清晰地了解到春秋战国时期各个事件的发生顺序，有助于他们建立起对历史进程的整体把握能力。

其次，以历史人物群像为特点。生动的描写，使孩子们能够深入了解每个人物的思想和作为，帮助他们树立正确的人生观和价值观。

全书还配有精美的插画，将春秋战国时期的场景和人物栩栩如生地展现在孩子们面前，增加了阅读的趣味性和吸引力。孩子们不仅可以通过文字理解历史，还能通过栩栩如生的画像感受历史，使学习过程更加生动有趣。

让我们一起走进《少年读春秋战国》，重温那段辉煌的历史，感受智慧与勇气的交织，为孩子们的历史学习之旅注入新的活力。希望家长们能够鼓励孩子们阅读这套书，让他们在阅读中收获知识、成长智慧，为未来的人生道路打下坚实的历史基础。

陈诗宇

目录

公元前 651年——公元前 650年

第三十六话 白眼狼晋惠公

□热心助人秦穆公

晋国大乱时，公子夷吾为了抢夺继承权，没少花费心思。为了拉拢国内的权臣，夷吾主动写信，承诺自己即位后要给里克汾阳之田百万。

当时秦穆公身为晋国的女婿，也想要帮助平定晋国内乱。郤（xì）芮劝公子夷吾，应该重赂秦国，以求回到晋国继承晋侯之位。郤芮对公子夷吾说："现在晋国还是别人的，公子您又何必爱惜呢？只要能回到晋国，赢得晋国之民，土地有何可惜？"

于是公子夷吾表示，秦穆公只要帮助自己，那么愿意割黄河以西给秦穆公。

鲁僖公九年（公元前 651 年），秦穆公选择帮助公子夷吾。后来，秦穆公出兵车三百乘，齐桓公派去使者隰朋，周惠王也派去王子党，共同扶立公子夷吾即位，是为晋惠公。

晋惠公感谢了各方使者，但是秦国使者公孙枝还没回去。

说好的河外五城呢？

真到了割让城池的时候，晋惠公舍不得了。而且刚上任就割地？老百姓不骂死自己啊！晋惠公决定还是食言吧，他派丕郑父出使秦国，向秦穆公解释。

丕郑父见到秦穆公后却建议，可以将晋惠公的帮手吕甥、郤芮召到秦国，除掉这二人。自己和里克为内应，扶立公子重耳即位。

秦穆公心动了，派出大夫冷至到晋国见机行事。

晋惠公的心腹郤芮早就怀疑里克心存不满，要知道，里克一人杀死了晋献公两个儿子，就连荀息也死在他手上。这样的人如果不除掉，自己还能有好日子过？

郤芮蛊惑晋惠公，逼死了里克。

丕郑父刚到晋国，就听说里克遇害的消息。晋惠公当时的承诺不但没有兑现，反而要了曾经帮助过他的人的性命！丕郑父不寒而栗，准备赶紧离开晋国。

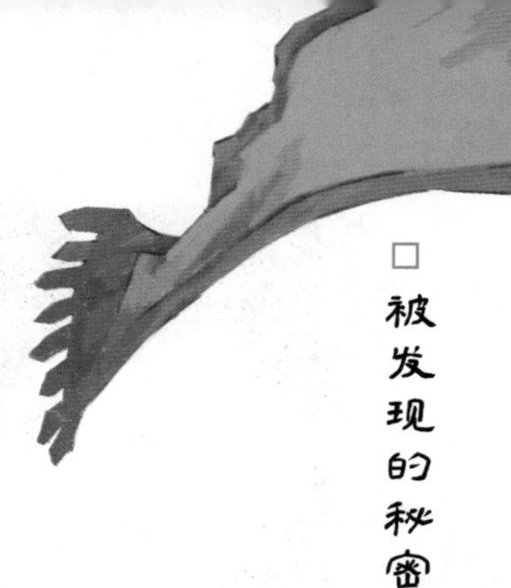

鲁僖公十年（公元前 650 年），丕郑父对秦穆公说：“吕甥、郤称、冀芮其实根本不遵守诺言，给贵国说好的河外五城，如今却拒不割让。不如秦国派使者携带重礼访问晋国，到时候臣在晋国里应外合，想办法逼走晋惠公。那时候您就可以接公子重耳回晋国即位了。”

秦穆公依计行事，晋惠公喜不自胜。秦穆公只是要见见吕甥等三人。这有何难？晋惠公马上同意了，让他们跟着秦国大夫冷至一起回去。

三人私下里商议，此事可疑。秦穆公怎么可能放着地不要，就只是看看我们？郤芮非常肯定，这绝对是陷阱。

郤芮发现，丕郑父每天晚上和共华等人在家里议事，这些人里有祁举、七舆大夫、左行共华、右行贾华、叔坚、累虎、特宫、山祈等。

郤芮将丕郑父密谋不轨的事情汇报给晋惠公，晋惠公恼羞成怒，自己这才刚上任，竟然有这么多反对的！他命令将丕郑父等人马上处死！

丕郑父的儿子丕豹跑到秦国，丕豹面见秦穆公，他对秦穆公说：“晋侯背大主而忌小怨，老百姓不会支持他的。如果您讨伐晋国，晋侯必定出奔。”秦穆公却说：“晋侯如果失去了民心，怎能诛杀大臣呢？晋国人都逃难避祸去了，谁能让晋侯出奔呢？”

秦穆公明白，丕豹的意思是，晋惠公能够回到晋国，继承晋侯之位，是出于自己的帮助。秦国对晋侯有大恩。而晋惠公回到晋国之后，却因为个人恩怨杀害大臣，这就是因“小怨”，失民心。

不过，战火纷飞，受苦的还是百姓。

秦穆公没有听从丕豹的建议攻打晋国，而是任用丕豹为秦国大夫。

晋惠公
本名
姬夷吾
人物身份
晋国国君
智慧值
★
武力值
★
历史事件
对秦国背信弃义，最终兵败被俘
公元前650年—公元前637年
（在位时间）

语文一点通

“弱不好弄”

弱：年少；好：喜欢；弄：玩耍。年幼时不爱玩耍。

据《左传》记载

春秋时代，晋国发生内乱，
重耳和夷吾流亡在外，
晋国大臣郤芮想让流亡在秦国的夷吾成为国君，
就向秦穆公称赞夷吾，
说他“弱不好弄，能斗不过，长亦不改”。
意思是，夷吾小时候不喜欢玩耍，
能争斗但不过分，年纪大了也没改变。
后来夷吾在秦国的帮助下当了国君，
也就是晋惠公。

公元前
647年

第三十七话 泛舟之役

□晋国的灾难

晋惠公即位之后，用雷霆手段一举诛杀了丕郑父等九位大臣，诛杀了权臣里克，将晋国的权力牢牢掌控在自己手中。当时许诺出去的那些好处，无论是对个人还是国家，都没兑现。晋惠公觉得自己可占了大便宜，心里挺美。

可谁知，天公不作美，自从晋惠公上任以后，晋国就连年禾麦不熟。

鲁僖公十三年（公元前 647 年），晋国出现了大饥荒。粮仓里的粮食如流水一样发出去，再不见有粮食运进来。

慢慢地，街上出现了逃荒的百姓。

晋惠公此时就觉得自己好像一条鱼，在火上烤的那种。

就差点调料了。

这叫什么事儿？哪个国家的君侯这么倒霉？一上任就是接连饥荒？眼下只能求助别的国家，可是掰着手指头数一数，好像诸侯之间，也只能求秦国……

太尴尬了！

早知道那时候给秦国点谢礼也行啊！

谁能知道没几年就又得求秦国了，之前秦穆公那么帮忙，最后说好的谢礼一点没给，现在还有什么脸去求呢？

郤芮劝说晋惠公道：“主公不用想太多，当年我们只是说暂缓割让五城给秦国，也没说不给呀！不如先派使者去秦国试试，秦穆公要是帮我们最好，要是不帮忙，那就是他贪图利益，也怪不得我们。”

这一番胡搅蛮缠、颠倒黑白的劝告让晋惠公有了底气，就是，我们当时也没说不给五城啊！

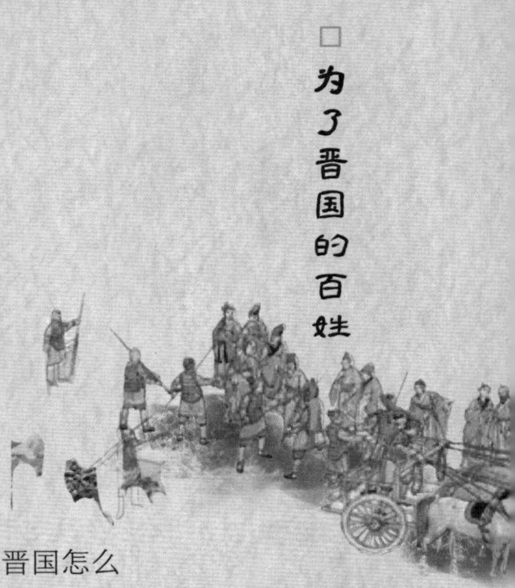

“什么？”秦穆公看着庆郑，眼睛瞪得老大，晋国怎么还有脸面来求我们秦国呢？当时你们都是怎么忘恩负义、说话不算话的？你们晋国，脸皮是不是太厚了？

庆郑手持宝玉，恭恭敬敬地站在秦国朝堂，尴尬得“脚都能在地上抠出一座宫殿了”。他心里暗暗埋怨晋惠公办事丢人，但是为了老百姓，也没办法，豁出去这张脸了。

秦穆公让庆郑先回住处，自己要和大臣们商议才能决定这件事情。

庆郑一走，秦国的朝堂好像开了锅，大臣们纷纷开始痛骂晋惠公，可真是不要脸啊！无耻到家了！

秦穆公等大家把火气发完了才问：“如今到底怎么办？”

公孙枝说：“主公先扶助夷吾即位，如今又要帮助晋国渡过灾荒。您这样重施，假如晋国不回报，老百姓也会因此跟我们离心离德，到那时候我们再去讨伐晋国，一定会打败他们。”

百里奚对此作出了严肃的回答：“天灾是每个国家都会遇到的。救灾，帮助邻国，这就是道啊！主公行道，必定有福。”

忽然，朝堂上有人哇哇大哭起来，又是哭又是骂，秦穆公吓了一跳。他一看，哦，是丕豹。对，晋惠公杀了丕豹的父亲丕郑父。

丕豹满脸是泪，恶狠狠地说：“现在晋国饥荒，正是攻打晋国的最好机会！当年晋惠公即位时，一举诛杀了九位大臣，这样的人不值得帮助！”

秦穆公想了想，说道：“丕大夫不必悲伤。晋惠公当年的做法确实有伤道义，他将来必定会付出代价的。但得罪秦国的是晋惠公，我们怎么忍心让晋国的老百姓付出代价呢？”

这句话将晋国老百姓放在了前面，丕豹只得默默退下了。

于是，秦穆公决定救助晋国。秦穆公一声令下，秦国粮仓尽开，万斛粮食装上了船只，穿梭水面，一直从秦国的都城雍到晋国的都城绛。

运粮的船只从渭河一直向东，到华阴转入黄河，又往东进入汾河。

晋国的百姓得救了，老百姓纷纷感谢秦穆公的义举。

历史上称这次救助为“泛舟之役”。

历史小课堂

春秋时期的水运与泛舟之役

黄河出龙门至潼关的一段，夹在秦、晋两地之间，在短短不足百公里之间接纳了两条最大的支流——汾河与渭河。公元前 647 年，晋国发生灾荒向秦国求援，秦国组织了浩浩荡荡的船队运粮入晋，史称“泛舟之役”。“泛舟之役”是中国历史上第一次有明确记载的内陆河道水上运输的重大事件，也是对于潼关渭河、黄河航运史上最早的记录。

中国古人十分注重水运，比如秦人对关中等地的水道始终进行疏浚，以此来保持水路运输的畅通。

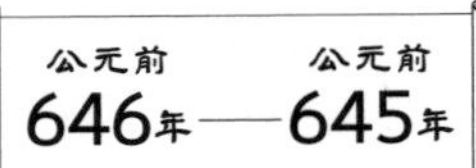

第三十八话

韩原之战

秦国需要帮助

秦穆公胸怀博大，不念旧恶，发动泛舟之役出万斛粮食救助了晋国，成为诸侯之中的佳话。

鲁僖公十四年（公元前 646 年），秦国发生了灾荒。

晋国人准备不给秦国粮食，庆郑怒斥道："秦国几次救助我们晋国，如今秦国发生灾难，我们明明有能力帮助，却无动于衷，这不是不仁不义吗？主公如果这样做，那就是背弃恩德，失去亲近自己的人；以他人灾祸为自己的幸运，不是仁爱之道；贪爱货利，必然招致祸患；使邻国愤怒，不义。到时候，四德尽失，老百姓还怎么信服朝廷？主公何以守国？"

虢射却说："皮已经不存在，毛又依附在哪里？"

庆郑反驳说："丢弃信用，背弃了邻国，到时候有患难谁来周济？没有了信用，就会发生患难，失去了救援，必定会灭亡。"

虢舍不以为然说："即使给粮食，怨恨也不会减少，反而让敌人增加实力，不如不给。"

庆郑坚持说："背弃恩德，幸灾乐祸，是百姓所唾弃的。亲近的人还会因此而结仇，何况是敌人呢？"

朝堂上议论纷纷，甚至有大臣建议，可以趁秦国饥荒攻打秦国，这可是难得的好机会！

最终，晋惠公决定拒绝秦穆公的救援请求。

庆郑黯然神伤，退下后说道："国君会后悔的！"

冷至被晋惠公拒绝了，气得差点吐血。回到秦国后，秦穆公听冷至说完，愣了，连暴跳的劲儿都没了，这就是自己帮助几次的晋惠公？

晋国不但不救助秦国，还准备与梁国联合攻打秦国。

人 **秦穆公**

秦穆公是春秋时期秦国国君，春秋五霸之一。秦穆公即位后，礼贤下士，四处求得人才，重用百里奚、蹇叔、由余等人，还帮助晋文公登上国君之位，并与晋国缔结姻亲，实现了秦晋之好。

鲁僖公十五年（公元前 645 年），秦穆公在晋惠公一次次忘恩负义的行动中看透了对手，他决定占据上风，先动手攻打晋国。

秦穆公于是留下蹇叔和世子守城，自己和百里奚率领中军，发兵车四百乘直奔晋国杀去。

晋惠公得到消息也慌了，便问庆郑："敌人深入我方，该怎么办？"庆郑说："君王让他们深入的，还能够怎么办？"晋惠公恼羞成怒，训斥庆郑放肆无礼。

出征之前选拔车右人选时，庆郑得到吉卦，晋惠公偏不用庆郑，让步扬驾驭战车，家仆徒为车右。晋惠公选六百乘兵车，准备迎战秦穆公。

但出发之前，庆郑又说话了，他号称晋惠公的马有问题，还是乘坐本国马靠谱。这次作战，晋惠公出征骑的马叫"小驷"，是郑国送给晋惠公的礼物。这马小巧可爱，行走稳当，晋惠公非常喜欢。看到庆郑又出言劝谏，晋惠公非常嫌弃，坚持骑小驷。

人 白乙丙

子姓，蹇氏，名丙，字白乙，世称白乙丙。春秋时期秦国大夫，秦相蹇叔之子、白姓的始祖之一。

秦穆公率领人马与晋国作战，三战三胜。晋惠公非常苦恼，我们人多，怎么还打不过对方呢?

晋惠公派韩简巡视军队。韩简向晋惠公汇报，说秦国军队比晋国少，但是奋力作战却超过晋国。晋惠公询问韩简为什么会如此? 韩简回答说：“君王逃离晋国是靠他资助，回国也是靠秦国帮助。晋国有饥荒，吃秦国的粟米，三次给予我们的恩惠没有报答，这样他们才打来。我方懈怠，秦国奋发，斗志岂止相差一倍啊！”但晋惠公不肯认输，他坚持派使者到秦军，要在韩原和秦穆公决战。

秦穆公派公孙枝回复晋惠公：“您要国家，寡人扶立您；您要粟米，寡人运给您；现在您要打仗，寡人怎么敢违抗您的命令呢？”

秦穆公在军队面前指着天说道：“晋国亏欠我们的，是一点吗? 老天爷在上，也不会让晋国再欺负我们的！”

秦穆公一声令下，大将白乙丙已经冲了出去，晋国的屠岸夷前来应战。直杀得昏天黑地，刀光剑影。

晋惠公在混战中遇到公孙枝，却听公孙枝怒吼一声：“晋国小人，谁敢应战？”

这一声怒吼，吓得晋惠公骑的小驷马蹄酥软，无力行走……

文学小常识

“驷”古代同驾一辆车的四匹马，或套着四匹马的车。

一人一马为一**“骑”**

两马并驾一车为**“骈”**

三匹马拉一辆车为**“骖”**

出自《史记·平准书》

自天子不能具钧驷，
而将相或乘牛车。

原文大意 汉初，自天子以下，备不齐一辆四匹同样颜色马拉的车子，大将、丞相有的还得乘坐牛车，形容这段时间物质匮乏，国家百废待兴。

公元前
645年
第三十九话
穆公亡马
吃马肉的人

秦国和晋国在韩原大战，双方猛将如云，就连秦穆公和晋惠公都亲自参加了战斗。

晋惠公万万没有想到，秦军将领公孙枝一声怒吼，就吓得自己的坐骑小驷四肢酸软，不能正常行走。晋惠公忽然看到庆郑从眼前过去，急忙呼救，谁料庆郑居然冷冷地说："您刚愎自用，不听劝谏，失败不是您自己找的吗？又何必逃跑？"

庆郑居然直接走了！

那边的秦军也不好过，将军西乞术被晋军刺伤，秦穆公陷入晋军包围之中。

秦穆公悲愤交加，不由得对天怒吼："老天！公道何在？难道今日秦军要败于晋军之手？"

忽然战场上闯进来一队奇怪的人马，这群人蓬头垢面，也没有盔甲，穿着草鞋，挥舞着大刀，却力大无穷。晋军面对这群人，居然招架不住。

此时正好庆郑赶到，喊了一嗓子："主公有危险，不要恋战！"晋军如潮水般退去了。

然而晋军不知道，秦军的公孙枝已经抓住了晋惠公，将他押进了秦军大营。

那群来历不明的队伍跟在晋军后面穷追不舍，救了秦穆公，又救了西乞术。晋军的尸体堆积如山。能够活着回到军营的人，不过十分之二。

秦穆公赶紧召见那些救了自己的人，询问他们是什么人，为什么会出现在战场上？

这群人大约有三百之众，他们跪下之后回答："您还记得吃马肉的人吗？"

吃马肉的人？

秦穆公隐约记得，好像前几年在梁山游猎的时候，晚上丢了好多马。当时秦穆公特别生气，还专门命人寻找。后来，官吏汇报说，是山脚下住的山野游荡之人吃了这些马。

秦国本来与戎人居住很近，所以也不稀奇。

手下建议追捕这些人，秦穆公却叹息道："算了，马都已经吃了，还能因为马去为难人吗？这样，送去美酒十坛，告诉他们，吃了马肉不喝酒，会伤身体的。"

当时这些人收到美酒十分感动，说找机会一定要报答秦穆公。想不到，在战场上，就是他们救了秦穆公。

秦穆公感慨不已，这些山野之人也比晋惠公懂得感恩回报。秦穆公要赏赐这些人金银，以表达自己的感激之情，但是他们不肯收，拜谢后便回家去了。

文 心腹大患

意思是指严重隐患或要害部门的大患。同"心腹重患"，出自《水浒传》。

秦穆公夫人穆姬听说弟弟晋惠公被俘虏，即将被押解到雍城，马上做出了一个大胆的决定。

穆姬命令世子罃、公子弘和女儿简璧登上灵台，在台下遍布柴火。穆姬按照丧礼的要求服丧，派出内侍转告秦穆公："上天降灾，让我们两个国家的国君不是玉帛相见，而是在战场上会面。如今晋君被俘，假如晋君早上进入雍城，婢子就晚上死；假如晋君晚上进入雍城，那么婢子就隔日早上死。请君侯裁定！"

秦穆公大惊失色，急忙询问夫人如何了？内侍面色苍白回答道："夫人身穿丧服，去了后园灵台。夫人命人在崇台堆积草木，只要晋侯进入离宫，就要自焚，以尽骨肉之情。"

秦穆公汗都下来了，他明白，穆姬不但是自己的妻子，更是晋献公的女儿，晋惠公的姐姐。他马上询问大臣们："本来抓住了晋惠公，是我们的重大收获。但如果因此而导致丧事，该怎么办？这难道是天地在约束我吗？"

公子絷不屑一顾说道："不如杀了晋惠公。如果让晋惠公出奔到别国，恐怕他会勾结诸侯；如果放晋惠公回国，他们一定会君臣合作，重新成为主公的心腹大患。不如杀了晋惠公，斩草除根。"

子桑建议，不如放晋惠公回去，但让晋国送来世子为人质，一定会有大利。如果没有灭亡晋国，却杀了晋侯，那只能让两国交恶更深。

秦穆公最后释放了晋惠公。

但晋惠公终于为他的忘恩负义付出了惨痛的代价。

语文一点通

秦穆公亡马，最早出自司马迁《史记·秦本纪》，后又被北宋司马光收录进编年体史书《资治通鉴》。

原文

秦穆公亡善马，
岐下野人共得而食之者三百余人，
吏欲法之，
公曰："君子不以畜害人，
吾闻食马肉不饮酒，
伤人。"
皆赐酒而赦之三百人者，
闻秦击晋，
皆推锋争死以北报食马之德。

原文大意　秦穆公走失了一匹马，岐山脚下的三百多个农民捉得并一起吃了它。（秦穆公的）官吏追捕到了（食马的人），想按照法律来处置他们。秦穆公说："有德有才的人不因为畜牲而杀人。我听说吃马肉时不喝酒，就会伤及身体。"于是便给酒（西凤酒）让他们饮用。后来秦穆公攻打晋国，（那）三百人听说秦穆公被晋军围困，冲锋陷阵，拼死相救，以此来报答吃了马肉但未被处死的恩德。于是，秦穆公擒获了晋侯班师回国。

公元前645年——公元前643年

第四十话 齐国大乱

□齐桓公之死

人 **国懿仲**

姜姓，国氏，字仲，临淄（今山东临淄）人。春秋时期齐国大夫，齐太公姜子牙的后代。

齐桓公晚年时，身边围绕着几个奸臣：竖刁、易牙和公子开方。齐桓公四十一年（公元前645年），管仲去世。管仲临终前曾经警告齐桓公，这三个小人都是奸臣，千万不能亲近。后来鲍叔牙为相国，也请求齐桓公远离这三个小人。

齐桓公不得已，黜退了竖刁、易牙和公子开方。但没有他们的陪伴，日子过得太不开心了。于是，齐桓公便再次将他们召进宫。

齐桓公年老体弱，得病之后，开始考虑继承人的问题。齐桓公三位夫人都没有儿子，只有六位如夫人有儿子。六位公子分别是：公子无亏、公子元、公子昭、公子潘、公子商人和公子雍。

公子无亏最为年长，也获得了易牙和竖刁的支持，经过易牙和竖刁的请求，齐桓公早就答应了立公子无亏为继承人。开方和公子潘私交最好，也在暗中运作。

但齐桓公内心最喜欢公子昭，觉得他最为贤德。在葵丘之盟上，齐桓公就拜托宋襄公，让他将来一定要帮助公子昭即位。

现在齐桓公病重，他身边的奸臣便开始争夺继承人之位了。

齐桓公四十三年（公元前643年），齐桓公的人生走到了终点。

易牙和竖刁得到齐桓公去世的消息，秘不发丧，世子昭仓皇出奔到宋国。

在朝堂上，易牙、竖刁要扶立公子无亏，大臣们满腹悲愤，好哇，主公尸骨未寒，你们就开始行此无耻勾当！打你们两个大奸臣！大臣们纷纷动手，和两个奸臣打了起来。

文 黜退

意思是削职，罢免官职。出处：《三国志·魏书·陈矫传》：『此自臣职分，非陛下所宜临也。若臣不称其职，则请就黜退。』

最终，奸臣的手下打散了大臣。

天亮了，公子无亏即位。

无亏命令右卿国懿仲，左卿高虎主持齐桓公的葬礼。

此时，齐桓公已经去世六十七天，尸体上生出的蛆虫已经爬到了门外。

诸位公子的表演

人 公子潘

吕潘（？—前613年），姜姓吕氏，齐国第十九位国君（前633年—前613年），齐桓公之子。

易牙和竖刁扶立公子无亏即位，这也算是史上第一了：没有大臣恭贺，只有易牙和竖刁两个人。

要想让刚才被打得鼻青脸肿的大臣心服口服，必须找德高望重的老臣——国懿仲和高虎说话。这二位老先生是周天子册封的上卿，是齐国的监国之臣。

正好，老臣国懿仲和高虎听说齐桓公去世的消息，披麻戴孝往宫里来。易牙拦住了二位老臣，非常恭敬又无耻地邀请道："今日是新君即位的日子，还请您二位从吉，去参加公子无亏的即位典礼。"

国懿仲眼睛似乎要喷出火来，他冲着地，狠劲呸了一声，怒吼道："这么着急？亲爹还没入土呢！莫叫天下诸侯耻笑！"高虎也恨声哭道："主公，你死得好冤啊！"

易牙一看这情况，一个头变成两个大：这二位火气冲天，真是惹不起。

易牙悄悄跑了。

老臣国懿仲、高虎想到齐桓公一世英雄，最终竟然落得如此下场，不由得跪在宫门口嚎啕大哭起来。

竖刁趁机劝说无亏，派士兵守住大殿，哪个公子敢进宫争权，就立马诛杀。无亏觉得这个主意不错，立马照办。

开方看到易牙和竖刁已经行动，心里也不服气，马上派人请进公子潘，占据了右殿，说公子潘也即位了。公子元派出所有家丁，占据了左殿；公子商人占据了朝门，各不服输。

这下热闹了，几个公子一人占了一个大殿，都说自己是继承人。而大臣们遭遇了上次的毒打，都一言不发。只有公子雍出奔到了秦国，担任秦国大夫，不再参与这些纷争。

这种乱象居然两个月都没解决，国家也因此而陷入瘫痪状态。

历史小课堂

公元前 685 年
姜姓齐国第十九位国君即位，史称“齐桓公”

同年 起用管仲进行改革，带领齐国走上国富兵强的道路

公元前 681 年
北杏会盟、柯地会盟

公元前 680 年
甄地会盟

公元前 663 年
千里救燕，击败山戎

公元前 659 年—公元前 658 年
率领诸侯抵抗外族入侵，帮助邢国、卫国振兴

公元前 651 年
葵丘之盟，春秋第一位霸主诞生

公元前 643 年
齐桓公薨

公元前 643年——公元前 642年

第四十一话 宋襄公平定齐乱

□齐国大乱

文 人心惶惶

惶惶：也作“皇皇”，惊惶不安的样子。人们心中惊惶不安。

文 传檄

传檄，指传布檄文，意为发布信息。

鲁僖公十七年冬（公元前 643 年），四方称颂的春秋首霸——齐桓公去世。

令人没想到的是，曾经威名赫赫的齐桓公，也要面临诸位公子争夺齐侯之位的闹剧。齐桓公宠信的易牙和竖刁为了扶立公子无亏，甚至对齐国官员大打出手，杀害反对他的官员。

一时间人心惶惶。齐国的未来会如何？没有人可以给出答案。

齐国大乱。

为了安定局面，齐国大臣们不得已决定拥立公子无亏，先给齐桓公举行葬礼再说。

齐国其他几位公子出奔，而世子昭到了宋国，请求宋襄公帮助自己即位。齐桓公曾经将世子昭拜托给宋襄公，如今世子昭有难，到了宋襄公兑现承诺的时候了。宋襄公刚要答应，宋国就有大臣表示反对说，宋国国力不如齐国，也没有齐国人才多，怎么能管得下来齐国的事情呢？

但宋襄公却说，自己答应过齐桓公，如果不去做这件事，那就是不仁不义。

宋襄公传檄于诸侯，约定鲁僖公十八年（公元前 642 年）正月在齐国郊外

集会。虽然很多国家接到了宋襄公的通知，却并没有前来。因为此时的宋襄公还没有那么强大的号召力。

不过，宋国依然联合曹国、卫国和邾国共同讨伐齐国。

阳春三月，四国联军兵临城下，齐国面临着前所未有的危险局面。

失去了齐桓公这样英明的君主，国内局势混乱，齐国还能打赢吗？所有的齐国人都恐慌了。

于是，齐国人杀死了现在的君主无亏。老百姓一传十，十传百，都出城去迎接世子昭。

齐国的官员将世子昭迎接到了馆驿，准备集合百官，迎接世子昭回到临淄。宋襄公看到事情顺利解决，很是欣慰，于是率领各国军队返回本国。

（地）**馆驿**

意思为驿站上设的旅舍。出处《三国演义·第一四回》：『席散，安歇来使于馆驿。』

公子无亏为自己的野心付出了生命的代价。眼看齐国就要重新走上正轨，可是其他几位公子的内心却愤愤不平起来。

都是齐桓公的儿子，凭什么我们就不能继承他的事业？不但不能继承齐国，还要欢迎世子昭？

这几位公子心里不平，暗中召集了手下家丁。

世子昭要进入临淄城，并非易事。

几位公子的手下汇集，就等着世子昭进城时刺杀他。世子昭得到消息，内心波澜起伏，没想到宋襄公联合出动四国兵力，自己居然还不能踏入临淄半步。

但为了安全起见，他还是马上返回了宋国，先回去等待时机。

宋襄公大怒，这些人还真是贼心不死！好，既然如此，那就让你们心服口服！

宋襄公马上发兵车四百乘护送世子昭回国。

同年夏天五月，宋国的军队和三位公子的手下在齐国发生了战斗。

他们面对宋国的正规军无力对抗，被宋襄公打了个落花流水。

三位公子被打败，他们的势力也被一扫而空。宋襄公扶立世子昭即位，是为齐孝公。

宋襄公为了齐孝公的安全，将宋国军队在临淄城外驻扎了五天，待局势稳定了才返回宋国。

其实这个过程中，鲁国也曾经出兵齐国。鲁国出兵不是为了帮助齐桓公指定的继承人——世子昭，而是为支持公子无亏而来。由于宋襄公的出手相助，鲁国没有机会实现自己的目的。不过，鲁国出兵这件事情还是被齐孝公得知，这为齐国和鲁国的关系埋下了一个尚未暴露的导火索。

齐国局势稳定，宋襄公也终于实现了自己的诺言。宋襄公为了兑现对齐桓公的承诺，大举出兵，还联合其他国家，这样的义举为世人称道。

曾经那个需要别人帮助、默默无闻的宋襄公在风起云涌的诸侯中也拥有了一席之地。

历　史　小　课　堂

齐桓公去世之后，
齐国五公子
（公子无亏、公子昭、公子潘、公子元、公子商人）
争夺齐国君主之位，
造成齐国内乱。
公元前 642 年，
宋襄公号令诸侯，
带领卫国、曹国、邾国平定齐国内乱。
宋襄公按照齐桓公的遗愿，
扶立世子昭即位，
是为齐孝公。

公元前641年

第四十二话 想称霸的宋襄公

□ 宋襄公膨胀

宋襄公安顿好了齐孝公，看着齐国从混乱走向安定团结，看着世子昭即位，回想当年齐桓公对自己的嘱托，内心充满了欣慰、喜悦和满足。

曾经那个弱小的宋国，如今也能让强大的齐国安定下来，这难道不是实力的进步？能力的提升？美誉度的高涨？

纷至沓来的赞美声更让宋襄公飘飘然，接下来是不是可以有进一步发展的目标了？比如，效仿齐桓公，通过会盟让其他诸侯都承认宋国的地位，将来也成就一番霸业。

宋国大臣劝说宋襄公："我们宋国是小国家，小国召集诸侯，争当霸主，会给我们国家带来灾难的。"

宋襄公现在一腔热血，只想争当霸主，根本听不进去劝谏之言，反而认为这些大臣太胆小了。

于是，在鲁僖公十九年（公元前641年）夏天，宋襄公和曹、邾等国相约在曹南会盟。

这一天，万里无云，的确是会盟的好日子。可是宋襄公阴沉着脸，一个两个的都不让人痛快！

在曹南会盟，曹国却不按照规矩款待，客人到了家门口，连顿饭都不招待，曹国这是主人的做法吗？

地 **曹南** 今山东菏泽，古称曹州，因古曹国南鄙之山，曰曹南山。相传山下有会盟坛，故文人墨客常将曹州称作曹南。

更可气的还有，说好要参加会盟的鄫国，居然连个人影都没看到，这是明摆着要无视我们宋国？必须要让鄫国的国君鄫子为缺席会盟付出代价！

没多久，宋襄公命令逮捕了滕宣公，又号令这几个国家在邾国举办会盟。

眼看各国最高领导人都到了，宋襄公却命邾文公把所有人都带到睢水边。

邾文公脸色很不好看，旁边的人都很惊讶会盟带人到睢水边做什么？

片刻后，有人向宋襄公汇报，事情办妥了。

原来，由于鄫子上次缺席了在曹国的会盟，所以被宋襄公记上了黑名单，认为鄫子是有意无视宋国。为了惩罚他，更为了立威于东夷诸侯，宋襄公居然命令邾文公抓住来参加会盟的鄫子，并且将他当作祭品，押到睢水旁进行祭祀。

这种赤裸裸的威胁，用活人甚至是一国国君祭祀，无疑是残忍、霸道的。

反对无效

司马子鱼对宋襄公的这种行为非常不赞同，他说古代祭祀时，六畜不相为用。小的祭祀不杀大牲口，更何况是用人祭祀呢？齐桓公帮助鲁国、卫国、邢国三个即将灭亡的国家存国，以此在会盟上叮嘱诸位诸侯。齐桓公这样的义举，还被人诟病是薄德。现在我们宋国为了会盟，虐待两个国家的国君，又进行这样不正当的祭祀，以此来求作霸主，难道还不是犯了众怒？能够得到善终就不错了。

司马子鱼苦口婆心，举出了齐桓公的例子，但宋襄公满脑子想的唯有“霸主”二字，哪儿能听得进去呢？在宋襄公看来，不管是以德服人，还是以武力服人，反正让诸侯服了就行。

既然已经震慑了东夷诸侯，宋襄公就抓紧开始进行下一步。

这年秋天，宋国包围了曹国，理由是曹国不服自己。

公子目夷又劝谏宋襄公说：“周文王听说崇侯虎欺辱父兄，品德败坏才讨伐崇国。就这样，周文王攻打崇国三十天，崇国也没有投降。文王撤退之后，修明教化。之后再去攻打时，文王就驻扎在之前的营垒里，此时崇国才投降。现在您的德行还不足，却以此讨伐别国，会怎么样呢？为什么不内省自己品德有何不妥呢？等到品德无缺时再行动也不迟。”

宋襄公依然无动于衷。

只要能够称霸，何须在乎别人的目光？

在诸侯眼中，那个曾经见义勇为的宋襄公，已经变成一个暴虐又不听劝谏的国君，怎么能与齐桓公相提并论？

文 苦口婆心

形容恳切耐心地再三劝告。苦口：不辞烦劳，反复恳切地劝说。婆心：像老太太那样仁慈的心肠。

宋襄公
本　名
宋兹甫
人物身份
宋国君主，
春秋五霸之一
历史影响
平定齐国内乱
特殊技能
讲究“仁义”
智慧值
★★
武力值
★
公元前650年—公元前637年
（在位时间）

历　史　小　课　堂

宋襄公在平定齐国内乱之后，
想要效仿齐桓公，
集合诸侯，成为霸主。
公元前641年，
宋襄公邀请曹国、邾国在曹南会盟。
这年秋天和冬天，他又参加了齐国会盟。
至此，诸侯分为两大集团：
楚国、齐国、郑国、陈国、蔡国等
为一大集团，
宋国由于弱小只能和卫国、邾国、曹国
等几个小国结为另一个大集团。

节选自 《左传·僖公十九年》

原文

十有九年春王三月，
宋人执滕子婴齐。
夏六月，宋公、曹人、邾人
盟于曹南。
鄫子会盟于邾。
秋，宋人围曹。
冬，会陈人、蔡人、楚人、郑人
盟于齐。

原文大意 鲁僖公十九年春季，宋国人拘捕了滕国国君婴齐。夏季六月，宋襄公与曹共公、邾文公在曹国南境会盟。鄫国国君在邾国参加下一次的会盟（由于缺席曹南会盟，被宋襄公怀恨在心）。秋季，宋国军队围攻曹国。冬季，鲁僖公会见陈国、蔡国、楚国和郑国国君，并与他们在齐国会盟。

公元前639年

第四十三话 鹿上之盟

□客人：楚成王

宋襄公虽然蛮横霸道，但并非毫无作为，经过几次会盟，他让宋国的名声在诸侯中传扬开来。宋国在逐步发展，宋襄公的野心也在慢慢滋长。他整日盘算着，光几个小国承认宋国的地位有什么用？什么时候让那几个大国也承认宋国的盟主地位，那才算有本事呢！

这一天，宋襄公又看着地图发呆，宋国，东边是齐国和鲁国，这两个国家经营多年，不是好对付的；再看看西边郑国，从郑庄公开始就是连周天子都敢打的狠角色，平常人没事还是离他们远点的好；西北是刚刚崛起的晋国，那更不必说了，晋献公送了匹马，送了块玉，就拿下了虢国和虞国，好手段、好心机！

宋襄公忽然烦躁起来，这都不好对付啊！

事 鹿上之盟

公元前 639 年春，宋襄公召集齐国、楚国在鹿上（今属安徽省阜南县，楚地）会盟，会上还要求楚国分几个附属国给自己，楚成王假意答应，其实记恨于心。

剩下的唯有更远的南方，楚国。

对了！楚国开始可不是周天子承认的，而是自说自话称王的，太可笑了！要是能从楚王手中分些附庸国，想必是件好事！

“来人，快发文书，召集诸侯会盟！”

宋襄公眼睛发亮，宋国的机会来了！

鲁僖公二十一年（公元前 639 年）春天，宋国、齐国和楚国在鹿上举行会盟。

宋襄公心想，那齐孝公是自己扶立上位的，也不是外人。于是就直接对楚成王说：“我们这次会盟，还是按照各国的爵位序号吧！”

这话说完，楚成王脸色就变了。

谁都知道，宋国是周天子册封的公爵，那接下来自然是齐侯，自己这个楚成王，说起来是王，可却是自说自话的，根本没有得到周天子的承认。宋襄公这么说，不是欺负人吗？

楚成王脸上闪过一丝怒色，但很快便平静了下来，他倒要看看，这个热爱会盟的宋襄公，能耍出什么花招！

按照宋襄公的理由，自己可以成为鹿上之盟的盟主。

宋襄公看楚成王也不敢反驳自己，于是干脆直接提出，能不能将楚国的附庸国分给宋国几个，毕竟自己是盟主，盟主手下不应该有几个跟班吗？

这要求可谓是无耻至极，齐孝公担心地看看楚成王，奇怪的是，楚成王居然欣然同意了宋襄公的要求。

难道，楚国真是纸老虎？

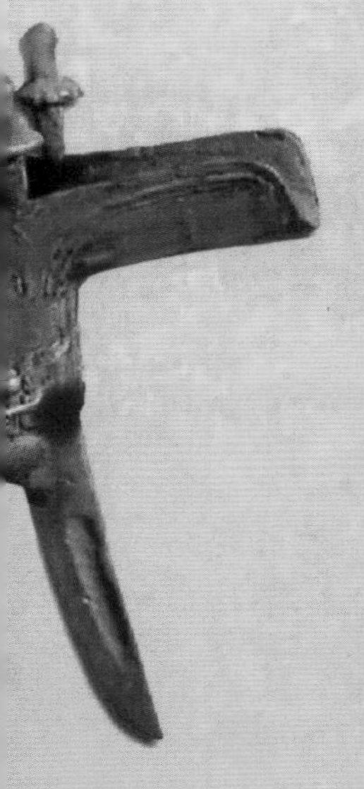

鹿上之盟圆满结束，宋襄公不但顺利成了盟主，更是一句话就让楚成王乖乖让出了楚国的附庸国。

简直太成功了！

宋襄公心里好像喝了蜂蜜，美滋滋的。然而，公子目夷对此却非常担忧，他劝说宋襄公道："宋国以小国争当盟主，这是国家的祸事啊！宋国是要灭亡了吧！如果只是失败而不亡国，那都是万幸了！"宋襄公却认为公子目夷胆小怕事，根本不把他的话放在心上。

由于尝到了会盟的甜头，到了秋天，宋襄公紧接着再次召集诸侯在盂地会盟。这次会盟，除了宋襄公，还有楚成王、陈侯、蔡侯、郑伯、许男和曹伯参加。

公子目夷对此忧心忡忡，他劝阻宋襄公说："宋国的灾祸就在这次了吧！主公的欲望太过分了，怎么能达到目的呢？"

事 **盂之会**

公元前639年秋，宋襄公与楚等诸侯国再次相约于盂地（今河南睢县）会盟。楚国设伏兵于盂，抓获宋襄公。后因宋国坚决抵抗和鲁国出面调停，才将宋襄公放回。宋襄公想借他国之力而成就霸业的企图就此破灭。

人 **公子目夷**

宋国贵族子鱼之名，姓子。宋桓公长子，宋襄公庶兄，故称公子。宋襄公在位时官任司马，主管宋国军政，故称司马子鱼。

宋襄公却认为，或许这是楚成王准备将附庸国转给宋国的一个仪式，何必多虑。何况，自己不是盟主吗？

宋襄公开开心心前去参加会盟。

然而宋襄公万万没想到的是，楚成王根本没想按照规矩来。上次鹿上之盟宋国对楚国不敬，楚成王还记在心里呢！就在宋襄公准备继续当盟主的时候，楚成王一声令下，楚国的士兵已经将宋襄公五花大绑！

宋襄公脸色煞白，一句话也说不出来，浑身控制不住地发抖，这是怎么回事，我不是盟主吗？

但他没想到的是，楚成王并没打算善罢甘休，而是跟着一路追击到了宋国。而宋襄公也被带回楚国囚禁了起来。

一直到这年冬天，诸侯再次会盟，楚成王才在鲁僖公的调停下，释放了宋襄公。

野心家宋襄公，盟主没当成，反而成了诸侯的笑柄。子鱼对此却依然忧心忡忡，他说道：“灾祸还没有结束呢。”

楚成王
本　名　熊恽
人物身份　楚文王之子，
楚国国君
历史影响　与齐国争霸，后打败
宋襄公，称霸中原
智慧值　★★★
武力值　★★
？—公元前626年
（在位时间）

语文一点通

节选自《左传·僖公二十一年》
原文

二十一年春，宋人为鹿上之盟，
以求诸侯于楚。楚人许之。
公子目夷曰：
“小国争盟，祸也。宋其亡乎，幸而后败。”
……秋，诸侯会宋公于盂，
子鱼曰：“祸其在此乎！君欲已甚，其何以堪之？”
于是楚执宋公以伐宋。

原文大意 鲁僖公二十一年春，宋襄公在鹿上组织会盟，谋求楚国承认他是诸侯霸主。公子目夷认为这将给宋国带来亡国之祸，并预测争霸必将迅速失败……秋天，各国诸侯与宋襄公在盂地会盟，公子目夷认为宋襄公称霸的欲望已太过分，宋国无法承受这样严重的后果。楚成王在盂之盟上俘虏了宋襄公并讨伐宋国。

历史小课堂

宋襄公在公元前643年齐桓公过世后，曾帮助齐国平定内乱，获得了一定的社会声誉，自此便“修行仁义，欲为盟主”，鹿上之盟就是他想继齐桓公之后争当霸主所召开的。公元前639年春天，宋襄公召集齐国、楚国在鹿上会盟，希望楚国能将附庸国分给宋国几个。楚成王表面上答应了宋襄公。但在同年秋天的盂之会上，楚成王暗中埋伏人马，扣押了宋襄公，并且讨伐宋国。幸亏公子目夷组织宋国进行抵抗，宋国才没有遭受更严重的损失。后来鲁僖公从中调停，宋襄公才被楚国释放。

公元前
638年

第四十四话 泓水之战

——宋襄公的执念

宋襄公奔着当诸侯霸主的最高理想去的，结果不但没有实现，反而在追求理想的道路上摔得鼻青脸肿，在会盟上被楚成王扣押，甚至成为楚国要挟宋国的人质。

多亏了鲁僖公从中调停，宋襄公才回到了宋国。宋国人都希望宋襄公这次回来好好安定国内秩序，但宋襄公的内心颇不平静。

他内心对楚国充满了愤恨，想我们宋国，堂堂公爵，凭什么就被一个背信弃义的楚国折腾到这个地步，成为诸侯的笑柄？宋襄公吃不下，睡不着，总想着报复楚国。

但是楚成王的手段上次宋襄公是见识了，要是直接攻打楚国，恐怕不是对手。

思来想去，宋襄公决定攻打郑国。

但公子目夷又来劝阻宋襄公了，他说："宋国攻打郑国，这就是国家的祸患啊！"

可是，和上次一样，宋襄公坚持己见，没有听从公子目夷的劝告。

鲁僖公二十二年（公元前 638 年）春天，宋襄公讨伐郑国。到了夏天，在宋襄公的努力下，卫侯、许男和滕子也加入了讨伐郑国的行列。

郑国形势危急！

楚成王当然知道，郑国这是因楚国承受了来自宋襄公的报复。楚国要救郑国，一旦出兵，就会陷入与宋、卫、许、滕四国对抗的局面。就算楚成王对自己的军队很有信心，也势必会付出惨痛的代价，才能解救郑国。

楚国该怎么办呢？

要怎样才能用最小的代价解救郑国呢？

楚成王仔细分析了战略局势，做出了重要决定，那就是为了救郑国，攻打宋国！直捣宋襄公的大本营，就不信他还能坚持攻打郑国！

于是，鲁僖公二十二年（公元前638年）十一月，楚国冒着严寒发兵攻打宋国。

这是南方崛起的楚国和中原诸侯的代表——宋国的一次大战。宋国大司马公孙固劝谏宋襄公道：“我们宋国原本是商人后代，上天放弃我们已经很久了。现在君侯要让宋国兴旺，这是逆天而为。”公孙固的意思是劝告宋襄公，不要和楚国发生战争，也不要和其他诸侯争夺盟主之位了。这样会给宋国带来灾祸。

然而宋襄公一意孤行，最后还是在泓水旁要和楚军决战了。

当时宋国军队已经列阵完毕，而楚国军队还没渡河。大司马建议说：“敌众我寡，现在趁着敌人还没过河，正是袭击他们的好时机。”

然而宋襄公却说不能这样，这不是趁人之危吗？

大司马心急如焚，好容易等到楚国军队渡河完毕，马上又请示宋襄公，趁着敌人还没列阵，马上攻击他们吧！

宋襄公再次拒绝了大司马的请求。

一直等到楚国军队渡河完毕，而且摆好军阵之后，宋襄公才同意进攻。

战斗的最终结果是，人数不占优势的宋国军队被打败了，就连宋襄公也伤了大腿。

宋军死伤众多，老百姓怨声载道。宋襄公气得脸色煞白，他解释说：“君子作战，不伤害已经受伤的敌人，不捕捉

（事）泓水之战

公元前638年，宋国与楚国为争夺霸权而在泓水（今河南柘城县北30里）发动的战争，楚以优势的兵力、旺盛的士气，大败宋国，获得全胜。泓水之战后，楚国在中原的扩张已无阻力。在其后数年间，楚国势力一度达到黄河以北。

年老的敌人。古代作战，也不能设置险阻障碍来获胜。虽然我们宋国是殷商亡国的后代，但也不攻击没摆好阵的敌人。”

公子目夷都气笑了，他反驳宋襄公说道：“君侯不懂作战啊！面对强敌，他们受到阻碍没能摆成阵势，这是上天在帮助我们啊！此时冲锋陷阵，难道不行吗？就算是此时进攻，尚且害怕不能胜利。面对强敌时，想抓住敌人就要捕获他，还管敌人是不是年老？明耻和交战不是一回事，要先有不受国耻之心，然后用战术作战，目的就是杀敌。敌人受伤，但是没死，怎么就不能攻击了？如果不忍心伤害敌人，那从一开始就别打仗；爱护敌人中的老者，也是这个道理。作战就是要善于利用敌人的不利形势。”

宋襄公坚持古礼中的作战规矩，最终战败。一年后，宋襄公由于重伤不治，死去。而楚国则由于泓水之战的胜利，扫清北扩的障碍，加快了在中原地区扩张势力的步伐。

文 一意孤行

指不接受别人的劝告，顽固地按照自己的主观想法去做。成语出处为西汉·司马迁《史记·酷吏列传》：“公卿相造请禹，禹终不报谢，务在绝知友宾客之请，孤立行一意而已。”后世据此典故引申出成语“一意孤行”。

子鱼论战

节选自 《左传·僖公二十二年》

原文

冬十一月己巳朔，宋公及楚人战于泓。宋人既成列[①]，楚人未既济[②]。司马曰："彼众我寡，及其未既济也，请击之。"公曰："不可。"既济而未成列，又以告。公曰："未可。"既陈而后击之，宋师败绩。公伤股，门官歼焉。国人皆咎公。

①成列：排成战斗行列。
②济：渡过。

原文大意 宋军与楚军战于泓水。宋军已经摆好阵势，楚军还没有全部渡河。司马子鱼说："敌众我寡，趁他们没有完全渡河，请下令攻击。"宋襄公说："不行。"当楚军已经全部渡河，但尚未摆好阵势，司马子鱼又请求攻击。宋襄公说："不。"等楚军摆好了阵势，才开始攻击，结果宋军大败，宋襄公大腿受伤，而卫队也被歼灭了。

第四十五话 未卜先知的小孩

□子文让贤

文 蒍吕臣

蒍吕臣（？—前 631 年），蒍（同薳）氏，名吕臣，字叔伯。薳章之后裔。原为大夫。在城濮之战战败后子玉自杀，楚成王立蒍吕臣为令尹，以图分若敖氏之权。

子文担任楚国令尹多年，在他的治理下，楚国实力逐步强大。然而岁月不饶人，子文慢慢觉得自己精力大不如从前。再不愿意也要承认，自己老啦！

子文为楚国寻找下一个令尹，他看成得臣不错，准备推荐成得臣接替自己为楚国令尹。成得臣，字子玉，是子文的弟弟。

子文向楚成王告退，但楚成王却希望他能够再为楚国治军，毕竟楚成王早就看宋国不顺眼了。而宋国背后的那个国家，是晋国。假如双方要作战，可是一场恶战。

子文有自己的想法，这次治军，只不过敷衍了事。楚成王看了都大为惊叹，子文是不是工作态度有问题？

子文却恭恭敬敬地回答："治军要立威，臣老了，哪儿有什么威风可言？主公还是派成得臣主管这件事吧！"

楚成王于是派子玉，也就是成得臣阅军。成得臣阅军威风八面，纪律严明。阅军之后，成得臣还将不遵守纪律的七人鞭挞，又将其中三个士兵的耳朵用长箭贯穿，整个军队纪律焕然一新。

鲁僖公二十三年（公元前 637 年），子文这时候又提出告老还乡，这次楚成王答应了他。

楚成王任命成得臣为令尹，负责掌管楚国军队。

在子文告老这一天，楚国的很多官员都去他的府邸恭贺，祝贺他为国奉献多年，终于可以好好休息了。这也是官员们对于子文不贪恋权势的一种赞誉。

大臣中只有蒍吕臣因病没能前来。

酒过三巡，忽然有一个孩子跑到酒席前，他眉清目秀，看着这么多官员一点不胆怯，居然坦然入席。有人认出来，说这不是蔿吕臣的儿子蔿贾吗?

子文笑问："大家都是来恭贺我找到了接班人，你为什么不喝酒，只吃肉呢？"

蔿贾却回答："值得祝贺吗？我看子玉其人，为人勇猛，却没有决断。他也不擅长用兵，他要是掌管了军队，楚国距离大败就不远了。这也值得祝贺？"

大家都笑。小孩子懂什么？胡言乱语。

蔿贾看大家都不相信，也笑着离开了宴席。

子文却不说话，若有所思地看着蔿贾离去的背影，沉思了起来。

子玉治理军队十分严苛。

多年后，在晋国和楚国的争霸过程中，大战即将爆发。楚成王原本命令子玉撤退，子玉却为了证明自己的实力，坚持和晋国一战，这就是著名的城濮之战。最终，子玉率领的楚国军队果然被晋军打败。

在子玉率领残兵败将即将走到方城的时候，楚成王的使者询问成得臣："申、息的子弟大多伤亡了，大夫如果回来，这么向父老乡亲交代呢？"子西、大心对使者说："子玉本来要自杀的，是我们俩阻拦他，说，'不要自杀，国君还准备杀你呢！'"

子玉羞愧不已，于是自尽身亡。

蔿贾的预言，果然实现了。

蔿贾
人物身份 楚国司马
智慧值 ★★★★★
武力值 ★
主要贡献 为楚庄王解决内忧外患
?—公元前605年

语文一点通

『一语成谶』

“谶”音 chèn，
是秦汉间巫师、
方士编造的预示吉凶的隐语。
谶语主要可分两类：
第一类是指将来应验的话，
当时无意间说出，
一语成谶；
第二类是指有意为之的占卜预言。
“一语成谶”印证了古人对谶语的
后知后觉和敬畏之情。

第四十六话 齐姜的计划

□公子重耳的流亡之路

晋献公独宠骊姬，骊姬说的话晋献公深信不疑。于是，在骊姬的设计下，晋国的世子申生自尽身亡，其余的公子闻讯纷纷出奔。

公子重耳也是不得已被迫出奔的其中一位。他舍不得离开祖国，更不放心父亲晋献公。但如果不走，留下来既无力扭转局势，还很可能被害。

情况危急，重耳不得不踏上流亡之路。最开始，他去的是母亲的祖国——狄国。晋国的狐偃（yǎn）、赵衰、颠颉、魏武子等人都抛家舍业，跟随公子重耳。重耳在狄国居住了十二年，不料公子夷吾即位成为晋惠公后，为了避免重耳成为自己强有力的竞争对手，居然派人刺杀他。

公子重耳不得已离开狄国，一路颠沛流离，寻找安身之所。他先到了卫国，卫文公看重耳一行人非常落魄，对他一点也不礼貌。于是公子重耳不得已离开卫国，风餐露宿，这才终于来到了齐国。

齐桓公本来是诸侯盟主，也有仁义之心，不但留下了公子重耳，还对他非常好。齐桓公将宗室之女齐姜嫁给重耳，

（文）**颠沛流离** 由于灾荒或战乱而流转离散。形容生活艰难，四处流浪。

还陪送了二十辆驷马车。

重耳于是在齐国安定下来，丰衣足食，再也不用担心生命危险。甚至时间久了，他觉得在齐国也挺好的，何必非要回到晋国呢?

然而跟随重耳的众人非常焦虑，当初这些人跟随他，就是认为晋国变乱将生，而重耳为人贤德，若能够跟随重耳，帮助他度过人生中最困难的阶段，将来能回到故乡，挽救晋国。

可是眼看着重耳在齐国安居乐业了，幸福的生活磨灭了他的斗志，让他丧失了曾经为国奋斗的理想。

这该如何是好?

文 玩物丧志

指迷恋于所玩赏的事物而消磨了积极进取的志气。

正当狐偃、赵衰等人为重耳发愁的时候，形势有了新变化。晋惠公此时已经去世，他的儿子晋怀公也和秦国矛盾重重。晋国老百姓对此怨声载道。

这正是公子重耳重返晋国，实现理想的大好时机！此时不走，更待何时？

可是重耳自己不想走啊！

狐偃和赵衰等人悄悄聚在一起商量，到底应该怎么办？难道大好时机就这么错过？

这天下午，狐偃和赵衰等人在一棵大桑树下秘密商议让重耳回国的事情。众人又是心急，又是恼火，却毫无办法。

谁也没发现，一个采桑的侍女正巧路过此地，听到了他们的谈话。这侍女听到公子重耳的部下在密谋离开齐国，马上悄悄返回，将这件事情秘密报告了齐姜。

齐姜听说这件事情却很坦然，自己的丈夫不是玩物丧志之徒，他是公子重耳，是晋国的希望。

如今，安逸、稳定的生活困住了他的脚，让他停下了追逐理想的脚步。自己当然是希望和重耳每天在一起生活，但更不希望成为破坏重耳理想的人。

齐姜找到重耳，劝说他赶紧离开齐国。

然而重耳却满不在乎地说："怎么，难道我在齐国不好吗？人生本来就是寻求安逸享乐的，何必管其他事呢？我一定要死在齐国，不能走。"

齐姜没等重耳说完就正色说："如今您不赶紧返回晋国，为国效力，反而

贪图安逸，真为您感到羞愧。”

这句话让重耳陷入了深思。但任凭齐姜怎么劝，甚至是讽刺、挖苦，重耳都一言不发。

到了晚上，齐姜无奈，只能命人摆上酒菜，说：“既然决定不走了，也好，那就在此地与我好好过日子吧。将来可莫要反悔！”

重耳一听这句话，高兴得眉飞色舞。齐姜频频向重耳敬酒，重耳的心事都放下了，于是开怀畅饮。

夜深了，重耳喝醉，沉沉睡去。

齐姜马上找到赵衰，命令赵衰等人准备车马，将公子重耳绑在车上，迅速离开齐国。

原来，所谓同意重耳留下，不过是齐姜的说辞，为的就是让重耳放下戒备。

半夜时分，重耳酒醒了，觉得头痛欲裂，而且非常颠簸。这到底是怎么回事？他勉强睁开眼睛一看，好家伙，自己居然被绑在一辆行驶的车上！

重耳顿时明白，自己被骗了！他气得破口大骂：“狐偃、赵衰，你们居然敢设计我！”重耳拿起戈就要杀了狐偃。

狐偃忙赔笑说道：“公子不必发怒，杀死我，成就您，这是我的心愿。”

这句话让重耳想起了久违的理想，他平静下来说道：“要是事情不成功，我就吃了舅父的肉！”

狐偃笑道：“我的肉又腥又骚，怎么值得吃呢？”

一行人星夜兼程，向着晋国而去。

齐姜
人物身份
齐国宗室之女，晋文公夫人
历史影响
劝说晋文公返回晋国，成就霸业
智慧值
★★★
生卒年不详

语文一点通

节选自 《列女传·晋文齐姜》

原文

颂曰：
齐姜公正，言行不怠，
劝勉晋文，反国无疑，
公子不听，姜与犯谋，
醉而载之，卒成霸基。

原文大意 颂说：齐姜公正，言行不轻慢，劝勉晋文公，返回晋国不要迟疑，公子不听，姜氏与狐偃谋划，灌醉重耳用车带走，终于奠定了霸业的根基。

公元前 639年——公元前 636年

第四十七话 重耳即位

——回国之路

公元前 639 年，公子重耳被迫离开了齐国临淄，踏上了回国之路。

重耳和狐偃、赵衰等人先从齐国到了曹国。当时流传着一个传说，号称公子重耳是“骈胁”(pián xié)，也就是肋骨长成一块骨头的样子。曹共公也听过这个传说，他对此非常好奇，想偷看骈胁到底是什么样?

到了公子重耳沐浴的时候，曹共公就在帘子后面偷偷观看。曹国的大夫僖负羁说：“公子重耳早有贤名，又和君侯同样是姬姓。如今公子重耳正在困难的时候，君侯不可如此无理。”

但曹共公根本不听。

于是，僖负羁就私下给公子重耳送去食物，下面还藏着一块璧玉。这是僖负羁不愿曹国人知道自己帮助重耳的意思。但重耳收下了食物，却命人将璧玉还给了僖负羁。

离开曹国之后，重耳来到了宋国。宋襄公对公子重耳招待得非常周到。但当时宋国刚在泓水之战中战败，而司马公孙固与狐偃交好，他说：“宋国刚打了败仗，没能力帮助你们回国，还是到大国去吧！”于是，重耳一行人离开宋国，到了郑国。

郑文公却根本不按照礼仪接待重耳。郑国的大夫叔詹劝告郑文公说：“公子重耳为人贤德，他的追随者都是贤良能干之才，并且晋国和我们郑国都是姬姓，您应该帮助他。”

文 退避三舍

原意指为了回避与对方的冲突，主动退让九十里；常用于比喻退让和回避，以避免冲突。

郑文公却不屑一顾道：“出奔的公子太多了，怎么可能都按照礼仪去接待呢？”叔詹又要劝说，郑文公就对他的话不理睬了。

没办法，重耳只能到了楚国。楚成王很欣赏重耳，就用招待诸侯的礼节招待重耳，但重耳辞谢不肯接受。不过赵衰劝说重耳，这是楚成王一个大国对公子的尊敬，也是上天在让您兴起。于是重耳接受了楚国隆重的礼节。

楚成王开玩笑似的对重耳说：“如果您将来回到晋国，将如何回报我呢？”

重耳郑重说道：“子女玉帛，是您所拥有的；羽毛齿革是贵国盛产的。如果将来能够回到晋国，假如迫不得已与您兵戈相见，我会为您退避三舍。”

重耳这话一出口，楚国大臣纷纷愤怒了，子玉甚至请求杀了重耳。楚成王却说：“晋国公子志向宽广而为人简朴，文而有礼，他的随从都很有才干。我看公子重耳或许就是让晋国兴起的人！上天要让重耳兴起，谁能杀了他？”

于是，楚成王将重耳送到了秦国。

□秦穆公的选择

鲁僖公二十三年（公元前637年）秋天，楚成王送给公子重耳很多礼物，又派人将他送到了秦国。

秦穆公久仰公子重耳的大名，一见果然名不虚传，再看重耳的追随者，都是贤能人才，秦穆公更是感叹，当时帮晋惠公、晋怀公父子俩回晋国即位，真是看错了人！

秦穆公于是盛情款待重耳，还将五名宗室女子嫁给了重耳。但重耳对此却很抗拒，因为这五名女子中还有怀嬴，而怀嬴曾经嫁给了重耳的侄子——晋怀公。

胥臣劝说重耳道：“我们连晋怀公的国家都要攻打了，何况他的妻子呢！您这样做是为了和秦国联姻以便返回晋国，这样抗拒，岂不是拘泥于小节，忘了大耻？”重耳这才想通了。

秦穆公看到秦晋联姻，非常高兴，于是亲自和重耳宴饮。

晋国人知道重耳到了秦国，很多人偷偷传递消息到秦国，盼望重耳回到晋国。

（文）**名不虚传**　原义是传出的名声与实际相符合，不是虚假的，确实很好。

事 武宫

曲沃武公之庙，历来晋侯即位都要朝拜武宫。

公元前636年，秦穆公派出军队送公子重耳回晋国。

到了黄河边，狐偃取出白璧献给重耳，说自己一路跟随重耳，多有冒犯，现在就请求离开。

重耳明白，狐偃作为舅舅，为了自己付出了太多，现在这么说，是为之前逼迫自己离开齐国感到内疚。

重耳接过白璧说:“倘若不能与舅舅同心，河神鉴之！”重耳将白璧投入黄河，自立为誓。

这一路，民心所向，所向披靡。重耳等一行人，渡过黄河，包围了令狐，进入了桑泉，占据了臼衰。许多城邑投靠了重耳，热烈拥护重耳成为晋国之主。

二月，公子重耳在曲沃武宫朝拜。之后，重耳命人诛杀晋怀公。

六十二岁的公子重耳，终于结束了漫长的出奔岁月，重返晋国，成为历史上大名鼎鼎的晋文公。

晋文公
本名
姬姓，名重耳
人物身份
晋献公之子，晋国第二十二任君主
历史影响
春秋五霸第二位霸主
智慧值
★★★★
武力值
★★★
公元前636年—公元前628年
（在位时间）

语文一点通

“退避三舍”

节选自 《左传·僖公二十三年》

原文

及楚，楚之飨之，
曰：“公子若反晋国，则何以报不谷？”
对曰：“子女玉帛则君有之，羽毛齿革则君地生焉。其波及晋国者，君之馀也，其何以报君？”
曰：“虽然，何以报我？”
对曰：“若以君之灵，得反晋国，晋、楚治兵，遇于中原，其辟君三舍[①]。

①舍，古时行军以三十里为一舍，三舍即为九十里。

原文大意 到了楚国，楚成王设宴招待他，说：“公子如果能回到晋国为君，用什么来报答在下？”重耳回答说：“男女奴隶、宝玉、丝绸是君王所拥有的，鸟羽、兽毛、象牙、牛皮是君王土地上出产的。那些流及晋国的，是君王的剩余物，我能用什么来报答君王呢？”楚成王说：“虽然如此，你用什么来报答我？”重耳回答说：“如果能托君王的福，得以回到晋国，晋国与楚国如果交战，在中原相遇时，我将退兵九十里相让。

公元前636年——公元前635年

第四十八话

晋文公改革

□不甘心的敌人

晋文公结束了十九年的出奔岁月，回到晋国，晋国老百姓欢天喜地，纷纷表示我们晋国，终于有盼头了！

然而也有两个人因为晋文公的即位胆战心惊，夜不能寐。

这两个人便是晋惠公的心腹大臣：吕饴甥（Yí shēng）、郤芮。晋惠公即位后曾经派人刺杀还是公子重耳的晋文公，谁知道如今晋文公会不会报复以前的仇人？

这两个人日思夜想，决定想办法刺杀晋文公，以绝后患。

晋文公即位之后，日理万机，非常忙碌。这天夜里，忽然有人通报寺人披求见。晋文公很生气，马上让人去训斥寺人披："你几次三番前来刺杀本君，每次都比命令规定的时间提前到，你那么恨本君？本君出奔时被你斩断的袖子还在，你快走吧！"

寺人披恭恭敬敬地回禀道："臣以为君侯这次返国，已经懂得了为君之道。如果还没懂，那恐怕您还将要遭受灾难。对国君命令没有二心，这是古代的制度。除掉国君憎恶的人，有多大力量就尽多大力量，和您当时是什么人没有关系。现在您即位了，难道就不会再发生之前被刺的事件吗？齐桓公

文 日理万机

形容政务繁忙，工作辛苦。出自《尚书·皋陶谟》。

忘记射钩仇恨，重用管仲。如果您要改变齐桓公的做法，又何必蒙您再下驱逐的命令？这样，逃走的人还多着呢！岂止是小臣一人？”

这番话触动了晋文公，身为君主，自然要心胸开阔。于是晋文公接见了寺人披。寺人披果然对他有所回报，密报吕饴甥、郤芮准备放火焚烧宫殿，烧死晋文公的计划。

晋文公不动声色，秘密与秦穆公在王城会见，商议应对办法。

三月的最后一天，晋文公的宫殿里果然燃起了熊熊大火，吕饴甥、郤芮高兴之余，却并没有趁乱抓住晋文公。两个人知道密谋之事一定泄漏了，于是逃到了黄河边上。

秦穆公早就派人埋伏在岸边等候，诱杀了吕饴甥、郤芮。

蠢蠢欲动的晋国反对势力，终于被肃清了。

文 肃清

意思是指清除，消灭干净。

改革与立功

为了让晋国强大起来，晋文公选拔了很多能人担任晋国官员。狐偃被晋文公封为相，先轸为帅，曾经跟随晋文公流亡的赵衰、胥臣等人都成为辅佐晋文公的近臣，而魏武子则被派去抵抗戎族。

晋文公任用功臣，会见百官，在实际政务管理方面还废除了旧的债务，布施恩德。他鼓励发展农业，提倡互相帮助，并且节省费用使资财充足。

伴随着晋国实力的增强，晋文公也在逐步扩大晋国军事力量。他将晋国曾经的二军改为三军，任命郤谷统帅中军，狐偃统帅上军，栾枝统帅下军。

后来，晋文公又增设了新二军，也就是新上军和新下军。晋国拥有了五军这样庞大的军事力量。

晋文公对于晋国老百姓的生活非常关心，他减免了赋税，还资助那些没有财产的人。晋国老百姓交口称赞。

晋文公觉得自己将晋国治理得不错，然而狐偃却告诉他："老百姓还没明白什么是'义'，还做不到安定下来。"

晋文公在晋国宣扬德教，以此培养百姓淳朴德行。他制定了官员的规章，按照法律办事，昭显有功勋的旧族，奖赏有功劳的人，尊敬老人，礼待宾客。

晋国的胥、籍、狐、箕、栾、郤、柏、先、羊舌、董、韩十一族，都担任朝廷的近官。姬姓中那些贤良的人，也担任了朝廷内的官员。异姓中有才能的人，就担任了边远地方的官职。王公享用贡赋，大夫收取采邑的租税，士受禄田，平民自食其力，工商的官

文 皂隶

皂隶，指旧时衙门里的差役。

领受官廪，皂隶按照自己的职务领取口粮，家臣的食用取自大夫的家田。

于是，晋国政治清明，民生丰安，财用充足。

就在此时，周襄王遇到了大难题，举国上下颇为震惊。

原来，周襄王的弟弟王子带与周襄王王后私通。这桩丑闻暴露之后，王子带居然带着狄人进攻大周。

曾经的镐京之乱再次上演，周襄王不得已狼狈逃到了郑国，并为此事向诸侯告难。

晋文公二年（公元前 635 年），秦穆公收到周襄王的命令之后马上屯兵于黄河岸边准备勤王。赵衰发现这是展露晋国实力的机会，马上劝说晋文公："要争夺霸权，必须拥护周天子。而且周天子和晋侯同是姬姓，假如不能在秦国之前抢先护送周襄王回京，那么就没有称霸的资本。"

三月，晋文公出兵护送周襄王回到洛邑，四月份诛杀王子带。

晋文公对于周襄王的拥护，让周襄王非常感动。而晋文公迅速平定了王子带的叛乱，也让周襄王看到了晋文公的能力。

大周，需要晋文公这样的诸侯！

周襄王将河内、阳樊赐给了晋国。

获得了周襄王的嘉许，晋文公终于在诸侯中占据了重要位置。他暗下决心自己要成为诸侯盟主让晋国更加强大。

老年晋文公

寺人披见文公

节选自《左传·鲁僖公二十四年》

原文

吕、郤[①]畏逼，
将焚公宫而弑晋侯。
寺人披请见。
公使让之，
且辞焉……公见之，以难告。
晋侯潜会秦伯于王城。
己丑晦，公宫火。
瑕甥、郤芮不获公，
乃如河上，秦伯诱而杀之。

①吕、郤：吕即吕饴甥，他的采邑除阴外还有吕、瑕，所以称吕甥、瑕甥；郤即郤芮，他们都是晋惠公和晋怀公的旧臣。

原文大意 吕饴甥、郤芮害怕受到威逼，要焚烧晋文公的宫室而杀死文公。寺人披请求进见，文公令人训斥他，并且拒绝接见……于是文公接见了寺人披，他把即将发生的叛乱报告给了文公。晋文公暗地里和秦穆公在秦国的王城会晤商量应付的办法。三月的最后一天，晋文公的宫室果然被烧。吕饴甥、郤芮没有捉到文公，于是逃到黄河边上。秦穆公把他们诱骗过河然后杀了。

公元前
636年

第四十九话

介子推的选择

□

邀赏和回避

晋文公安定国政之后，封赏曾经跟随自己流亡多年的大臣。对于这些功臣，如果没有封邑的，就赏赐给他们封邑；如果有封邑，晋文公就扩大他们的封邑。

不过封赏过后，马上有人很是委屈，找到晋文公哭诉。这人便是壶叔。壶叔找到晋文公哭着说："小人跟随主公东奔西走多年。如今您的封赏，却没有小人，小人到底有什么过错？"

晋文公向壶叔解释说："这次封赏是分等级的。那些用仁义道理启迪我的，受上赏；为我出谋划策，使我在诸侯之中不受辱的，受中赏；身体力行保护我的人，也受中赏。所谓上赏赏德，中赏赏才，下赏赏力。所以别着急，等三赏过后，就轮到你了。"

听过这番话，壶叔心服口服，拜谢而去。

自从晋文公回国之后，功臣们都吵吵嚷嚷，希望他给自己的封赏更多一些，介子推却默默回避了。

接下来又赶上平定王子带的叛乱，晋文公既要解救周襄王，又担心晋国国内刚刚安定下来的局势有变化，就暂停了封赏。曾经跟随晋文公出奔的介子推，也因此没有得到应有的封赏。

文 **封邑**

1. 古时帝王赐给诸侯、功臣以领地或食邑。
2. 指领地、食邑。

人 贪天之功

“贪天之功”的原义是天所成就的功绩说成是自己的力量；现指抹杀群众或领导的功绩，把功劳归于自己。

介子推的母亲看到儿子闷闷不乐，以为他是因为自己没有受到封赏，于是劝他不必在意。

介子推却说道：“晋献公有九个儿子，现在唯有主公在世了。晋惠公和晋怀公昏庸无道，晋国的百姓和其他诸侯都舍弃了他们。上天并没有断绝晋国，那么晋国就一定会有主事之人。能够主持晋国祭祀的，除了主公还有谁呢？所以这其实是上天注定的，而那些人却都认为是自己的功劳，难道这不是贪天之功吗？偷人家的钱财，尚且还被称作盗贼，何况是贪天之功呢？现在的风气，是下面的人赞同他们的罪过，上面的人奖赏他们的欺诈，上下互相欺骗，就难以和他们相处了。”

经过这一场封赏，他看到了许多人平时不曾暴露出来的嘴脸。母亲于是劝告他：“为什么不去请求主公封赏呢？”

介子推却摇摇头说：“明知道这是错误，却还效仿，这样罪过更大了。并且我因此而口出怨言，就不能再收下国君的俸禄了。”

母亲百思不得其解，说那你也要让主公知道这件事情啊！

介子推却说：“言语是身上的装饰品，身子都要隐藏了，哪儿还需要用言语去装饰呢？”

母亲明白了，介子推要选择隐退，远离这个追名逐利的尘世。母亲决定和介子推一起隐居。

介子推带着母亲来到了绵山隐居。

介子推的跟随者十分怜悯介子推的遭遇，于是挥毫泼墨，在宫门悬挂了一条字幅。

这字幅写道：

“龙欲上天，五蛇为辅。
龙已升云，四蛇各入其宇，
一蛇独怨，终不见处所。”

这意思是，龙想要飞上天，曾经有五条蛇帮助他。龙现在已经升入云霄，四条蛇也都各自进入了自己的屋宇，唯独有一条蛇独自哀怨，始终没能找到自己的住所。

晋文公在外出时看到这条字幅，内心有所触动，他说：“这说的就是介子推啊！我一直因为王室之乱忧心，还没来得及回报他的功劳。”

晋文公马上派手下请介子推，然而人去屋空，介子推早就离开了。

晋文公非常后悔，又派出大批人马寻访介子推。

经过寻访，得知介子推带着母亲在绵山隐居。几度寻访，却始终不见介子推母子的踪迹。

介子推带着母亲一起隐居，一直到死，都未曾出现过。

晋文公非常后悔，就将整座绵山赏赐给了介子推，作为介子推的禄田，并且将绵山称为介山。

晋文公说：“就用这件事来记载我的过失，并且表彰贤能的人吧！”

介子推
人物身份
公子重耳出奔时随从，后人尊称为介子
历史影响
割股奉君，不言禄
智慧值
★★★
武力值
★★
？—公元前636年

寒食节的由来

介子推是春秋时期晋国人，
他曾经跟随公子重耳出奔十九年。
在这坎坷流亡路上，
介子推曾经在最困难的时候割股奉君，
当重耳即位为晋文公时，
介子推却不言禄，悄然隐退。
晋文公为了让介子推从隐居的绵山出来，
放火烧山，
不料介子推宁愿冒着可能被烧死的危险，也不改变自己的志向。
后人用“寒食节”来纪念介子推。
寒食节在清明节前一天，
冬至之后的一百零五天。
这一天，人们禁用烟火，只吃冷食。
从春秋时期到现代，
寒食节已经有两千多年历史了。
后来，人们又给它增加了祭祀、踏青、秋千等风俗。

公元前
632年

第五十话 城濮之战

□宋国紧急求救

人 斗越椒

著名的反叛，斗班，出任申公，管理大县申县。

鲁僖公二十八年（公元前 632 年），宋国派出大夫门尹般到晋国求救，楚国攻打宋国，宋国危矣！

晋文公很为难，不去救宋国就断绝了交往，但也知道楚国的野心，就这么直接去向楚国求情，楚国肯定是不答应的。

为了救宋国和楚国开战？齐国和秦国是不会答应的。事实上，伴随着实力的增强，晋国和楚国为了争霸，交战不可避免。

先轸为晋文公献出了计策，让宋国去求齐国和秦国，让他们为宋国向楚国求情。晋国不如先灭曹国和魏国，然后将曹国和卫国的田地分给宋国。曹国和卫国都是楚国的附庸，楚国必定会主动向我们开战。

晋文公觉得这个主意不错，马上命令照办。

楚成王得到消息，命令大将子玉不要和晋国交战。楚成王对子玉说："晋文公在外出奔十九年才回到晋国即位，什么样的艰难险阻他没经历过？民间的疾苦他都明白，这是上天除去了他的敌人，让他即位的。这样的人，难道可以战胜吗？"

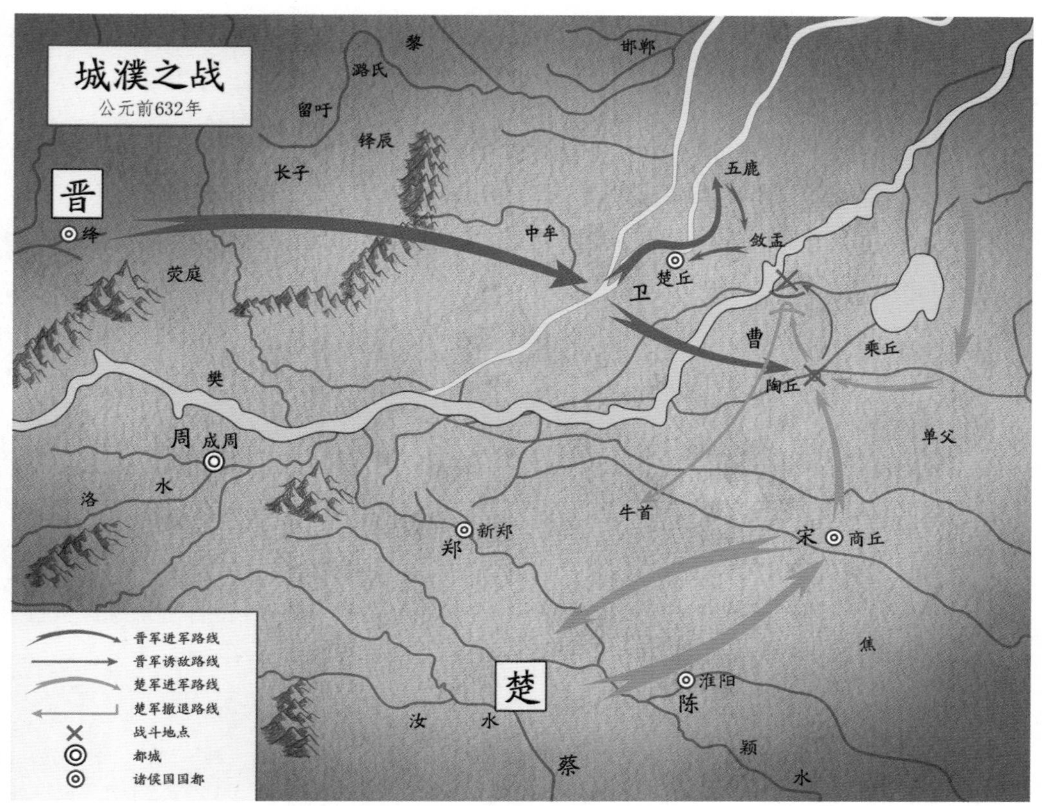

但子玉根本不听楚成王的劝阻，还派斗越椒请战，说是不为战胜晋国，只是为了堵住那些说闲话人的嘴。

这意思是，楚成王胆小怕事，不敢迎敌，已经被人嘲笑。楚成王大怒，于是只给他很少的军队。

子玉派大夫苑春到晋国军队中谈条件，说请晋国恢复卫国和曹国的土地，那么楚国就从宋国撤退。

狐偃一听马上反驳："子玉如此无礼！哪儿有君取一，臣取二的？晋国一定要和楚国一战方休！"

先轸却感叹道："楚国出一言，就平定曹、卫、宋三国，而我国却一言让他们灭亡。我们理亏，怎么开战？不如私下许诺给曹国和卫国，以此离间他们和楚国的关系，扣押苑春，以此激怒楚国。晋楚交战，以图后计。"

晋文公按照先轸的谋划行事，子玉果然大怒，要和晋国交战，一决胜负。

人 **狐偃**

姬姓，狐氏，字子犯，大戎（今山西交城）人。晋国重臣，狐突之子。

□退避三舍

晋国和楚国的大战，一触即发。

然而，就在这个关键时刻，晋文公却命令全军后退。一时之间，晋国军队议论纷纷，很多士兵特别气愤，楚国的臣子和我们晋国的君侯作战，这是对我们晋国的羞辱！而且楚国从去年冬天围困宋国，早就疲惫不堪，这时候为什么撤退？

狐偃对广大士兵说："主公流亡时，曾经得到楚成王盛情款待。当时主公许下诺言，他日晋楚如若战场相见，晋国军队退避三舍，报答当日款待之情。出兵贵在理直气壮，如果我们忘恩负义，那楚国军队就会士气高涨。假如我们撤退报答了楚庄王当年的恩情，楚国依然紧追不舍，君退，臣进，那就是他们理亏，"

晋军士兵心服口服，马上撤退三舍之地。

然而，愤怒的子玉却命令楚国军队穷追不舍，于是，同年四月，城濮之战拉开帷幕。

子玉派大将斗勃向晋文公请战，说："请与君侯的将士角力，请君侯凭栏观看。"晋文公派栾枝回复楚国。栾枝恭恭敬敬地说道："寡君听到贵国的命令了。楚君的恩惠，从来不敢忘怀，所以退避三舍。以为贵军已经撤退，既然如此，请大夫回复楚国将军，谨慎奉行楚君之事，明日早晨见面。"

四月六日，晋国军队严阵以待。

子玉狂傲无比，大声说："今日，必定没有晋了！"

然而，让子玉意料不到的是，晋军的下军佐胥臣，命令士兵将虎皮蒙在马身上，先冲击楚军右翼的陈国、蔡国军队。这场突然袭击，令陈国和蔡国军队手忙脚乱、一触即溃。

接连的惊慌逃亡，导致了楚军右军的溃败。

子玉更加愤怒，加紧了对晋军中军和上军的进攻。

上军的狐毛命令手下撤退，下军的栾枝也命令手下撤退，子玉狂怒之中不辨真伪，居然命令楚国军队全力出击。

于是，就在楚军狂飙突进的时候，原轸、郤溱率领军队将楚国军队拦腰截断。

这引起了楚国军队的大混乱。

一场混战之后，骄傲的楚国左军被打败了。子玉只能命令中军撤退。

城濮之战之后，晋文公确立了在诸侯中的霸主地位，而楚国则被迫不再往中原地区扩张。

历 史 小 课 堂

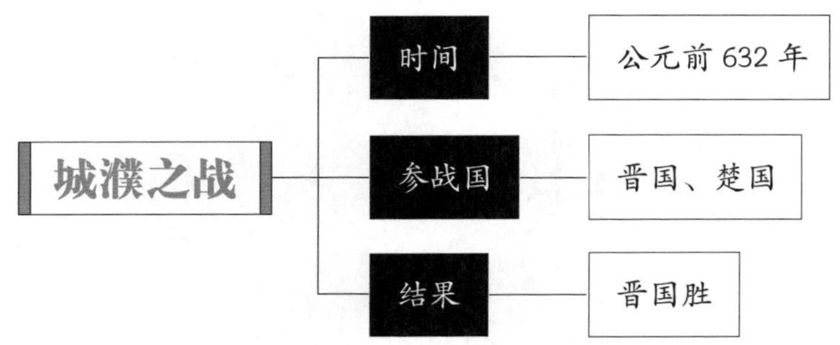

城濮之战发生在公元前 632 年，是晋国、楚国为争夺中原地区霸主地位在魏国城濮（今山东鄄城西南）进行的一次大战。晋国在战略上首先运用外交谋略，既改变了战略形势，又夺取了战争主动权。

在城濮之战中，晋文公主动命令晋国军队退避三舍，而楚军认为是晋军胆怯后退，马上进行追击。最终，晋军获得了城濮之战的胜利。

这个故事告诉人们，后退并不一定表示软弱可欺。相反，遇到困窘的境地，假如选择后退，也可能会有新的机会产生。

公元前
631年

第五十一话
柳下惠自有高论

□鲁僖公的烦恼

鲁僖公二十九年（公元前631年）春天，鲁僖公的心情颇不安宁。

本来，鲁僖公和莒公、宁庄子在向会盟，这是继去年鲁国和卫子、莒国大夫莒庆在洮（táo）会盟之后的又一次外交活动。

鲁国通过这两次会盟，和卫国、莒国形成了良好的交流活动。齐孝公虽然本人是经历过齐国之乱，多亏了宋襄公扶助才登上齐侯之位的，但伴随着时间流逝，齐孝公自认为齐国实力雄厚，就应该是这些国家的盟主。

春秋首霸，不就是自己的父亲齐桓公吗？

所以，鲁国的这两次会盟，惹怒了齐孝公，你们会盟不邀请齐国，又不请齐国当盟主，这是忽视我们齐国的存在吗？

齐孝公发兵入侵鲁国西部的边境地区。

到了这年夏天，齐孝公再次出兵讨伐鲁国北部边境。而卫国由于曾经在洮与鲁国会盟的缘故，便出兵讨伐齐国，以此救助鲁国。

但鲁僖公非常担心，到底怎样才能让齐孝公平息怒火，从鲁国撤退呢？

关键时刻，鲁僖公将这次外交任务交给了柳下惠的弟弟——展喜。

柳下惠曾经担任过鲁国的士师，掌管刑罚诉讼，他“坐怀不乱”的故事广为流传，连孔子都认为他是一个贤人。但柳下惠性格耿直，因此接连三次被黜免。

所以在鲁国危难关头，柳下惠这样的贤人，一定可以帮助鲁国摆脱危机。

人 柳下惠

姬姓，展氏，名获，字子禽，是鲁国柳下邑人。他去世后的谥号是“惠”，又由于封地在柳下，所以后人尊称他为“柳下惠”。

□ 展喜退兵

展喜接受了这次外交任务之后，第一时间找到哥哥柳下惠询问，到底怎么做，才能让齐孝公退兵呢？

柳下惠于是将齐孝公的行为进行了深入分析，还教弟弟应对的方法。

于是，展喜有了哥哥这个智囊支持，前往齐军大营拜见齐孝公。

展喜一见到齐孝公就恭恭敬敬地表示了对齐孝公的敬意，说："寡君听说您亲自大驾光临，将要来到敝邑，所以特地派小臣前来犒劳您的侍从。"

齐孝公得意洋洋，看来齐国军力雄厚，鲁国这是要认输了。齐孝公趾高气扬地问展喜："鲁国人害怕了吗？"

展喜却很镇静，他回答说："小人害怕，君子就不害怕。"

这个回答让齐孝公大为吃惊，他继续问："你们国库空虚的好像悬挂起来的磬，你们鲁国的四野连青草都没有，到底是凭借什么而不害怕的？"

这句话说得相当不客气，齐孝公对鲁国的鄙视简直都要写在脸上了。

然而，展喜依然很淡定，他回答说："我们鲁国仰仗的就是先王的命令。从前周公和太公辅佐大周，在左右协助为王。周成王慰问他们，还赐给他们盟约，说'世世代代的子孙都不要互相侵害。'这个盟约藏在盟府，由太史掌管。

齐桓公也因此联合诸侯，从而解决他们之间的矛盾，弥补他们的缺失，救助他们脱离灾难。这都是在彰显过去的职责啊！等到君侯即位，诸侯都对您寄予厚望，他们都说，‘他会继承齐桓公的功业吧！’鲁国的敝邑因此不敢保城聚众，说，‘难道他即位九年，就丢弃王命，废掉职责？他怎么向先君交代？他一定不会这样做的。’鲁国就是仰仗这个才不害怕。”

这一番话，从齐国的历史使命说到齐孝公的父亲——齐桓公的功绩，让齐孝公面红耳赤，无言以对。

假如攻打鲁国，那就是对父亲齐桓公的背叛，对齐国祖先的背叛，对齐国当初誓言，甚至对周天子厚望的背叛。

借给齐孝公几个胆儿，他也不敢。

齐孝公就此撤兵，于是一场大战，消失在展喜谈笑之中。

当然，这都要归功于展喜背后的高参——柳下惠。

人

齐孝公

姜姓吕氏，齐国第18位国君（公元前642年—公元前633年），齐桓公之子。

柳下惠
本　名
姬姓，展氏，名获，字季禽，又字子禽
人物身份
鲁国士师
历史影响
古代思想家、政治家、教育家
智慧值
★★★★
武力值
★
公元前720年—公元前621年

“坐怀不乱”

节选自 《荀子 · 大略》

原文

柳下惠与后门者同衣，
而不见疑，
非一日之闻也。

原文大意 柳下惠夜宿于城门口，恰好有一个女子也没能入城，睡在他附近。柳下惠怕她受冻，让她坐在自己的怀里，并解开外衣把她裹起来，用身体去暖和她。那女子依偎着在他怀中坐了一夜，一直到天亮，柳下惠也没对那女子有任何越轨、淫乱的举动。

指在与女子相处时，即便女子坐在他怀里，男子也不会有非礼行为。后用来比喻男子在与女子相处时作风正派。

公元前
630年

第五十二话

烛之武退秦师

人 佚之狐

佚之狐是郑国的大夫，他聪明睿智，谋略出群。春秋五霸时期，秦晋二霸企图联合将小小的郑国灭掉，他推荐了烛之武去劝秦王退兵。大部分人认为他太奸诈狡猾了，觉得他怕自己有危险就将年过古稀的烛之武推了出去，太过分了，令人所不齿，因此遭到许多唾弃，还被人称为“一只狐”。

伴随着晋国的崛起，曾经依附楚国的郑国很是尴尬。从地理位置上看，郑国自然与晋国更近，却依附楚国，甚至在城濮之战中还帮助楚国。于是晋楚争霸，郑国就成了在夹缝中生存的国家。

鲁僖公三十年（公元前 630 年）九月，晋文公联合秦穆公包围了郑国。晋国军队驻扎在函陵，秦国军队驻扎在氾水之南。在晋、秦强大的军事力量面前，郑国危在旦夕。

郑国大夫佚之狐向郑文公建议道：“国家已经到了危难关头。这时候如果派烛之武去面见秦穆公，那么秦国军队一定会撤退。”郑文公心里着急，却一点办法也没有。如今佚之狐推荐了烛之武，郑文公就赶紧派人召见。

没想到，烛之武对于郑文公的请求却果断拒绝了，他说：“臣壮年的时候不如别人，如今年老体衰，对此无能为力。”

郑文公明白，烛之武这是因多年不得重用而说的气话，于是赶紧劝说道：“没能及早重用您，到了危难关头才来求您，这是我的过错啊！假如郑国亡国了，对您也不利啊！”

这道歉虽然晚，却很真诚。

于是烛之武答应了郑文公的请求，决定面见秦穆公，说服秦国退兵。

凭一己之力，口舌之便，就劝退拥有强大实力的秦穆公？这个任务看起来是艰巨又不可能完成的。

佚之狐为什么强烈推荐烛之武呢？因为烛之武虽然没有获得重用，却洞悉世事变化，对劝服秦穆公退兵，胸有成竹。

到了晚上，郑国军队趁着黑夜，将年迈的烛之武用绳子从城墙上坠下去执行任务。

□ 秦国到底图什么？

这天晚上，秦穆公正在观看作战地图。这是和晋国的联合作战，秦国当然要一马当先，不可让晋国小觑。忽然有人传报，说郑国大夫烛之武求见。

秦穆公有点诧异，大战在即，郑国派一名大夫前来，还是在夜里，有什么用意？秦穆公命令让烛之武进来。

秦穆公一看，来者须发皆白，是一名老者。看来郑国真是没有人才了，居然让一名老者以身犯险。

烛之武对秦穆公施礼之后便侃侃而谈："秦国和晋国围攻郑国，郑国就已经知道要灭亡了！如果郑国灭亡对您有好处，哪还值得劳烦您的部下。但现在，越过别的国家，在远方设置边邑，您知道这是很难的事情。哪能用灭亡郑国来加强邻国的实力呢？邻国的实力增强，其实就等于贵国的实力削弱了。

假如不灭亡郑国，使郑国成为贵国东方道路上的主人，贵国使臣经过郑国，郑国将供应他们的食宿，对于您也是无害的。再说您曾经有恩于晋惠公，他答应给您焦瑕之地，可是晋惠公早上渡过黄河回到晋国，晚上就下令筑城防御，这您是知道的。晋国怎么会有满足的时候呢？它既然向东以郑国作为东边的疆界，接下来就会向西扩张西边的疆界。那时候如果不损害秦国，晋国往哪里扩张领土？损害秦国而让晋国得利，希望君侯好好考虑这件事情。"

烛之武这番话深深触动了秦穆公。之前自己是怎么帮助晋惠公，晋惠公又是如何忘恩负义的，都还历历在目。而这次秦晋联合攻打郑国，就算晋国将打下来的土地分给秦国，难道秦国还能隔着晋国去管理这些土地吗？到头来还不是便宜了晋国！那时候晋国实力倍增，要扩张土地，秦国作为晋国的邻国，还能跑的了？

秦穆公特别感谢烛之武的提醒，马上同意和郑国结盟，还派出杞子、逢孙、杨孙戍守郑国，随后就率领秦国军队撤退了。

到了第二天，晋国军队听到消息，议论纷纷。郑国用了什么魔法，居然一夜之间让秦国退兵了？

晋国大夫狐偃怒不可遏，秦国这不是不讲信用嘛！于是奏请晋文公，对于秦国的不讲信用，我们应该攻打秦军。

晋文公却一口回绝说：“不能这样做。假如不是秦穆公的力量相助，就没有我的今天。借用过别人的力量，回头又去伤害别人，这是不仁。失去同盟国，这是不智。攻打秦国会造成混乱，而用混乱代替如今的联合，这不符合武德。我们还是回去吧！”

于是，晋国军队也撤退回国。

就这样，烛之武的一席话便劝退了秦穆公，挽救了处于大战边缘的郑国。

人

武德

武，止戈为武。武是停止干戈，消停战事的实力。德，以仁、义为核心理念，以上、止、正为行为操守的言行举止。

烛之武
人物身份 郑国考城人
历史影响 说退秦穆公军队
智慧值 ★★★★
武力值 ★
生卒年不详

烛之武退秦师

节选自 《左传·僖公三十年》

原文

夜缒①而出，见秦伯，曰："秦、晋围郑，郑既知亡矣。若亡郑而有益于君，敢以烦执事。越国以鄙远，君知其难也。焉用亡郑以陪邻？邻之厚，君之薄也。若舍郑以为东道主②，行李之往来，共其乏困，君亦无所害。"

①缒：系在绳子上放下去。

②东道主：东方道路上的主人，后来泛指接待或者宴客的主人。

原文大意 夜里，郑人用绳子把烛之武从城上吊下去。烛之武见到秦穆公，说："秦、晋围攻郑国，郑国已经知道就要灭亡了！如果郑国灭亡对您有好处，那就值得烦劳您的属下。越过其他国家而在远方设置边邑，您知道这不好办，哪能用灭郑来加强邻国的实力呢？邻国实力增强，就等于您的力量削弱了。如果不灭郑国而使它成为您东方道路上的主人，贵国使臣经过，郑国供应他们的食宿和给养，这对您也没有坏处。"

公元前628年——公元前627年

第五十三话

弦高退兵

□晋文公去世

鲁僖公三十二年（公元前628年）十二月，晋文公去世了。这个流亡十九年的开明君主，让晋国从混乱走向了强大，让老百姓过上了好日子。他的去世，举国哀痛。晋文公将被安葬在曲沃。

然而，晋文公的棺木即将出绛城的时候，灵柩忽然传出牛叫般的声音。这太奇怪了，卜偃报告说："这是君侯在提醒我们：将有西方的军队路过我国，如若攻打，必定获得大捷。"

晋国的西方，自然是秦国。

秦穆公在从郑国撤退时，留下杞子、逢孙、杨孙戍守郑国。一日，杞子派人密告秦穆公说，"郑国人让我掌管北门的钥匙，如果秘密出兵，一定可以偷袭成功，拿下郑国。"

秦穆公得到消息，很兴奋，马上询问蹇叔："此事是否可行？"

蹇叔一听，马上表示反对："劳动大军长途奔袭，这是我从来没听说过的。我军长途跋涉，筋疲力尽，敌人却早有准备，怎么能成功呢？况且大军一发，郑国必定会得到消息。千里行军，却不能获得胜利，必定会生出背犯之心。"

人 卜偃

即郭偃，是春秋时期晋国大夫，兼春秋时期晋国的卜官。不但有高超的占卜技巧，而且知识广博，头脑清醒，智谋过人。

人 蹇叔

蹇叔（约公元前690年—公元前610年），子姓，蹇氏，宋国铚邑（今安徽省淮北市濉溪县临涣镇）人。春秋时期著名政治家和军事家。

但吞并郑国的诱惑实在太大了，秦穆公思来想去，不愿放弃这个送到眼前的机会。

于是秦穆公无视了蹇叔的劝阻，命令孟明视、白乙丙、西乞术率领三军向东出发。

蹇叔望着秦国大军远去，痛哭流涕道："孟明！我看得到你出兵，却看不到你回来了！"

秦穆公听后让人传话给蹇叔说："就算你活到中等寿命，你坟墓上的树木都已经合拢成抱了！"

这是秦穆公在怨恨蹇叔不同意自己出兵讨伐郑国，诅咒蹇叔老而不死，昏庸无能。

蹇叔的儿子也参加了这次出征。蹇叔哭着送别儿子说："晋国人必定会在崤山与你们作战。崤山分为二陵，南陵是夏后皋的坟墓，北陵是文王躲避风雨的地方。你必定会死在那两座山之间，我会去为你收尸骨的！"

弦高送牛

鲁僖公三十三年（公元前627年）春天，秦国军队经过大周都城洛邑北门。按照礼仪，秦国的军队要脱去头盔并下车，表达对周天子的尊敬。但其实，按照礼仪要求，秦国军队路过天子之门时，不但必须免胄，还应该卷甲束兵，收拾好盔甲和武器，才是正确的做法。

王孙满当时还年幼，但是看到秦国军队的表现，于是对周襄王说道："秦国军队轻佻无礼，必败无疑。轻佻就缺乏谋略，无礼就会疏略。进入险地却疏略，又不能谋划，这还能不失败吗？"

秦军到了滑国，正在做生意的商人弦高听说了秦军即将攻打郑国的事。作为一个郑国商人，虽然在大周做生意，听到此事，心急如焚。

秦军偷袭郑国，无论秦军是否得逞，郑国都将付出惨痛代价。现在应该怎样做才能阻止秦军的行动呢？

弦高苦思冥想，终于想出了一个好办法。

弦高以郑国国君的名义，先借四张熟牛皮为引，又送上十二头牛犒劳秦国军队。弦高对秦国军士说："寡君听说贵军将步行到敝国，特地犒劳各位。如果准备住宿，我们会提供给各位一天的物资，如果要走，那我们也会准备好晚上的守卫工作。"

秦国军队面面相觑，这么说，郑国已经知道了我们要偷袭他们？

地 囿

囿：繁殖禽兽供田猎的场所。原圃、具囿，分别是郑国、秦国豢养禽兽的地方。

弦高又秘密派人给郑穆公传递消息。

郑穆公得知消息后，马上派人查看秦国留守郑国杞子、逢孙和杨孙居住的馆驿。发现秦国人已经打点好了行装，磨快了兵器，喂饱了马匹。

郑穆公心想，这是准备当内应，参加战斗，对付我们郑国呀！郑穆公于是派皇武子向杞子等人致辞，说："各位在敝国居住的时间已经很久了，只是敝国的食物也快吃完了，你们也该走了吧！郑国有原圃，秦国也有具囿，你们回到本国去捕猎麋鹿，让敝国得到安宁，怎么样？"

这些话说得很不客气。杞子等人明白，郑国已经得到了秦国进军的消息。于是，杞子逃到了齐国，逢孙、杨孙逃到了宋国。

孟明说："郑国有所准备，进攻不能胜利，包围郑国又没有后援，我们还是撤退吧！"

秦军灭掉了滑国，便向秦国撤退。

人 苦思冥想

比喻绞尽脑汁，深沉地思索。也指关起门来，不作调查和研究，单凭主观去想象解决问题的方法。

弦高
人物身份 郑国商人
历史影响 犒师救国
智慧值 ★★★
武力值 ★
生卒年不详

历　史　小　课　堂

弦高犒师是一个流传两千多年的爱国故事。

节选自《左传·僖公三十三年》

原文

及滑，郑商人弦高将市于周，遇之。以乘韦先，牛十二犒师，曰："寡君闻吾子将步师出于敝邑，敢犒从者。不腆敝邑，为从者之淹，居则具一日之积，行则备一夕之卫。"且使遽告于郑……孟明曰："郑有备矣，不可冀也。攻之不克，围之不继，吾其还也。"灭滑而还。

原文大意　一心想要东扩的秦穆公决定利用晋国国丧的机会消灭郑国。于是他命令大将孟明视、西乞术、白乙丙带领兵车四百辆偷袭郑国。公元前627年二月，秦军带领的主力走到了滑国（今河南偃师、巩县一带）境内，碰到郑国商人弦高。弦高先送秦军四张熟牛皮作引礼，再送十二头牛犒劳军队，说："我们国君听说您准备行军经过敝邑，谨来犒赏您的随从。敝邑贫乏，为了您的随从在这里停留，住下就预备一天的供应，离开就准备一夜的保卫。"弦高同时又派传车紧急地向郑国报告。孟明说："郑国有准备了，不能存有希望了。攻打郑国不能取胜，包围它又没有后援，我还是回去吧。"于是秦军灭了滑国就回去了。

公元前
627年

第五十四话 崤之战

秦穆公不听蹇叔的劝告，执意要偷袭郑国。没想到，一切如蹇叔所料，秦国大军还没到郑国，郑国的商人弦高就假托郑穆公之命犒劳秦国军队，还将消息火速传递到了郑国。

情报泄露了，还怎么偷袭？

秦军决定撤退。

然而来得容易，想回去，就没那么容易了。

晋国朝堂上展开了激烈辩论。先轸说：“秦国违背蹇叔的劝告，因为自己的贪婪让老百姓为之劳苦，这是上天给我们的好机会。机会难得，敌人也不能轻易放过。放走了敌人，将来就会产生后患；违背了上天，也是不吉利的。”

然而栾枝马上表示了反对：“我们还没有报答秦国的恩惠就去攻打他们的军队，难道心中还有去世的晋文公吗？”

栾枝的意思是，不能忘记秦穆公扶立晋文公的恩德。

先轸摇摇头说：“滑国是我们的同姓，如今晋国国丧，秦国不为我们举哀，却讨伐我们的同姓，秦国如此无礼，我们还报什么恩？我听说，一旦放走了敌人，就会给后世几代人留下祸患。为后世子孙考虑，也可以说是为了去世的先君吧！”

于是，晋国决定出兵攻打秦军，并且调动了姜戎的军队。

晋襄公尚在为父亲晋文公服丧，身着白色的孝服，这是不宜作战的。他将白色的孝服染成了黑色参加战斗，梁弘为他驾驶兵车，莱驹担任车右武士。由于晋襄公穿着黑色的衣服为晋文公送葬，晋国从此以黑色衣服为丧服。

鲁僖公三十三年（公元前627年）四月十三日，长途奔袭、疲惫不堪的秦军，在崤山被晋军一举击败。秦军的三位统帅：孟明视、西乞术、白乙丙都被俘虏。

地 崤山

古代地名，在河南省三门峡市内，洛宁县西北，长安（今陕西省西安市）、洛阳之间的黄河流域，常与附近的函谷关并称崤函。

骄傲的秦军偷袭不成，在崤山遭遇了灭顶之灾。

然而晋国却有一个人为此痛心疾首，她便是晋文公的夫人、晋襄公的嫡母——文嬴。文嬴是秦国人，更是秦穆公之女。这样的身份，让文嬴不能对秦军在崤之战中的失败坐视不理。

文嬴请求晋襄公将秦国三个将帅放回去，她对晋襄公说："这三人的确离间了我们晋国和秦国国君之间的关系。秦穆公要是见到了这三个人，吃了他们的肉都不解恨。何苦劳烦您去惩罚他们呢？让他们回到秦国受刑，满足秦穆公的心愿，怎么样？"

晋襄公觉得文嬴说得有道理，于是就同意了文嬴的建议。

先轸朝见晋襄公，询问秦国三个俘虏的下落，晋襄公说，"母亲为了这件事情求我，所以我把他们放了。"

先轸大怒道："战士们拼尽全力才在战场上抓获了他们，妇人几句欺诈之言就放走了俘虏，毁掉了战斗果实却助长了敌人的气焰，晋国距离亡国也没有几天了！"先轸气急了，面向晋襄公就吐了口唾沫。

晋襄公也大为后悔，马上命令阳处父去追赶孟明等人。阳处父纵马狂奔，一直到了河边，可是孟明视三人已经上船离开了岸边。阳处父于是解下车左边的马，号称这是晋襄公送给他们的。

孟明视等在船上边磕头边说："贵国的国君宽宏大量，不把我们这些俘虏

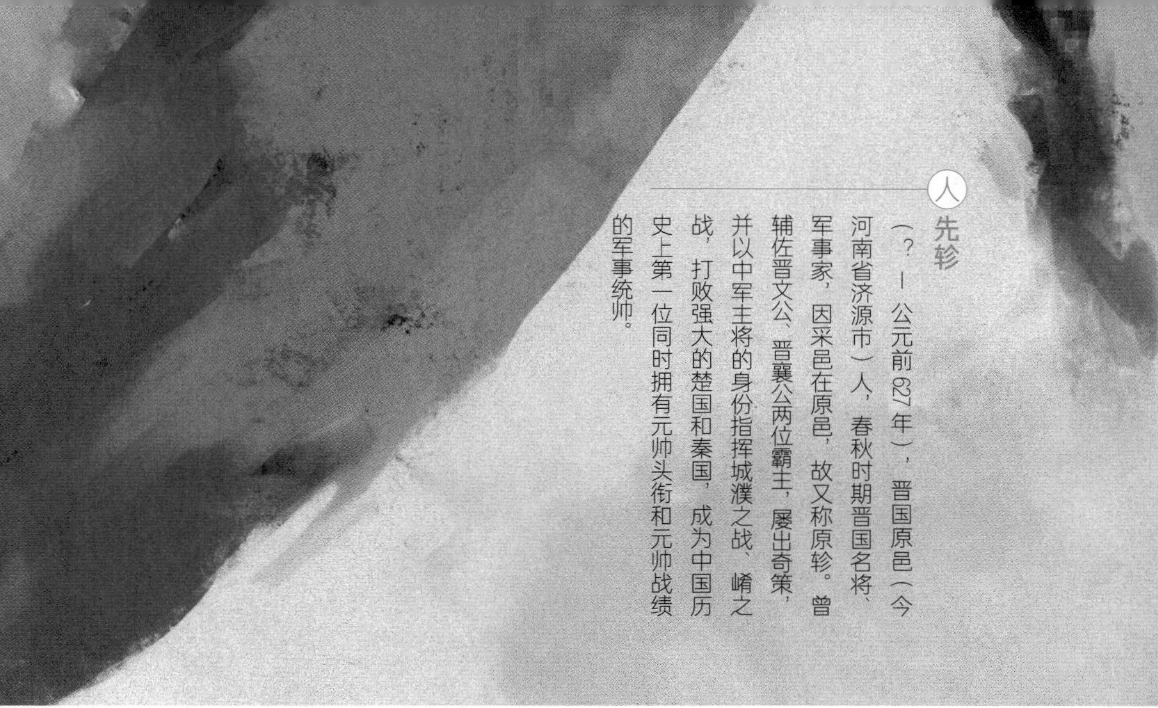

的血涂抹战鼓，让我们回到秦国接受审判。假如寡君杀死了我们，我们死也忘不了这次失败。如果寡君听从晋君的好意赦免了我们，三年后再回来拜谢晋君的恩赐！”

孟明视看穿了阳处父的诡计，他所说的三年后拜谢，意思就是三年后就要率领兵马对这次失败进行报复。

阳处父追赶不及，只得怏怏而归。

秦穆公得知秦军惨败，穿着白色的凶服来到郊外，向着归来的秦军哭泣，他对这些将士们说：“孤违背了蹇叔的劝告，让你们为此受辱，这是孤的罪过！”

秦穆公并没有将孟明视撤职，他对孟明视说：“这都是孤的过错，将军有何错？况且孤不能因为一次过失抹杀你的大功劳。”

秦国为贪婪和骄傲付出了惨痛的代价，遭受到前所未有的失败。崤之战标志着秦国和晋国的关系从友好转为世仇。从此以后，秦穆公转而向东用兵，而晋国则不得不在西方、南方两个方向，面对秦国和楚国两个大国的挑战。

孟明视
本 名
姜姓，百里氏，
名视，字孟明
人物身份
秦国将军，秦国国
相百里奚的儿子
历史影响
多次与晋国作战，
虽屡战屡败，最终
战胜晋国
智 慧 值
★★
武 力 值
★★★
生卒年不详

语文一点通

崤之战

节选自 《左传·僖公三十三年》

原文

公使阳处父追之，
及诸河，则在舟中矣。
释左骖，以公命赠孟明。
孟明稽首曰："君之惠，不以累臣衅鼓，
使归就戮于秦，寡君之以为戮，
死且不朽。
若从君惠而免之，
三年将拜君赐。"

原文大意 晋襄公派阳处父去追孟明等人，追到河边，（孟明等人）已登舟离岸了。阳处父解下车左边的骖马，（假托）晋襄公的名义赠给孟明。孟明（在船上）边磕头边说："贵国国君宽宏大量，不杀我们这些囚徒，让我们回到秦国去受死刑，如果国君把我们杀死，虽然死了，也将不磨灭。如果听从晋君的恩惠而赦免我们，三年后我们再来拜谢贵君的恩赐。

公元前627年——公元前625年

第五十五话 彭衙之战

狼瞫的愤怒

崤之战结束后，晋襄公命令莱驹以戈将捆绑的秦国俘虏斩首。即将被斩首的秦军俘虏仰天长啸，结果把莱驹吓了一跳，手一抖，戈也掉在了地上。一个晋国军官害怕被捆着的秦国俘虏？在这尴尬的时候，多亏了狼瞫（shěn）取过戈，斩了俘虏。

从此，狼瞫代替莱驹，担任了车右武士的职位。

但在箕之役中，将军先轸却罢黜了狼瞫，改用续简伯为车右武士。狼瞫为此恼羞成怒。

他的朋友认为这是一种羞辱，便问他，既然遭受羞辱，为何不一死了之？

狼瞫回答说：“我还没到值得死的时候。”

朋友便说，自己可以和狼瞫一起杀死先轸，洗刷耻辱。

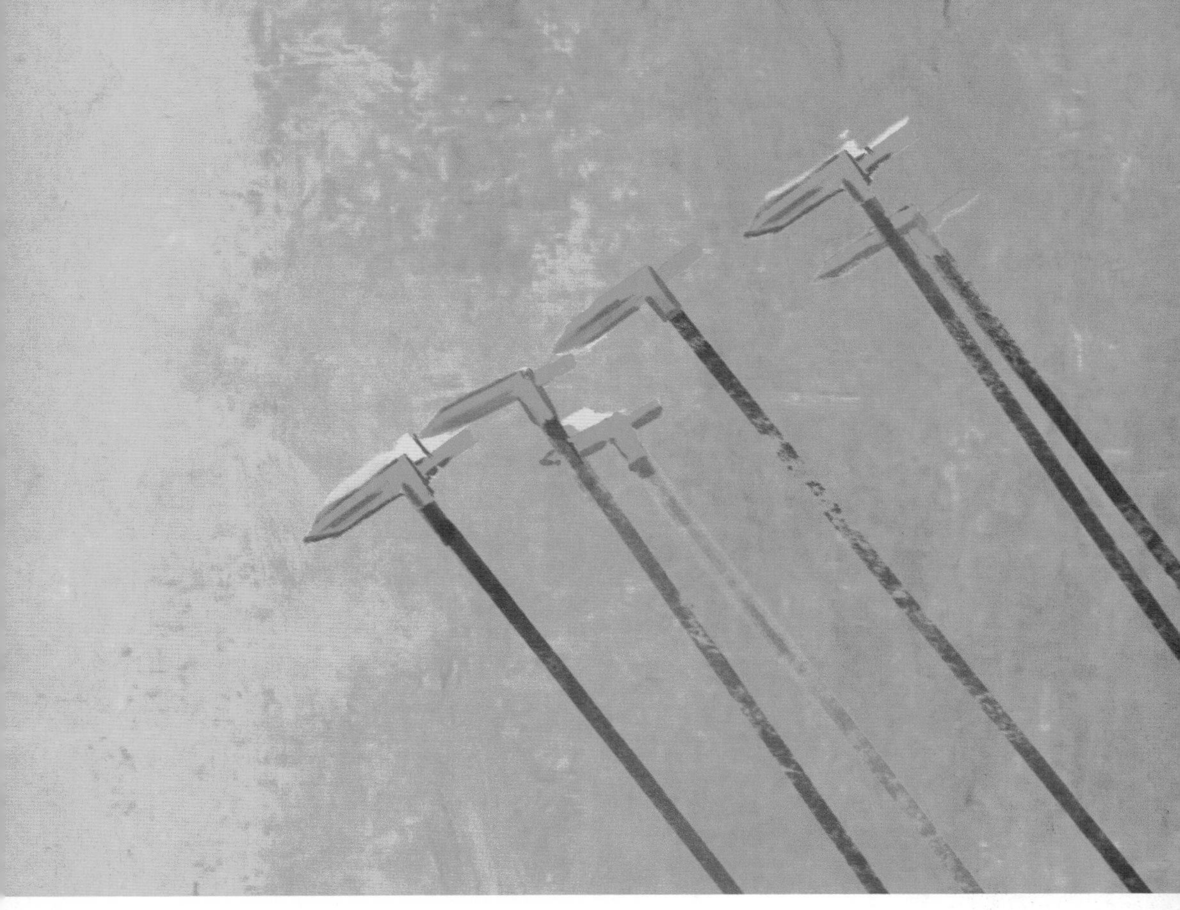

狼瞫却摇摇头说：“《周书》上说，‘勇猛但如果杀了位居上位的人，去世了也不配进入庙堂。’死而不义，不算勇敢。如果死于国难，那才是真正的勇猛。我凭借勇敢得到了车右的职位，因不勇敢而被罢黜，也是适宜的。因为上司不了解我，对我的罢免也合乎道理。你姑且等着吧！”

虽然被罢黜了，内心充满愤怒，狼瞫却放弃了私人恩怨，决定用驰骋沙场证明自己的能力。

文 **戈**

商周时期常用的兵器之一。是中国古代一种具有击刺、勾啄等多种功能的木柄曲头兵器。以“戈”作为偏旁部首的文字，多与兵器或军事有关。

拜赐之师

鲁文公二年（公元前 625 年）春天，秦穆公命令孟明视率领秦军讨伐晋国，目的就是为崤之战报仇雪恨。

晋襄公非常重视这次战斗，在二月亲自率领晋军迎敌。晋襄公命令先轸的儿子先且居率领中军，赵衰为辅佐；王官无地担任御戎，续简伯为车右。

在彭衙，晋军和秦军展开了殊死拼杀。

在战斗刚开始的时候，狼瞫便带领手下军士冲进秦军阵地。狼瞫此行报了必死的决心，他完全看不到敌人对自己的攻击，脑海中只有进攻，进攻，进攻！

狼瞫好像一股拼命旋转的旋风，狂暴地收割秦军将士的生命。这股不要命的劲头给秦军极大的冲击！

我们才是来报仇的吧，你用得着这么拼命吗？

就这样，在气势上完全压倒秦军的狼瞫，鼓舞了晋军的士气。晋军争先恐后，誓死拼杀。

这种自杀式袭击打得秦军措手不

文 **御戎** 官名，为天子、诸侯驾御戎车（兵车），或简称『御』。

及，从本来气势汹汹的，变成落花流水，丢盔弃甲。

大将先且居见晋军见了上风，马上命令乘胜追击。晋军斗志昂扬，秦国的军队再次被打败了。多亏手下拼死救助，孟明视等秦国将军才被救回。

而战斗结束之后，狼瞫也身负重伤。

支撑着他证明自己的那口气，终于让他做出了让所有人刮目相看的功绩。

这天晚上，狼瞫带着已经证明自己的欣慰感去世了。

崤之战后，孟明视曾经对阳处父说，三年后拜赐晋国的好意，如今再次失败，晋国人于是称秦国为“拜赐之师”。这是对于秦国军队的蔑视和羞辱。

秦国又一次遭受了失败的屈辱。

但这次回国之后，秦穆公依然重用孟明视，并没有因此怪罪他。孟明视更加用心于国事，关心百姓的生活。

晋国的赵衰听说此事，担心不已。赵衰对晋国其他大夫说：“秦国军队再来，我们就必须回避了。《诗经》上说，‘毋念而祖，聿修厥德。’孟明视一定读过这句话，他修行品德不倦怠，难道还不能战胜吗？”

这年冬天，为了阻止秦国势力的扩张，晋襄公又派先且居联合宋国、陈国、郑国出兵讨伐秦国。这次战斗依然是晋国联军占了上风，他们先后攻克了秦国的汪和彭衙之后撤退。

经历了崤之战的惨败，秦军接连两次在彭衙又被晋军击败。秦国向东发展的势头被晋国牢牢遏制。从此以后，秦国寄希望于楚国，希望通过和楚国联合，对抗中原霸主——晋国。

晋襄公实现了对秦国三次大捷，晋国上下充满了自信。晋襄公终于成为父亲晋文公的合格接班人，令晋国持续发展，走向辉煌。

狼 瞫
人物身份 晋军车右
历史功绩 为国战死
智慧值 ★★★
武力值 ★★★★
？—公元前625年

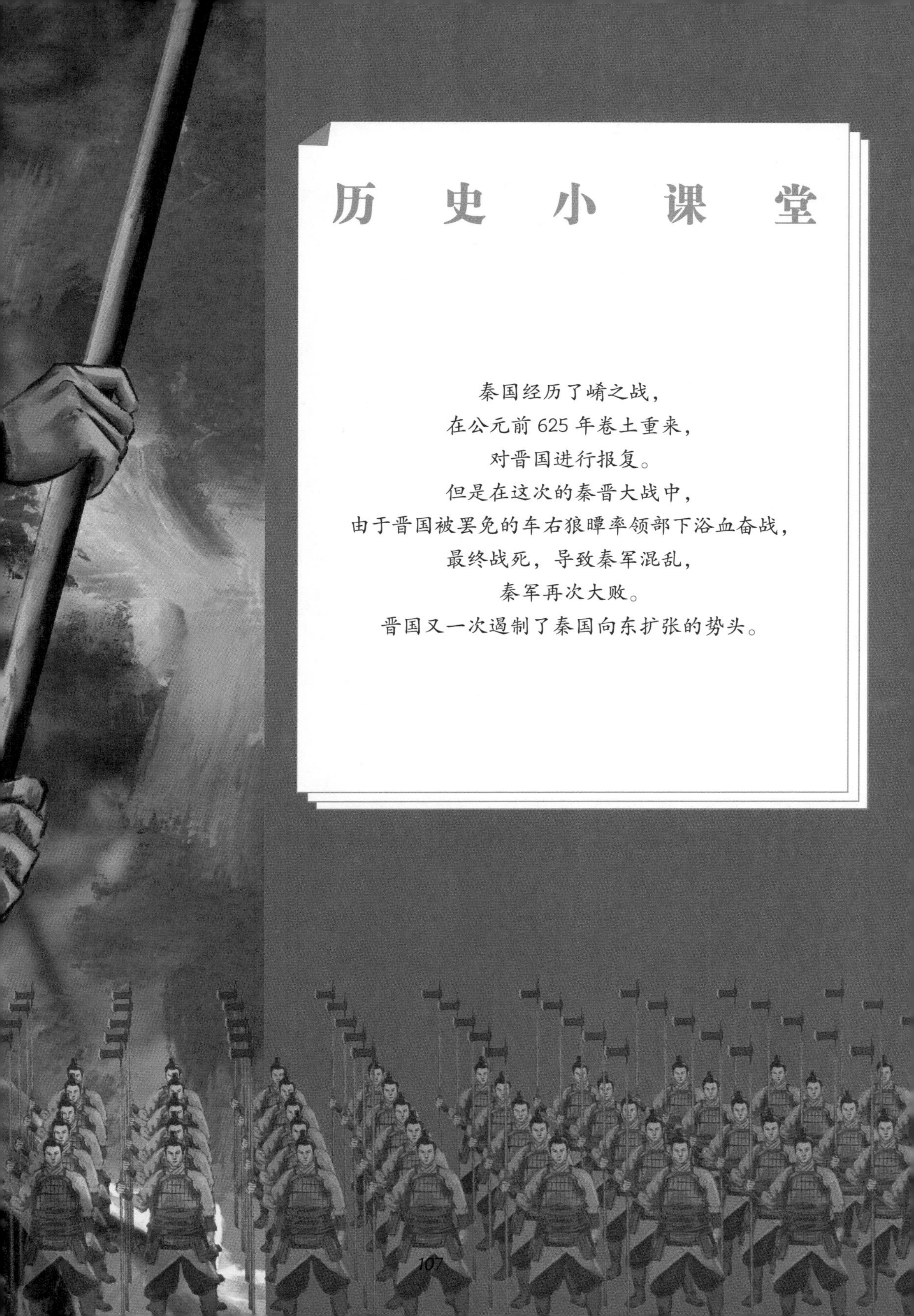

历 史 小 课 堂

秦国经历了崤之战，
在公元前 625 年卷土重来，
对晋国进行报复。
但是在这次的秦晋大战中，
由于晋国被罢免的车右狼瞫率领部下浴血奋战，
最终战死，导致秦军混乱，
秦军再次大败。
晋国又一次遏制了秦国向东扩张的势头。

公元前 624年——公元前 623年

第五十六话 背水一战

□济河焚舟

当所有人都认为秦国已经是晋国的手下败将，绝无胜利可能的时候，秦穆公却在默默继续准备着。

鲁文公三年（公元前 624 年），秦穆公亲自率领秦军渡过黄河，向晋国发起了进攻。这一次，秦国人将憋在心里三次失败的耻辱都化为动力和勇气，气势如虹。每个秦国人都憋着一股劲儿，必须战胜晋国，一雪前耻！

秦国军队渡过黄河之后，秦穆公就命令烧掉了战船，自断归路。所有人都明白，这次，只有胜利，不胜利，宁愿死！

秦军势如旋风，夺取了王官和郊。

晋国上下乱作一团，晋襄公赶紧召开会议，商量如何应对。

这一次，要想战胜视死如归的秦军，就没那么容易了！

秦国经历了三次惨败却并不认输。这次，秦国做了周密准备，人人抱着必死的志向，这是组团来找我们晋国拼命了！这样的军队，怎么可能战胜呢？

晋襄公一听，急了，那怎么办？等着秦军攻破绛城？

晋襄公没办法，也只能命令所有人，紧闭城门，不能随便迎战。

于是，愤怒的秦军前来报仇，却找不到对手。

最终，秦穆公命令军队渡过茅津渡，将崤山中战死的秦军尸体封识标记。

这些战死的秦军将士，都是秦国的勇士！

秦穆公想起当年的崤之战，内心悲痛。他命令三军将士为崤之战牺牲的勇士发丧。

崤山山野中，响起了秦军将士悲恸的哭声。

骄傲的晋国，终于在秦国的复仇面前低下了高傲的头颅。

事 王官之战

周襄王二十九年（公元前 624 年），在晋秦争霸的战争中，秦军攻占晋国王官邑（今山西闻喜南）的作战。

事 晋秦争霸战争

秦军第一次获胜，使晋国的霸主地位开始发生了动摇。而孟明视在此战中采用的“济河焚舟”的战术，为后来中《孙子兵法》“投之亡地然后存，陷之死地然后生”的战术理论提供了实践依据。

□ 关键人物——由余

秦穆公终于战胜了晋国，为秦国一雪前耻。但他的头脑又是无比清醒的，知道秦国这次战胜晋国，完全靠复仇的决心。晋国的实力依然不可小视。

秦国要发展，要扩张势力，与东边的晋国争雄，一定会付出惨重的代价，还不一定能赢。

秦穆公经过慎重考虑，决定向西边扩张。

秦穆公决定向西发展，也是具有挑战性的。他经过深思熟虑，决定按照先强后弱的顺序，一个个解决这些戎人部落。

当时西戎中比较强大的绵诸和秦国接壤，绵诸王早就听说了秦穆公的贤名，于是派由余出使秦国。

由余，本来是晋国人的后代，逃难到了西戎。绵诸王派由余出使秦国，其实是想探听秦国的虚实。秦穆公一看由余一表人才，于是极力邀请由余在秦国任职，还特地向他介绍了秦国修盖的宫殿，带领由余参观了秦国繁荣富强的街市，满满的粮食储备。由余对秦穆公说："如果让鬼神来打造，他们也会觉得劳心了；如果让人去制作，老百姓也会觉得辛苦了。"

秦穆公听了这话很是奇怪，于是问道："中原用诗书礼乐、法度来治理国家，但还是经常会有混乱的局面，现在戎狄没有这些，用什么来治理国家呢？不也是很困难吗？"

由余笑道："这就是中原各国出现混乱局面的原因。自从上古的圣人黄帝制订了礼乐法度，他率先遵行，只能实现小规模的安定局面。到了后世，人们逐渐骄奢淫逸。上级自己阻碍了法度的尊严，却用法度责罚、监督下级。下级疲困到了极点，就会怨恨上级不行仁义。上下之间互相争斗，产生怨恨，并且篡位弑君，甚至诛灭宗族，都是这样的情况。

而戎狄是不会这样的。上级能够用淳厚的美德对待下级，下级能够用忠诚和信用来侍奉上级，一个国家的政治好比一个人的修养，尽管不知道是如何治理的，这才是真正的圣人之治。"

秦穆公退朝后询问内使廖说道：“我听说邻国有圣人，就是敌国的忧患。现在由余的贤能，就是我的祸害，该怎么办呢？”

内使廖建议给戎王送去歌舞艺人，削弱戎王的心志；再留住由余，拖延他回国的时间。时间久了，戎王一定会怀疑由余。

于是，秦穆公派人给绵诸王送去秦国的舞女和乐器。于是，绵诸王整日沉浸于欣赏音乐、饮酒作乐之中，不问国事。

绵诸逐渐混乱了起来。

秦穆公将由余留在秦国，他经常和由余联席相坐，一边吃饭一边谈话。秦穆公通过由余，了解到西戎的地理形势和兵力配备，内心对于攻打西戎有了更大的把握。

此时，由余终于结束了在秦国的考察回到绵诸，发现绵诸如今已混乱不堪。就算由余带来了秦国的最新情报，绵诸王也无心过问。由余多次劝谏绵诸王，绵诸王都拒不听从，由余因此而心灰意冷。

秦穆公算算时间差不多了，又秘密派出人马去邀请由余。由余无奈，只能离开绵诸，前往秦国。

公元前 623 年，秦穆公任用由余为谋士。由余在西戎生活多年，在他的帮助下，秦穆公了解到西戎的情况和作战特点。秦穆公采纳了由余的计划，逐渐将戎人国家消灭了十二个，使秦国的国土扩张了一千多里地。

秦国实力空前雄厚，周襄王特地赏赐秦穆公金鼓，希望他敲响金鼓，进攻戎人。

这就是历史上所说的秦穆公“称霸西戎”。

秦穆公
本 名 嬴姓，赵氏，名任好
人物身份 秦国第九位国君
历史影响 春秋五霸之一
智慧值 ★★★★
武力值 ★★
公元前659年—公元前621年
（在位时间）

历 史 小 课 堂

戎，是周时期中原人对西方部落的统称。
春秋时期，
中原诸侯国自称为华夏，
将中原周边的小国或者部落称为戎、狄、蛮、夷。
戎人的战斗能力很强，
即便是像晋国、齐国这样实力强大的国家，
也曾经受过戎人的侵袭。
秦穆公向西发展，
采取了比较谨慎的策略，
即先强后弱，逐步征服了西戎各部落。
秦穆公称霸西戎，
不但促进了秦国的发展，
在客观上也起到了促进民族融合的积极作用。

公元前 621年——公元前 620年

第五十七话 赵盾执政

□年轻的统帅

赵盾是赵衰之子。赵衰曾经跟随公子重耳流亡多国，忠心耿耿。晋文公即位后，赵衰曾经担任新上军将军。晋襄公元年（公元前 627 年），元帅先轸战死后，赵衰任中军佐，是晋国军队名副其实的二把手。

赵衰去世后，赵盾继承了父亲执政大夫的职位。对于三十多岁的赵盾而言，执政大夫是朝中一把手，一出手就是巅峰。

鲁文公六年（公元前 621 年），晋襄公在夷地阅兵。此时，晋国的老臣先且居、栾枝、胥臣、赵衰都已经去世，晋襄公迫切需要提拔新人，充实晋国朝廷。

晋襄公刚一到，先且居之子先克就发言说："狐、赵之功，不可忘！"晋襄公看看周围，狐偃之子狐射姑、赵衰之子赵盾、栾枝之子栾盾、胥臣之子胥甲等人朝气蓬勃，晋襄公不禁激动了起来，这些年轻人，虽然没有先辈的坎坷经历，也没有那么多经验，但他们充满活力，代表着晋国的未来！

晋襄公于是任命狐射姑为中军元帅，赵盾为中军佐。赵盾在军中也获得了重要地位。

没过多久，晋襄公的老师阳处父从温地回来，听说了六卿的安排，马上建议晋襄公改换人选。阳处父曾经是赵衰的下属，所以内心偏向赵氏。他对晋襄公说："任用能干的人，这是国家的利益所在。"晋襄公于是采纳了阳处父的意见，将狐射姑和赵盾的职位进行了调换，命令赵盾为中军元帅，让狐射姑辅佐赵盾。

人 赵衰

即赵成子。嬴姓，赵氏，字子余，一曰子馀，谥号"成季"。亦称孟子余。战略家、政治家、赵国君主的祖先。是辅佐晋文公称霸的五贤士之一。

年轻的赵盾成为晋国集军政大权于一身的大臣，是当时晋国朝堂上仅次于晋襄公的实权人物。

赵盾执政晋国，进行了一系列雷厉风行的改革：他制订了国家的章程，修订刑罚律令，清理之前的积累案件，督促追捕逃犯，重视契约，治理政事中的弊端，恢复国家贵贱秩序，重新恢复废阙的官职，提拔和重用贤能人才。

在赵盾的努力下，晋国的社会面貌焕然一新。

赵盾建立的法令、制度得到了晋襄公的许可，这是对于晋文公时代法令制度的完善。

赵盾开始了在晋国长达二十年的执政岁月，在这期间，赵氏家族的势力也迅速膨胀。

□ 到底谁说了算？

赵盾成为晋国正卿几个月后，晋襄公却得了重病，奄奄一息。晋襄公知道自己的病难以好转，临终之际嘱咐赵盾，一定要扶立世子夷皋（yí háo）继承晋侯之位。

鲁文公六年（公元前 621 年）八月，晋襄公去世。

按理说，赵盾应该遵从晋襄公的嘱托，扶立世子夷皋即位。然而随着对晋国政权的掌控，赵盾也有了自己的执政理念。晋襄公去世之后，赵盾马上召开会议，认为乱世应立长君，世子夷皋年幼，不如拥立晋襄公的弟弟公子雍。公子雍早年就很为晋文公器重，后来到了秦国也担任大夫，假如他担任晋国国君，晋国的霸业就可以延续下去。

赵盾一句话就更改了晋襄公的遗嘱，其他大臣都沉默了。

唯有狐射姑不服气。他表示，既然要选一个靠谱的国君，为什么

人 狐射姑

姬姓，狐氏，字季，一作狐夜姑。晋国大夫狐偃的儿子，晋文公的表弟，曾经随晋文公重耳流亡十九年。晋文公即位后，封狐射姑到贾，所以狐射姑也叫贾季，贾姓始祖之一。

不立公子乐呢？公子乐的母亲为晋怀公和晋文公两人宠爱，难道不合适吗？

赵盾鄙视地说："公子乐的母亲侍奉两任国君，而且在晋文公的内人中排名第九，有什么威望？公子雍的母亲为人谦虚有礼，在晋文公内人中也排名第四，况且公子雍很有能力，在秦国也担任了重要职位，老百姓当然会拥护了。"

赵盾派出先蔑、士会到秦国迎接公子雍，但狐射姑也派人到陈国迎接公子乐。

但狐射姑万万没有想到，赵盾在暗中派人跟踪他的使者，还在半路刺杀了公子乐。

狐射姑气急败坏，为了报复赵盾，居然派家人狐鞫（jū）居刺杀了举荐过赵盾的阳处父。

赵氏和狐氏终于反目。

赵盾安葬了晋襄公之后，派人诛杀了狐鞫居，狐射姑明白大事不妙，只得出奔到了狄国。

赵盾命人将狐射姑的家人和财产都送到了狄国，意思是不会追击狐射姑，但是狐氏也不必再回晋国了。

曾经在晋国威风八面的狐氏就这样被赵盾驱逐了。

然而让赵盾想不到的是，世子夷皋的母亲穆嬴性格泼辣，不甘心儿子就这样失去晋侯之位，天天去朝堂上和赵盾争辩。赵盾不想和一个妇人争吵，于是穆嬴又跑到赵氏祠堂号啕大哭。

赵盾这样的政治家，也被一个泼辣的妇人治住了。他不得不食言，扶立世子夷皋为晋灵公，并派出军队袭击了送公子雍回国的秦军。

赵盾成为真正执掌晋国的实权派，而秦国和晋国刚刚缓和的关系，由于赵盾的出尔反尔，又跌到了冰点。

赵　盾
本　名
嬴姓，赵氏，名盾，谥号“宣”
人物身份
晋国正卿，政治家，战略家
历史影响
晋国三朝元老
智慧值
★★★★
武力值
★
公元前655年—公元前601年

历　史　小　课　堂

晋国第一权臣

赵盾

赵盾，春秋时晋国正卿，晋文公重臣赵衰长子。执晋国军政大权二十余年，一生佐襄公、谏灵公、立成公，使晋国的国势蒸蒸日上，霸业得以维持，是一位颇有作为的政治家。在晋国执政期间，他在政治上制订章程，修订律令，清理诉讼，革除弊政，举贤任能，政绩卓著；在军事上亲督晋师与秦战于令狐，取秦少梁，战功显赫。公元前 621 年秋，他与齐昭公、宋成公、鲁文公、卫成公、陈共公、郑穆公、许僖公、曹共公等在郑国的扈地结盟。他自称晋灵公的全权代表，开启了以臣子身份会盟诸侯的先河。从此，晋国的霸业也由赵盾主导。

赵盾在晋国内部说一不二，在外部咄咄逼人，因此在当时有人评价他："（赵）衰，乃冬日之阳；（赵）盾，则夏日之阳。冬日则赖其温，夏日则畏其烈也！"

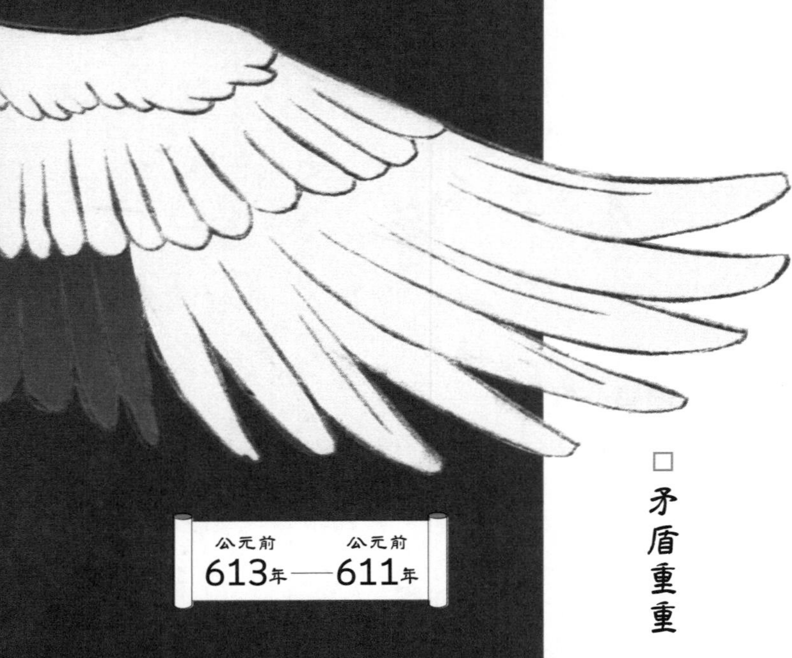

第五十八话

一鸣惊人

公元前613年——公元前611年

有鸟不飞，一飞冲天，有鸟不鸣，一鸣惊人。

矛盾重重

公元前613年，楚穆王去世，嫡长子熊侣即位，是为楚庄王。

楚庄王刚上任的时候，还不到二十岁，但当时楚国内外矛盾重重，这个少年国君面对的局势，简直是一团乱麻。

当时，晋国势力膨胀，虽然晋文公去世了，晋襄公却继承了他的霸业。晋襄公英年早逝，谁知道晋国又出了个权臣赵盾。晋国一直在称霸的道路飞奔，无人可挡。

而楚国的官员却在忙着争名夺利。

早在鲁文公十一年（公元前615年），令尹成大心去世之后，楚穆王任命成大心的弟弟成嘉担任令尹。当时，楚国的附庸国舒国、宗国、巢国背叛楚国，成嘉率领楚军讨伐舒国，俘虏了舒国和宗国的国君。

人 成嘉

芈姓，成氏，名嘉，字子孔，子玉之子，成大心之弟。若敖氏之后。春秋时期楚国令尹。

为了彻底平乱，两年后，成嘉再次率领楚军包围并攻打了巢国。

当时，楚国公子燮（xiè）和斗克留守国都。这两个人各怀心事，斗克曾经被秦国俘虏。崤之战，秦国失败后，为了联合楚国，才释放了斗克。而公子燮一直想当楚国令尹，最终却败给了成嘉。这两个人都很失落，终于在公元前613年秋天，趁着成嘉出兵，派人刺杀成嘉。

刺杀失败后，成嘉马上率兵返回郢都，公子燮和斗克居然挟持楚庄王突围，准备另立门户。幸亏在路过庐地时，庐大夫诱杀了公子燮和斗克。

在这一系列激烈的斗争中，少年楚庄王，都是一个被伤害的角色。

对于楚国的现在和未来，他并没有做出任何应对之举。

地 郢都

古地名。春秋战国时期楚国国都。楚人有将都城命名为郢的习惯，由于历史的原因，楚国的都邑曾几经迁徙，其所迁的都邑之多、迁都之频繁，是其他周初诸侯难以比拟的。

在楚国国内形势一团糟的时候，晋国却没有停止前进的步伐。

公元前612年，赵盾派出上将军郤缺率领军队突袭楚国的附庸国蔡国。蔡国手忙脚乱，蔡庄侯一边组织国内力量抵抗，一边赶紧派人给楚国送信求援。

可是楚庄王好像没听见一样，歌照唱，舞照跳，楚国一片歌舞升平景象。

蔡庄侯盼星星，盼月亮，却盼不到楚国的救兵，只能和晋国签订了城下之盟。

如此丧权辱国，蔡庄侯第二年就因此事而去世了。

公元前611年，楚国发生了大饥荒，老百姓生活陷入了困境。此时，山戎偷袭楚国西南边境，楚国马上组织抵抗。屋漏偏逢连夜雨，东边的夷、越也趁势作乱，而楚国的附庸国庸国也暗中策划其他部落谋反。

短短三年，楚国境内烽烟四起，楚国的土地上，不是战争，就是戒严。

老百姓缺吃少穿，还要作战，苦不堪言。

然而楚庄王却依然躲在宫里，除了喝酒就是欣赏歌舞。所有的国家政务，全部都交给成嘉、斗般等人处理。楚庄王甚至还下令“有敢谏者，杀无赦！”

楚庄王是铁了心不理国事，让楚国自生自灭啊！

忠心的大臣们为此焦虑不已。

一天，伍举来见楚庄王，他见楚庄王沉醉于欣赏歌舞，于是就说要给楚庄王讲个故事。伍举说：“於皋有一只鸟，三年了，不飞也不叫，这是什么鸟呢？”

文 丧权辱国

丧失主权，使国家蒙受耻辱。

人 苏从

公元前7世纪到公元前6世纪，春秋时期楚国能臣。

楚庄王笑道：“三年不飞，一飞就会冲天；三年不鸣，一鸣惊人。你退下吧，我知道你的意思了。”

然而，几个月过去了，楚庄王依然我行我素，不“飞”不“鸣”。大夫苏从实在受不了，也来见楚庄王。

苏从说：“我冒着要被杀死的危险，前来劝谏您。您整天欣赏歌舞，不问朝政，楚国马上要灭亡了啊。”

楚庄王听了这话，非常生气，他训斥苏从说：“苏从，你该当何罪！我早就说过，谁来劝谏，我就杀了谁。你如今明知故犯，真是愚蠢！”

苏从冷笑道：“我是傻，可是您更傻！您要是杀了我，我还能得到忠臣的美名。您要再这样下去，楚国必定会亡国！那时候您就是亡国之君，难道不是比我还傻？算了，我该说的话已经说了，您要杀就杀吧！”

苏从大义凛然，楚庄王终于被感动了，他说：“苏从果然是忠臣！我一定要有所作为！”

楚庄王遣散了乐队，从此远离歌舞声色，亲自处理楚国的国政。

楚国终于重新回到了发展的正轨。

楚庄王
本　　名　芈姓，熊氏，名侣
人物身份　楚国国君
历史影响　春秋五霸之一
智 慧 值　★★★★
武 力 值　★★★
公元前613年—公元前591年
（在位时间）

语文一点通

“一鸣惊人”

最早出自《韩非子》。
原义是一叫就让人震惊，
比喻平时没有特别突出表现，
但是一下子做出了惊人的成绩。

楚庄王即位之后，晋国拉拢了曾经依附楚国的国家，楚国的大臣纷纷要求出兵。然而楚庄王却每天饮酒作乐，还命令大臣们不许劝告他，不然就将劝告的大臣判处死刑。大臣伍举询问楚庄王：“楚国山上那只五彩神鸟，样子神气，为什么不飞也不叫呢，大王知道是什么鸟吗？”楚庄王知道伍举是在说自己，于是回答说：“这种鸟不飞则已，一飞冲天；不鸣则已，一鸣惊人。”后来，大臣苏从也来劝说楚庄王。楚庄王于是励精图治，带领楚国一举称霸。

公元前 611年——公元前 606年

第五十九话 问鼎中原

□晋楚争雄

决定要一鸣惊人的楚庄王没有食言，他对于楚国国政亲力亲为，很快就展现出惊人的管理国家才能。

公元前611年，楚庄王乘坐战车到抗击庸国的前线，亲自指挥战斗。楚庄王的到来极大地鼓舞了士气，楚军兵分两路，迅猛出击。没过多久，庸国就被攻克灭亡，楚庄王赢得了即位三年以来的第一场大胜仗。

这次胜利极大鼓舞了楚国民众，楚国混乱的形势逐渐稳定下来，国内各行各业蓬勃发展。

经过一段时间的发展，楚国恢复了勃勃生机，楚庄王产生了北上与晋国争霸的想法。

晋楚争霸，郑国被夹在中间，又开始了一段令人哭笑不得的故事。

晋文公十七年（公元前610年），晋国和卫国、陈国等诸侯在扈会盟，郑国也想参加。但是晋国以郑国有二心为理由，拒绝了郑穆公参会。这实在是让郑国颜面扫地。郑穆公不得不命大臣子家写信给赵盾，说明郑国在晋国、楚国两个大国之间的尴尬处境。这样，晋国才同意了郑国的请和申请。

其实，这也预示着，楚国与晋国的争锋日益激烈。

公元前608年，郑国看出楚国实力增强，于是背叛了晋国，重新与楚国结盟。陈共公去世，陈灵公即位，楚庄王却没派人前去陈国吊唁。陈国恼羞成怒，马上与晋国结盟。

陈国此举给了楚国一个开战的理由，楚庄王马上派出大军攻打陈国和宋国，晋国的赵盾马上出兵，联合陈、宋、曹、卫等国攻打郑国，逼迫楚庄王退兵。

这场诸侯大战，惨烈无比。

楚国和晋国的争霸之战，将其他小国裹挟其中，整个神州大地战争频发。

□楚庄王的野心

接连作战的胜利让楚庄王野心勃勃，他不再满足于征服南方的附庸国，更加希望将触角伸到北方，真正实现楚国争霸的目的。

鲁宣公三年（公元前606年），楚庄王以“勤王”的名义攻打陆浑之戎。陆浑之戎原本在黄河以南和熊耳山以北居住，后来为晋国所灭。有了进攻的借口后，楚庄王名正言顺将楚国的军队推进到了周天子都城洛邑附近。

对于楚庄王这个不速之客，周定王也想一探究竟，于是派王孙满慰劳楚庄王。

傲慢的楚庄王见到王孙满，居然出言不逊，询问王孙满道：“早听说九鼎是大周的宝贝，不知道这九鼎有多大，有多重呢？”

王孙满也明白楚庄王来到洛邑没安好心，但见他如此猖狂，还是吃了一惊。

原来，九鼎相传是夏禹所制，象征的是九州，历来被夏、商、周奉为传国之宝，是周天子权力的标志。楚庄王赤裸裸地询问九鼎，其野心可见一斑。这个不为中原诸侯承认、自说自话的楚庄王，即将掀起吞并天下的大战。

王孙满虽然内心愤怒，却不露声色，反而和声细语回答楚庄王道：“大小、轻重在于德行，而不在于鼎。以前周代刚刚拥立有德之君的时候，曾经绘制过远方各种事物的图像，用九州进贡的金属铸造成九鼎，将绘画的事物在九鼎上铸造出来。九鼎上各种事物俱备，从而使百姓明白哪些是神，哪些是奸。

所以，老百姓进入山川湖泊和深山老林时，不会碰到不利于自己的事物。比如山精水怪，都不会碰到。因此能够上下和谐，承受上天的赐福。

“夏桀昏聩无德，九鼎再大，也能迁于商朝。商朝承载祭祀六百年，因为商纣王暴虐，九鼎又迁到周朝。德行光明美好，九鼎虽小，也重得无法迁走。如果奸邪昏乱，九鼎再大，也轻得能迁走。上天赐福于有美好品德的人，是有尽头的。周成王将九鼎安放于王城，曾经占卜预测过，周朝传国三十代，享年七百载。这是天命所归。周朝虽然德行衰微，但九鼎的轻重，是不可以询问的。”

王孙满从九鼎的历史谈起，言下之意就是要有“德”，周朝虽然衰微了，但还有德行，他也是在暗中警告楚庄王，不可觊觎大周。楚庄王就算有称霸的实力，但没有德行，还是不配“问鼎”。

王孙满的话深深触动了楚庄王，“问鼎”让楚庄王清醒过来，楚国的实力虽有所增长，但还远远做不到以德服人，加上晋国、齐国、秦国这些大国，哪个也不允许楚国觊觎大周的天下。

于是，楚庄王便从洛邑撤退了。

“问鼎中原”

比喻企图夺取天下，
最早出自《左传·宣公三年》。
鼎，是古代煮东西的器物，三足
两耳。相传大禹曾经铸造九鼎，
象征着九州，代表国家权力。九
鼎成为夏、商、周传国之宝。后来，
人们就用“问鼎”，代表夺取政权。

原文

楚子伐陆浑之戎，遂至于雒，
观兵于周疆。
定王使王孙满劳楚子，
楚子问鼎之大小轻重焉。

原文大意 楚庄王攻打陆浑戎人，于是到了雒水，在周朝边境炫耀武力。周定王派王孙满慰劳楚庄王。楚王询问周王室九鼎的大小轻重。

公元前
597年

第六十话

两棠之役

□目标：郑国

楚庄王问鼎之举虽然以撤退而告终，但是他内心从来没有放弃争霸的理想。甚至，因此更加坚定了自己的信念，那就是要壮大楚国的实力，有一天让楚国真正成为诸侯中的霸主。

崤之战以后，秦国与晋国反目成仇，宋国也忠心跟随楚国，所以唯有郑国成为晋楚争霸的焦点。在公元前600年的柳棼之战和公元前599年的颖北之战中，楚国都被晋国打败了。一生好强的楚庄王怎能甘心失败？

终于，在公元前597年冬天，楚庄王亲自率领楚国军队攻打郑国。而晋国也派出荀林父率领晋国军队救援郑国。

这一次，楚庄王率领了楚国最为精锐的部队，并且命令令尹孙叔敖率领中军。气势宏伟的楚国军队将郑国包围得严严实实。经过三个月的血战之后，郑国战败了。

郑襄公不得不肉袒牵羊，非常屈辱地表示郑国今后愿意臣服于楚国。楚国的大臣们都建议楚庄王，不要答应郑襄公。楚庄王却认为，郑襄公能够为了百姓和国家，不顾自己，这样的国家怎么能灭绝呢？于是答应了郑襄公求和的申请。

楚庄王亲自指挥军队，撤退到三十里之外。

文 肉袒牵羊

古代战败投降的仪式。出自《左传 · 宣公十二年》，公元前 597 年，楚庄王率军攻打郑国，占领了郑国的首都，郑襄公光着膀子牵着羊向楚庄王跪地求和。

晋国由荀林父率领的军队前来救援郑国，然而到了路上听说，楚国不但攻破了郑国，郑襄公“肉袒牵羊”向楚庄王求和，甚至就连人质，都已经送到楚国去了。

晋国派出大队人马前来救援，晚了！

这可如何是好？

晋国内部产生了严重分歧。中军帅荀林父认为，既然没有赶上救援郑国，又劳动百姓，出兵有什么用？等楚军撤退之后，我军再出动进攻郑国，还不算晚。而中军佐先縠却认为，晋国之所以能够称霸，是由于军队勇敢，臣下得力。现在失去了诸侯，不能说是得力；有了敌人不去追逐，不能说是勇敢。如果我们因此丢掉了霸主地位，不如去死。而且晋国整顿军队却不出动，听到敌人强大就退却，这不是大丈夫所为。被任命为军队主帅，而做出了不是大丈夫所为的事，只有你们能办到，我是不会干的。说完，他就率领中军副帅的军队渡过黄河。

对于迟到的敌人晋国，楚国内部也进行了仔细分析。楚庄王本来要撤退的，令尹孙叔敖也认为应该撤退，但伍参坚决主战。伍参认为晋国新换的国君，还没有立威，几位将军各自为战，这次进攻晋国，一定可以获胜。如果楚庄王都逃跑了，还谈什么社稷江山？

楚庄王无可奈何，只能命令准备对晋军发起突然袭击。

楚庄王派使者到晋军营地，说自己这次军事行动的目标是郑国，岂敢得罪晋国？请晋军撤退。

晋国马上回复楚庄王，说奉晋侯之命救援郑国，要将楚军赶出郑国，不敢违抗晋侯的命令。

楚庄王又派出使者，目的还是求和。这次，晋军答应了楚庄王的要求，并且约定了会盟日期。

其实楚庄王两次派出使者求和，不过为了探听晋国军队虚实，并麻痹晋军，让晋军放松警惕。

果然，晋军答应了与楚军会盟，楚庄王就要反其道而行之了。楚庄王派出许伯、乐伯挑战晋军。

楚庄王的举动引起了晋国将帅的警惕，但是他们依然每个人都有自己的看法。有的人说，现在必须做好战斗准备，以免楚军杀我们一个措手不及。也有人说，不必惊慌，不是马上就结盟了吗？

各位将军吵吵嚷嚷，乱作一团。

中军大夫赵婴齐命令手下在河边准备了渡河的船只。

就在晋军一盘散沙之时，楚国令尹孙叔敖却命令楚国三军将士列阵出击，挑战晋军。

这一场突然袭击打得晋军目瞪口呆，不是说好了会盟吗？怎么又变卦了？

晋军溃不成军，荀林父作为一军主帅先乱了阵脚。他看到气势汹汹的楚军，而后面就是奔腾的黄河，晋军就算撤退也没地方退啊！慌乱之中，荀林父竟然在中军敲响了战鼓，命令说："先渡过河的有赏！"本来就没做好迎战准备的晋军，忽然又收到了撤退渡河的消息，更没人迎战了，反而争抢着渡河。

中军、下军争着抢着夺船，先上船的人想马上开船，后来的人跳到河里准备上船，无奈被船上的人砍掉了手指。

一时间，晋军之中为了争夺渡河之船大打出手，被砍掉手指的晋军痛苦哀嚎，那些砍掉的手指竟然多得可以用手捧起来。

晋军兵败如流水，下军大夫荀首之子智罃（yīng）被俘。这场战斗被称为邲之战，又因为泌水流入荥阳被写为“两棠”，故称“两棠之役”，是晋国与楚国争霸中的第二次重大战役。楚庄王经过这场战争，洗刷了城濮之战中楚军战败的耻辱，奠定了成为“春秋五霸”之一的基础。

历史小课堂

两棠之役，又称为邲之战，
是春秋时期晋国与楚国争霸的第二次大战。
在崤之战后，秦国由于被晋国打败，
转而与楚国结盟。
因此，在两棠之役中，
晋国不但要正面与楚国作战，
还要担心秦国从背后偷袭。
而楚国则抓住时机，击败了晋国。
两棠之役让楚国洗刷了之前在城濮之战中被打败的耻辱，
又在争霸中原的过程中占据了上风。
楚庄王也由于这次胜利，
奠定了成为“春秋五霸”之一的基础。

公元前
594年

第六十一话 结草报恩

□ 捕获杜回

自从崤之战之后，秦国和晋国两国关系降到了冰点，经常发生战争。到了楚国和晋国发生两棠之役后，楚庄王从晋国手中夺取了霸主之位。

晋国扩张的势头有所减缓，秦桓公觉得，报复晋国的好机会到了。

鲁宣公十五年（公元前 **594** 年），秦桓公讨伐晋国，出兵晋国的辅氏。晋景公闻信，马上在稷集中军队，准备进攻秦国。晋军集合完毕之后，命令将军魏颗，领兵抗击进攻辅氏的秦军。魏颗是晋国魏武子的儿子，为人敦厚，治军有方。

晋国将军魏颗与秦国将军杜回拼死拼活斗在一起。杜回可是秦国有名的大力士，不但身材魁梧，而且据说力举千钧，挥舞着一把开山斧，令敌人闻风丧胆。

魏颗和杜回斗了几天，也不能战胜杜回，只能高挂免战牌，不敢迎敌。

到底怎样才能战胜这个令人生畏的大力士呢?

魏颗心烦意乱，一点办法没有。苦思冥想之际，魏颗朦朦胧胧睡着了，好像在睡梦中听到有人在跟他说：“青草坡。”

魏颗猛然惊醒，发现不过是一个梦。这是什么意思?

（地）辅氏 晋国土地，今陕西大荔东。

文 骁勇善战

意思是勇猛，善于战斗。出自《南齐书 · 戴僧静传》。

魏颗没想明白，再次睡着了。睡梦中，依然有一个人跟他说：“青草坡。”

这太奇怪了！

第二天，魏颗就询问手下，这“青草坡”是哪儿？有什么特别的地方吗？

手下军士禀告他说，距离这里十里地，的确有个大坡，叫青草坡。魏颗心想，难道这青草坡就是我破敌之所？

魏颗命令手下提前在青草坡埋伏，剩下人准备撤退。

果然，一说撤退，杜回马上来追赶了。

在魏颗设计下，杜回被引到了青草坡。

杜回骁勇善战，魏颗且战且退，根本没有胜算。几个回合下来，魏颗也急了，这青草坡到底有什么奥妙呢？为什么梦里那个声音非要让我到青草坡？难道为了让我到青草坡战败？

就在魏颗心灰意冷的时候，奇迹出现了。

本来势如猛虎的杜回，不知道怎么回事，忽然像喝醉了一样，走一步，摔一个跟头。一步一个跟头，杜回摔得灰头土脸，鼻青脸肿。魏颗仔细一看，一个老人，手里拿着这青草坡的青草，一路挽成绳子，拌在杜回脚下。奇怪的是，杜回好像并不能看到这个老人，所以接连摔跤。

魏颗赶紧命令手下军士，大家一起上，三下五除二，将杜回绑得很结实。

就这样，秦晋之间的辅氏大战以晋国胜利而告终，秦桓公不得不命令秦军撤退。但将军魏颗的心里却始终有个疑问，那个帮助自己的老人到底是谁呢？

感谢你的善意

⓪文 九泉之下

"九泉"是数量词，因为"九"为数字单数中最大的数字，所以有"极限"之意。九泉之下，是指地底最深处。

魏颗率领晋国军队击败了秦军，还捕获了秦军大力士——杜回，但是他满腹狐疑，一直想不通，那个帮助自己的老人到底是谁？

这天晚上，魏颗又做梦了。他在梦里再次看到了白天帮助自己的老人，老人对魏颗深深施礼道："小人感谢将军对我女儿的活命之恩！将军用先人之命的善意让我女儿活命，我即便是在九泉之下，也感激万分！将军如此善良，将来一定会有子孙贵为王侯的。"

魏颗还想再问，老人忽然消失不见，魏颗也被惊醒了。

他仔细回想，想到了一桩往事。

原来，魏颗的父亲魏武子有一个爱妾，没有生儿子。魏武子生病的时候，曾经嘱咐魏颗："我要是死了，就让她改嫁到好人家吧！"但是，等魏武子病重的时候，又对儿子魏颗吩咐道："我要是死了，一定让我的爱妾为我殉葬。"父亲的两个命令各不相同，魏颗会如何执行呢？

魏武子去世之后，魏颗就将他的爱妾改嫁到了好人家。魏颗的弟弟责备他，问他为什么不遵照父亲的遗嘱行事？

魏颗回答说："父亲病危时，神志不清。我让父亲的爱妾改嫁，据的是父亲神志清醒时的吩咐。"

原来，这结草绊倒杜回的老人，就是魏颗父亲爱妾的亡父。

魏颗由于活捉了秦国大力士杜回，立下了大功，被晋景公封于令狐。后来，魏颗的后代以封地为姓，称令狐氏。魏颗也被后人尊称为令狐子。

魏颗
本名 姬姓，令狐氏，名颗
人物身份 晋国将军
历史影响 俘虏秦国将军杜回
智慧值 ★★
武力值 ★★★
生卒年不详

语文一点通

“结草衔环”

结草：把草编成绳子，搭救恩人；
衔环：嘴里衔着玉环。比喻感恩报德，至死不忘。

节选自 《左传·宣公十五年》

及辅氏之役，
颗见老人结草以亢杜回，
杜回踬而颠，故获之。
夜梦之曰：“余，而所嫁妇人之父也。
尔用先人之治命，
余是以报。”

第六十二话 赵氏孤儿——下宫之难

人 **赵朔（公元前 637 年—公元前 595 年）**

即赵庄子。嬴姓，赵氏，名朔，谥号为“庄”。春秋时期晋国大夫。赵衰之孙，赵盾之子。

赵盾执政时期，赵氏势力极具膨胀。随着赵盾去世，由赵盾的弟弟赵括继任赵氏宗主之位。赵盾生前对弟弟赵括十分礼让，甚至让出了自己这一支的利益，而此举却埋下了未来赵氏宗族内斗的伏笔。然而赵括为人并无德行，所以赵朔依然承担着赵氏的希望，被任命为下军副帅。

赵朔去世之后，他的妻子赵庄姬与赵婴齐通奸。这件事在晋国成为丑闻。赵氏宗族斗争激烈，赵括将赵婴齐驱逐出晋国。赵庄姬是晋成公的女儿，她带着儿子赵武回到宫里。为了报复赵括，赵庄姬向晋景公密奏，说赵括集合赵氏族人谋反。

晋景公早就对赵氏的庞大势力有所忌惮，一声令下，曾经被赵氏打压过的贵族们便联合起来，杀向赵氏。

赵括猝不及防，惨遭杀害。

然而，这些贵族们多年被打压，内心愤懑不平，甚至将赵氏满门灭绝。赵氏鲜血横流，除了和赵庄姬住在宫里的赵武，无一生还。

晋景公将赵氏的封地赠给祁奚，整个晋国弥漫着攻击赵氏、报复泄愤的气息。

曾经辉煌的赵氏，真的就这样烟消云散了吗?

人 祁奚

晋国中军尉。

人 韩厥

春秋中期晋国卿大夫。

人 季友

姬姓，名友，春秋时期鲁国政治家，鲁桓公最小的儿子，鲁庄公之弟。

不久，韩厥对晋景公谈起了赵衰和赵盾的功绩。韩厥对晋景公说：“鲁国季友的功勋，我国赵盾的忠诚，都没有后代来继承，谁还会继续建功立业。三代贤明的君王，都能几百年保持上天的禄位。难道这中间就没有过邪恶的君王？都是靠着祖先们的贤明才免于亡国的。

《周书》上说‘不敢欺侮鳏夫寡妇’，就是用这样的做法来弘扬道德。”

韩厥小时候曾经受过赵盾养育之恩，但他这番话说得实事求是，引起了晋景公的深思。

赵氏曾经为晋国发展立下汗马功劳，几代人为晋国出生入死，如今要灭了赵氏，晋国的百姓也不会心服口服。

于是，晋景公命令立外甥赵武为赵氏后嗣，恢复了赵氏的爵位和封邑。

人 晋景公

晋国第二十六代君主（公元前599年—公元前581年在位），晋文公之孙，晋成公之子。

事 下宫之难

下宫之难，又称下宫之役、原屏之难、庄姬之乱。据《左传》、《史记 · 晋世家》，是指公元前 583 年晋国赵氏家族原、屏两支被灭，赵武一系夺回宗主的历史事件。

公元前 581 年，晋景公经常做噩梦，还梦到厉鬼索命。过了半年，晋景公因病去世，晋厉公即位。

赵氏在下宫之难中一蹶不振，晋国八卿之中，栾氏、韩氏、郤氏都是晋国公室，而荀氏（中行氏、智氏）也是公室远支。晋国公室的实力空前强大。

然而，晋厉公和父亲相比，政治资历太浅，对于晋国大臣的执掌能力很弱。晋国大臣争权夺利，尤其是栾氏和郤氏。

晋厉公要想自己真正掌权，必须扶立忠心于自己的力量。

公元前 577 年，下宫之难已经过去了七年。这一年，晋厉公为赵武举行了弱冠之礼。

老臣们接受了赵武的拜见，一个个眼圈都红了，纷纷赞美赵武仪态潇洒，未来可期！

赵武进入仕途，各位大臣对于这个年轻的赵氏后人谨慎观望。赵武为人勤勤恳恳，不断提高自己。

等晋悼公即位后，提拔了一大批有功后代的能人，赵武也终于迎来了自己的机会。

晋悼公称赞赵武能文善武，临危不乱，于是命令赵武为新军佐。从此，赵武位列八卿之末，真正进入了晋国的政治核心圈。

公元前 562 年，郑国挑衅宋国，宋国无奈开始讨伐郑国。两国僵持不下，宋国只能求助于晋国。于是，晋悼公号令诸侯，发动诸侯联军攻打郑国。此时，楚国已经在多年的争霸战争中消耗了实力，没有能力救援郑国。

同年六月，晋国大军兵临城下。晋悼公给郑国下了最后通牒。晋悼公命令赵武到新郑，与郑简公签订合约。

曾经在晋国和楚国之间摇摆不定的郑国，终于被晋国征服了。

郑国保证，不再背叛晋国。

赵武在这次战争中的优异表现，让晋悼公对他另眼相看。后来，正卿知武子去世，晋悼公需要任命新的正卿。

晋悼公最开始想要任命韩起，韩起却郑重推荐了赵武，说赵武不但比自己年长，而且宽厚仁德，自己是比不上的。晋悼公又询问栾桓子和魏庄子，栾桓子急忙辞谢，说自己比不上韩起，韩起都这么谦让了，自己哪儿敢且居高位呢？

众望所归，晋悼公任命赵武为上军将，韩起为上军佐。赵武连升四级，成为晋悼公股肱之臣。曾经被冤屈、被残害的赵氏，终于在赵武手中扬眉吐气。

赵武对晋悼公充满感激，从此更加谨慎，一心报国。

语文一点通

节选自 《左传·成公八年》

原文

晋赵庄姬为赵婴之亡故，谮之于晋侯，曰："原、屏将为乱。"栾、郤为徵。六月，晋讨赵同、赵括。武从姬氏畜于公宫。以其田与祁奚。韩厥言于晋侯曰："成季之勋，宣孟之忠，而无后，为善者其惧矣。三代之令王皆数百年保天之禄。夫岂无辟王？赖前哲以免也。《周书》曰'不敢侮鳏寡'，所以明德也。"乃立武，而反其田焉。

原文大意 晋国的庄姬因为赵婴齐出亡的缘故，在晋景公面前进谗言说："赵同、赵括正准备作乱。"栾氏、郤氏两姓又为庄姬的话作证。（鲁成公八年）六月，晋景公派人杀害了赵同、赵括。赵朔的儿子赵武跟随庄姬在晋景公的宫中长大。赵同、赵括的封地给了祁奚。韩厥对晋景公说："季友对鲁国的功勋，赵盾对晋国的忠心，而让他们绝了后，做好事的人都会畏惧的。尧、舜、禹三代优秀的帝王都是数百年保持上天给予的福禄，其中哪会没有邪僻的帝王呢，只是赖有先前的哲人们才免于不败。《周书》说，'不敢侮辱失掉妻子、丈夫的人'，就是要宣扬仁德的。"于是又让赵武继承赵氏的宗族，把送给祁奚的土地归还给赵氏。

公元前 575 年，楚共王派公子成到郑国，送上汝阴之田来拉拢郑国，希望郑国再回到楚国的阵营来。于是，郑国再一次背叛了晋国，派出子驷来到武城，与楚共王结盟。

有了楚国做靠山，郑国在这一年击败了宋国。

晋国得到郑国背叛自己的消息，怒不可遏，马上准备讨伐郑国。中军佐士燮对讨伐郑国表示了反对，而栾武子却认为不能从自己的手中失去诸侯的拥戴，所以必须讨伐郑国。

郑成公听说晋国来势汹汹，赶紧派出使者向楚国求救。楚共王也派出三军，迅速向北救援郑国。

由晋厉公亲自统帅的晋国大军，即将与楚共王统率的楚国大军展开了一场殊死搏斗。

公元前 575 年五月，晋国军队渡过黄河。士燮听说楚国大军即将到来，再次表示了反对与楚军作战，他认为联合诸侯，并不是他们这些将军能做到的。但是栾武子依然没有采纳士燮的建议。

六月，晋军和楚军在鄢陵遭遇。士燮依然不想和楚军作战。新军佐郤（xì）至劝说他道：“韩原之战，我们晋国输了；箕之役，主帅先轸阵亡；两棠之役，主帅荀林父兵败逃跑。这些都是我们晋国的奇耻大辱！假如我们再躲避楚军，又会增加耻辱。”

士燮苦笑着回答他说：“先君屡次作战，那是有原因的。秦、狄、齐、楚都是强国，如果不尽力一战，子孙后代的实力都将被削弱。现在，秦、狄、齐三个强国已经屈服了，敌人只有一个楚国罢了。只有圣人才能做到没有内忧外患。如果国家不安宁，那就必定会有内部忧患。为什么不暂时放过楚国，使晋国对外保持警惕呢？”

其实，士燮不是害怕战败，而是希望放过楚国，缓和国内的矛盾。

但晋国上下一心与楚国大战，战争已经不可避免了。

人 子驷

(?一公元前563年)春秋时郑国正卿。郑穆公之子。

人 栾书

（? 一公元前573年）：姬姓，栾氏（一作架氏），名书，一名傀，谥号武。时人尊称栾伯，即栾武子。春秋中期晋国卿大夫，才能卓越的军事家、政治家、战略指挥家。栾氏家族振兴的奠基人，世卿世禄制的坚决拥护者。他执政时期将晋楚争霸战争再度推向高潮。遗物有栾书缶，现藏于中国国家博物馆。

□ 侦察兵：楚共王

文 填井平灶

填井平灶，又名塞井夷灶，出自《左传·成公十六年》，意思是表示决心战斗，义无反顾。

六月二十九日是晦日，本来是忌讳用兵的日子。然而就在这一天，楚军对晋军发动了突然袭击。

楚军都到眼前了，晋军各个将领还在争论不休。士燮的儿子士匄（gài）认为应该填井平灶，把行列间的距离放宽。

他话音未落，父亲士燮就拿起戈来驱逐他说："国家存亡，是上天的旨意，小孩子知道什么？"

栾武子却很有信心，说楚军轻佻，只要坚壁以待，到了第三天，他们自然会撤退。

郤至说，楚国有六个空子：国内不和；士兵大多年老；军阵不整；蛮人有军队，却没有阵容；晦日出兵，大不吉利；士兵喧闹，各军互相观望，没有斗志。所以我们一定可以战胜他们。

晋厉公觉得郤至说得很有道理，决定现在就迎战。他还采取了士燮的儿子士匄的建议，填井平灶，就在军营前面摆开阵势。

楚共王在伯州犁陪同下登上巢车，观察晋军情况。伯州犁是晋国大夫伯宗之子，伯宗被害之后，伯州犁出奔到了楚国。所以，伯州犁身为晋国人，对于晋军的动向是非常熟悉的。

楚共王询问伯州犁说："晋军驾驶着兵车左右奔跑，这是怎么回事？"

伯州犁回答说："那是晋军在召集军官。"

楚共王又说："看，那些军官都到中军集合了。"

伯州犁说："这是在一起谋议了。"

楚共王又说："帐幕掀开了。"

伯州犁说："这是在先君神主前占卜。"

楚共王说："帐幕撤除了。"

伯州犁说："这是即将发布命令了。"

楚共王说："他们非常喧闹，尘土飞扬。"

伯州犁说："这是填井平灶，摆开阵势。"

楚共王说："晋军登上了战车，将帅和车右拿着武器下车了。"

伯州犁说：“这是在发号施令。”

楚共王说：“他们要开始作战吗？”

伯州犁说：“这还不得而知。”

楚共王又说：“晋军又上了战车，左右两边的人又下来了。”

伯州犁说：“这是战前向神祈祷。”

伯州犁还将晋厉公的位置告诉了楚共王。

晋厉公也在楚国旧将苗贲（bēn）皇的陪同下登上高台，观看了楚军阵势。晋厉公采纳了苗贲皇的建议，由中军派兵加强两翼队伍，迅速出击，首先击破了楚军薄弱的左、右军。

晋国的魏锜射中楚共王眼睛，楚军不得不撤退。

在第二天，楚共王展开反击，依然失败了。

晋国获得了鄢陵之战的胜利，但这次大战之后，晋国和楚国都失去了用武力争霸的强大势头。

历史小课堂

公元前 575 年，
晋国和楚国为了争夺中原霸主，
在鄢陵地区发生大战。在这次战斗中，晋国发挥优势，
指挥精妙，一举击败了楚国和郑国联军。
经过这次战斗，晋国在中原地区的霸主地位依然稳固，
而楚共王却被射瞎了一只眼睛，
这次战斗对于晋国和楚国双方国力都有所损耗，
这之后，晋国和楚国慢慢失去了在中原以武力称霸争雄的实力。
鄢陵之战是晋国和楚国最后一次主力对抗的大战，
这之后，楚国在争霸中处于颓势，
而晋国对于中原诸侯的控制也逐渐减弱了。

公元前

575年

第六十四话 神箭手养由基

□百步穿杨

养由基从小就喜欢射箭，天生就是个射箭天才，无论是从哪个方向发过来的箭，都能徒手接住。而他自己还可以拉开千斤重的弓。

最令人称赞的，就是他能够百步穿杨。站在距离柳树一百步的地方瞄准，每射一箭，都能射中柳叶的中心，而且从无失手，百发百中。

大家都对他赞不绝口，每次养由基射箭，都有几千人围观。慢慢地，养由基就骄傲了起来。

一天，养由基又在表演百步穿杨的本领，围观的人叫好声一片，养由基的脸上浮现出得意的笑容。旁边一个围观的人却摇着头说："我可以教教他，该怎么射箭。"

养由基一听就有点不高兴，马上反驳说："大家都说我射得好，就你说要教我，那你先过来射这些柳叶吧！"

这人一听哈哈大笑，回答道："我说的不是教你如何射箭，而是希望你想一想，你射箭百发百中，还能百步穿杨，但是你却不善于休息。等你筋疲力尽，无法瞄准，只要有一次不能射中时，就会前功尽弃。"

这位路人的话让养由基陷入沉思，从此，他不再骄傲自大，而是用心琢磨，怎样才能让自己射箭的本领发挥得更好。

养由基
本　名
嬴姓，养氏，字叔，
名由基
人物身份
楚国神射手
历史影响
百发百中
智慧值
★★
武力值
★★★★
生卒年不详

鄢陵之战显神威

晋楚鄢陵之战爆发之前，养由基在军营中训练。当时，楚共王手下有两个神箭手，一个是养由基，另一个叫潘党。养由基在训练时看到潘党连射三箭，每箭都射中靶子红心，好胜之心陡然而起，于是就要和潘党比试射箭。

楚军士兵们闻讯都赶来看热闹，将他们围得里三层，外三层。

第一次比试，潘党和养由基都站在距离靶子百步之外，遥望红心，结果两个人连射三箭，都射中了红心。

第一次比试，双方不分胜负。

到第二次比试，两个人又选了三片柳叶，将柳树的叶子涂黑，并且给柳树叶子标记上了一、二、三的符号表明顺序。

养由基凝神闭气，瞄准柳树叶子，周围的一切好像都不存在了，震耳欲聋的呐喊声也不存在了……

他接连射出三箭，人群中爆发出如同雷阵的欢呼声，射中了！

养由基射中了三片柳叶，而且还是按照顺序！

大家都称赞他是百发百中，不愧是天下第一神箭手。

养由基为显神通，还让人将七层战甲接连蒙在靶子上，他一箭射去，力透七层战甲。

观看的人惊喜万分，还特地将这战甲拿给楚共王看，说楚军有这样的神箭手，还担心赢不了晋国?

楚共王得知却很生气，发怒道："你们太自满了，真丢人！明日就作战，你们以射箭自负，将来就会死在这武艺上！"

鄢陵之战爆发之后，晋军将领魏锜一箭射中了楚共王的眼睛。楚共王血流满面，楚军军心动摇。楚共王强忍疼痛，派人召来养由基。他给了养由基两支箭，命令养由基去射魏锜。

养由基在万军丛中找到了魏锜，他拉弓开箭，果然箭不虚发，射中了魏锜的脖子。魏锜趴在自己弓套上被射死了。养由基带着剩下的一支箭向楚共王复命。

鄢陵之战以楚军失败而告终。

当楚军撤退时，晋军步步紧追，一直将楚军逼迫到了非常险要的地带。楚国大臣叔山冉对养由基说："情况紧急，虽然国君有令，但为了国家，请您一定要射箭！"

于是，养由基挎着箭囊，掩护楚军撤退。

凡是追击的晋军，养由基瞄准之后，所有目标都被他射死了。

养由基为楚军撤退立下大功，从此在楚国一战成名。

养由基回国之后，还是每天射箭，从来也没有放松过。他虽然一箭成名，但是楚国却在鄢陵之战中输给了晋国。

因此，养由基一心希望能够用自己高超的箭术，在将来的关键时刻挽救国家危亡。

语文一点通

"百步穿杨"

节选自 《战国策》

原文

楚有养由基者，善射；
去柳叶百步而射之，百发百中。

原文大意 楚国有一个名叫养由基的人，特别善于射箭。（他）在离柳树百步的距离射其叶片，能达到百发百中的境界。

公元前575年——公元前573年

第六十五话

晋悼公中兴晋国

飞来的晋侯之位

晋悼公，姬姓，名孙周，他是惠伯谈的次子，晋厉公的侄子。由于晋灵公荒淫无道，所以惠伯谈从小就跟随父亲去洛邑避难。

孙周出生在洛邑，在年纪很小的时候就很聪慧，而且喜欢看书，学识广博。和一般小孩儿不一样，小小年纪就很稳重，所以当时人们对其评价非常高，说这孩子堪为人君。

孙周曾经在十来岁的时候拜单襄公为师，单襄公对自己的这个弟子评价很高，说孙周立如苍松，目不斜视，听不侧耳，仪表非凡。而且讲究礼仪，人品出众。单襄公临终的时候，曾经嘱咐单顷公，希望他好好善待孙周。孙周有才华，将来一定会是晋国的继承人。

公元前575年鄢陵之战后，栾书在晋厉公面前挑拨离间，说郤至曾经联合楚国，图谋拥立孙周。

晋厉公找栾书询问此事。栾书这个阴谋的主使者假装沉思了片刻，继续搬弄是非。同时，他还建议晋厉公派郤至到洛邑去，并以此来考验郤至，是否真的有图谋不轨之心。

人 单襄公

春秋时期单国国君。具有独特的眼界和思想，多次预言成功当时各国发生的重大事件，其中就包括晋悼公的即位。

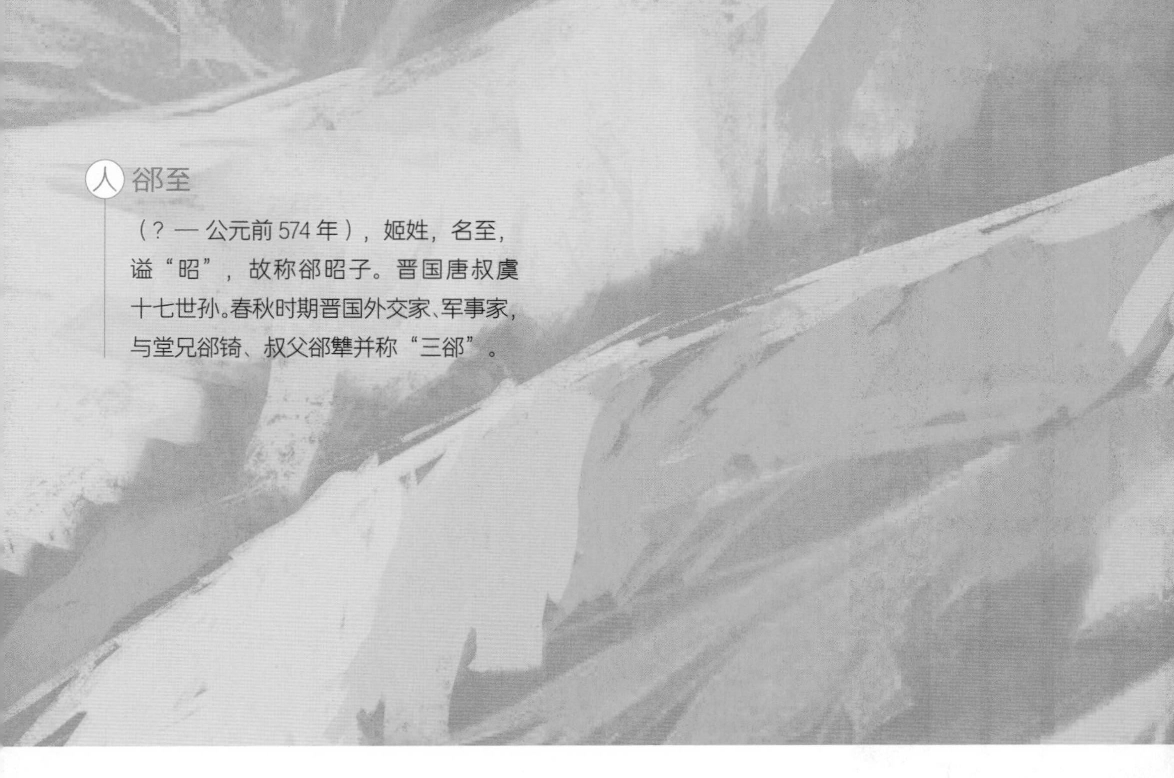

于是，晋厉公将郤至派到了洛邑，郤至果然得到了孙周的接待。晋厉公认为，郤至是有异心的，他会拥立孙周为晋国的君主。

孙周为什么会接待郤至呢？

那是因为，孙周收到了一封从晋国来的信，信上将郤至推荐给孙周。说郤至能力出众，在鄢陵之战中表现突出，您要是和他搞好了关系，将来一定会有利于您复国。

孙周果然牢记在心。后来，郤至来洛邑献俘，孙周对他盛情款待。原来，之前那封信是栾书写给孙周的。所有这一切，都是栾书的计谋。

怀疑的种子在晋厉公心中生根发芽，晋厉公每天看郤至，都觉得此人心怀鬼胎，说不定马上就要将屠刀砍向自己。

终于，晋厉公下令屠杀了郤至，并将郤氏灭族。

但晋厉公想不到的是，很快，从中设计害人的栾书和中行氏不久便会弑君。晋厉公的疑心不但害了郤至全族，也害了自己。

公元前 574 年年末，荀罃来到洛邑，面见孙周，说奉了栾书之命，请孙周回国即位。

得到可以即位晋侯的消息后，孙周却表现得很冷静。他仔细想了想，留在洛邑，还可以继续自己的学业，而回到晋国，虽然可以得到晋侯之位，却要面临危险的局面。

到了晋国之后，只见文武大臣全都在清原恭迎孙周。孙周在文武大臣面前发表了一篇令人惊讶的讲话。

这个十四岁的少年不慌不忙地说道："能够成为晋侯，其实这本来不是我的意愿。这难道不是天意吗？卿等求孤为君，就是要让孤发布命令。立孤为君，却不听从，还需要孤做什么？各位用孤为晋侯，在今日；不用孤，也在今日。恭敬而听从国君，这是神灵所保佑的。"

所有的大臣都愣了，这个少年不一般！他说得很明白，自己能继承晋侯，那是上天的意愿，也就是说，不是群臣拥戴的功德。而且，今天若要拥戴自己，就要听他的命令，不然他还不上任了！

或许，这个少年真能引领晋国走向新的繁荣！

在短暂的停顿之后，群臣纷纷跪拜孙周："敢不惟命是听！"

到正月十五日，孙周又与大臣们结盟，在这之后才进入国都，二十六日朝拜武宫。

公元前 573 年二月，十四岁的孙周即位，是为晋悼公。

晋悼公即位之后，马上针对当时晋国的时局展开了一

系列行动。他首先驱逐了作恶的奸佞之臣七人，处死了杀害晋厉公的荀滑。

晋悼公又推行了一系列新政，他命令百官，免除老百姓对于国家的欠债，施惠于鳏夫、寡妇；起用被废黜的贵族，救济生活困难的人；救灾救患，惩罚奸邪之徒，减轻赋税，节约费用，不因为自己的私欲侵占农事。

这些命令一下达，晋国上下氛围为之一新，整个国家欣欣向荣。

在最敏感的官员任用方面，晋悼公根据的是战功立八卿，中军将为栾书，中军佐为中行偃；上军将为韩厥，上军佐为荀罃；下军将为吕相，下军佐为士匄；新军将为彘鲂，新军佐为令狐颉。

晋悼公又任命魏相、士鲂、魏颉、赵武为卿，荀家、荀会、栾黡、韩无忌为公族大夫，让他们教育卿的子弟要恭敬、节俭、孝顺、友爱；派士渥浊为太傅，让他学习范武子的法度；任命右行辛为司空，让他学习士蒍的法度。

晋悼公所选拔的官员都不失职，都是百姓赞扬的人。做官的人不改变常规，爵位不超过德行，百姓便不会说出指责的话。

晋悼公以贤能选才，任用百官，提拔公族，获得了晋国老百姓的支持。晋国上下欣欣向荣，踏上了发展的快车道。

晋悼公
本　名
姬姓，名周
人物身份
晋厉公的侄子
历史影响
中兴晋国
智慧值
★★★★
武力值
★★
公元前573年—公元前558年
（在位时间）

历史小课堂

晋悼公非常聪明，
他拜单国国君单襄公为师，
从小就树立了远大的志向。
晋悼公十四岁即位之后，
重用了吕相、士鲂、赵武等贤臣，
整顿了晋国内政。
晋悼公严于治军，重组了八卿，
体恤百姓。
晋悼公四年，魏绛推行了“和戎狄”的策略，
晋国与戎狄关系亲密。
在晋悼公的治理下，
晋国实现了中兴。

公元前
563年

第六十六话 偪阳之战

□偪阳必须除掉

晋悼公上任之后，励精图治，使晋国开始快速发展。为了让老对手楚国在争霸的道路上更输一阵，晋国联合了吴国。这样，诸侯在晋国领导下，对楚国形成了合围之势。

然而，吴国位于长江中下游，要实现吴国制约楚国的战略目标，吴国必须除掉卡在自己家门口的一个国家：偪（bī）阳。

这偪阳说起来是西周时期的一个妘姓小国，本来争霸这样的大事和一个小国没有什么关系，但谁让偪阳处在了一个战略要地呢？

鲁襄公十年（公元前563年）春天，晋悼公、鲁襄公、宋公、卫侯、曹伯、莒子、邾子、滕子、薛伯、杞伯、小邾子、齐世子光和吴国在柤会盟。

这次会盟，最大的新意就是吸收了吴国加入。参加会盟的国家虽然很多，但目的却只有一个，那就是齐心协力对付楚国。

晋国的荀偃、士匄在会盟结束后就请求讨伐偪阳，为晋国围攻楚国扫清障碍。当时荀罃表示反对，认为这样一个小城池，而且还很坚固，就算胜了，也不算是勇敢。假如不能取胜，反而还要被人耻笑。

但荀偃、士匄坚决请求作战，于是，晋悼公命令讨伐偪阳。

果然，事情和荀罃预料的一样，偪阳城池坚固，联军没攻下来。

这回晋国骑虎难下，很是尴尬。

联军之中人才辈出，鲁国的孟孙氏，有个家奴叫秦堇父也参加了这次战斗。秦堇父用人力拉着军用装备重车来到偪阳，设计撞开了城门。

偪阳城门一开，联军的士兵潮水一般涌了进去。

眼看偪阳就要失守，就听见偪阳守军将领疯狂地喊道：“快放下内城闸门！”

于是，沉重的城门缓缓落下，眼看无数的士兵就要葬身于偪阳城门之下！

□勇者叔梁纥

伴随着偪阳内城闸门猛然落下，还在往里面冲的联军士兵眼看就要葬身于城门之下，一场惨剧，在所难免。就在所有人心都提到嗓子眼的时候，忽然一双大手稳稳托住了正在下落的城门，就看见一个魁梧的身躯用尽全部力气，将正在落下的偪阳城门举了起来！

这个举起城门的勇士，就是鲁国大夫叔梁纥（hé）。他有一个闻名天下的儿子，这便是伟大的教育家——孔子。

叔梁纥的挺身而出，让正在遭遇危险的联军士兵得到机会撤了出来。

偪阳守将从城墙上悬挂着布，秦堇父攀着这布登上城墙，但中途就被敌人将布砍断，掉了下来。秦堇父是个倔脾气，非常勇敢，他醒过来接着登城。就这样重复了三次，最后偪阳守将佩服秦堇父的勇敢，向他致敬。

勇士秦堇父气宇轩昂，手举那块断掉的布匹在联军队伍中巡视三次。所到之处，大家都无比佩服他的勇气。

但即便是这样，联军攻城依然没有取得胜利。

荀偃、士匄眼看雨季就要到了，于是请求撤退。但中军帅荀罃非常愤怒，直接把面前的弩机扔到了荀偃、士匄中间，怒斥这两个人说：“当时是你们两个人坚持要攻打偪阳，我唯恐将帅命令不和，所以答应了你们的请求。现在劳动诸侯，劳烦晋君，你们遇到困难又要退缩了？你们不坚持作战，将来还会归罪于我，说：‘那时候撤退班师，不然一定就攻克偪阳了！’我现在是老弱之躯，还能委以重任吗？七天攻不下偪阳，必然取你们的首级谢罪！”

荀偃、士匄非常惭愧，面红耳赤，告退了。

到了五月四日，将军荀偃、士匄亲自上阵，奋勇杀敌。战斗异常惨烈，到了五月八日，偪阳被攻克。

晋悼公本来想将偪阳赠给和晋国友好的宋国大夫向戌，但向戌推辞了，于是，晋悼公就将偪阳的国土赠予了宋公。

叔梁纥
本 名
子姓，孔氏，名纥，字叔梁
人物身份
鲁国大臣
历史影响
孔子之父
智慧值
★★
武力值
★★★
公元前622年—公元前549年

历史小课堂

偪阳是春秋时期的一个小国，
国君被封子爵。
《国语·郑语》中曾经记载：
“妘姓邬、郐、路，偪阳，曹姓邹、莒皆为守卫，
或在王室，或在夷狄。”
偪阳故城位于山东省枣庄市台儿庄区涧头集西南。
在偪阳故城遗址，
可见这座故城大体是长方形，
城内和城外地面有很多陶片，
主要是灰陶。
2006 年，
国务院将偪阳故城列为全国重点文物保护单位。

公元前
561年——公元前
555年

第六十七话 溴梁之会

□明君落幕

晋悼公拉拢了吴国，形成了对楚国合围之势，晋国气势更盛。不过，晋国日复一日的强大，给其他诸侯很大压力。诸侯之间明争暗斗，风波不断。

公元前 561 年，莒国侵犯鲁国东部。

公元前 558 年夏天，齐灵公联合邾、莒攻打鲁国。鲁国屡次成为矛盾的焦点，不得已向晋国求助。

晋悼公听说这件事非常愤怒，准备讨伐齐国、邾国、莒国。

然而，就当晋悼公准备出征的时候，忽然重病不起。虽然自己还很年轻，但是晋悼公却敏感地预知，这一病，恐怕就是自己人生落幕的时刻。

晋悼公将晋国军队交给了荀偃，将维持联盟的任务交给了士匄，将国家内政交给了自己信任的赵武。

鲁僖公十五年（公元前 558 年）十一月，晋悼公去世，年仅二十九岁。

公子彪即位，是为晋平公。

晋悼公在去世之前，为儿子晋平公留下了一个强大的人才班底，晋平公也准备继承父亲的遗志，将晋国的霸业继续下去。

鲁襄公十六年（公元前 557 年），晋平公邀请了宋、鲁、卫、郑、曹、莒、邾、薛、杞、小邾等国家在溴（jú）梁会盟。

在这次溴梁之会上，晋平公命令那些侵占了别的国家土地的诸侯，要归还侵占的土地。还因为鲁国的缘故，抓捕了邾宣公和莒犁比公。罪名是邾、莒勾结齐、楚。这是晋平公即位后第一次在诸侯间主持公道，也正是通过这次会盟，确定了新的军事同盟。凡是参加这次会盟的诸侯，约定此后互不侵犯。

然而，晋平公对于诸侯的态度心知肚明，对于自己这个新的继任者，诸侯并非心服口服。比如那个屡次挑战晋国权威的齐灵公。

晋平公要让诸侯对自己心服口服，齐灵公也希望通过挑战晋平公的盟主地位，确立自己的威望。

于是，齐灵公先后五次讨伐鲁国。很明显，这是对晋国权威的挑战。

假如晋国不应对，那么这之后将会有更多的诸侯背叛晋国。于是，公元前 555 年，晋平公下令讨伐齐国。

这次晋国出征，可谓人多势众。晋国率领鲁、宋、卫、郑、曹、莒、邾、滕、薛、杞、小杞一共十二个诸侯国的联军出兵。但齐灵公也是个勇猛之人，他不但没被晋国的庞大联军吓倒，反而迎难而上，亲自率领齐国军队到平阴与敌人对阵。

平阴的南边有个地方叫防，齐灵公下令，命齐军就在防城门外，挖起深深的沟壕，抵御敌人。

齐国的宦官夙沙卫很理智，他深知齐国挖的沟壕怎么可能挡得住十二国联军。夙沙卫劝说齐灵公道：“防门不足为险，不如另外寻找险要的关口守卫。”

但是齐灵公根本听不进去。

晋国率领的联军和齐军相持不下，晋国的范宣子私下派人告诉齐国的大夫析归父说：“我了解你，怎么敢隐匿实情呢？鲁人和莒人，都请求发兵车千乘，一起进攻齐国，晋国已经答应他们了。假如这两千乘兵力攻入齐国都城临淄，齐国必亡。您还是早做打算吧！”

齐灵公听说这件事情后，马上害怕了。

晏子感叹道：“君侯本来就不勇敢，又听说这个消息，命不久矣。”

齐灵公登上巫山观察晋军。晋军的人马遍布山野，到处都插满了晋国的旗帜。晋国又让乘兵车的将士左边是士兵，右边是稻草人，在战车后面拖着稻草。于是漫山遍野都是晋军，沙尘漫天。

齐灵公见了吃惊不已，晋国居然来了这么多士兵？

害怕之下，齐灵公居然自己离开齐军脱身回去了。

第二天，齐国军队在夜里秘密撤退。

晋国的师旷禀告晋平公说：“有乌鸦鸣叫不已，齐军已经撤退了。”叔向也来禀告晋平公：“城上有乌鸦出现，齐军已经撤退了！”

于是，晋国马上追击齐军。夙沙卫命人拉大车在后面殿后。

晋军一路追击到了齐国都城临淄，齐灵公吓得想马上逃跑。世子见他苦劝不听，急得拔剑斩断了马鞅，这才阻止了齐灵公的出奔。

晋军大逞威风，在临淄城外烧光了外城的房屋，杀尽了外城的军民。

经过这一战，晋平公终于实现了溴梁之会的目标，让诸侯继续承认晋国的霸权地位。

人 师旷

字子野，春秋时期晋国晋悼公、晋平公时大臣。先秦著名音乐大师，古人称为乐圣，古传太极拳开创者，教育家，思想家，是最早提出“民贵君轻”思想的人。善卜卦推演，被尊崇为算命先生的祖师爷。以“师旷之聪”闻名于后世，据说师旷可以听到天庭之音，他同时精通鸟兽语言，他抚琴时，能使凤凰来仪，是神话传说中“顺风耳”的原型。

历史小课堂

溴梁之会

溴梁，指溴水边的大堤。

晋国召集诸侯，举行溴梁之会，

其实是为鲁国伸张正义。

莒侵占了鲁国东鄙，齐侵占了鲁国北鄙，邾侵占了鲁国南鄙。

鲁国迫不得已，才向晋国求救。

晋悼公本来要联合诸侯讨伐邾、莒，不料却去世了。

晋平公即位之后，这才召集宋、鲁、卫、郑、曹、莒、

邾、薛、杞、小邾等国举办了溴梁之会。

在这次会盟上，晋国主张各国都归还所侵占的土地，

还囚禁了邾、莒的君主。

这次会盟的最终目的是稳定晋国在中原的霸主之位。

公元前551年——公元前497年

第六十八话 素王传说

——时代变革

春秋晚期，各路诸侯为争霸忙碌，各国的大夫也逐渐崛起。鲁国的季孙氏、孟孙氏、叔孙氏三大家的家臣力量日益增强。

大周曾经倡导的礼乐制度日益崩坏。

就在时代大变革的时候，一个中华民族的文化伟人——孔子，诞生了。

叔梁纥是鲁国的大勇士，曾经在联军攻打偪阳时，举起城门，挽救过很多士兵的性命。叔梁纥的妻子施氏，生下了九个女儿，却没有儿子。他的小妾为他生了儿子孟皮，而孟皮的脚还有残疾。

于是，叔梁纥向颜氏求婚，颜氏便询问三个女儿，谁愿意嫁给叔梁纥？大女儿和二女儿不说话，唯独小女儿徵在说，愿意听从父亲的安排。于是，颜氏将小女儿颜徵在嫁给了叔梁纥。

鲁襄公二十一年（公元前551年），孔子诞生了。

孔子刚出生的时候头顶就是凹陷的，又因为他的母亲曾经在尼山祈祷，所以被取名为“丘”，字“仲尼”。

孔子三岁那年，他的父亲叔梁纥就去世了。一家人生活得非常清贫，生活艰难。

虽然家境困难，但孔子从小就意识到学习的重要性。

鲁昭公十年（公元前532年），孔子担任了鲁国的委吏，相当于现在的会计。

一年后，孔子又改任乘田，管理畜牧。这对于幼年生活艰苦，经常帮助母亲劳动的孔子来说并非难事。

苌弘

亦作苌宏，字叔（公元前 565 年—公元前 492 年），古蜀地资州人。中国古代著名学者、政治家、教育家、天文学家。其博闻强识，涉猎广泛，通晓历数、天文，且精通音律乐理，以才华闻名于诸侯，周景王、周敬王的大臣刘文公所属大夫，曾为孔子之师。

鲁昭公十七年（公元前 525 年），郯子来到鲁国朝见，孔子曾经向郯子请教关于古代官制的问题。大约在此时，孔子开始招收学生，开设私人学校。

孔子学习，不拘泥于书本知识，而且勤学好问，并且经常请教别人，所以才能博学多能。

鲁昭公二十年（公元前 522 年），孔子已经小有成就。此时，齐景公出访鲁国召见了孔子，和他讨论了秦穆公称霸的问题。后来，孟懿子，也就是鲁国孟孙氏的第九代宗主曾经学礼于孔子，而孔子也曾经问乐于苌弘。

苌弘是我国古代著名的学者、政治家、教育家、天文学家，而且精通音乐，是东周大臣刘文公的大夫。

苌弘是东周三朝元老，也是东周的大学者。孔子目睹了当时礼崩乐坏的局面，就带着这个问题去探访苌弘。孔子到了洛邑之后，访乐于苌弘。他还走遍了郊社场所，考察了明堂的制度和庙堂制度。最终，孔子感叹道：“我现在才明白周公之圣和周之所以为王了。”

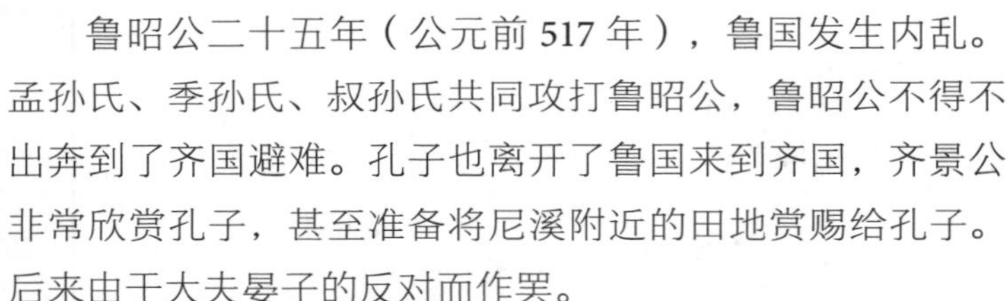

鲁昭公二十五年（公元前 517 年），鲁国发生内乱。孟孙氏、季孙氏、叔孙氏共同攻打鲁昭公，鲁昭公不得不出奔到了齐国避难。孔子也离开了鲁国来到齐国，齐景公非常欣赏孔子，甚至准备将尼溪附近的田地赏赐给孔子。后来由于大夫晏子的反对而作罢。

正是在齐国，孔子听到了《韶》乐。

《韶》乐是在贵族中演奏的音乐，孔子听到之后，如痴如醉，接连三个月吃肉都品不出肉的滋味。他感叹道："想不到《韶》乐的优美到了这样迷人的地步！"这也是后人所说的，"三月不知肉味"这一成语的由来。

又过了两年，孔子回到鲁国。但他时刻关注着其他诸侯的动向，对当时的社会发展发表自己的看法。

鲁昭公二十八年（公元前 514 年），晋国魏献子执政。魏献子因为贾辛为王室出力而举荐贾辛，贾辛接受职务后来见魏献子，魏献子鼓励他要保持恭敬，不要损毁了曾经的功劳。孔子听说这件事，认为魏献子举贤不论亲疏，他认为魏献子这样的行为就是一种义举，可以称得上是"仁义"。孔子又听说了魏献子鼓励贾辛的话，认为这表现了忠诚。

人 晏子

晏婴是齐国上大夫晏弱之子。齐灵公二十六年（公元前556年）晏弱病死，晏婴继任为上大夫。历任齐灵公、庄公、景公三朝，辅政长达五十余年。

孔子后来还担任过鲁国的小司空、大司寇。但孔子出仕，维护鲁国公室的利益，削弱的是鲁国三桓——叔孙氏、季孙氏、孟孙氏的力量。因此，作为鲁国实际的掌权者，三桓对孔子并不友善，反而矛盾重重。

鲁定公十四年（公元前496年），齐国送了八十名美女到鲁国。这些齐国美女穿上华丽的服装跳起《康乐》舞，身姿翩翩，令人沉醉。齐国人将这些美女还有带着花纹的骏马一百二十匹，陈列于鲁国都城南面的高门外。最终，季桓子接受了齐国美女，并沉溺于歌舞欣赏，三日不理朝政。

孔子对此非常失望。

没过多久，在祭祀后要送给大夫们的祭肉没有送给孔子，孔子明白，这是季孙氏不想继续任用自己的意思。

于是，孔子就离开了鲁国，带着学生们，踏上了周游列国的旅程。

孔子
本名
子姓，孔氏，
名丘，字仲尼
人物身份
古代思想家、政治家、教育家
历史影响
创立儒家学派
智慧值
★★★★
武力值
★
公元前551年—公元前479年

节选自
《史记·孔子世家》

明年，孔子自蔡如叶。
叶公问政，孔子曰："政在来远附迩。"
他日，叶公问孔子于子路，子路不对。
孔子闻之，曰："由，尔何不对曰
'其为人也，学道不倦，诲人不厌，
发愤忘食，乐以忘忧，不知老之将至'
云尔。"

原文大意 第二年，孔子从蔡国前往叶。叶公（楚大夫诸梁封邑在叶，僭称公）问孔子为政的道理，孔子说："为政的道理在使远方的人归附，使近处的人服帖。"有一天，叶公向子路问起孔子的为人，子路没回答他。孔子知道了就对子路说："仲由！你怎么不回他说：'他这个人嘛，学习起来毫不倦怠，教起人来全不厌烦，用起功来连饭也会忘了吃，求道有得高兴起来，什么忧愁都可以忘掉，甚至连衰老即将到来也不知道了'，等等。"

公元前 557年——公元前 546年

第六十九话

弭兵会盟

——湛阪之战

在和楚国争霸过程中，晋国曾经发生过三次大的战争：城濮之战、两棠之役和鄢陵之战。这三次战争中，除了两棠之役是楚国获胜，其他两次战争都是晋国获胜。尤其是在鄢陵之战中，楚共王还被射瞎了一只眼睛。

晋平公即位之后，许国曾经和晋国发生过一次让人哭笑不得的战争。原来，许灵公向晋国请求迁都，晋国也同意了，但谁知许国大夫不同意迁都，于是造成了许国内乱。

晋平公元年（公元前 557 年），晋国因此而攻打许国。就在其他诸侯国都准备看许国笑话的时候，意外发生了。晋国的荀偃率兵攻打楚国，这是对楚国在公元前 561 年联合秦国攻打宋国的报复。

晋国军队和楚国军队在湛阪相遇交战。楚国的公子格率领的楚军被晋国打得落花流水，四散奔逃。晋军在楚军后面一路追击，一直追赶到了楚国的方城，并且侵占了方城以外的土地。

晋军在撤退时，才气定神闲，不慌不忙讨伐了许国，高奏凯歌而回。

这是晋国第三次入侵楚国的领土，从此也可以看出，楚国的实力已经大大减弱，失去了与晋国争雄的资本。

长达八十年的晋楚争霸，到湛阪之战终于分出了胜负。当然，这背后还有晋国、楚国老百姓为战争付出的无数惨痛代价。

晋国和楚国都因为长期战争陷入了疲惫，和平的日子才是人们最期盼的。

公子黑肱

（？—公元前 529 年），字子皙，春秋时期楚国公子，楚共王之子。

湛阪之战让晋楚争霸分出了胜负，也让狂妄的楚国放下了骄傲，不得不坐到了谈判桌前。

鲁襄公二十七年（公元前 **546** 年），在宋国大夫向戌的斡旋下，各位诸侯终于在宋国的西城门外结盟。参加这次会盟的有晋国、楚国、齐国、秦国、鲁国、陈国、蔡国、郑国、许国、宋国、邾国、滕国等诸侯国。

各位诸侯虽然都如约前来，但会议气氛却相当沉重，甚至可以说杀气腾腾。

六月二十四日，向戌向晋国赵武复命。赵武说："晋、楚、齐、秦，四个国家地位对等，晋国不能指挥齐国，就如同楚国不能指挥秦国一样。楚国国君如果能让秦国国君驾临敝邑，寡君岂敢不坚决向齐国国君请求？"

二十六日，楚康王也对向戌说："放下齐国、秦国，请求和其他国家互相见面。"

七月，赵武和公子黑肱统一了盟书誓词。晋国已经觉察到楚国的气氛很不好，可能会发生事情。

七月五日，诸侯代表在宋国西门外结盟。楚国人却在外衣里面穿上了皮甲，这是即将发难的准备。伯州犁劝说楚康王道："会和诸侯军队，却做了别人不信任的事，恐怕不行。诸侯希望得到楚国的信任，所以才来顺服。如果不信任别人，就是丢掉了让诸侯顺服的东西了。"伯州犁请求脱去皮甲。

然而子木却说："晋国和楚国缺乏信任已经很久了，做对楚国有利的事情就行了。如果能如愿，哪儿还用得着信用？"

伯州犁黯然退下，却对旁人断言，令尹子木抛弃信用，命不久矣。

赵武也担心楚国人作乱，于是与叔向商议。叔向劝说赵武不必担心。普通人不守信用也是不对的，何况还是诸侯？不守信用的人，不是晋国的祸患。假如楚国这次不守信用，面对的将是宋国和其他诸侯的共同抵抗。用信用召集别人，又不讲信用，别人必定不会同意。

在歃血结盟的时候，晋国和楚国又因为谁在前面争执起来。晋国人认为，晋国本来就是诸侯盟主，历来没有别的国家在晋国之前歃血的。而楚国人却说，你们不是说了晋国和楚国地位相等，那如果晋国总在前面，这就是在说楚国更弱。何况，晋国和楚国交换主持结盟很久了，难道专门让晋国主持结盟？

叔向劝说赵武，诸侯服气晋国的德行，而并非由于晋国是盟主。

于是，就让楚国先歃血。

就这样，在紧张到一触即发的氛围中，弭兵会盟终于圆满结束。

弭兵会盟结束之后的十几年内，诸侯国之间都没有发生过战争。尤其是晋国和楚国之间，大约四十年内没有爆发过战争。

在这个难得的和平环境里，各国都在争取发展自己的力量。

争霸的焦点转到了楚国、吴国和越国之间。

文 **弭兵** 指平息战争，平息战乱，求和。

语文一点通

节选自
《左传·襄公二十七年》

晋、楚争先。
晋人曰："晋固为诸侯盟主，未有先晋者也。"
楚人曰："子言晋、楚匹也，
若晋常先，是楚弱也。
且晋、楚狎主诸侯之盟也久矣！
岂专在晋？"

原文大意 晋国和楚国争执歃血盟誓的先后顺序。晋国人说："晋国本来是诸侯的盟主，从来没有国家能在晋国之前歃血的。"楚国人说："您说晋国和楚国的地位相同，如果晋国总在前面，这就表示楚国比晋国弱。而且晋国和楚国交换着主持诸侯的结盟已经很久了。难道专门由晋国主持？"

审读推荐｜陈诗宇　《汉声》编辑《国家宝藏》服饰顾问，工艺美术史学者

全文审读｜杨笑然　北京一零一中学历史教师

文字作者｜张　园　现当代文学硕士，自由撰稿人。喜马拉雅签约主播，主讲《〈古文观止〉背后的故事》（订阅听众一万人）；读者·新语文公众号签约撰稿人；在期刊发表多篇文学赏析、历史文章，曾经出版历史作品《有趣又好读的古诗文》。

漫阅童书

漫阅童书是一家集童书出版、版权授权与运营、图书销售、供应链服务于一体的多平台综合性传媒公司，以推动全民阅读为己任，以提高中国儿童阅读心智为目标，致力于打造和推广适合中国家庭阅读的精品原创童书。2020 年荣获当当平台飞速增长供应商荣誉称号。

策 划 人｜刘润东　魏　诺

统筹编辑｜王琪美

装帧设计｜刘雅宁　张立佳　辛　洋　马司雯

少年读春秋战国

变法图强

漫阅童书 著·绘

北京理工大学出版社
BEIJING INSTITUTE OF TECHNOLOGY PRESS

图书在版编目（CIP）数据

少年读春秋战国：全四册 / 漫阅童书著绘. -- 北京：北京理工大学出版社, 2023.9

ISBN 978-7-5763-2681-9

Ⅰ. ①少… Ⅱ. ①漫… Ⅲ. ①中国历史－春秋战国时代－少儿读物 Ⅳ. ①K225.09

中国国家版本馆CIP数据核字(2023)第143095号

责任编辑：王琪美　　责任印制：王美丽

责任校对：刘亚男

出版发行 / 北京理工大学出版社有限责任公司

社　　址 / 北京市丰台区四合庄路6号

邮　　编 / 100070

电　　话 /（010）82563891（童书售后服务热线）

网　　址 / http://www.bitpress.com.cn

版 印 次 / 2023年9月第1版第1次印刷

印　　刷 / 北京尚唐印刷包装有限公司

开　　本 / 710 mm × 1000 mm　1/16

印　　张 / 49.5

字　　数 / 400千字

审 图 号 / GS（2022）5577号

定　　价 / 168.00元（全四册）

序

亲爱的家长们和小朋友们:

在孩子们的成长过程中，学习历史是一项非常重要的任务。历史不仅可以帮助我们了解过去，还能够培养孩子们的思考能力、判断力和价值观。而其中，春秋战国时期作为中国历史上的一个重要阶段，对于我们理解中国文化和思想的演变有着深远的影响。因此，推荐给大家一套非常出色的书籍——《少年读春秋战国》。

这套书在诠释春秋战国历史时有着独特的亮点。

首先，书中明确而清晰地展示了时间线，将每一个故事串联起来。孩子们可以通过阅读这本书，清晰地了解到春秋战国时期各个事件的发生顺序，有助于他们建立起对历史进程的整体把握能力。

其次，以历史人物群像为特点。生动的描写，使孩子们能够深入了解每个人物的思想和作为，帮助他们树立正确的人生观和价值观。

全书还配有精美的插画，将春秋战国时期的场景和人物栩栩如生地展现在孩子们面前，增加了阅读的趣味性和吸引力。孩子们不仅可以通过文字理解历史，还能通过栩栩如生的画像感受历史，使学习过程更加生动有趣。

让我们一起走进《少年读春秋战国》，重温那段辉煌的历史，感受智慧与勇气的交织，为孩子们的历史学习之旅注入新的活力。希望家长们能够鼓励孩子们阅读这套书，让他们在阅读中收获知识、成长智慧，为未来的人生道路打下坚实的历史基础。

陈诗宇

目录

公元前 公元前
556年——531年

第七十话

晏子使楚

智者晏子

晏婴是齐国著名的思想家、政治家，他曾经在齐国担任过齐灵公、齐庄公和齐景公三朝大夫，能言善辩，聪慧机智，历史上称为晏子。

齐灵公时期，晋国讨伐齐国，齐国战败了。齐灵公逃跑到了临淄，晏婴劝说齐灵公，齐灵公却只顾着害怕。晏婴只得感叹说：“我们的国君太没有勇气了。”

到了齐庄公时期，齐庄公与晋国会盟，又接受了晋国出奔的下卿栾盈，晏婴劝齐庄公，说您这是失信啊！但是齐庄公依然我行我素，晏婴非常担心，认为君主背信，一定不能长久。

齐庄公四年（公元前 550 年），齐庄公要攻打晋国，晏婴表示反对，他劝说齐庄公道：“君主用武力攻打盟国，假如不成功，反而是国家的福气。无德行而取得功勋，其忧患必然累及国君。”齐庄公坚持攻打晋国，结果导致晏婴被晋国人俘虏。

后来，齐庄公被崔杼杀害。晏婴得到这个噩耗，马上带着随从到临淄吊唁。晏婴赶到崔杼家里，捶胸顿足，伏在齐庄公身上号啕大哭。

哭完之后，晏婴就离开了。

崔杼的手下准备杀掉晏婴，而崔杼却说：“他是百姓敬仰的人，放了他，我才能得到民心。”

晏婴有智慧，有能力，一心为国。但是在齐国，他的建议虽然是正确的，却总是不被采纳。

齐庄公遇害之后，崔杼扶立齐庄公的异母弟杵（zhù）臼为君，是为齐景公。齐景公即位之后，崔杼担任了右相，庆封为左相。崔杼和庆封逼迫大臣们和自己盟誓，假如不参加盟誓，就要被杀。晏婴却坚持不参加盟誓，庆封想要杀死晏婴。崔杼却让庆封放了晏婴，因为晏婴是齐国的忠臣。

后来，庆封被除掉后，齐景公将邶殿和周围的六十个城邑封给晏婴，晏婴坚决不接受。

晏婴还曾经代表齐国出使晋国，和晋国的叔向有所交往。而吴国的季札、郑国的子皮作为当时著名的贤人也都很仰慕晏婴。

人 **崔杼**

（？—公元前 546 年），姜姓，崔氏，名杼，谥武，又称崔子、崔武子，春秋时期齐国大夫，曾弑君（杀害齐庄公），执掌齐国朝政二十余年。

晏子使楚

齐景公十七年（公元前 531 年），晏子代表齐国出使楚国。

晏子还没到楚国，楚王就给晏子准备了一份“大礼”。楚王知道晏子身材矮小，于是命令手下专门在城门旁边开了一个小门，请晏子从这个小门进去。

晏子到了楚国之后，前来迎接的楚国官员满脸笑容，却请他从小门进入。晏子一看，这不是狗洞吗？但是他并没有生气，反而义正言辞地说道：“到了‘狗国’才走‘狗洞’，请问，楚国需要我走‘狗洞’吗？”

假如让晏子走狗洞，那就是承认楚国是“狗国”。迎接的官员脸色红一块，青一块，赶紧请晏子从大门进城了。

晏子见到楚王，拜会之后，楚王故意上下打量了一番晏子，然后说：“你们齐国是没有人了吗？为什么派你当使者？”

晏子不慌不忙说道：“大王何出此言？齐国都城临淄住满了人，人们把袖子都举起来，就能遮住太阳；大家一起甩一把汗，就是下了一阵雨；街上的行人肩膀挨着肩膀，脚尖碰着脚后跟，怎么能说齐国没有人呢？”

楚王讥笑道：“既然齐国有这么多人，为什么还派你出使呢？”楚王的意思是，晏子不配当使者。

晏子故意笑道："大王有所不知，我们齐国派使者是有规矩的。有本事的人，就派他出使高尚的国家；愚蠢无能的人，就派他出使那些不好的国家。我是使者里最愚蠢的一个，所以就派我出使楚国来了。"

这一番话说完，楚王的讥笑好像冻在了脸上，怎么也笑不出来了。

晏子居然承认自己是最愚蠢的，所以才到最无能的楚国来。所以楚王最后还是羞辱了自己的国家。

但楚王还不甘心，他朝左右使眼色，士兵押着一个犯人走了过来。楚王故意问："这是什么人？"士兵说："这是个齐国人，他犯了盗窃罪。"

楚王马上怒喝道："看看，你们齐国人就这么擅长偷东西？"

晏子马上回答说："听说淮南产的柑橘又大又甜，但是这柑橘种到了淮北只能结出又苦又涩的果实，就是枳。这是因为水土不同吗？齐国人在齐国安居乐业，到了楚国就偷东西，这是不是楚国的水土让老百姓擅长偷东西呢？"

楚王看到晏子真诚的面孔，不由得哈哈大笑："晏子果然聪明！要想和晏子开玩笑，那才是自讨没趣呢！"

楚王于是不敢小看晏子，更加不敢小看齐国。

晏婴
本名
姬姓，晏氏，字仲
人物身份
齐国思想家、政治家、外交家
历史影响
聪明机智，能言善辩
智慧值
★★★★
武力值
★
？—公元前500年

语文一点通

"南橘北枳"

出自《晏子·春秋》

原文 橘生淮南则为橘，生于淮北则为枳，叶徒相似，其实味不同。所以然者何？水土异也。

大意 南方的橘移植到淮河以北就会变成枳，而枳与橘是不同的。意思是，好的环境让人学好，不好的环境会让人变坏。

"接踵摩肩"

（又作"摩肩接踵"）

肩碰着肩，脚碰着脚，形容人很多。

"挥汗如雨"

出自《战国策·齐策》

原文 临淄之途，车毂击，人肩摩，连衽成帷，举袂成幕，挥汗成雨。

大意 在临淄城随处可见这样的景象：车轮相撞，肩膀相挨，行人的衣襟、衣袖连起来就可以成为帷幕，挥洒下的汗水像雨点一样。

公元前
528年

第七十一话 二桃杀三士

□三位勇士

齐景公时期，有三位勇士在齐国非常著名，他们就是田开疆、公孙接和古冶子。他们每个人都有传奇故事。

据说，齐景公一次要渡河，一时兴起，命车夫将马带到河边喝水。谁知风平浪静的河水忽然动荡起来，一头巨大的老鼋（yuán）凌波踏浪而来，张开血盆大口，一下子叼起左边的那匹马消失了！

所有人被吓得浑身筛糠一样发抖，这太可怕了，难道这老鼋是河中水怪？陪同齐景公的古冶子挺身而出，说自己要入河中寻马。就在众人目瞪口呆的时候，古冶子已经逆流而上去寻找老鼋的踪迹了。

就在河水最汹涌的地方，古冶子终于看到了老鼋若隐若现的身影。他马上跳入汹涌的河水，手握匕首和老鼋搏斗。只看见波涛翻涌，浊浪滔天，大家都想，古冶子此去凶多吉少。

然而过了一会儿，河水平静下来。

再看那河水，被染成了血红色。

古冶子左边拉着那匹马的尾巴，右手抓着斗大的一个鼋头，浮出水面。

众人惊讶不已，都说这古冶子恐怕是河伯再世吧！

公孙接也是一员勇士。齐景公一次外出游猎，忽然腥风阵阵，风吹草动，只见一只吊睛白额老虎跃出树林。老虎一声大吼，周围的人吓得腿都软了。

危急关头，公孙接已经扑了上去，奋力和老虎厮杀起来，三下五除二就把老虎打死了。

而勇士田开疆，曾经辅佐齐景公打败过徐国，俘虏甲士多人，让徐国俯首称臣。

这三位勇士特别得齐景公宠信。

但日子久了，这三人居功自傲，目无法纪。

晏子看到这种情况，非常担心。这三人如此无视国法礼仪，还是齐景公近臣，将来必定成为大祸患。

文 **鼋**

是鳖类中最大的一种。爬行动物。栖息于内陆、流动缓慢的淡水河流和溪流中。

□ 谁有资格吃桃？

一天，晏子从公孙接、田开疆和古冶子面前经过，晏子有礼貌地行礼，这三个人却不起立答礼。

晏子于是拜见齐景公，说道："我听说，'贤明的国君收养有勇力的武士，他们对上应该懂得君臣之间的礼仪，对下应该讲究长幼之间的道德。对内可以防止暴乱，对外可以威服敌国。这样，国君得益于他们的功力，普通的人佩服他们的勇力。所以赐给他们尊贵的职位，优厚的俸禄。'现在，国君您供养的勇士对上没有君臣之义，对下没有长幼的礼节。对内不能防止暴乱，对外不能威服敌国。他们是危害国家的人物，不如除掉他们。"

齐景公一听头都晕了，没想到，他们三人如此傲慢自大！

问题是，要除掉这三个齐国闻名的勇士，有什么办法呢？搞不好就要弄巧成拙，激起变乱！

晏子看齐景公认识到了问题的严重性，就劝慰齐景公不必担心，关于除掉这三个人的计划，他早就想好了。

能一下子除掉三个勇士？

齐景公半信半疑，但是他知道，晏子忠心为国，而且足智多谋，也只能听从晏子的安排。

一天，晏子说，齐景公赏赐金桃给三位勇士，对他们的功劳表示嘉奖。晏子捧着金桃对三位勇士说："这金桃是东海进贡得来，非常珍贵。主公命我将金桃奖励给三位勇士，三位何不先比量谁的功劳大，再来吃桃子呢？"

田开疆等人仔细一看，这桃子硕大无比，异香扑鼻，颜色粉红，果然是上贡的佳品，平常难得一见。

但是再仔细一看，只有两个桃子。

三个人，两个桃子，怎么分呢？

话音刚落，公孙接马上拿了一个桃子说："不接受桃子，就不是勇士。我曾经打死过猛虎，像我这样的功劳，足可以吃桃子而不会有人能同我相比了。"田开疆也赶紧拿了一个桃子，古冶子怒道："我曾经跟随主公，勇斗大鼋，人们都叫我河伯再世。我要是吃这个桃子，别人就不配和我一起吃！"

田开疆和公孙接非常惭愧，说："我们俩不如你勇敢，功劳也不如你，还自取金桃，我们俩太贪婪了。如今这样还不去死，那就是不够勇敢！"

话音刚落，田开疆和公孙接放回金桃，居然自尽而死。

古冶子没料到会是这个结局，他眼含热泪说道："你们俩都死了，我要是独活，岂不是不仁？我自己夸大自己的功劳，岂不是无义？如今再不自杀，岂不是不勇敢？"

古冶子也还回了金桃，刎颈而亡。

就这样，晏子用二桃杀三士，除去了国家的祸患。齐景公按武士的规格安葬了这三位勇士。

语文一点通

『二桃杀三士』

出自《晏子春秋》。晏婴用赏赐两个桃子给三位勇士的办法，让公孙接、田开疆、古冶子产生矛盾，最终三个人因此而自杀。后来用"二桃杀三士"这个成语比喻设计杀人，或故意用不够平分的奖励使人争斗。

公元前
522年

第七十二话

伍子胥出奔

□再见，楚国

人 伍奢

（？—公元前 522 年），楚国椒邑（今安徽省阜南县）人，伍子胥之父，春秋后期楚国大夫，楚平王时担任太子太傅。

“禀告大王，伍奢的两个儿子还在追捕中。”

“哦？派人告诉伍奢，如果能让他的两个儿子主动回来，就饶他一命，不然，死罪难逃！”楚平王吩咐大臣费无极。

伍奢，曾经是楚平王为自己的世子建选中的太傅。然而现在，既然世子建已经在楚平王追捕名单上，太傅伍奢也就罪责难逃。

费无极领命而去。

他得意扬扬，世子建，终于还是在自己的设计下一步步从世子成了逃犯。而他的同党，也一个都跑不掉。

伍奢听了费无极转达的话，平静地回答说：“臣有两个儿子，大儿子伍尚忠厚老实，我召他，他一定会回来；但二儿子伍员性情刚烈，我怎么说他也不会回来。”

当使者找到伍尚和伍员兄弟之后，告诉他们，如果能回去，就会饶过他们的父亲伍奢。

伍尚一口答应，兄弟俩于是开始准备行囊。

伍员却偷偷对哥哥说：“此事有诈，我们不能回去。如果我们回去了，只是中了楚平王斩草除根的计谋，我们父子三人马上就会被处死。假如我们不回去，楚平王为了骗我们回去，就会一直让父亲活着。所以我们俩不如出奔别国，为父亲洗刷冤屈。”

但是伍尚却说：“我知道你的判断是对的。但是假如我们不回去，将来又不能为父亲报仇雪恨，岂不是不孝？那时候父亲也被害死了，难道不是因为我们而死？”

兄弟两人商议的结果是，伍尚让弟弟伍员逃走，说让弟弟为父亲报仇，自己就可以心甘情愿赴死了。

于是，伍尚束手就擒，伍员却趁机逃跑了。

伍尚被抓到郢都之后，果然和父亲伍奢一起被楚平王处死。临死之前，伍奢悲叹道：“楚国即将要苦于战争了！”

事

费无极乱楚

楚平王执政时，任命大臣伍奢（伍子胥之父）为世子建的太傅，任命费无极为世子建的少傅（协助太傅辅导世子的官员）。世子建与费无极一向不和，却对太傅伍奢崇敬有加。费无极心生妒忌，又恐日后世子建被拥立为王后对自己不利，于是便常在楚平王面前诬陷世子，终使楚平王想要杀掉世子建。后被世子建逃脱。

伍员乔装打扮，躲避楚国士兵的追捕。很快，他听说了父亲伍奢和哥哥伍尚被害的消息，虽然一切都在意料之中，但还是痛苦万分。

不过，要报仇，就不能沉浸在痛苦之中。

他要找到替父兄报仇的道路。思来想去，还是要和世子建一起。他毕竟是楚国世子，更容易获得别的国家帮助。

于是，伍员千辛万苦找到了世子建。两个走投无路的人出奔到了宋国，没想到正赶上宋国内乱。一个正在内乱的国家如何能帮助自己复仇呢？伍员只能与世子建仓皇出逃，离开宋国。

公元前 522 年，二人又到了郑国。本来郑国人对世子建以礼相待，但是被仇恨冲昏了头脑的世子建，居然利用郑国人的信任，和晋国人联合起来，想要袭击郑国。

这次密谋被郑国人发现了，世子建被郑定公派出的士兵杀死，伍员只能带着世子建的儿子公子胜又一次踏上了逃亡之路。

这一次，伍员带着公子胜步行路过陈国，出昭关，前往吴国。

逃亡的路途艰辛无比，不但要小心追兵，经常变换路线。

而且由于仓皇出奔，伍员没带多少钱财。等到盘缠没有了，只能一路乞讨。

就这样，饥一顿，饱一顿，惊慌失措，伍员带着公子胜终于来到了吴国。

伍员到了吴国之后，发现吴王僚刚即位不久，而公子光为将军。伍员于是拜见公子光，向他诉说自己要报仇的意愿。

公子光也有一件难言的心事。吴国原本是兄终弟及，吴王夷昧去世之后，本来该季札即位，然而季札躲避到山林中，不愿意继承吴王之位。所以吴国人说，那就让夷昧的儿子僚即位吧。

但公子光是吴王诸樊之子，他为此愤愤不平。既然要从下一代中选择吴王，按照年长者即位的传统，也应该先轮到我呀！

公子光暗中觊觎吴王之位。

看到伍员之后，公子光知道他很有本事，将会是自己夺取王位的最大助力。

于是，公子光以宾客之礼接待了伍员。

伍子胥
本名
伍姓，名员，字子胥
人物身份
吴国大夫、军事家
历史影响
大破楚国，修造姑苏城
智慧值
★★★
武力值
★★★
公元前559年—公元前484年

节选自《史记·伍子胥列传》

原文

伍尚曰：
“我知往终不能全父命。
然恨父召我以求生而不往，
后不能雪耻，
终为天下笑耳。”
谓员：“可去矣！
汝能报杀父之雠，
我将归死。”

原文大意 伍尚说：“我也知道，我们即使去了也终究不能保全父亲的性命。然而现在父亲为了保全性命而召我前去，我却不去；以后又不能为他报仇雪恨，会被天下人耻笑，这将使我非常痛苦。”伍尚对伍员说：“你就逃走吧！你能够报杀父之仇，我去面临死亡吧！”

公元前516年——公元前514年

第七十三话 刺杀吴王僚

□寻访刺客

伍子胥在公子光的引荐下见到了吴王僚，他对吴王僚说起，讨伐楚国对吴国有利。然而公子光却对吴王僚说：“伍子胥的父亲和兄长都被楚平王所害，他劝说大王讨伐楚国，只不过是为了报仇罢了。不可以听他的。”

伍子胥察言观色，看出公子光有夺取王位的想法，于是带着公子胜到田野中劳作，等待时机。

为了让公子光帮助自己讨伐楚国，伍子胥存心要帮助公子光实现篡位计划。

一天，伍子胥看到街上有一群人在打架，其中一个人气宇轩昂，势不可挡。伍子胥观察了半天，发现此人是难得的勇士。

伍子胥于是与此人结交，得知这人名叫“专诸”。后来，伍子胥就将专诸推荐给了公子光。

公子光得到专诸之后，将他当作上宾招待，还送专诸去太湖附近学习烤鱼的技术。

公子光好像黑暗中的猛兽，一直对吴王僚虎视眈眈，等待下手的机会。

公元前 516 年，楚平王去世。楚国局势动荡。

公元前 515 年，吴王僚派出公子掩余、公子烛庸，率领大军包围楚国的六、潜二邑，又派出季札出使晋国，观察诸侯动向。

没想到，楚国却派出军队截断了吴国大军的退路，一场设计好的袭击，让吴国陷入尴尬境地。

公子光于是找到专诸，告诉他，自己才理应继承吴王之位。专诸受到公子光的优待，对此有所准备。现在，吴王僚的两个弟弟率领的军队被困在楚国，国内空虚，正是刺杀吴王僚的好时机。

公子光送给专诸一把著名的匕首——鱼肠剑。据说，这是铸剑大师欧冶子为越王勾践所铸造的五把宝剑之一。鱼肠剑上有如同鱼鳞一样的纹路，锋利无比。

文 越五剑

春秋时越王允常使欧冶子所造的五把宝剑，其名为湛泸、纯钧、胜邪、鱼肠、巨阙。汉袁康《越绝书 · 卷十一 · 外传记宝剑》：欧冶乃因天之精神，悉其伎巧，造为大刑三，小刑二：一曰湛卢，二曰纯钧，三曰胜邪，四曰鱼肠，五曰巨阙。

事 **公元前 514 年**

欧冶子（约公元前 514 年），春秋末期到战国初期越国人。中国古代铸剑鼻祖。龙泉宝剑创始人。欧冶子诞生时，正值东周列国纷争，楚先后吞并了长江以南 45 国。越国就成了楚灵王的属国。

公元前 514 年四月的一天，天气晴朗，公子光在府邸宴请吴王僚。

吴王僚答应如约前来。

一大早，吴王僚就派出亲信部队。卫士们身披铠甲，手握长矛，负责这次宴会的安保工作。

这些威风凛凛的卫士从王宫一直排到了公子光家里，公子光府邸的门口、院子里站的到处是人。这些人夹道站立，手里都拿着长矛。

公子光却好像没看到这森严的守卫，命令手下快奏乐，又让人摆上山珍海味，倒满了香醇美酒，等候吴王僚的大驾。

到了中午，吴王僚终于来到公子光家里。

在优美的音乐声中，公子光殷勤招待，吴王僚也难得开怀畅饮，使宴会的气氛非常融洽。

喝得酒酣耳热之际，公子光一拍脑袋，仿佛突然想起来什么了说道：“臣刚得了一个厨子，此人烤得一手好鱼。难得大王来此，臣就让这个厨子献上拿手菜吧！”

于是，公子光亲自去厨房催促快上烤鱼。

过了片刻，厨子端上来一盘烤鱼。

果然是好鱼！

虽然看不清鱼的样子如何，但远远端过来，那股子鲜味儿就好像会勾人魂魄，让人忍不住口水横流。

厨子恭恭敬敬，端着一个大托盘，走到吴王僚面前说道：“大王，请吃鱼。”

吴王僚眼睛一直盯着这盘鱼，手里已经忍不住去抓紧筷子。与此同时，谁也没看清到底怎么回事，厨子好像是手一晃的工夫，忽然从鱼嘴中抽出一把匕首！

吴王僚一惊之下，马上后仰，但已经迟了，匕首锋利无比，已经刺透了他隐藏在衣服下的铠甲。

一时之间，大厅里乱作一团。

“抓刺客，抓刺客！”

“快去叫御医，大王遇刺，大王遇刺！”

卫士们将刺客杀死了，然而吴王僚也被刺身亡。

在所有人手足无措的时候，大批甲士从公子光的地下室涌出来，一场血战就此展开。

吴王僚的卫士们这才明白过来，原来所有的这一切，不过是公子光的陷阱。

然而此时后悔已经晚了，公子光的甲士将吴王僚的卫士消灭了，并且洗劫了王宫。

公子光取代了吴王僚成功即位，是为吴王阖闾。

吴王阖闾即位之后，封专诸的儿子专毅为上卿，并且按照专诸的遗愿，将专诸安葬在泰伯皇坟旁边。

专诸被列为古代四大刺客之一。

专 诸
人物身份 古代四大刺客之一
历史影响 刺杀王僚
智 慧 值 ★★
武 力 值 ★★★
？ －公元前515年

语文一点通

节选自《史记·刺客列传》

原文

酒既酣，
公子光详为足疾，
入窟室中，
使专诸置匕首鱼炙之腹中而进之。
既至王前，
专诸擘鱼，
因以匕首刺王僚，
王僚立死。
左右亦杀专诸。

原文大意 喝酒喝到畅快的时候，公子光假装亲自去厨房催菜，实则让专诸把匕首（即“鱼肠剑”，是铸剑大师欧冶子亲手所铸的五大名剑中的三把小型宝剑之一。）放到烤鱼的肚子里，然后把鱼进献上去。到了跟前，专诸掰开鱼，趁势用鱼肠剑，刺杀吴王僚！吴王僚当场毙命。他的侍卫也杀死了专诸。

公元前 515年——公元前 512年

第七十四话 振兴吴国

——阖闾的班底

专诸的鱼肠剑让吴王僚丧了命。公子光如愿以偿，终于登上了吴王的宝座。从此，公子光成为吴王阖闾，也就是吴国真正的主人。

虽然登上王位的过程充满阴谋，并不光彩，但这并不妨碍吴王阖闾励精图治。他即位之后，马上对吴国的情况进行了深入细致的研究。看起来正在兴起的吴国，其实未来形势并不乐观。

吴国水系众多，虽然有利于农业生产，但是也经常会发生水患。作为一个新兴国家，吴国的军队还没有系统的战斗力，国家防御体系也很薄弱，这是最紧要的，事关国家安全。

从地理位置上来看，西边的楚国实力雄厚，早已和晋国争夺中原霸主多年。虽然败得多，胜得少，但是实力也强过吴国太多。另外，南边的越国也正在崛起，这些都是吴国面临的挑战。

吴王阖闾想到这些，不由得焦虑了起来。

为今之计，必须选拔贤才，让吴国走上快速发展的道路。

伍子胥自然是第一号人才。他身负血海深仇，又很有眼光，有能力，曾经帮助自己夺取吴王之位。而且，伍子胥本来是楚国人，非常了解楚国的情况，又和楚国有深仇大恨，将来和楚国作战时，必定成为极大的助力。吴王阖闾任命伍子胥为“行人”，相当于后世的外交官。

除了伍子胥之外，吴王阖闾还选拔了其他人才，比如大夫伯嚭。

说起伯嚭，其实也是贵族的后代。伯嚭的爷爷就是楚国大夫伯州犁，曾经

事

伯嚭[pǐ]

（？—前473年，一说前473年以后），伯氏，名嚭（一名否），春秋后期吴国大夫。吴王夫差时任太宰，又称太宰嚭、太宰否。

在鄢陵之战中与楚共王查看晋军营地。伯州犁本来是晋国大夫伯宗之子，是晋国贵族，由于父亲伯宗为晋国的“三郤”迫害而出奔到了楚国。楚灵王篡位之后，因为伯州犁是先王的亲信，便将伯州犁害死了。

为了活命，伯州犁的孙子——伯嚭（pǐ）出奔到了吴国。其实，伯嚭出奔到吴国，也是因为听说被迫害的伍子胥在吴国。伯嚭和伍子胥本来没有私交，但同样有被楚国迫害的遭遇，于是让伍子胥很信任他，便向吴王阖闾推荐了伯嚭。吴王阖闾很同情伯嚭的遭遇，就任命伯嚭为大夫。

伍子胥还向吴王阖闾推荐了军事家——孙武。

孙武是一位很有思想的军事家，吴王阖闾一见到他，就深深被孙武的才华折服。他任命孙武为吴国的将军。

现在，属于吴王阖闾的管理班底已经正式建立了起来。他任用这些贤才后，整个吴国焕发出勃勃生机。

文 **行人**

最早释为出征的人，出自《管子 · 轻重己》。翻译为路上行走的人；参加同业商行的商人；走过的人。

地 吴都

又称“阖闾大城”，位于江苏常州。距今2500多年。根据考古资料和有关文献记载初步推断，阖闾城遗址应为春秋时期吴王阖闾所建的都城，由伍子胥选址并促成建成，仅存续短短41年，历经吴王阖闾和夫差，是历史上谜一样的都城。

吴国在吴王阖闾的领导下蓬勃发展，在具备了一定经济基础之后，吴王阖闾命令伍子胥主持修筑阖闾大城。

阖闾城最外面是长方形的大城，面积大约是三平方公里。在大城内，由城墙分为东、西两座小城。里面有高台林立，也有老百姓生活必须的水井、街市。伍子胥命人将闾江水引入阖闾大城，而且还用闾江水形成了城外环壕。这闾江水淙淙而来，保卫着阖闾城的安全，也让阖闾城的老百姓不愁用水。穿过了阖闾城后，闾江水就流入了太湖。

这是当时吴国先进的建造技术和超人的构思修筑的城池，见证着吴国的崛起。

吴国国内秩序井然，实力也在不断增长。

吴王阖闾的野心也随之日益膨胀，他开始加强吴国的军事力量，准备让强大的吴国挑战强权，尤其是楚国的权威。

吴王阖闾的第一个目标，就是楚国的附庸——徐国。

徐国虽小，却是颛顼后代的封国。夏禹时，伯益作为辅助大禹治水的功臣，儿子若木被封在徐，建立了徐国。后来，虽然经过了夏、商、周漫长的岁月，徐国依然是诸侯国之一。

公元前512年夏，吴国派出使臣责备徐国，命令徐国和钟吾国分别交出吴王僚的两个弟弟——公子掩余和公子烛庸。这两个公子逃亡到了楚国，楚昭王

人 颛顼（zhuān xū）

姬姓，高阳氏，黄帝之孙，昌意之子。上古部落联盟首领，“五帝”之一，人文始祖之一。颛顼不是远古时代具体哪个人物的名称，而是部落首领名称。

派人接应吴国的二位公子，并分封土地给他们，还将他们安置在养地。楚昭王派莠尹然、左司马沈尹戌在那里修筑城池，将城父和胡地的土地给他们，准备用他们危害吴国。

子西劝谏楚昭王说：“吴王新近得到国家，他热爱百姓，和百姓同甘共苦。即使我们和吴国边境地区的人交好，都恐怕吴军会攻打过来。现在我们又让他们的仇人（徐国和钟吾国）强大，更会加重他们的愤怒，恐怕不可以吧！吴国是周朝的后代，虽然被抛弃在海边，不能与中原诸侯亲近来往，现在才开始壮大。可是吴王很有见识，不知道上天会使吴王暴虐，让他灭亡吴国呢，还是最终会保佑吴国呢？恐怕这个结果不久就可以知道了。我们何不安定百姓，等待这个结果，哪里用得着自己辛劳呢？”

但楚昭王听不进去子西的劝谏。

不过，徐国和楚国都忽视了一点，吴国已经强大起来，这只打瞌睡的老虎，如今睁开了眼睛，蠢蠢欲动。

这件事给了吴王阖闾出兵的理由。

这年冬天，吴王阖闾派出吴国大军，灭掉了徐国。这个东夷中最大的国家，历经一千多年的历史，居然被新兴的吴国所灭。

诸侯无不为之心惊。

阖闾
本名 姬姓，名光
人物身份 吴国君主
历史影响 击败楚国
智慧值 ★★★★
武力值 ★★
公元前514年—公元前496年
（在位时间）

第七十五话 军事家孙武

吴王阖闾的目标不仅仅是吴王之位，他还要成为诸侯中的霸主。他和伍子胥商量壮大吴国军事实力的问题，伍子胥也期待看到吴国的强大，以报复楚国。

于是，伍子胥向吴王阖闾推荐了一位军事天才——孙武。

孙武是齐国贵族，他的祖先就是建立陈国的第一代陈国君主——陈胡公。后来，陈国内乱，公子完出奔到了齐国，他就是孙武的直系祖先。

孙武从齐国来到楚国，被伍子胥推荐之后，向吴王阖闾献上了自己写的兵法——《孙子兵法》十三篇。

《孙子兵法》不但是我国，也是世界上最早的军事著作，被誉为是“兵学圣典”。这部书自从诞生以来，历朝历代都有很多将军在研究，并且指导了很多著名的战役。

孙武从作战之前的准备，到作战策略的选择、作战部署、敌情观察等方面都做出了详细说明，非常具有辩证思想。

吴王阖闾阅读了《孙子兵法》，内心充满了佩服，马上任命孙武为吴国的将军。从那之后，吴王阖闾经常和孙武谈论训练军队，和对于周边国家的做法。

孙武向吴王阖闾建议，应该使用“伐交”的战略。“伐交”，就是破坏敌人和其他人的联合。

文 **上兵伐谋，其次伐交，其次伐兵，其下攻城**

大意是上等的军事行动是用谋略挫败敌方的战略意图或战争行为，其次就是用外交战胜敌人，再次是用武力击败敌军，最下之策是攻打敌人的城池。

《孙子兵法》上曾经有这样的论述："故上兵伐谋，其次伐交，其次伐兵，其下攻城。"

于是，吴王阖闾采纳了孙武的建议。

公元前 508 年，楚国的附庸桐国背叛了。

这之后，吴王派舒鸠氏到楚国，诱骗楚国人，说是请楚国用军队逼近吴国，这样吴国就能出兵攻打桐国。这样做可以让桐国对吴国没有猜疑。

这个计划听起来非常可行，对楚国十分有利。

这年秋天，楚国派囊瓦从豫章进攻吴国的军队，吴国人的战船出现在了豫章。然而吴国暗中却在巢地集结军队。到了冬天，吴国偷袭了楚国军队，在豫章击败了楚军，又攻克了巢，还活捉了楚国驻守巢地的大夫公子繁。

楚国恼羞成怒，却无可奈何。毕竟从道理上讲，是楚国先出兵威胁吴国的。

□目标：楚国

吴王阖闾将楚国视为吴国最大的敌人，也是自己争霸路上最大的绊脚石。吴国将士们冲锋陷阵，开始了与楚国的一系列作战。

对于吴国的膨胀，楚国也一直保持着警惕。

公元前509年，楚军派出令尹囊瓦率领军队攻打吴国。

囊瓦是楚庄王第三个儿子王子贞的孙子，响当当的楚国王室成员。但为人贪婪，还很奸诈。囊瓦对于攻伐吴国是很有信心的，不过他不知道，吴国现在上下一心，又有伍子胥、孙武这样优秀的人才，早就今非昔比了。

果然，这次大战以楚国失败而告终，吴国夺取了楚国的居巢。

此后，吴王阖闾经常和伍子胥、孙武谈论攻打楚国的计划。

伍子胥和孙武都建议阖闾，要想攻打楚国，必须联合唐国和蔡国。

为什么必须联合唐国和蔡国呢?

原来，公元前510年，唐成公和蔡昭公曾经到楚国前来朝拜楚昭王。蔡昭公有两块品质绝佳的玉佩和两件上好的裘皮，他将其中一块玉佩和一件裘皮献给了楚昭王。

楚昭王身穿裘皮，戴着玉佩出现在朝堂之上，囊瓦见后起了贪心，直接向蔡昭公索要另一块玉佩和另外一件裘皮。但蔡昭公拒绝了囊瓦，而囊瓦居然因此将蔡昭公囚禁了三年之久。

唐成公有两匹宝马，都是身带花纹，俊美异常。囊瓦也向唐成公索要宝马。

这种行为太过无耻，遭到了唐成公的拒绝。囊瓦怀恨在心，将唐成公囚禁在楚国有三年之久。为了让唐成公回国，唐成公的相国与手下密谋，他们取来了宝马贿赂囊瓦，唐成公才得以从楚国脱身。

唐成公回国之后，他的大臣们说："您因为舍不得一匹马，居然被囚禁了三年之久。现在，应该赏赐臣子的盗马之功。"

的确，要不是唐成公手下盗取宝马献给囊瓦，唐成公怎么能被释放回国呢？

唐成公被释放的消息传出来之后，蔡国的大臣也想办法将囊瓦喜爱的玉佩和裘皮献给了他。囊瓦这才释放了蔡昭公。

唐成公和蔡昭公对囊瓦恨之入骨，尤其是蔡昭公，为了复仇，居然将长子送到晋国当人质。但谁知道晋国当权者也向蔡昭公索要贿赂，所以通过晋国报复楚国这件事情没能成功。

可想而知，唐成公和蔡昭公对于楚国的怨恨有多深。

所以，伍子胥和孙武才建议，要联合唐成公和蔡昭公。只有目标相同的人结为联盟，才能实现战胜楚国的目的。

孙 武
本 名
字长卿，尊称孙子
人物身份
兵圣
历史影响
著有巨作《孙子兵法》
击败楚国
智慧值
★★★★★
武力值
★
公元前545年—公元前470年

语文一点通

节选自《史记·孙子吴起列传》

原文

孙子曰：
“约束不明，申令不熟，
将之罪也；既已明而不如法者，
吏士之罪也。”
……
孙子曰：
“臣既已受命为将，
将在军，君命有所不受。”
遂斩队长二人以徇。
用其次为队长，于是复鼓之。
妇人左右前后跪起皆中规矩绳墨，
无敢出声。

原文大意 孙子说：“规定不明，申说不够，是将领的过错；已经讲清而仍不按规定来动作，就是队长的过错了。”……孙子说：“臣下已经接受任命担任将军，将军在军队中，国君的命令有的可以不接受。”于是将队长二人斩首示众。接下来，任用地位在她们之下的人作为队长，再次用鼓声指挥她们操练。妇女们向左、向右、向前、向后，跪下、起立，全都合乎要求，没有一个人敢再出声。

公元前
506年

第七十六话 柏举之战

□神兵天降

伍子胥对于楚国的仇恨从来没有因为时间而减弱。相反，随着时机的日益成熟，他对如何战胜楚国有了更加沉着冷静的思考。

伍子胥深知，要战胜楚国这样一个实力雄厚的强国，首先要消耗楚国的力量。于是，伍子胥建议吴王阖闾将吴国军队分为三支，轮流袭扰楚国。吴军的目的不是与楚军作战，而是不停制造即将与楚军展开大规模作战的形势，给楚军造成实力的消耗。

果然，在伍子胥安排下，三支吴军有条不紊，轮番骚扰楚国边境。楚国的士兵苦不堪言，老百姓也深为所苦，楚国的人力物力都被吴国的骚扰消耗了很多。

直到囊瓦扣押蔡昭侯、唐成公之后，这两个楚国的附庸国终于忍无可忍，背叛了楚国，与吴国结成联盟。

鲁定公四年（公元前506年），吴国联合蔡国、唐国讨伐楚国。当吴、蔡、唐联军沿着淮水向西进发的时候，孙武突然决定放弃水路，改为向南走。伍子胥大为不解，因为吴国最擅长水战，为什么要放弃水路进攻呢？

孙武却说："兵贵神速，我们从陆路袭击，打楚国一个措手不及！"

于是，孙武命令前锋部队迅速穿过关口，用最快的速度前进，在几天内直抵汉水东岸。

还在慢悠悠点兵布将的楚昭王听说吴军已经到了汉水东岸，果然惊慌失措。难道这吴国真是有如神助，怎么来得这么快呢？楚昭王急忙命令令尹囊瓦、左司马沈尹戌、大夫史皇等人率领军队赶到汉水西岸，与吴军形成对峙之势。

左司马沈尹戌很聪明，他马上建议囊瓦说："您沿着汉水和他们上下周旋，我带领方城山之外的全部人马来毁掉他们的船只，回来时再堵塞大隧、直辕、冥阨。这时，您渡过汉水进攻，我从后面夹击，必定能将他们打败。”

囊瓦也觉得这个计划非常好，于是沈尹戌就率领手下出发了。

然而沈尹戌刚刚离开，武将武城黑马上找到囊瓦说：“吴国的战车是木头做的，而我们的战车是皮革蒙着木头的，下雨了就不能持久，不如速战速决。”史皇也劝说囊瓦：“本来楚国人就喜欢司马厌恶您，如果司马这次破坏了吴军的船只，又堵塞了关口，回来之后功劳都是他一个人的了。所以，您不如速战速决，否则将不能免于祸患。”

囊瓦为人本来就贪酷自私，听了这些话，马上决定先行出击，攻打吴军。

(文) **兵贵神速**

最早出自于西晋 · 陈寿《三国志 · 魏书 · 郭嘉传》。
指用兵作战最重要的就是行动迅速，比喻做事情以行动特别迅速为贵。

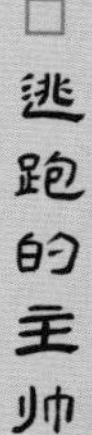

囊瓦命令楚军攻击吴国军队，谁知吴国军队看着气势汹汹，其实软弱无比。两军开始对垒，没几下吴军就撤退了。囊瓦于是命令楚军追击吴军。

当然，吴军的撤退只是计谋。

到了小别和大别两山之间，吴军这才摆开阵势与楚军作战。楚军接连落入吴军陷阱，三战皆输。

囊瓦作为主帅，就想要放弃逃跑了。

史皇看出囊瓦动向，急忙劝说他道："安定时，您抢权；出了危险，您就逃跑，您准备逃到哪儿去？这次您一定要为国死战，这样才能将过去的罪过全部抵消。"

囊瓦没办法，只能勉强迎敌。

于是，在柏举，楚军与吴军开始对阵。

吴王阖闾的弟弟夫概要求先出击，囊瓦不仁不义，只要吴军先出击，楚军一定四散奔逃。但吴王阖闾不同意。

但夫概坚持认为自己是正确的，他认为突袭一定会成功。于是率领自己五千先锋部队，直捣楚军大营。果然，吴军突袭，让本来就惊慌失措的楚军溃不成军，军营大乱。

楚军开始各自为战，逃往西边。

吴军在后面穷追不舍，一直追到了柏举西南的清发。

吴王阖闾准备马上全力攻击，夫概却建议，等到楚军一半渡河之后再袭击，必胜无疑。

于是，楚军见吴军到了眼前却不追击，更加惊疑不定，都抢着渡河。当楚军一渡河之后，吴军展开突袭，俘虏了一半楚军。

剩下的楚军狼狈不堪，好容易逃了出来，看看吴军没有追上来，赶紧埋锅做饭。谁知饭刚做好，吴军就到了！

楚军没吃上饭，赶紧接着逃跑。

吴军却不慌不忙，吃完楚军做好的饭，继续追击楚军。

楚昭王得知楚军大败，不顾大臣劝阻，慌忙逃跑，这个消息传出去之后，楚军立即溃散。

公元前 506 年 11 月，吴军攻入郢都。

左司马沈尹戌到达息地就往回撤，在雍澨 [shì] 被吴军打败，并且负伤。左司马由于曾经做过阖闾的臣下，所以把被吴军俘虏看作是耻辱。他对部下说：“谁能不让吴国人得到我的头颅？”

吴国人句卑说：“下臣卑贱，可以担当这个任务吗？”

左司马说：“我过去竟然没有重视您，您可以啊！”

左司马三次战斗都负了伤，于是说：“我不中用了。”

句卑于是展开战袍，割下左司马的头颅包裹起来，藏好了沈尹戌的尸体，然后带着沈尹戌的头颅逃走了。

吴国终于战胜了不可一世的楚国。伍子胥将楚平王挖坟鞭尸，算是报仇雪恨了。

吴国从此声威大震，为日后的争霸奠定了坚实的基础。

历　史　小　课　堂

在柏举之战中，吴军在伍子胥带领下击败了楚国大军。楚昭王狼狈逃跑，先是逃到了云梦，后来又逃到了郧国，最后一路逃跑到随国，这才安全了。

伍子胥将楚平王开棺鞭尸，报仇雪恨。伍子胥的好朋友申包胥得知这消息痛心疾首，派人指责伍子胥。为了挽救楚国，申包胥前往秦国求援。申包胥求助于秦国，因为诸侯中唯有秦国和晋国有实力援助楚国，击败吴国。另外，楚昭王的母亲是秦国公主，楚昭王是秦哀公的外甥。于是，申包胥跋山涉水来到秦国，但起初秦国并没有答应申包胥的请求。于是申包胥在秦国城墙外哭了七天七夜，滴水不进。申包胥的爱国之心感动了秦哀公，于是秦哀公写下《无衣》的诗篇，出兵车五百乘救助楚国。

公元前505年——公元前490年

第七十七话 卧薪尝胆

越国

是夏商、西周以及春秋战国时期位于东南方的诸侯国。其前身是古代"于越部落"，故而又称作"于越""於越"。越国处在东南扬州之地，据《史记·越王勾践世家》记载，其始祖为夏朝君主少康的庶子无余，是大禹的直系后裔中的一支。历史上著名的"卧薪尝胆"的勾践即为第39代越国国君。

无余

（生卒年不详），夏朝君主姒少康的庶子，姒姓，越国的创始人。

就在吴国攻破郢都，滞留不归的时候，吴国身边的另一个敌人觉得这是偷袭吴国的大好良机，准备马上攻打吴国。

这个敌人，便是越国。

越国地处东南，是大禹后裔、夏朝君主少康的庶子——无余的后代。到越王允常即位之后，广泛学习中原地区的生产技术，农业、纺织业、冶炼业等都获得了长足发展。

所以看到吴国居然能战胜楚国，越王允常的野心也如同小草一般蓬勃生长。

公元前 505 年，越王允常出兵攻打吴国。

吴国派出军队抵抗越国。此时，秦国应楚国之请出兵帮助楚国复国，秦楚联军首先灭亡了吴国的盟国——唐国。

吴军形势急转直下，吴王阖闾的弟弟夫概逃回吴国自立为王。

吴王阖闾发觉，如果继续留在郢都，吴国就是夫概的了，这才返回吴国，讨伐夫概。夫概被打败之后，投降了楚国。

同年九月，楚昭王终于回到了阔别已久的郢都。

而这一切，都是“拜越国所赐”。

“越国这个敌人，绝不能放过！”吴王阖闾心中暗恨越国。

公元前 496 年，越王允常去世，勾践即位。吴王阖闾趁机出兵讨伐越国，越王勾践在槜李与吴军对阵。

作为新继任的越王，勾践有坚定的意志赢得这次战斗。越王勾践组织了敢死队，对吴军发起冲锋。然而，越国的敢死队两次都被吴军击败，吴军却好像山峰，伫立不动。

第三次对阵时，越王勾践派出越国罪人，在阵前自刎谢罪。

这庞大、残酷的场面让吴军震惊，勾践趁机命令越军进攻，吴军大败。

越国大夫灵姑浮挥戈对阵吴王阖闾，砍落了吴王阖闾的脚趾。

吴王阖闾受伤死去了，临终前，他嘱咐儿子夫差：一定不要忘记对越国的仇恨。

人 **文种**

（？—公元前 472 年），字会、少禽。春秋末期著名的谋略家。越王勾践的谋臣，和范蠡一起为勾践最终打败吴王夫差立下赫赫功劳。灭吴后，他自恃功高，不听从范蠡功成身退的劝告，后为勾践所不容，最终被赐死。

吴王夫差即位后，牢记父亲的嘱咐，终于在公元前 494 年击败了越国，还攻入了越国的国都会稽。

越国即将灭国。

越国大夫范蠡（lí）建议越王勾践，此时唯有求和，并自请到吴国为臣。于是，越王勾践派大夫文种到吴国，表示勾践愿意入吴国，携妻带子为臣下。

吴王夫差本来是同意的，但是伍子胥对此坚决反对。伍子胥认为，这是上天的意图，让吴国灭亡越国，不能答应越王勾践的请求。

文种无奈，只得返回越国。勾践听说之后，决定要和吴国决一死战。

危机时刻，文种想到一个办法，听说吴国太宰伯嚭很贪财，不如贿赂伯嚭，也许可以让他说动吴王夫差。

于是，伯嚭接受了来自越国的金珠宝贝，并劝说吴王夫差，“大王如果不允许越王勾践的请求，越王勾践必定和吴国决一死战，到时候我们吴国也会付出惨重代价的。”

夫差听信了伯嚭的谗言，同意越王勾践到吴国为臣，并赦免了越国。

公元前 492 年，越王勾践带着大夫范蠡、文种到吴国投降，越国的其他大臣痛哭流涕，来送别勾践。

勾践到了吴国之后，吴王夫差命令他和夫人住在阖闾坟墓旁边的一座石屋中，让勾践给吴王喂马。每次夫差有事出去，勾践就非常恭敬地给他牵马。

越王勾践在吴国无比卑微，踏踏实实给吴王夫差当奴隶。

范蠡

（公元前 536 年—公元前 448 年），字少伯，春秋末期政治家、军事家、谋略家、经济学家和道家学者，被后人尊称为“商圣”。他曾献策扶助越王勾践复国，兴越灭吴，后隐去。著有《范蠡》兵法二篇。

这样过了两年，吴王夫差觉得，已经彻底降服了勾践，于是就放勾践回国。

勾践用丧失人格、甘心为奴，换来了回国的机会。而他所有的隐忍只有一个目的，那就是向吴国复仇。

回国之后，勾践为了警醒自己不要忘记在吴国遭受的屈辱，就在房间里挂了一个苦胆。每次吃饭的时候，勾践都要先常常这苦胆的味道。到了晚上睡觉的时候，他就睡在柴草堆上，让自己时刻不忘曾经的艰苦。

勾践每天和老百姓一起种田，他的夫人和其他妇女一起养蚕织布。经过这样艰苦的奋斗，越国逐渐强大起来。

与此同时，勾践命人暗中送财宝到吴国，献给吴王夫差，让夫差觉得，越国忠心于他。

而勾践复仇的时刻也即将来到。

勾 践
姓 氏
姒姓
人物身份
越国君主
历史影响
击败吴国，春秋五霸之一
智慧值
★★★★
武力值
★
？一公元前464年

语文一点通

成语 卧薪尝胆
出自《史记·越王勾践世家》

原文

吴既赦越，越王勾践反国，乃苦身焦思，置胆于坐，坐卧即仰胆，饮食亦尝胆也。

原文大意 吴王赦免了越王以后，（让他回了越国），越王勾践时时刻刻想着如何复国，于是每天让自己的身体劳累，还让自己焦虑地思索，还把一个苦胆挂在座位上面，每天坐下休息、躺下睡觉之前都要看苦胆，吃饭、喝水之前也要先尝尝苦胆。这个成语告诉人们，要在困境中磨炼意志，努力提高自己，让自己更加坚强、勇敢，最终克服困难。

公元前 482年——公元前 478年

第七十八话 黄池会盟

吴王夫差的美梦

吴国先后击败了楚国和越国，一时之间，在诸侯中声名大噪。吴王夫差对于争霸也有了更加强烈的愿望。晋国称霸这么多年，是不是也该轮到吴国了?

鲁哀公十三年（公元前 482 年），吴王夫差北上，与诸侯在黄池会盟。这是吴国迈向诸侯霸主的第一步，吴王夫差无比兴奋，召集了全国精兵，浩浩荡荡奔黄池而去。

然而，这给了越王勾践最佳报复机会。这年六月十一日，越王勾践派出精通水性的水军两千，加上三万精兵，突袭吴国。越国大夫畴无余、讴阳先到吴国郊区。

吴国的太子友、王子地、王孙弥庸在泓水岸边查看敌情。王孙弥庸看到越国军队扛着自己父亲的旗帜，以为父亲已经被越国军队俘虏了。王孙弥庸决定和仇人决一死战，

太子友

太子友本名姬友，春秋时期吴国的太子，吴王夫差的儿子。

太子友告诉他不能轻举妄动，否则失败就会亡国。然而王孙弥庸复仇心切，率领五千手下突袭越军。

第一次战斗是吴军胜利，还俘虏了越国的两位将军畴无余和讴阳。然而，在第二次战斗中，吴军失败了，太子友和王孙弥庸都被越军俘虏。

吴国人冒死派人向吴王夫差汇报。吴王夫差听到这个消息后，第一个反应是不能让其他诸侯知道，假如诸侯知道越国入侵吴国，我还怎么争夺诸侯霸主之位？为了掩盖这个事实，吴王夫差居然一举将前来报信的七人全部斩首。

当吴国处于水深火热之中时，吴王夫差的决定却是暂时封锁消息，认为先争夺诸侯霸主要紧。

吴王夫差在抵抗越国入侵和黄池会盟之间选择了后者。

诸侯霸主的诱惑，实在是太大了。

七月六日，心急如焚的夫差终于等到了黄池会盟的关键时刻，然而在会盟中，吴国和晋国争先歃血。按照以往的规矩，谁先歃血，谁就是盟主。

吴国人说："从周室看，我们吴国是长。"这是说吴国是泰伯之后，泰伯是古公亶（dǎn）父的长子。晋国人却说："于姬姓，我为伯。"意思是，从晋文公开始，晋国国君一直是诸侯霸主。

吴国人和晋国人为了谁先歃血争得脸红脖子粗。最后晋国大夫赵鞅叫司马寅（司马，主管军队调度）说："盟主这件事情争执这么久还不能确定，还不如两国军队列阵，两军对垒，谁赢了谁说了算！"司马寅说要去观察一下。

司马寅回来，向赵鞅汇报，说根据自己观察，吴国军队有情况啊！吴国国内有变乱发生，不是吴国战败，就是吴国世子死了。我们不如再等等。

但吴王夫差心里惦记国家，最终还是让步了。

黄池之会，还是晋定公先歃血，但吴国也与诸侯成功会盟。

会盟结束之后，吴王夫差马上率领军队迅速赶回吴国。吴国的士兵长途奔袭，疲惫不堪。回到吴国之后，夫差发现，由于世子友被俘虏，自己也长期未归，吴国如今一盘散沙。

眼下，想要和越国一战，结果一定是失败的。

没办法，吴王夫差只能低下高贵的头颅，派出使臣带着厚礼到越国求和。

越王勾践也揣度，吴国和越国相比较，还是吴国的实力更加雄厚。既然一下子没办法灭亡吴国，就只能接受吴王夫差的求和。于是，越王勾践同意了吴国的求和，与此同时，也加紧了下一次进攻吴国的计划。

鲁哀公十七年（公元前 **478** 年），越王勾践下令再次讨伐吴国。吴王夫差在笠泽迎敌，双方隔水列阵。越王勾践命令士兵列阵左右，夜间分为两队鼓噪着前进。而吴军不得不分开迎敌。谁知刚才的鼓噪只是虚张声势，其实越国的士兵主力部队潜水渡江，突然袭击吴军的中军。吴军措手不及，大败。

这次战争被称为笠泽之战。经此一战，吴国这个刚刚在黄池之会上威风八面的国家彻底衰落了。

节选自《左传·哀公十三年》

原文

秋七月辛丑，盟，吴、晋争先。吴人曰：“于周室，我为长。”晋人曰：“于姬姓，我为伯。”赵鞅呼司马寅曰：“日旰矣，大事未成，二臣之罪也。建鼓整列，二臣死之，长幼必可知也。”对曰：“请姑视之。”反，曰：“肉食者无墨。今吴王有墨，国胜乎？大子死乎？且夷德轻，不忍久，请少待之。”乃先晋人。

历史小课堂

公元前482年（夫差十四年）春，吴王北上与诸侯盟会于黄池，想称霸中原保全周室。六月十一日，越王勾践伐吴。二十日，越兵五千人与吴兵交战。丙戌，俘获吴国太子友。二十二日，越军进入吴国。吴人向夫差报告失败的消息，吴王害怕有人泄露消息，让会盟的诸侯听到这个消息，于是怒斩七人于帐前。七月六日，吴王与晋定公争夺盟主之位。最终，还是晋定公先歃血的。

公元前 476年——公元前 473年

□ 十年生聚，十年教训

第七十九话 勾践灭吴

越王勾践牢记在吴国受到的屈辱，对于那些悲愤的日子，他丝毫也不敢忘怀。他本人卧薪尝胆，对于老百姓却是想尽办法鼓励他们生产。当时，酒是专供贵族享用的。越王勾践为了表示对百姓的重视，经常用酒赏赐给百姓。

经过了多次战争的越国，人口急剧减少。为了增加人口，越王勾践还用酒奖励生育，如果能生一个男孩，就奖励两壶酒和一只狗；如果生一个女孩，就奖励两壶酒和两头小猪。于是，民间百姓生儿育女，越国的人口增长加速。

对于那些死了妻子或者是寡妇、患病的人、因为贫穷无所依靠的人，官府就收养他们的孩子。

对于那些知名人士，越国就分给他们干净、整洁的房屋和漂亮的衣服，鼓励他们为国尽忠。其他国家的知名人士来到越国，勾践一定要在宗庙接见他们，表示尊重。

越国十年不向百姓征收赋税，百姓的家中都有三年的口粮。

国家日益强盛，老百姓也富裕了起来。但是，曾经吴国带给越国的屈辱和仇恨还没有报。于是，越国的老百姓纷纷找到勾践，说希望越王能够允许自己向吴国报仇，洗刷越王的屈辱。

越王勾践谢绝了百姓的好意，他说：“过去我们败给吴国，不是百姓的过错，而是我的过失。像我这样的人，哪里还知道什么屈辱呢？请大家暂时不要同吴国作战吧！”

又过了几年，老百姓又强烈请求，说儿子想要为父母报仇，大臣想要为君王报仇，哪儿有敢不竭尽全力的？请允许和吴国再打一仗吧！

这次，越王勾践同意了百姓的请求。越国军民一心，都为了战胜吴国这个目标而努力。

公元前476年，勾践再次出兵讨伐吴国。

在越军出征讨伐吴国的时候，老百姓纷纷自发走上街头，带着美酒慰劳军队。勾践为了让所有人都能喝到酒，就命人将酒撒入河中。一时间，气氛高涨，群情激昂。那条被勾践倒入酒的河就是绍兴以南的“投醪河”，这个故事在历史上被称为“箪醪劳师”。

最终，越国围困了吴国。

公元前473年，越军攻入吴国都城。

文 箪醪劳师（dān láo láo shī）

箪者，盛酒的圆形竹器；醪者，醇酒也。指用带糟的米酒来犒师劳军。春秋时期，越王勾践被吴王夫差战败后，为了实现“十年生聚，十年教训”的复国大略，下令鼓励人民生育，并用酒和狗、猪作为生育的奖品。勾践在公元前473年出师伐吴雪耻，三军师行之日，越国父老敬献壶浆，祝越王旗开得胜，勾践“跪受之”，并投之于上流，令军士迎流痛饮。终于打败了吴国。投醪河亦由此而来。

□胜利之后

地 甬东

甬东，又称甬句东、海中洲，春秋时期属越国，为中国古代地名，是今舟山市的古称之一。

吴王夫差万万想不到，吴国灭亡的这一天来得这样快。

回想起那时候自己率领军队黄池会盟，好像还是昨天的事儿。吴王夫差只能请求讲和说：“我的军队已经不值得屈辱您亲自讨伐了，请允许我把金玉美女献给您作为赔罪。”

然而，越王勾践却回答说：“从前上天把越国送给吴国，吴国却不接受天命。如今，上天把吴国送给越国，越国哪儿敢不听从天命而听从您的命令呢？我要把您送到甬句东去，和您共同做越国的国君，您意下如何？”

这是吴王夫差万万想不到的。

但越王勾践的提议他也不准备接受，他回答说：“从礼节上讲，我曾经对越国有过小小的恩惠，如果越王看在吴国和大周同姓的情分上，给吴国一点屋檐下的地方立脚，那就是我的愿望啊！越王如果说，要摧毁吴国的国土，灭掉吴国的宗庙，那寡人不如一死，还有何面目让天下人看笑话呢？越国可以进驻吴国了！”

吴王夫差拔剑自刎，吴国也灭亡了。

越王勾践消灭了吴国，在诸侯中威名远扬。从这之后，勾践实现了复仇的目标，开始了新的计划——称霸诸侯。

勾践北上，与齐国、鲁国等诸侯会盟，并向周朝纳贡。

周元王派人赏赐勾践胙肉，并且承认越国是华夏诸侯的“伯”（霸主）。

越国的范蠡在勾践破吴时就想要离开，但是害怕勾践还未返还，失去了人

文 兔死狗烹、鸟尽弓藏

飞鸟打尽，弓被搁置不用；兔被捕杀后，猎狗则被烹食。比喻事情成功后，把出过力的人抛弃或杀死。该典故出自《史记·越王勾践世家》：蜚鸟尽，良弓藏；狡兔死，走狗烹。范蠡是春秋时越王勾践的主要谋臣。他为勾践策划一切，帮他指挥军事，灭了吴国，称霸中原。他深知"勾践为人，可与共患，难与处安"，为了避免"鸟尽弓藏，兔死狗烹"的命运，他功成身退，弃官经商，得以善终。

臣之义。于是，范蠡跟随勾践回到越国才离开。临走之前，范蠡劝文种离开越国，否则越王勾践必定会杀了他。

但文种却根本不信范蠡的话。

范蠡临走之前给文种留下了一封信，上面说人有盛衰，要知道进退存亡才不失其正，才算得上是贤人。范蠡这次离开，就是知道飞鸟尽良弓藏，狡兔死走狗烹。范蠡认为越王勾践长颈鸟啄，鹰视狼步，可以共患难，不可以共安乐。文种如果不走，必定为越王勾践所害。

然而文种看了这封信，依然不相信范蠡的说法。

后来，有人告发文种要谋反，越王勾践就命人赐剑给文种，命令他自杀谢罪。

曾经为越王勾践出谋划策复仇的文种被迫自杀，在历史上也留下了兔死狗烹、鸟尽弓藏的成语。

夫差
姓 氏
姬姓，吴氏
人物身份
吴国君主
历史影响
先后击败吴国、
齐国
智慧值
★★★
武力值
★★
？一公元前473年

语文一点通

节选自
《史记·吴太伯世家》

原文

越王勾践欲迁吴王夫差于甬东，予百家居之。吴王曰：“孤老矣，不能事君王也。吾悔不用子胥之言，自令陷此。”遂自刭死。越王灭吴，诛太宰嚭，以为不忠，而归。

原文大意

越王勾践想把吴王夫差流放甬东，给他百户人家，让他住在那里。吴王说：“我老了，不能再侍奉越王。我后悔不听伍子胥之言，让自己陷入这个地步。”于是自杀而死。越王灭掉吴国，杀死了太宰嚭，因为他不忠于主上，然后引兵归国。

公元前 497年——公元前 484年

第八十话 周游列国

——子畏于匡

鲁定公十三年（公元前 497 年），孔子带领众弟子离开鲁国。

孔子深为鲁国前途担忧，支持公族，因此遭到了鲁国权臣——三桓的反对。所以，五十六岁的孔子离开鲁国是不得已而为之。

但天下之大，诸侯众多，孔子也希望能够有一个诸侯支持自己，帮助自己实现理想。

孔子去的第一个国家是卫国。卫灵公是卫国第二十八位国君，他六岁即位，多次与鲁国、晋国等国会盟。卫国在当时的诸侯国中实力并不强大，但卫灵公却能够任用贤臣，尤其是他任用了孔圉、祝鮀、王孙贾三个能人，保证了卫国能够在诸侯国中拥有一席之地。卫灵公询问孔子在鲁国俸禄多少？孔子回答说是粮食六万。卫灵公于是让人也送孔子粮食六万。

过了不久，卫国开始有人向卫灵公说孔子的坏话。于是，孔子便离开了卫国，到陈国去了。

在路过匡地的时候，孔子的弟子颜刻驾车，他指着匡地的城池对孔子说："我曾经和阳虎攻打过这里，从攻城残缺的地方进了城。"正巧匡人看到，由于孔子和阳虎长得非常像，还以为阳虎又打来了。

人 孔圉

孔圉（生卒年不详），又称仲叔圉，春秋时期卫国大夫，卫灵公时名臣。卒后谥号“文”，后人尊称他为孔文子。

人 三桓

三桓，即鲁国卿大夫孟孙氏、叔孙氏和季孙氏。由于三家皆出自鲁桓公之后，被人们称为“三桓”。

人 祝鮀（tuó）

祝鮀（生卒年不详），字子鱼，春秋时期卫国人，口才了得，祭祀中负责赞词。

阳虎曾经残害过匡人，于是，孔子被匡人围困了五天。这五天，匡人攻打孔子和他的学生，发生了激烈的战斗。然而孔子对此坦然自若，他对学生们说：“放心吧，上天不会断绝斯文之道，匡人能拿我怎么样呢？”

在这激烈的斗争中，颜回不见了。孔子当时非常伤心，后来，当颜回返回之后，孔子兴高采烈地说：“我以为你已经被杀死了呢！”颜回看到老师为自己着急，也很感动，回答道：“老师还在，我怎么敢先死呢？”

最后，在孔子证明自己并非阳虎之后，匡人终于停止了攻击。

孔子再度回到卫国，卫灵公很高兴，亲自去郊外迎接孔子。

卫灵公夫人南子早就听说过孔子的大名，于是隔着帐子召见孔子。

孔子的学生子路对此非常不满，孔子为此向子路解释。

后来，孔子看到卫灵公和南子共乘一辆车子，大摇大摆出宫门，却让孔子坐到后面第二辆车子上，招摇过市。孔子说：“我没见过爱好德行如同爱好美色一样的人。”

卫灵公终究不能任用孔子，于是孔子再次离开卫国，向西而去。

在曹国，曹伯阳没有接见孔子。

孔子于是到了宋国。宋国司马桓魋主管宋国军事，他的弟弟子牛是孔子的学生。桓魋非常讨厌孔子，因为他明白孔子是当时的伟人，害怕孔子带着这么多有本事的学生，在宋国取代自己的位置。然而宋景公的想法却正好相反。宋景公想留下孔子和他的学生，帮助宋国实现飞速发展，让宋国不再受其他诸侯的欺凌。

桓魋对此更加恐惧，于是对宋景公说："孔子在鲁国曾经担任过大司寇，现在却要辞官离开，足见此人野心勃勃。孔子在卫国五年，卫灵公都不用他，可见看透了他。宋国没有卫国大，没有鲁国强，孔子却不请自来，这难道没有阴谋吗？"

这一番话完全是对孔子的中伤，宋景公也根本不信。然而桓魋大权在握，居然不等宋景公同意，就派人追杀孔子一行。

孔子被赶出了宋国。

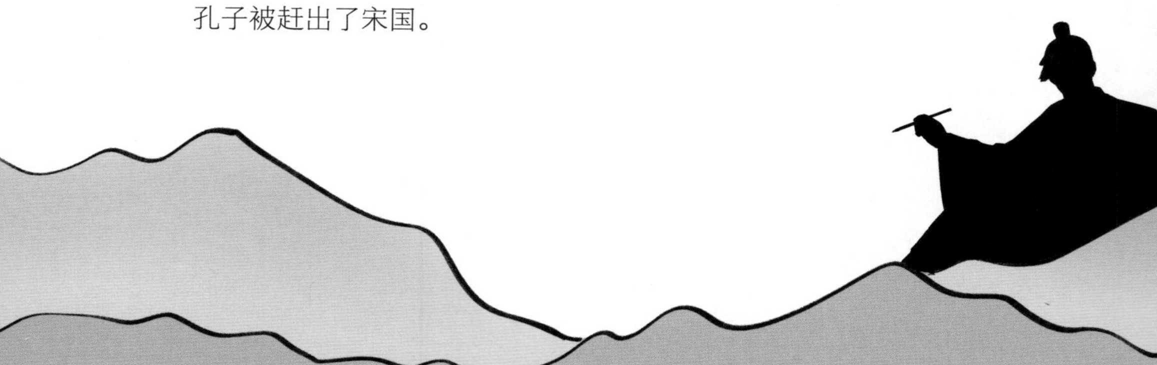

(人) 赵简子

春秋时期晋国赵氏的领袖，原名赵鞅，又名志父，亦称赵孟。《赵氏孤儿》中的孤儿赵武之孙。

(人) 桓魋（tuí）

又称向魋，子姓，东周春秋时期宋国（今河南商丘）人。掌控宋国兵权。他是宋桓公的后代，深受宋景公宠爱，

在逃跑的过程中，孔子与学生们失散了。他不得不在郑国一座城市的东门外等待学生们来找自己。一个郑国人看到了孔子，说“累累若丧家之狗”。这个郑国人对子贡说：“东门有个人，他的额头像唐尧，他的脖子像皋陶，他的肩像子产，然而从腰以下比夏禹差三寸，瘦瘠疲惫的样子好像丧家之犬。”孔子听说后反而笑了，说他描述的外形，那倒未必像自己。但说像丧家之犬，这人说得很对呀！

郑国没有人接待孔子，于是孔子在和学生们会合之后，便前往陈国。然而陈闵公将孔子看作一个摆设，孔子在陈国无所作为。

三年后，吴国攻打陈国，孔子一行不得不离开了陈国。

孔子离开匡邑，经过蒲邑。但当时卫国公孙氏叛乱，蒲人扣留了孔子。孔子在蒲地被迫发誓，说不会再回卫国。但盟誓不久，孔子又得到了卫国贤臣蘧伯玉来信，说卫灵公邀请孔子再到卫国。

子贡于是问孔子，可以违背誓言吗？

孔子回答说：“被威胁立下的誓言，神也不会承认的。”

卫灵公向孔子询问，蒲地是否可以攻伐？孔子认为是可以的，但卫灵公由于年老，最终还是没有任用孔子。

孔子打算向西去见赵简子，但却得到了窦鸣犊、舜华被杀的消息。孔子对着黄河哀叹道：“美啊，黄河之水，浩浩荡荡啊！我不能渡过它，是命中注定的啊！”子贡询问孔子这话是什么意思？孔子说，赵简子杀了窦鸣犊、舜华这两位贤能的大夫，君子忌讳有人伤害他的同类，必定不会去了。

(文) 累累若丧家之狗

内心的追求才是真正的成功！“福无双至，祸不单行”“屋漏偏逢连夜雨，船迟又遇打头风”。这种极差的人生体验着实让人难过。每个人或多或少都会有这样的阶段，但如何面对并处理这样的人生体验，才能显现出这个人独有的生命的光泽呢？

于是，孔子再次回到卫国都城。

一次，卫灵公与孔子交谈，神色却不在孔子身上。孔子于是前往陈国。

第二年，孔子从陈国前往楚国叶县，后来又返回蔡国。孔子到蔡国第三年，吴国讨伐陈国，楚国救援陈国。楚昭王听说孔子在陈、蔡之间，于是派人聘请孔子。

但陈国和蔡国的大臣害怕孔子到楚国，因为假如孔子获得重用，他们曾经冷待孔子的行为就危险了。这些人派出服劳役的人将孔子和他的学生围困在野外。

孔子一行人没有了粮食，境遇窘迫，一连七天。

孔子在饥饿的状态下依然为学生们吟诗、唱歌、弹琴。后来，多亏子贡找到楚国人，让楚国派兵迎接孔子，他们才摆脱了困境。

孔子终于到了蔡国，接着又到了叶国，最终还是回到了卫国。

鲁哀公十一年（公元前 484 年），齐国讨伐鲁国，孔子的弟子冉求率领鲁国军队击败了齐军。季康子询问冉求智慧才能问题，冉求说，都是老师孔子教给自己的。

在冉求的努力下，季康子迎接孔子回到鲁国。

孔子终于结束了十四年的周游列国生涯，但仍然得不到鲁国的重用。

于是孔子退而从事教学和整理文献工作。

历史小课堂

孔子周游列国时，去了哪些国家？

公元前 496 年

来到周游列国的第一个诸侯国：卫国

公元前 493 年

离开卫国向西，路过曹国却没被曹伯接见；后到宋国，司马桓魋要害孔子，于是孔子改为微服私行

公元前 492 年

在郑国都城与弟子失散，受到郑国人嘲笑如“丧家之犬”；后来到陈国，被陈闵公将当作“摆设”

公元前 489 年

因为吴国与陈国发生战争，离开陈国，返回卫国，受到卫灵公的热情接待；在走到陈、蔡两国之间被陈国人围困，绝粮七日，幸得楚国人相救，得以脱困

公元前 488 年

孔子再度回到卫国，提出主张“为政先要正名”

公元前 484 年

孔子弟子冉求率领鲁国军队与齐国作战获胜。最终孔子被迎接回故土——鲁国

孔子周游列国名言

① 1. 子适卫，冉有仆。子曰："庶矣哉！"冉有曰："既庶矣，又何加焉？"曰："富之。"曰："既富矣，又何加焉？"曰："教之。"

——《论语·子路》

原文大意　孔子到卫国去，冉有为他驾车。孔子说："人口真多啊！"冉有说："人口已经够多了，还要做些什么呢？"孔子说："使他们富起来。"冉有说："富了以后还要做些什么？"孔子说："对他们进行教化。"

* 卫国是孔子周游列国抵达的第一个国家。这段话里体现出孔子"富民"和"教民"的思想。在孔子心目中，让老百姓富裕起来不是最终目的，他的最终目的是教化百姓。

② 子曰："笃信好学，死守善道。危邦不入，乱邦不居。天下有道则见，无道则隐。"

——《论语·泰伯》

原文大意　孔子说："专心、诚信、热爱学习，誓死守卫道的完善。有危险的国家不去，有动乱的国家不居。天下有道，政治清明就出来做官，天下无道、政治黑暗就隐居。"

* 这是孔子在陈国，看到陈国被吴国、楚国这样的大国欺凌、分割而发出的感慨。

③ 子曰："女奚不曰：其为人也，发愤忘食，乐以忘忧，不知老之将至云尔。"

——《论语· 述而》

原文大意 孔子说："你为什么不说：他这个人，发愤起来忘了吃饭，高兴起来忘了忧愁，竟然不知道衰老即将来临。"

* 叶公向子路打听孔子为人，子路不知道该怎么说。孔子这样教子路。这其实是孔子对自己为人的评价。

④ 子畏于匡，曰："文王既没，文不在兹乎？天之将丧斯文也，后死者不得与于斯文也；天之为丧斯文也，匡人其如予何？"

——《论语·子罕》

原文大意 孔子在匡地被困时说："周文王已经去世了，但他的礼乐文化不还是在我这吗？如果老天要丧灭这种文化，那我就不可能掌握这种文化了。如果老天不想丧灭这种礼乐文化，匡地的人又能将我怎么样呢？"

* 孔子被围困于匡，却依然坚持传道授业。

公元前 497年——公元前 457年

第八十一话 智伯的野心

□六卿混战

晋国六卿之一的智氏，始祖是智庄子荀首，也是当时晋国中军将荀林父的小弟。晋成公时，荀首被封在智邑，所以他的后代被称为“智氏”。

在晋国六卿当中，韩、赵有着上百年的联合历史，魏氏亲近韩、赵。最弱的智氏与中行氏同宗，而范氏和中行氏也早就是同党。晋国六卿，有合作，也有斗争。

公元前 **497** 年，赵氏发生了一场灾祸。

当时赵氏的宗主是赵简子，而赵午是赵简子的族叔，是赵氏小宗。邯郸氏始祖赵穿，是赵午的先祖。赵午还有一个身份，就是中行寅的外甥。

（人）小宗：我国古代宗法制规定，嫡长子一系为大宗，其余子孙为小宗。

当时，赵简子向赵午索要“卫贡五百家”，也就是想把卫国进贡的五百户人口从邯郸迁到晋阳。赵午虽然答应了，但他的父老兄长都表示反对，说这样做就是断绝了和卫国的友好之路。

于是，赵午按照父老兄长的话去做。结果赵简子居然因此杀害了赵午，然而赵午的儿子赵稷却是个硬骨头，他并没有因为父亲的死而屈服，反而占据了邯郸，跟赵简子对抗，还获得了中行氏和范氏支持。

人 **中行寅**

一般指荀寅。晋国六卿之一，中行氏最后一代宗主。

这场混战造成了赵国国内的混乱，中行氏与范氏讨伐赵氏，赵简子不得不从国都绛退守晋阳。

紧跟着，智氏又和韩氏、魏氏争权，讨伐范氏、中行氏，范氏和中行氏也不得不出奔朝歌。

这给赵氏提供了机会，十二月十二日，赵简子复位，并且在公宫盟誓。

赵简子的势力急剧膨胀。

最终，范氏和中行氏被迫离开晋国，出奔到齐国。

曾经在晋国辉煌无比的范氏和中行氏就此消失在晋国的大地上。

公元前 489 年，智氏、赵氏、韩氏和魏氏分光了范氏和中行氏拥有的土地。

赵简子也让赵氏再一次实现了辉煌。他去世之后，智瑶也就是智伯，成为晋国执政者。

手握重权，智瑶心潮澎湃，自己会让晋国这个古老的霸主，实现怎样的扩张，让智氏迎来怎样的发展呢？

攻克齐郑

智瑶成为晋国执政者之后，他立志要让晋国的霸主地位再度扩张。

公元前 472 年，智瑶率领晋国军队在犁丘与齐国展开大战。

智瑶在观察齐军阵地时，战马受惊。他索性驱马前进，说："齐国人已经看到我的旗帜，如果不前进，恐怕要说我因害怕而回去了。"于是，他在直接到达齐军营垒之后才回去。

快作战的时候，长武子请求为此占卜。智瑶却说："国君报告了天子，在宗庙里已经用龟甲占卜过，卦相吉利，我又占卜什么呢？何况齐国人占据了我们的英丘。国君命令我，不是在炫耀武力，而是为了治理英丘。用正当的理由讨伐有罪者就足够了，何必占卜？"

智瑶亲自冲锋在前，勇猛无比。极大鼓舞了晋国士兵的士气。于是，晋国士兵如同猛虎下山，将齐国军队打得落花流水。智瑶还亲手俘虏了齐国的大夫颜庚。

公元前 468 年，晋国大军再次出击，这次战斗的目标是郑国。

曾经在春秋初期也有过短暂辉煌的郑国，夹在晋楚争霸之间，兵连祸结，苦不堪言。郑国日益落寞，实力越来越弱。所以智瑶大军一出，郑国马上派人到齐国求救。

齐国于是派出援军，由大夫陈成子率领，赶到了郑国。

智瑶对于击败郑国本来很有把握，但他没想到，郑国居然能请动齐国当援军，这给战斗增加了难度。

他仔细考虑一番，派使者去齐军大营说，"您这一族是从陈国分支出来的，陈国断绝祭祀，是郑国的罪过。所以寡君派我来调查陈国被灭亡的实情，还要我询问您是否为陈国担忧。如果您对整个事情的认知本末倒置，那和我有什么关系？"

原来，陈厉公的儿子陈完出奔到齐国，陈成子就是陈厉公的后代。

智瑶这话，意思是指陈国的灭亡，郑国也有责任。所以晋国攻打陈国，是为给陈成子报仇。

陈成子一听就知道智瑶这是临时找的一个借口，马上进行了反驳："经常欺压别人的人，都没有好结果，智伯难道能够长久吗？"

于是，智瑶这次讨伐郑国，由于齐国的插手，不得不作罢。

到公元前 464 年，晋国大军卷土重来。

郑国深知自己并非晋国的对手，所以干脆没有抵抗。晋国大军势如破竹，很快就到了郑国都城之下。郑国的驷弘建议道，"智伯刚愎好胜，我们及早向他表示软弱无能，他就可以退走了。"于是，郑国军队在南里等候晋军。智伯攻进南里，又命令赵无恤进攻郑国城门。

赵无恤却希望保存实力，居然拒绝执行命令。

智瑶气得火冒三丈，指责赵无恤说："你这人，貌丑又缺乏勇气，赵简子怎么立你为嗣卿呢？"

赵无恤马上反驳智瑶说："因为我能隐忍，这对于赵氏是没有害处的吧？"

作为一个指示不动手下的统帅，智瑶只能命令晋国大军，在劫掠物资之后返回晋国。

人 **赵襄子**

（？一公元前 425 年），嬴姓，赵氏，名无恤（亦作"毋恤"），《左传》也作赵孟。春秋末晋国卿，赵氏家族首领，战国时期赵国的奠基人。谥号为"襄子"，故史称"赵襄子"，与其父赵鞅（即赵简子）并称"简襄之烈"。

卫国有能人

智瑶对于齐国、郑国的讨伐，让诸侯看到了晋国的霸主实力依旧。

更多时候，智瑶采用智谋，扩张实力。

经过仔细研究，智瑶决心讨伐卫国。但他并没有派出军队，而是派人送给卫国四匹宝马和一枚宝玉。卫侯高兴得嘴都合不拢了，谁说晋国爱讨伐别人，这不是还给我们卫国送礼吗？看看，还是我们卫国和晋国关系友善！

卫侯一高兴，马上召集大臣开一个宴会，让大家一起来欣赏晋国智瑶送来的宝马和宝玉。

宴会上大臣们喜笑颜开，然而大夫南文子却满面愁容。卫侯很奇怪，于是询问南文子为何如此？

南文子说道："没有功劳就受到赏赐，没费力气就得到礼物，君侯不能不防！这本来应该是小国进献给大国的礼物，如今晋国却将这份礼物送给我们，实在是居心叵测！"

南文子的话让卫侯冷静了下来。的确，卫国并没有什么功劳让晋国满意，从国力上而言，更不是晋国的对手，那晋国凭什么要送给卫国礼物呢？

即便猜不透智瑶目的具体是什么，但总之，他是没安好心！

卫侯马上命令停止宴会，又派出军队加强边境巡逻。

果然，智瑶没多久率领晋国军队来到了卫国边境，但是没想到，卫国人并没有被礼物冲昏头脑，反而戒备森严。智瑶也只能灰溜溜地离开了卫国。智伯失望地说："卫国有能人，预先知道了我的计谋。"

地 仇由国

仇由国是东周春秋时期的一个诸侯国，位于中山国与晋国之间，该国历史较长却实力弱小，只能依靠山川的险峻勉强立国。

过了几年，智瑶的长子智颜获罪，被发配到卫国附近。智颜带着众多随从直奔卫国而来。南文子得到消息，又赶紧提醒卫侯，“智颜是个好人，智伯又很宠爱他，他没犯什么大罪却逃亡出来，这其中必有蹊跷。”南文子派人到边境迎接，并且告诫说：“如果智颜的兵车超过五辆，就要慎重，千万不要让他入境。”

智瑶得到消息，明白卫国的确有能人，所以彻底放弃了攻打卫国的意图。

智瑶在诸侯之间争夺地盘，对于国内的少数民族也没放松。

仇由被列为智瑶的攻击目标，然而仇由处在大山之中，道路难行。到底如何才能实现占领仇由的目标呢?

公元前458年，智瑶命人在晋国为仇由铸造了一口大钟，这口钟的口径正好有一辆战车的两轨那么宽。大钟铸造好之后，智瑶就命令仇由派人来取。仇由国大夫赤章曼枝说:“不行，送钟本来是小国侍奉大国的事情，现在大国反而来送了，他们的军队一定会紧随在后，大钟是不能接受的。”但是仇由国君不听，还主动为其修路。

结果道路修好之后，智瑶就顺着这条路攻占了仇由。

第二年，智瑶还攻占了中山国，获取了穷鱼之丘。晋国在智瑶当权时，实力获得了扩张。晋国的军队南征北战，诸侯闻之无不胆战心寒。然而，智瑶心里非常明白，晋国为何没能真正重现霸业?

因为六卿权重，公室落寞。

尤其是智氏、韩氏、赵氏、魏氏四家联合起来瓜分了中行氏、范氏土地之后，晋出公大怒，甚至要向齐国和鲁国借兵讨伐这四家。当时，四家联合，先进攻晋出公，晋出公兵败身亡。

智瑶扶立晋昭公的曾孙骄为晋懿公。

智瑶在思考如何才能实现晋国真正的强大，实现晋国霸业的再度辉煌。

智伯
本名
姬姓，智氏，名瑶
历史影响
攻克齐、郑两国
人物身份
晋国执政大臣，
智氏家族族长
智慧值
★★★
武力值
★★
公元前506年—公元前453年

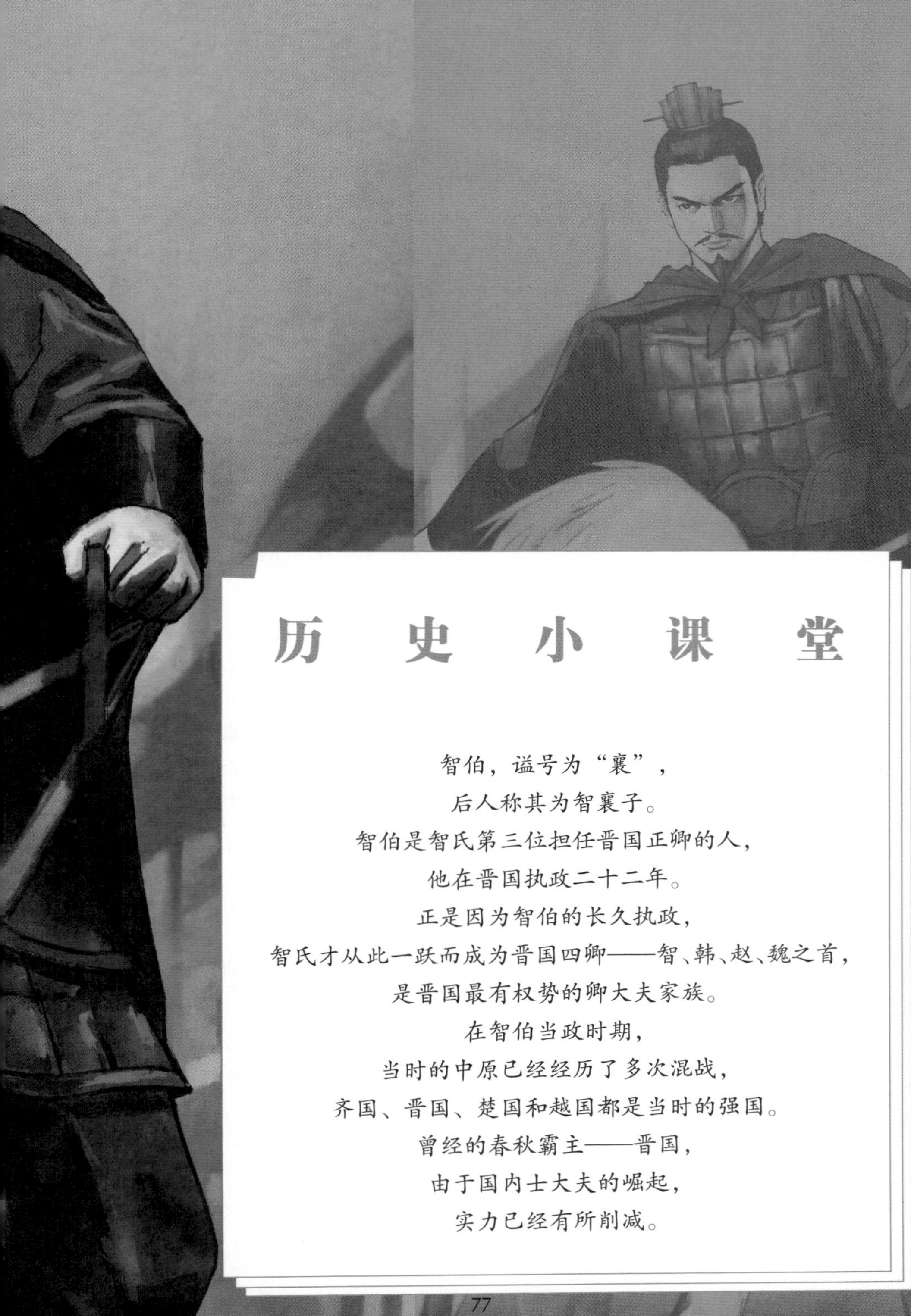

历 史 小 课 堂

智伯，谥号为“襄”，
后人称其为智襄子。
智伯是智氏第三位担任晋国正卿的人，
他在晋国执政二十二年。
正是因为智伯的长久执政，
智氏才从此一跃而成为晋国四卿——智、韩、赵、魏之首，
是晋国最有权势的卿大夫家族。
在智伯当政时期，
当时的中原已经经历了多次混战，
齐国、晋国、楚国和越国都是当时的强国。
曾经的春秋霸主——晋国，
由于国内士大夫的崛起，
实力已经有所削减。

公元前464年——公元前453年

第八十二话 晋阳之战

□四卿献地

智瑶一直在苦苦思考，如何才能增强公室的力量，让整个晋国拧成一股绳，而不是各自为战。

公元前 464 年，智瑶率领晋军攻打郑国，赵无恤拒绝出战的场景在他脑海中久久盘旋，不能忘怀。

终于有一天，智瑶想出了强大晋国公室的好办法。他找到韩、赵、魏三家的首领，说明了自己的想法：“我们晋国曾经是中原霸主，诸侯对我们唯命是从。但现在，崛起的国家太多了，特别是南方的吴国和越国。为了壮大晋国的力量，我建议我们每家都拿出一百里土地和户口还给公室。我们智氏先献给晋侯一个万户邑，至于其他的，还请你们三家考虑。”

智瑶居然要献地给公室？

这个消息无异于是晴天霹雳，让赵襄子、魏宣子和韩康子心烦意乱。

韩康子想要拒绝智瑶，他的家臣段规劝他说：“现在拒绝智瑶，绝非明智之举。智瑶为人贪图利益而且傲慢固执。假如拒绝他，智瑶马上就会出兵攻打我们韩氏。不如献出土地，那时候智瑶会习以为常，再向别的家族索要土地，别人肯定会有不给的，那时候一旦战事起，韩国就可以避免被攻击，等待形势好转。”

韩康子觉得段规说得很有道理，韩氏不能当出头鸟。于是，韩康子同意了智瑶的建议。

另一边，魏宣子也因为智瑶的建议长吁短叹，不同意吧，得罪不起智瑶，同意吧，心疼那么多的土地。这黑黝黝的土地呀，给出去容易，收回来可就难了！

魏宣子的家臣赵葭劝说他道：“智瑶向韩要地，韩给了他。现在向魏要地，魏如果不给，就是自恃强大，激怒智瑶。到那时，智瑶一定会对魏用兵。不如现在给他土地。”

魏宣子觉得有道理，于是同意了智瑶的要求。

于是，智瑶虽然得到了韩氏、魏氏的土地，却并没有察觉到，这两家对自己的仇视日益高涨。

危险，在慢慢靠近智瑶。

□ 被迫联合

当智瑶为自己的目标即将达成而沾沾自喜时，第一个对他说“不”的人出现了。

面对要求献地的智瑶，赵襄子直接拒绝了他，成为第一个反对智瑶的人。

这让智瑶怒不可遏，当年攻打郑国时，就是这个赵襄子为保存赵氏实力拒不出兵，如今还是这样，简直自私透顶！

于是，智瑶命令韩康子、魏宣子和智氏同时讨伐赵氏。

赵氏以一家之力抵抗其他三家，输得一塌糊涂。晋国的这场内战旷日持久，无比惨烈。

赵襄子和家臣张孟同研究这件事。张孟同建议，先君赵简子手下的能臣董阏于在晋阳经营多年，后来尹铎继承他的遗业治理晋阳。现在，董阏于的教化依然存在，您到晋阳定居就可以了。晋阳城墙坚固，物资储备丰富，老百

人 董阏于

春秋末晋国人，晋卿赵简子之心腹家臣，古晋阳城的始创者。先祖董狐，被孔子称为“古之良史”。

姓也很富裕。我们可以退守晋阳。

赵襄子于是命令赵氏族人迁往晋阳。

智瑶得知了赵襄子退守晋阳，马上命令军队攻打晋阳。

然而晋阳果然是赵氏经营多年的大本营，三家联军攻打多次，每次都失败了。

见士兵们士气低落，智瑶命令将晋阳团团围住，看看赵襄子能躲到什么时候？

他又找到韩康子和魏宣子，许诺将来若攻下晋阳，就三家平分了赵氏的土地。

赵襄子率领赵氏军队在晋阳坚守，而智瑶则派出联军将晋阳团团围住。虽然联军是攻势，但智瑶也心急如焚。一转眼晋阳被围困三个月了，这场战争打得太久了，晋阳城又如此坚固，到底什么时候才能攻破呢？用什么办法能攻破晋阳呢？

智瑶内心焦虑，于是到高处查看敌情。

这一探查，智瑶还真发现了晋阳的秘密。

晋阳不愧是赵氏的大本营，城墙坚固，守备严密，然而却有一个弱点，那就是地势低洼。

智瑶终于在这次实地勘测中想出了攻破晋阳的办法。

公元前 453 年，智瑶命令士兵挖开汾水大堤，将汾水引向晋阳。

奔腾的汾水从天而降，坚固的晋阳城陷入一片汪洋之中。晋阳城内弹尽粮绝，老百姓和士兵生活陷入困境。城里的人都把锅挂起来做饭，还有人易子而食。

在这样艰苦的情况下，很多人想到了投降。群臣都有了外心，礼节越来越怠慢，唯有高共不敢失礼。

地 汾水

即汾河。黄河的第二大支流，在山西省中部。

智瑶看着眼前成为一片泽国的晋阳无比得意，说自己打了这么多年仗，还从来没想过，水能有这么大的力量！身后的韩康子和魏宣子对视一眼，目光中充满了恐惧，也许智瑶下一个要对付的就是自己！

眼看晋阳就要不保，赵襄子忧心忡忡，找到家臣张孟同商议对策。张孟同请求去见见韩康子和魏宣子。晋阳能否保住，就在此一举。

这天晚上，趁着夜黑风高，张孟同被晋阳守军偷偷放下城墙，秘密来到了联军营地。他见到了韩康子和魏宣子，说服他们应该和赵氏联合，共同对抗智瑶。

“毕竟，赵氏亡了，下一个就会是韩氏、魏氏！所谓唇亡齿寒，就是这个道理。”

这句话让韩康子和魏桓子不寒而栗。

是的，按照智瑶的性格，他能放过韩氏和魏氏吗？

于是，韩、赵、魏决定三家联合，共同对付智氏。

当智瑶还在为晋阳指日可破而高兴的时候，韩、赵、魏三家已经秘密联合了起来，准备对付智氏。

三月的一天晚上，微风拂面，忽然有两队人马赶到了汾水的堤坝上。这些人以迅雷不及掩耳之势将把守汾水大堤的智氏士兵全部杀死，并且控制了汾水的走向。曾经淹没晋阳的汾水调转头，冲着智氏军营而去。

晋阳城中的大水慢慢退去，赵襄子知道，出击的时刻到了。

赵襄子率领赵氏士兵从晋阳城冲了出来，直奔智氏军营杀来。

智瑶还在睡梦之中，朦朦胧胧听到外面杀声震天，惊醒之后只见遍地大水，有士兵惊恐来报告："不好了，不好了！他们，他们都杀过来了！"

士兵们四散逃命，智瑶却明白，"他们"，是指韩康子、魏宣子和赵襄子的人马。

智氏军队大乱，根本没有抵抗之力，很快就被韩赵魏三家联军打败。

而智瑶也被赵襄子杀死，智氏两百多族人也被韩赵魏屠杀殆尽。

智氏的封邑也被韩赵魏平分。

赵襄子进行封赏，高共是上等。张孟同说："晋阳有难时，唯有高共没有功劳。"赵襄子却回答道："当晋阳最危难的时候，群臣怠慢，唯有高共不敢有失臣下的礼节，因此他要受上赏。"

曾经那个在晋国高高在上的智瑶，终于为自己的野心付出了生命的代价。

晋国曾经的六卿，如今只剩下韩、赵、魏三家，晋国的分裂，就在眼前。

历史小课堂

春秋末年，
晋国的六卿在剧烈的社会变革中，
由奴隶主贵族蜕变为新兴的地主阶级。
智、赵、魏、韩四大家族控制了晋国。
在四家之中，以智氏的代表人物智伯年资最长，
实力最强。公元前 455 年，智伯倚仗其权势，
公然向其他三家索要土地。
但唯独赵氏不肯献出自己的封邑。
（《史记·赵世家》：知伯益骄。请地韩、魏，韩、魏与之。
请地赵，赵不与，以其围郑之辱。）
因此，智伯联合韩氏、魏氏攻打赵氏。
就在晋阳即将被攻克之际，赵氏派人联络
韩氏、魏氏，于是韩、赵、魏三家攻打智氏，
最终智伯兵败身死，智氏被灭。赵、魏、韩三家
瓜分了智伯的土地。晋阳之战至此结束。
晋阳之战是春秋战国时期持续时间较长、
规模较大、较为惨烈的一次战争。

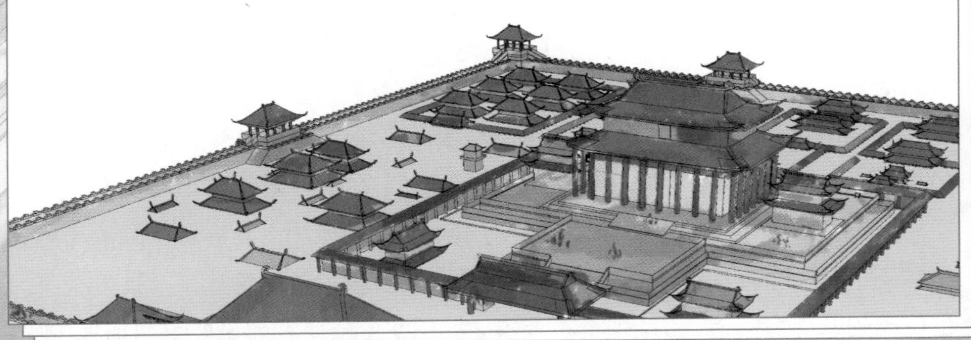

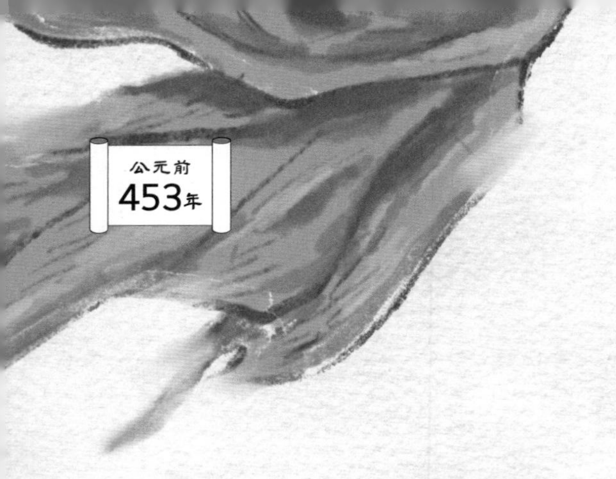

第八十三话 刺客豫让

□目标：赵襄子

智氏被灭族，土地被韩、赵、魏三家瓜分，就连智瑶的首级，都被赵襄子做成了首爵，用来饮酒。

赵襄子深恨智瑶，所以才有这样残忍的举动。然而，也有人因此深恨赵襄子，那就是智瑶的家臣豫让。

豫让最初是范氏的家臣，后来也给中行氏当过家臣，但都没有什么作为。后来，随着范氏和中行氏的覆灭，豫让又做了智氏家臣。

这次，豫让得到了智瑶的重用，并且很被尊重，这让豫让非常感激。

所以，当智氏面临灭顶之灾，旁人为求自保，纷纷躲避的时候，豫让却为此而心碎不已。

豫让逃到深山中，苦思冥想，

到底如何才能实现对赵襄子的报复呢？

豫让经过多次思考，决定刺杀赵襄子。

手下无兵，就算有兵也不可能和如日中天的赵襄子抗衡。既然如此，豫让决定，那就豁出自己的性命，寻找刺杀赵襄子的时机。

后来，豫让乔装打扮，改名换姓，进入赵襄子宫中，负责修整厕所。

就算再高贵的人，也需要上厕所吧！所以一旦有机会遇到，那就是赵襄子的劫难！

这天，赵襄子刚想上厕所，可是心里忽然感到悸动，有一种不祥的预感。赵襄子于是命令仔细审讯负责管理厕所的人。身揣匕首的豫让马上被发现了。当赵氏的家臣审问豫让时，他毫不畏惧，大声回答说：“我就是要给智伯报仇！”

旁边的人听了无不为之胆寒，赵襄子却说：“放了他！他是义士，我今后小心回避就是了。智伯没有继承人，一个家臣能够为他报仇，说明他是天下贤士！”

于是，赵襄子命令释放了豫让。

这次释放让豫让很吃惊，但是他并没有改变自己刺杀赵襄子的目标。无论发生过什么，赵襄子必须付出生命代价，不然怎么能算给智伯复仇成功？

一计不成，豫让又生一计。

然而，赵襄子已经见过自己的长相了，要想出什么办法才能让赵襄子认不出自己，放松警惕呢？

豫让决定为刺杀赵襄子，改头换面。

他把漆涂在身上，让自己皮肤腐烂，好像长了难以治愈的癞疮。为了改变自己的声音，他又忍痛吞下烧红的炭火。

豫让疼得满头是汗，浑身抽搐。

但是想到要实现刺杀赵襄子的目的，他咬着牙忍住了这非人的痛苦。

最终，豫让成了一个浑身癞疮，声音沙哑的人。人们看到他，唯恐避之不及，就算是豫让的妻子，也没能认出他。

但偶然一次，当豫让乔装打扮沿街乞讨的时候，他的朋友认出了豫让。朋友流着泪说：“你是豫让吗？发生了什么？你怎么成了这个样子？”

豫让也流泪了，承认就是自己。

朋友劝说豫让：“听说赵襄子很欣赏您的品德，为什么不转而去侍奉赵襄子，那时难道还不能实现你的理想吗？”

豫让淡淡地说：“我的理想？那就是刺杀赵襄子，为智伯报仇。假如我投靠了赵襄子，后来又借机杀死他，这不就是怀着异心吗？我知道这么做很难，但我一定要这样做，让天下怀着异心侍奉国君的臣子感到羞愧。”

豫让沿街乞讨，同时秘密打听赵襄子的行踪。

这一天，豫让终于打听到，赵襄子将要外出，经过赤桥。于是，豫让提前一天在赤桥附近埋伏下来。

第二天，赵襄子骑马走上赤桥，马忽然受惊了，赵襄子觉得情况不对，马上派手下去打探。果然，刺客豫让，再次被赵襄子的手下发现了。

赵襄子非常生气，责备豫让道："听说您曾经侍奉过中行氏和范氏，智氏将这两家都灭了，你为什么不替他们报仇呢？现在智瑶已经死了，为什么你还要坚持为他报仇呢？"

豫让回答说："是的，我侍奉过范氏和中行氏。但范氏和中行氏像众人那样对待我，那么我也像众人那样对待他们。而智伯以国士待我，我自然要以国士那样报答他。这就是'士为知己者死，女为悦己者容'。"

这个回答出人意料，也让赵襄子深为感动，因为他从中看到了豫让对智伯的忠心。

豫让的刺杀计划再次被识破，他知道自己行刺无望，就请求赵襄子将穿的外袍给自己，让自己象征性地完成刺杀任务。

赵襄子对豫让又欣赏又怜悯，于是就同意将外袍给他了。

只见豫让对着这件外袍，一连跃起三次，用手中的宝剑狠狠砍去。在豫让的心目中，自己已经完成了刺杀赵襄子的任务。历史上称豫让的这三斩为“斩衣三跃”。

最终，豫让完成了自己刺杀赵襄子的心愿，仰天大呼说：“我可以报答智伯了！”

豫让拔剑自杀，周围的人无不为他潸然泪下。

文 士为知己者死，女为悦己者容

出自刘向《战国策 · 赵策一》，意为：男人愿意为赏识自己、了解自己的人献身，女人愿意为欣赏自己、喜欢自己的人精心妆扮。

语文一点通

士为知己者死

出自《战国策·赵策一》

原文

士为知己者死，女为悦己者容，吾其报知氏之雠矣。

大意

志士为了解自己的人而牺牲，女子为喜欢自己的人而打扮，所以我一定要替智伯复仇。

拔剑三跃

出自《史记·刺客列传》

原文

襄子大义之，乃使使持衣与豫让。豫让拔剑三跃而击之，曰："吾可以下报智伯矣！"遂伏剑自杀。

大意

赵襄子非常赞赏他的侠义，就派人拿着自己的衣服给豫让。豫让拔出宝剑三次跳起来击刺它，说："我可用以报答智伯于九泉之下了！"于是拔剑自杀。

豫 让
姓 氏
姬姓，毕氏
人物身份
智伯家臣
历史影响
刺杀赵襄子
智 慧 值
★★
武 力 值
★★★
生卒年不详

公元前453年——公元前407年

第八十四话

开国明君魏文侯

□魏国处境很尴尬

作为晋国的老牌贵族，魏氏的先辈可以追溯到毕公高。

公元前661年，毕公高的后裔毕万奉晋献公之命灭了姬姓魏国，晋献公将魏地封给毕万。毕万的后代以封地“魏”为姓，在晋国发展壮大起来。公子重耳出奔流亡十九年，当时毕万的儿子魏武子曾经跟随左右，后来被即位的晋文公封为大夫。

再后来，赵襄子策反魏桓子和韩康子，韩赵魏三家将智氏消灭殆尽，成为超越晋国公室的强大所在，至此，三家分晋的局面已经形成。

但在这三家中，魏氏的地位非常尴尬。

虽然攻打智氏是三家联合，可是到了分配智氏土地的时候，赵氏获利最多，这是由赵氏强硬的态度和本就强大的实力决定的。

从地理位置上来看，赵氏不但得到了众多土地，位置也很有利，在晋国北部，而且包括邯郸。魏氏和韩氏在赵氏的南部。这等于说，赵氏的土地就压在魏氏头顶上。

而与魏氏西边隔河相望的，是强大的秦国，东边是韩氏，南边越过黄河，就是为秦、楚、郑三国虎视眈眈、多次争夺的陕地。

更不用说还有几块东边的飞地，更是魏氏自顾不暇的地方。

从有利的方面来看，魏氏拥有的土地大多在河东，都是平原，而且是熟地，非常有利于耕种。只要魏人勤勤恳恳，就会有好收成。可惜这样平坦的地势无险可守，安全得让人担心。

魏氏将何去何从？难道就在困难的形势下坐以待毙？

就在魏氏命运紧要关头，一个睿智的人物肩负起了家族的命运，将魏氏发扬光大。他就是魏斯。

魏斯是魏桓子的孙子，在公元前446年继承了魏氏宗族领袖，成为魏氏的带头人，而他也是后来战国七雄之一——魏国的开创者。

魏斯究竟用了什么办法，让魏氏在窘迫的境地中崛起，成为诸侯中的翘楚呢？

（人）**毕公**

生卒年不详，姬姓，名高，周文王姬昌第十五子，周武王姬发异母弟，周武王灭商朝后，受封毕地（在今陕西咸阳，一说在今陕西西安），史称毕公高，是毕国与毕姓始祖。

文 仕而优则学，学而优则仕

出自《论语 · 子张》：子夏曰：仕而优则学，学而优则仕。意思是在工作之后还有余力的就应该去学习、进修，不断提高自己；在学习、研究之余要多参与具体的工作与实践。

公元前445年，魏斯即位，成为魏氏领袖，即魏文侯。

公元前425年，晋国赵襄子去世，魏斯成为晋国正卿。很多领导人，很优秀，善于思考，魏斯有一个优点，就是非常善于思考。魏氏尴尬的处境让他苦苦思考，怎样才能让魏氏焕发生机?

土地不可能再分配，周围的强敌也不能平白无故地消失，那么唯一可以动脑筋的，就只有人。唯有任用贤臣，才能让整个魏氏脱胎换骨。

魏斯请到了当时的大儒——子夏来到魏国，并且拜子夏为老师。子夏，名商，字子夏，不但是孔子的学生，而且还是“孔门十哲”之一。

子夏在孔子的学生中以“文学”著称，曾经提出过“仕而优则学，学而优则仕”的观点。

魏斯请子夏来到魏国，轰动一时。虽然子夏当时已经百岁，而且由于丧子还哭瞎了双眼，但子夏代表着儒家学说，代表着魏斯对贤者的敬重。

子夏来到西河后，派弟子公羊高、谷梁赤、段干木和子贡的弟子田子方讲学。

由于子夏的到来，更多优秀的人才来到西河追随子夏求学，成为西河学派的一员。这些人学成之后，很多人留在了这里，为魏斯效力。

魏斯此举，吸引到了很多优秀人才。魏斯用人，不看此人是否出身贵族，也不问国家，只看是否有能力。他后来重用的吴起和李悝（kuī）都是卫国平民，西门豹是魏国平民，翟璜是戎狄出身。

魏斯手下人才济济，整个魏氏拥有了发展的动力，开始准备新的改革。

魏氏，向外出击

孔门十哲

指的是孔子门下的十位学生，即：颜子、子骞、伯牛、仲弓、子有、子贡、子路、子我、子游、子夏的合称，儒客杰出代表，受儒教祭祀，为历代儒客尊崇，作为榜样。

魏文侯手下人才众多，他依仗这些人才，开始了大刀阔斧的改革。

李悝被魏文侯任命为相国，主持魏国变法。李悝特别重视农业，推广了尽地利之教的精耕细作原则，让魏国农业获得长足发展。为了让农民种的粮食收益好，李悝还实行了平籴法。农民的收获高了，大家种地耕田的积极性更高，魏国的粮食越来越多。

李悝还编写了《法经》六篇，让魏国老百姓依法办事。李悝的变法让魏国达到了富国的目的，魏国国力逐渐雄厚起来。

有了强大的国力，魏文侯开始思考魏国出击的方向。根据晋国以前的斗争历史，六卿中的范氏、中行氏、智氏先后被消灭，人们按照惯例也认为，接下来就应该是韩、赵、魏三家打个头破血流了。

但是魏文侯心胸博大，他的眼睛看到的，不仅仅是晋国国内。

当时赵献侯找到魏文侯，希望和魏文侯联合灭了韩氏，成功之后还是按照老规矩，赵氏和魏氏平分韩氏的地盘。

而韩武子也找到魏文侯，希望与魏文侯联合，灭了赵氏，成功之后还是按照老规矩，韩氏和魏氏平分了赵氏的地盘。

这说明，赵献侯和韩武子，依然是在按照之前的思路思考问题。

作为韩氏和赵氏双方拉拢的对象，魏文侯却干脆利落拒绝了他们的提议。

韩、赵两家被拒绝之后都很生气。使者没借到军队，气鼓鼓地回国了。

后来，这件事情的风波过去之后，韩、赵才知道魏文侯曾经替自己讲和，都来朝见魏国。

魏文侯找到韩武子，直接劝韩武子还是放弃对付赵氏的想法。要知道，赵氏经过几代人的经营，如今在晋国的势力首屈一指。就算是魏氏和韩氏联合起来，最多也是和赵氏打成平手。双方都不占便宜，还各有损伤，那还打什么？若要让赵氏放弃灭了韩氏和魏氏，必须另想高招。

韩武子表示同意魏文侯的看法。

魏文侯又找到了赵献侯，也劝说他不要想着拉拢自己。韩氏和魏氏力量弱小，为了避免被赵氏灭掉，自然会联合起来。但赵氏如果忽视韩氏和魏氏想要向外发展，那么有韩氏和魏氏在身后，请问赵氏能放心吗？就不害怕韩氏和魏氏在关键时刻给赵氏致命一击？

赵献侯陷入了深思。

魏文侯提出，现在唯一的办法，就是韩、赵、魏三家放弃内斗，一致对外。

韩武子和赵献侯都认为魏文侯说得很对。

虽然韩、赵、魏三家并没有签订什么协议，却赢得了短暂的和平发展，一致对外。

韩氏将矛头指向南边的郑国，魏文侯就将扩张的方向放到了西边的秦国。

作为已经崛起的诸侯之一，秦国实力不容小觑。秦穆公不但平定西戎，而且在与晋国的多次战争中也曾经获得过胜利。

魏文侯要对付秦国，足见他对于魏国实力的自信。

从公元前 **419** 年开始，魏国就展开了对秦国的战斗。相国翟璜向魏文侯推

人 翟璜

战国初期魏国国相，辅佐魏文侯。翟璜为相三十余年，为魏文侯推荐大量栋梁之材。推荐吴起守西河，推荐西门豹为邺令防备赵国，北门可担任酸枣令抵御齐国，推荐乐羊灭中山国，推荐李悝改革变法，使魏国大治。

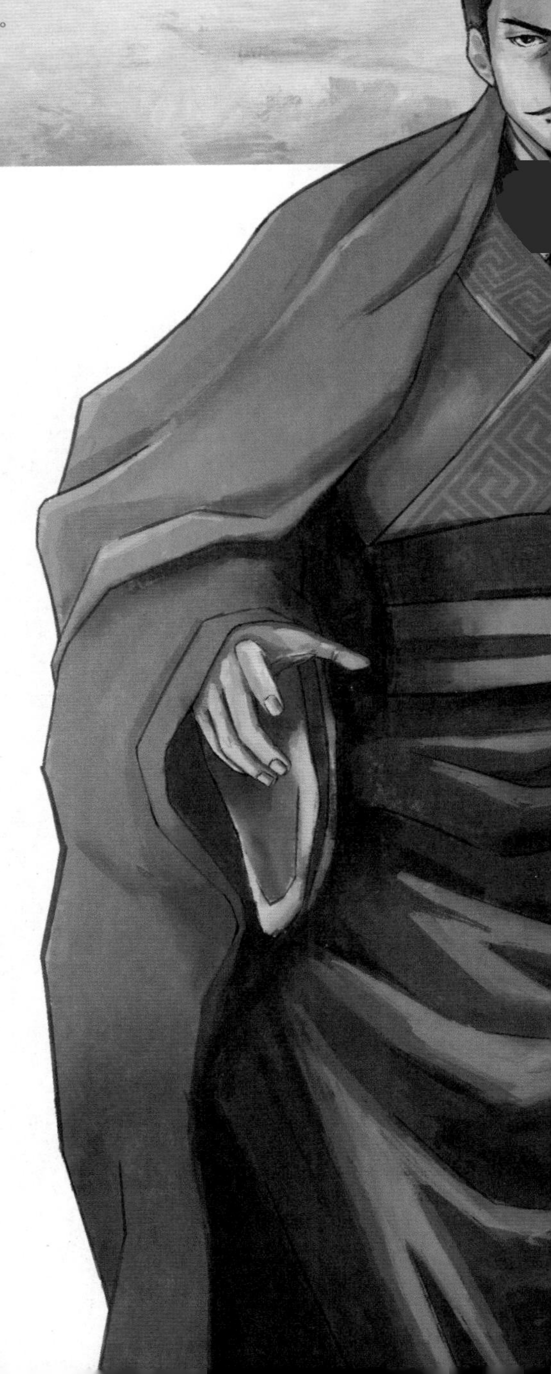

荐了军事家吴起，魏文侯对吴起非常欣赏，马上任命吴起为攻打秦军的主将。魏军所向披靡，公元前 **413** 年进攻了秦国的战略要地郑。第二年，魏国太子魏击趁着秦军忙于和吴起对阵，又从北面强渡黄河，占据了战略要地繁庞。从此，秦国苦心经营的黄河防线被魏国彻底突破了，魏国的军队可以通过少梁和繁庞，顺利进入河西地区。

在吴起上任之后，魏军势如破竹，有如神助，一路兼并了秦国的河西地区。

秦国实力空前削弱，这也反映出改革后的魏国，实力远超秦国。

紧跟着，魏文侯瞄准了中山。魏文侯派乐羊为将军攻打中山，历经三年，终于消灭了中山。

明君魏文侯，通过不懈的努力，终于让魏国成为诸侯中强大的存在。

魏文侯
本名
姬姓，魏氏，名斯
人物身份
战国时期魏国
开国君主
历史影响
开创魏国霸业，
变法图强
智慧值
★★★
武力值
★★
公元前446年—公元前396年
（在位时间）

语文一点通

节选自《史记·魏世家》

原文

文侯受子夏经艺，
客段干木，
过其闾，未尝不轼也。
秦尝欲伐魏，
或曰："魏君贤人是礼，
国人称仁，
上下和合，未可图也。"
文侯由此得誉於诸侯。

原文大意 魏文侯师从子夏学习经书，以客礼对待段干木，经过他的乡里，没有一次不凭轼敬礼的。秦国曾经想讨伐魏国，有人说："魏君对贤人特别敬重，魏国人都称赞他的仁德，上下和谐同心，不可能对他有什么企图。"魏文侯因此得到诸侯的赞誉。

公元前422年——公元前395年

第八十五话 李悝变法

□挑战世袭制度

李悝是法家的代表人物，曾经担任过中山相和上地守。由于上地在河西地区，李悝曾经和秦国人作战过，对于秦国的情况非常了解。

公元前422年，魏文侯任用李悝为相国，在魏国施行变法。这是战国时期的第一次变法，被誉为中国变法之始。

李悝看到当时魏国的官员很多都是世袭贵族，平民根本不能获得与贵族同等的竞争机会。为了选拔真正的人才，他建议废除世袭贵族特权，他痛斥那些无功却食禄的人是“淫民”，提出要“夺淫民之禄以来四方之士。”

魏国需要的是真正有才华、有能力的人，而不是那种躺在祖先的功劳簿上，对国家毫无贡献的人。

这个建议被魏文侯采纳之后，一些因为立下战功，或者具备才能的人终于有了发挥才华的机会。而那些曾经拥有封地却没有能力的封君，只能靠租税获取利益，再不能插手国家大事。魏国任用了一大批能臣干吏。

据说魏文侯曾经询问李悝说：“先生曾经教导我，家贫需要贤妻，国乱需要贤相。如今魏国宰相的人选，不是魏成子就是翟璜，先生如何评价这两个人？”

李悝却推辞道：“我听说，卑贱的人不替尊贵的人谋划，疏远的人不替亲近的人谋划。我的职责在宫门以外，不敢承担这个使命。”

魏文侯坚持要李悝谈谈自己的看法，李悝于是回答说：“要决定一个人是否能当宰相，要看看他平时亲近哪些人？富有时看他结交哪些人？显贵时看他举荐哪些人？不得志时看他不做哪些事情？贫穷时看他不要哪些东西？有这五条，就能决定谁适合当宰相了，何必问我李悝呢！”

魏文侯若有所思，说自己可以决定宰相人选了。

李悝回去后，遇到翟璜。翟璜一脸急切地询问李悝：“听说君侯询问先生谁适合当宰相，您推荐了谁呢？”

李悝坦然回答道：“是魏成子当了宰相。”

翟璜很愤怒，马上质问李悝：“我翟璜哪点儿不如魏成子？君侯担忧邺郡，我推荐了西门豹；君侯要打中山国，我推荐了乐羊；中山被攻克，君侯找不到合适的人选去镇守中山，我推荐了先生；君侯的儿子没有老师，我推荐了屈侯鲋。这些人才都是我推荐的，我哪一点比魏成子差！”

李悝看着翟璜，问他：“您推荐我的目的，难道是为了结党营私，谋求更高的官位吗？魏成子的千钟俸禄，十分之九都用在外面，只有十分之一用在家里。所以他才请到了卜子夏、田子方和段干木。这三位先生，君侯将他们奉为老师。您推荐的五个人，君侯将他们当作臣子。您怎么与魏成子相比呢？”

翟璜听到李悝这样说，心服口服，马上向李悝深深鞠躬，说自己愿意终身做李悝的弟子。

因为李悝的坚持，更多的有才之士获得了真正能够展示自己能力的机会。魏国的官吏队伍由此焕发了生机。

文 夺淫民之禄以来四方之士

取消放纵者的俸禄，用来招揽四面八方的贤士。

人 卜商

（公元前507年—前400年），姒姓，卜氏，名商，字子夏。春秋末期思想家、教育家，名列“孔门七十二贤”和“孔门十哲”之一，尊称“卜子”。

文 尽地力

一种重农政策。要点就是鼓励人民利用地力来从事生产、开辟耕地、减轻赋税和创立平籴法等。

魏国在韩、赵、魏三国中地理位置最为不利，力量也很弱。如何能够在有限的条件下让魏国经济获得增长？

李悝结合魏国实际情况，提出了“尽地力”的主张。李悝认为，一定要发展农业，才能真正巩固国家的经济基础。

李悝为魏文侯算了一笔账，百里见方的范围内，共有九万顷土地，这里面山川、村庄占了三分之一，也就是说耕地有六百万亩。

假如农民都能够勤劳耕作，每亩地可以增产粟三斗。如果有一家人懒惰了，每天不好好种地，那么一亩地就要减产粟三斗。这么一出一进，就相差一百八十万石。

这笔账真是不算不知道，一算吓一跳。魏文侯急切地询问李悝，那怎么样才能让农民都好好种地呢？

李悝提出了三点要求：

首先，要杂种多种作物，防止发生灾害。比如稷（小米）、麦、黍、菽（大豆）、麻。各种作物不但可以让国家农业收成丰富，还避免了发生自然灾害的时候，造成难以补救的损失。

其次，李悝强调要督促农民们勤恳耕作，到了收获的时候要抓紧时间，就好像防止有盗贼要来抢劫一样迅速。

最后，村庄里，农家宅院的周围，可以栽树种桑树，菜园子里也要多种蔬菜，田埂上也可以利用空地多种瓜果。充分利用农村的土地。

对于魏国这样一个地少人多的国家而言，李悝的建议是非常实用的。

农民们勤勤恳恳劳作，粮食丰收。为了保障农民的利益，李悝又发明了平籴法。

在当时，如果粮食太便宜，种地的农民收入就会减少，但是粮食太贵，城市的老百姓就会生活困难。如何防止这两种极端现象出现呢?

李悝经过周密思考，发明了“平籴（dí）法”。

李悝将好年成分为上、中、下三等，坏年成也分为上、中、下三等。如果这一年农业收成遇到了好年成，由官府出面，收购市面上的粮食。而年成不好的时候，官府就按照坏年成的等级卖出储存的粮食。

这样，无论年成好坏，农民都能得利，而城市的居民也不会增加生活负担。这也防止了一些囤积居奇的商人，寻找机会坑害农民。年成好的时候，如果市面上有多余的粮食，官府就会平价收购，那时商人想要压价，也是做不到的。而到了饥荒年，商人想要涨价卖粮食，官府又会平价卖出储存的粮食。

这样，农民不会流离失所，居住在城市里的百姓也不至于生活艰难。这对于当时的社会也起到了稳定作用。

平籴法实行之后，魏国真正达到了富强的目的。

文 平籴法

按年成丰歉和灾情大小的不同情况，有针对性地采取相应的收放政策，是李悝推行的重农抑商的方法。

李　悝
别　名　又名李克
人物身份　魏国相国
历史影响　推行变法，中国古代“变法第一人”
智慧值　★★★
武力值　★
公元前455年—公元前395年

著《法经》

李悝的平籴法让魏国百姓安居乐业，但他仍然在苦苦思索，要让魏国的变法得到巩固，必须有一个全国人民都遵守的规范。

春秋时期，晋国和郑国都曾经作刑鼎或者刑书，公布国家的法律。李悝在吸取前人经验的基础上，创作了《法经》六篇。

李悝的《法经》包括《盗法》《贼法》《网（囚）法》《捕法》《杂法》和《具法》。这是我国古代第一部比较系统的封建成文法典。

这是李悝对于魏国实际情况的考量，更是他身为法家的思考。李悝建议，在魏国，不论亲疏贵贱，一切都要按照“法”来判断。

法律成为约束魏国人行为的重要规范。

经过李悝变法，魏国整个国家井井有条，焕然一新。魏国成为最先富强起来的国家。

从我国古代法律发展历史来看，《法经》从形式到内容，都为后来的封建法典创立了楷模。《法经》标志着我国的法律从“刑罚”转向了“刑法”，开始了“以罪统刑”的新体例。

历史小课堂

李悝是战国时期法家代表人物，他在经济上推行“尽地力”和“善平籴”政策，鼓励农民精耕细作，提高产量。在政治上，李悝推行法治，奖励有功于国家的人，废除了维护贵族特权的制度。他把思想中的“重农”与“法治”相结合，对后来的商鞅、韩非等人影响很大。

公元前412年——公元前389年

第八十六话 将军吴起

□ 从书生到将军

吴起是卫国左氏人，非常有钱，家里人对他的期望也很高。为了让吴起能够实现理想，家里人不惜到处托人送礼。结果，家财散尽，吴起也没当上官。

乡里人看着吴起家从辉煌到落寞，最后成为穷人，都嘲笑他没本事。这些讥笑日复一日，让吴起度日如年。

终于有一天，吴起实在无法忍受，一举杀死了诽谤他的三十多人。

闯下这样的大祸，他只能逃跑。

临走前，吴起拜别母亲，他对母亲发誓说："此生如果不能当上卿相，绝不回卫国。"

出奔的吴起，拜孔子弟子曾参的儿子曾申为老师，学习儒家经典。

后来，吴起的母亲去世了。按照儒家的要求，吴起应该回家奔丧并且为母亲守孝。吴起却没有这样做，于是，老师曾申认为吴起不孝，违背了儒家的要求，不配再为儒家弟子。

老师曾申与吴起断绝了师生关系。

于是，吴起来到了鲁国学习兵法。

鲁元公十七年（公元前412年），齐宣公攻打鲁国。

鲁元公本来想任命吴起为将军对齐军进行反击，但是却有一个顾虑，因为吴起的妻子是齐国人。假如任命吴起为将，与他妻子的祖国作战，吴起会尽全力吗？他会不会因为妻子而对齐国网开一面？

对于鲁元公而言，这是任命吴起为将军的一个风险。

消息传到吴起耳中，他一下子心急如焚。对于吴起而言，他太需要一个证明自己的机会了。为了这个机会，他甚至放弃了为母亲守孝，可等到的却是被老师曾申开除的结局。

如今，转而学兵法，却又要眼睁睁看着机会从身边溜走。

怎么办？

最终，吴起竟然为了获得这个在鲁国为将的机会杀死了自己的妻子。

鲁元公觉得，这是吴起在表明对鲁国的忠心，吴起当然不会对齐国有一丝仁慈。

于是，鲁元公任命吴起为将军与进犯的齐军作战。吴起果然不负众望，率领鲁国军队获得了大胜。

吴起为鲁国立了大功，让鲁国转危为安。

然而胜利之后，有很多人在鲁元公面前说起了吴起的坏话。他们说，吴起为了获得一个出战的机会，居然连同甘共苦的妻子都能杀死，此人难道不是太过残忍了吗？而且，吴起这次大胜，看起来大快人心，难道不会因此招来其他诸侯对于鲁国的关注，从而引来更多的战事吗？再说，听说吴起这人性格暴躁，是在卫国杀了人跑出来避祸的，重用吴起，会不会得罪卫国呢？

关于吴起的各种谣言满天飞，鲁元公原本对于吴起很有好感，如今再看吴起，也觉得有所怀疑。

这样一个内心残忍、渴望成功而又有本事的人，真能在鲁国安分守己？恐怕，他留在鲁国，将会给鲁国带来更多的祸患！

鲁元公因为谣言猜忌吴起，不肯不授予吴起官职。

后来，鲁国的主公季孙氏由于对宾客懈怠而被杀，吴起继续留在鲁国，完全失去了实现理想的可能性。

于是，渴望成功的吴起离开了鲁国。

人

鲁元公

本名姬嘉，为东周诸侯国鲁国君主之一，鲁国第二十八任君主。

一路坎坷的吴起走投无路，只能寻找下一个能够给自己实现理想机会的诸侯。

他始终想不通，自己为了成功付出了那么多代价，为什么还是被人嫌弃?

看来，必须找到一个真心招揽贤才，渴望建功的君主才行。

经过仔细考虑，吴起听说魏文侯求贤若渴，而且魏国发展得很好，欣欣向荣，于是前往魏国。

魏文侯听说吴起到了魏国，马上询问大臣们，吴起这人到底如何?

李悝对魏文侯说："吴起虽然好色，但是他用兵很厉害，就算是司马穰苴都比不上他。"

司马穰苴是齐国著名的军事家，魏文侯一听，吴起居然这么有本事?就欣然任命他为将军。

这个机会太难得了，接连遭受挫折的吴起万分珍惜这个机会。他励精图治，用心训练兵士，希望在魏国大展拳脚。

魏文侯是一个非常有理想的人，他任用了李悝、西门豹等一批能臣干吏，是希望壮大魏国的实力，将来进行地盘扩张。因为有这个宏大的目标，所以魏文侯劝说三晋友好合作，一致对外。

公元前409年，魏文侯任命吴起为将军，攻打秦国。

吴起率领魏国将士们驰骋沙场，浴血奋战。在吴起的带领下，秦国的临晋、元里、洛阴、合阳等城邑都被魏国军队收入囊中。

公元前408年，吴起再次率领魏国主力军队攻打秦国，这次一直打到了郑。

曾经威震西戎的秦国，在吴起凌厉的攻势下，只能步步退守，甚至一路退到了洛水。

为什么在吴起的率领下，士兵们会舍生忘死与敌人作战呢?

吴起除了善于用兵之外，更是爱兵如子。

在战斗中，吴起住的不是将军大帐，他和士兵们一起同吃同睡。到了晚上，更深露重，吴起就和士兵们一起躺在高低起伏、并不平整的田埂上休息。也不用什么被褥，他就和普通士兵一样，收集一些树叶，遮蔽风霜。

吴起通过这些做法，特别受士兵拥护。

在魏国军队攻打中山时，吴起甚至亲自为得了痈疽的士兵吸吮脓血。士兵们看到此情此景，纷纷感动不已，流下了热泪。而这位患病士兵的母亲得知这件事情却悲痛大哭，说早些年士兵的父亲也曾经被吴起吸吮伤口救助，但不久就战死了。她现在哭是怕儿子也这样。

可见，吴起将士兵看作兄弟，才获得了士兵们的衷心爱戴，才能够在战场上所向披靡。

因为有吴起这样用兵如神的将军，魏国将秦国打得没有招架之力，只能修筑防御工事，转入战略防御。秦军沿着洛水修筑了防御工事，修筑了重泉城进行防守。

秦国的河西之地都被魏国夺取。

经过吴起的英勇作战，加上公元前 412 年魏国公子击占领的繁庞，魏国完全占有了曾经属于秦国的河西地区，并在这里设立了河西郡，然后任命吴起为河西郡守。

吴起军纪严明，获得了河西百姓的支持。吴起将魏国最新的利民政策应用到河西，使河西百姓更加拥护魏军。

经过吴起的努力，魏国在河西地区站稳了脚跟，而曾经威武的秦国则被压制在洛水以西，各方面的发展受到了严重阻碍。

文 河西之地

先秦时代指黄河以西、北洛水以东的狭长区域。地跨陕北高原与关中平原，人口众多，农业发达，是秦国和晋国两个超级大国之间的重要战略根据地，在这里秦国和魏国先后发动五次大战，史称“河西之战”。

吴 起
人物身份
魏国将军
历史影响
精通兵法，与孙武并称“孙吴”
智慧值
★★★
武力值
★★★
公元前441年—公元前381年

出自《史记·孙子吴起列传》

起之为将，与士卒最下者同衣食。
卧不设席，行不骑乘，亲裹赢粮，与士卒分劳苦。
卒有病疽者，起为吮之。卒母闻而哭之。人曰：“子卒也，而将军自吮其疽，何哭为？”母曰：“非然也。往年吴公吮其父，其父战不旋踵，遂死于敌。吴公今又吮其子，妾不知其死所矣。是以哭之。”

原文大意 吴起做主将后，同最下等的士兵穿一样的衣服，吃一样的伙食，睡觉不铺垫褥，行军不乘车、骑马，亲自背负着捆扎好的粮食和士兵们同甘共苦。一次，有个士兵生了恶性毒疮，吴起替他吸吮脓液。这个士兵的母亲听说后，就放声大哭。有人说：“你儿子是个小卒，将军却亲自为他吸吮脓液，你怎么还哭呢？”那位母亲回答：“不是这个原因。往年吴公为他的父亲吸吮毒疮，他的父亲在战场上奋勇杀敌，很快就战死了。如今吴公又给我儿子吸吮毒疮，我不知道他又会在什么时候死在什么地方。因此，我才哭啊。”

公元前 409年——公元前 406年

第八十七话 攻克中山

□赵国的危机

赵国在韩、赵、魏三国中一直实力超然，是最强大的一个国家。本来，赵国是想联合魏文侯灭了韩国的，却被魏文侯说服，于是韩、赵、魏三国齐心协力，一致对外，向外扩张地盘。

公元前 409 年，赵献子去世，他的儿子赵籍即位，是为赵烈侯。

让赵烈侯万万想不到的是，公元前 408 年，中山武公居然趁着自己刚即位攻打赵国。中山国被赵国和魏国控制多年，中山武公当然不会放弃这个大好的机会。

赵烈侯措手不及，只得寻求魏文侯的帮助。

魏国眼下兵强马壮，魏文侯正在寻找扩大势力的机会。既然赵烈侯有求于自己，魏文侯便提出了自己的要求，那就是在攻克中山之后，要求赵烈侯割让智地给魏国。

赵烈侯没办法，只能答应了。

魏文侯任命乐羊为将，攻打中山国。

魏国和中山国之间，隔着赵国。魏文侯先向赵国借路，然后派乐羊为将军负责进攻，又派出太子击为“守”，让赵苍唐辅佐他。

乐羊原本是魏国相国翟璜的门客，在魏国准备攻打中山国的时候，魏文侯询问翟璜，谁是能够战胜中山国的将领？虽然乐羊的儿子乐舒曾经杀死了翟璜的儿子翟靖，但翟璜毫不犹豫，还是推荐了乐羊。

乐羊率领魏国军队攻打中山国，然而中山国经过了长期准备，实力雄厚，

人 赵烈侯

（在位时间公元前 408 年一公元前 400 年）嬴姓，赵氏，名籍，赵献子之子，战国时期晋国赵氏封君、赵国开国君主。公元前 453 年，晋阳之战，韩、赵、魏三家灭智氏，权分晋国，但在法律上，从晋国脱离出来，则始于赵烈侯。

假如贸然开战，魏国没有必胜的希望。

乐羊命令手下，将中山国的都城包围得水泄不通，随着时间的推移，中山国必定不战而降。

中山武公对此却并不在意，因为他手里还有一张王牌，那就是乐羊的儿子乐舒。

原来，乐舒由于杀死翟靖后才逃到了中山国。中山武公于是召见乐舒，希望乐舒能向父亲乐羊求情。

乐舒听了非常为难，他回答道：“乐羊虽然是我的父亲，但是让我求情，这件事恐怕办不到。我父亲效忠国家，不管我怎么劝说，他也不会撤退的。”

但中山武公却根本不相信，这个世界上还有不顾自己儿子的父亲？他坚持要求乐舒，明天到城墙上对乐羊喊话，试一试。

乐舒处境尴尬，只能答应了下来。

第二天一大早，乐舒就登上中山国都城的城墙，大声呼喊父亲乐羊。早有魏国军士报告给了乐羊，说您的儿子在城上向您喊话。

乐羊走出来一看，果然是儿子乐舒。还没等乐舒开口，乐羊马上对着儿子破口大骂道：“逆子！你闯下弥天大祸，还敢逃跑？赶紧劝你的无道昏君城下投降，还能留你一条生路，不然你我父子就是敌人！”

乐舒一看父亲发怒了，根本不敢提劝说父亲撤退的事情，只能说要投降也要中山武公做主，希望父亲能够给中山武公留一些时间思考。

乐羊本来施行的就是围而不打的战术，于是便答应乐舒，给中山武公一个月的时间考虑。

中山武公一看，虽然乐羊没撤退，可是也没进攻呀！于是就接着让乐舒去和父亲乐羊谈，说他需要更多的时间。

双方各怀心思，这一拖，就是三个月过去了。

魏国的大军，将中山国都城包围了三个月，却毫无动静，既不进攻，也不撤退。这件事情很是蹊跷。

魏国那些嫉妒乐羊的大臣纷纷上书给魏文侯，有的说乐羊这是和中山国勾结了，将要对魏国不利；还有的说，乐羊根本不懂打仗，光围困着，就能让中山国投降吗？简直异想天开。更多的人，希望魏文侯另外选拔将领，接替乐羊攻打中山主将的职位。

魏文侯却将这些弹劾乐羊的书信全都压了下来。

既然选择了乐羊为主将，他就相信乐羊的为人和能力。

地 **中山国**

（公元前 414 年—前 296 年），建立者为中山武公，因城（中山城）中有山而得名中山国。国土嵌在燕赵之间，一度被视为中原国家的心腹大患。魏国魏文侯派大将乐羊、吴起统帅军队，经过三年苦战，在公元前 407 年占领了中山国。后来，中山桓公复国。公元前 296 年，为赵国所灭。

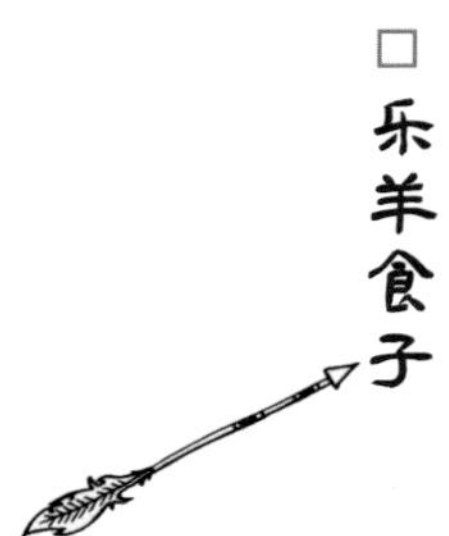

日子一天天过去了，魏军没有一点懈怠，依然将中山国包围得严严实实。中山武公却坐不住了。再这样下去，城里的粮食总有吃完的那一天,到时候难道就等着魏军冲进来吗?

中山武公命令手下突围。然而，乐羊手下的魏军如同猛虎下山，连放冷箭，打得中山国军士没办法冲锋。最后，居然连中山国的将军都被射死了。

中山武公实在没办法了，于是使出了最后一招。

他命人将乐舒绑在了杆子上，立于城墙之上，命令乐舒赶快求父亲撤退，不然就杀了乐舒。

乐舒也根本没想到，自己居然真的会陷入危险之中。这次，乐舒是拼了命地大声呼救：“父亲，父亲救命啊！快撤退吧，不然儿子小命难保！”

乐羊看到乐舒呼救，气得满脸通红，他怒斥道：“为了君臣情义，效忠君王，尽臣子的职责，我不能为了儿子有私情！”

乐羊越说越激动，马上命人拿来了自己的弓箭，准备亲自射死儿子乐舒，省得他丢人。

中山国的人本来只是吓唬乐羊，没想到乐羊居然来真格的了，还要亲自射死乐舒，赶紧把乐舒放了下来。

中山武公对乐舒好言安慰，然而中山国的大臣却坚持说，必须借乐舒的性命，才能让乐羊撤退。

乐舒没办法，只能拔剑自刎。

中山国的人将乐舒烹为羹，连带乐舒的人头一起送给乐羊，要求乐羊马上撤退。假如不撤退，因为他的妻子和孩子还在中山国，待乐羊攻城之日，就是乐舒的家人被害之日。

乐羊脸色铁青，抚摸着乐舒的头颅哭道：“这是我的儿子啊！”中山国的人还在等回话，却见乐羊边哭边喝下了那碗肉羹。

中山国的使者吓得屁滚尿流，仓皇逃回去报告说：“乐羊是一个不惜为节义献身的人，我对他真的没有办法”。中山武公听使者讲述完后也不寒而栗，将来中山国城破之日，恐怕乐羊会狠狠地报复自己！听说了这件事，中山国军心涣散。

于是，在围困中山国三年之后，乐羊终于率领大军攻破了中山。

□胜利之后

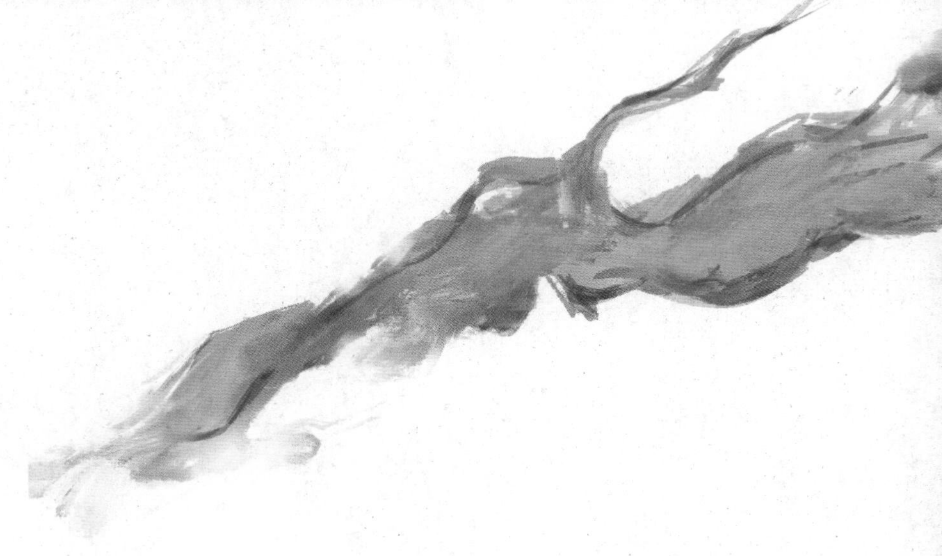

魏军胜利之后，乐羊率领军队回国向魏文侯复命。魏文侯发现乐羊洋洋得意，很是傲慢。于是，魏文侯对掌管文书的官员说："将群臣献上来的书信都呈上来。"

官员抬着两大箱子书信走上宫殿，魏文侯就让乐羊看看这些书信。乐羊开始满不在乎，但是看着看着，忽然脸红了，接着流下了很多汗。原来，这些书信，都是当时乐羊包围中山国却围而不打时，大臣们弹劾他的书信。

乐羊赶紧向魏文侯下拜，承认战胜中山国，其实是来自于魏文侯的英明决策。

魏文侯派太子击治理中山国，将乐羊封在了中山国的灵寿，还任命李悝为中山国相国，辅佐太子击。中山国在三位贤人治理下安定了下来。

魏文侯总是觉得乐羊忠心为国，一天还对睹师赞谈论乐羊，说乐羊不愧是忠臣，居然为了国家，吃了自己儿子的肉。睹师赞却说："乐羊连自己儿子的肉都敢吃，还有谁的肉不敢吃呢？"

这句话让魏文侯沉默了，乐羊这个人是不是太过于残忍了？魏文侯从此便对乐羊有所怀疑。

乐羊死后就安葬在了灵寿。

魏国占领了中山国，解了赵国燃眉之急，然而却对赵国形成了更大的威胁。

乐羊
人物身份 魏国将军
历史影响 大败中山
智慧值 ★★★
武力值 ★★★
生卒年不详

出自《吕氏春秋》

魏攻中山，乐羊将。已得中山，还反报文侯。有贵功之色。文侯知之，命主书曰："群臣宾客所献之者，操以进之。"主书操两箧以进。令将军视之，书尽难攻中山之事也。将军还走，北面再拜曰："中山之举，非臣之力，君之功也。"

原文大意 魏国攻打中山，以乐羊为将军。乐羊攻克中山国后，回国向魏文侯报告，显出骄傲的神色。魏文侯察觉到这一点，就命令主管文书的官吏说："群臣和宾客献上的书信，都拿来。"主管文书的官吏搬着两箱书信进来。魏文侯让乐羊看这些书信。书信的内容都是责难攻打中山国这件事的。乐羊转身退下几步，向北再拜说："攻下中山国，不是凭借我的力量，是君主您的功劳。"

公元前404年——公元前376年

第八十八话 三家分晋

□齐康公的烦恼

公元前 404 年，齐康公即位。

身为齐国君侯，齐康公却不在乎齐国的发展，也顾不上关心齐国百姓，成天沉湎于酒色。不是召开盛大的宴会，就是一个人沉迷于欣赏歌舞，至于齐国的未来，他并不关心。

齐康公任命田和为相国。说起田和，他的祖先是曾经为避难出奔到此的陈国公子完。公子完是陈厉公之子，出奔到了齐国之后，就改为田氏。

田氏在齐国的权力经过几代人的苦心经营，在齐国无人能敌。田氏不但身居要位，还拉拢人心。田和的曾祖父田常担任相国，就曾经大行善举。百姓去田常家里借粮，田常命令手下人大斗出，小斗还。齐国的老百姓无不称颂田氏的善心。田和的祖父田盘担任相国的时候，将自己的兄弟和宗族里的亲戚都任命为齐国都邑的大夫。田氏的势力盘根错节，遍布整个齐国。而且田盘还与三晋交好，形成对田氏的助力。田盘去世之后，田和的父亲田白再度为相。

现在，田和作为齐国相国，最看重的不是效忠齐康公，而是为自己拉拢人心。

但事实上，随着势力的发展，田氏内部也分为了两派。齐康公即位之后，就算想要重整河山，面对庞大的田氏，也无处下手。

田氏已经成为超越齐侯的强大存在，齐国的变乱，近在眼前了。

文 **大斗出小斗还**

出自《左传·昭公三年》。大夫田乞在向百姓征收赋税的时候，采用小斗收；青黄不接时往外借给百姓粮食，用大斗出，收回的时候依然用小斗还（四升为一斗）。

□廪丘之战

公元前 405 年，田氏宗族的宗主田悼子去世了。

田悼子是田白之子，田和之兄。田悼子的去世，揭开了田氏宗族内乱的帷幕。在这之前，田氏已经分裂为两派，一派是相国田和为首，另外一派则以田孙为首。

先是田布杀害了田孙，田会也借机在廪丘叛乱，投奔了赵国。廪丘其实和赵国并不接壤，中间隔着卫国。然而廪丘这片土地给了赵国，发挥出很大的商业价值。

紧接着，田布率领手下人马包围了廪丘。

翟角、赵孔屑和韩师率领联军，救援廪丘。

战斗非常激烈，最终，田布被打败了。

晋烈公十二年（公元前 404 年），晋烈公又命令韩景子、赵烈子和翟员讨伐齐国。

韩、赵、魏又派出了步兵，协同作战，专门攻击齐国的战车。最终，齐国损失惨重。敌人攻入了齐国的长城。

齐国进行了反击，攻打廪丘，然而赵国却派出孔青率领勇士前去增援，齐国人被打得落花流水。

战死的齐国将士们的尸体被垒成了两个高丘，齐国的两千辆战车最终也落入敌人之手。

谋士宁越向赵国的将军孔青献计说：“将军您不如将

（人）**齐太公田和**

（？—前 385 年），妫姓，田氏，名和。公元前 386 年，田和被周安王册封为诸侯，姜姓齐国为田氏取代。田和正式称侯，仍沿用齐国名号，世称田齐，以示别于姜姓齐国，史称『田氏代齐』。

齐国将士的尸体还给齐国。”

孔青一听觉得很惊讶，难道我们打了齐国，还要向齐国表示我们的善意？

宁越笑道：“将战死的将士尸体还给齐国，这样我们可以从内部攻击它。我听说，古代善于作战的人，该坚守就坚守，该撤退就撤退。我军撤退三十里地，给敌军收尸的机会。战车铠甲都在战斗中丢失了，府库的钱财都在安葬战死者的时候用光了，这叫从内部攻击它。”

孔青问道：“如果齐国不来收尸怎么办？”

宁越说道：“作战不能取胜，这是他们的第一条罪状；率领士兵前去作战却不能让他们回来，这是他们的第二条罪状；给他们尸体却不收取，这是他们的第三条罪状。人民将因为这三条罪状怨恨上位者。在上位的人没办法役使在下位的，在下位的人又无从侍奉在上位的，这就叫作双重攻击。”

果然，随后韩、赵、魏对于齐国的攻打势如破竹，一直打到了齐国西边的平阴，甚至攻入了齐长城。

韩、赵、魏的军队如同旋风一般席卷了齐国，而且没有停止的势头。

难道，韩、赵、魏是想要吞并齐国吗？

齐康公再也没有心情观赏歌舞了。

人 **田会** 田孙的弟弟。

地 **廪丘** 春秋齐地，在今山东菏泽市郓城县西北水堡。

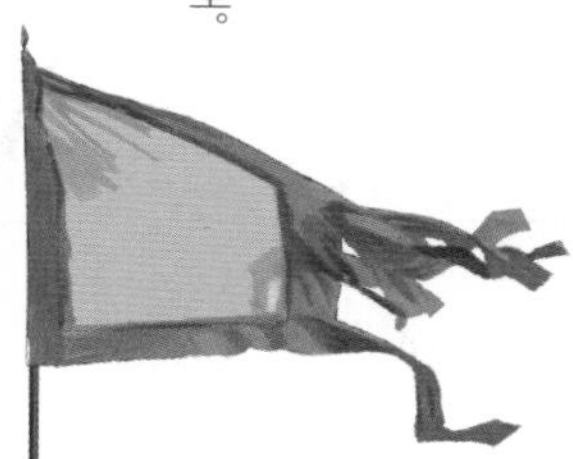

□

被迫封侯

齐康公没想到，因为田氏，齐国陷入被韩、赵、魏攻打的劣势，平陆被围。甚至齐国的战败也不能令韩、赵、魏满意，他们的军队，依然保持着进攻的势头。

到底想干吗呢?

齐康公愁得连饭也吃不下了。

括子找到齐国的执政大夫牛子说："韩、赵、魏三国和我们齐国并不接壤，他们越过邻国包围平陆，并没有什么实际可以得到的利益。他们这么做，只是想从我们齐国获得某种名声而已。既然如此，就叫齐侯去和他们讲和算了。"

牛子觉得这是个好主意。

随后无害子来见牛子，他并不赞同括子的意见。无害子说："我听说有割让土地让国家安定的，也听说过以牺牲生命、毁掉家园保存国家的，但就是没有听说过让自己的君主去求和受辱来保住疆土的。"

牛子最终听从了括子的计谋，使三国军队顺利撤走，平陆也就保住了。

齐康公只能默默在心底里叹了一口气，答应和韩、赵、魏的宗主去觐见周威烈王。

人 无害子

括子、无害子均为齐国大臣、谋士。

魏文侯向东在长城战胜齐国。公元前 404 年，魏文侯带着自己的俘虏齐康公，连同赵籍、韩虔来到了东周都城——洛邑。

魏文侯朝见周威烈王的名义是将齐康公献给周天子。周威烈王当然明白，韩、赵、魏是以此展示自己的实力，他们的目的是让自己这个周天子，承认三家分晋的事实。于是，周威烈王心里对晋国的事情有了深入思考。

公元前 403 年，周威烈王分别封韩、赵、魏为诸侯。

公元前 376 年，韩、赵、魏三国将晋国公室仅有的土地瓜分殆尽，将晋静公废为庶人。晋国的公族和晋静公一起被迁到了端氏。

历　史　小　课　堂

韩、赵、魏三家联合消灭了智氏，
这对于整个中国历史的发展都具有重大影响。
《左传事纬》曾经写道：
“智伯灭而三晋之势成，三晋分而七国之形立。
读《春秋》之终，而知战国之始也。”
正是从三家分晋开始，
中国历史从春秋时代进入了战国时代。
在春秋时期那个强大的晋国灭亡了，
为后人称道的战国七雄中的三家：
韩、赵、魏却就此诞生。
从三家分晋开始，
七雄并起、兼并战争频发的战国时代，
拉开了历史的帷幕。

人们将韩、赵、魏三国合称为“三晋”。

曾经在诸侯争霸过程中战胜过楚国和秦国的晋国，第一个被瓜分，永远退出了历史舞台。周威烈王对于三家分晋的支持，又让大周减少了一个助力。其他诸侯看到韩、赵、魏的崛起，居然获得了周天子的认可，纷纷动了以下犯上的心思。

周天子的权威被进一步弱化了。

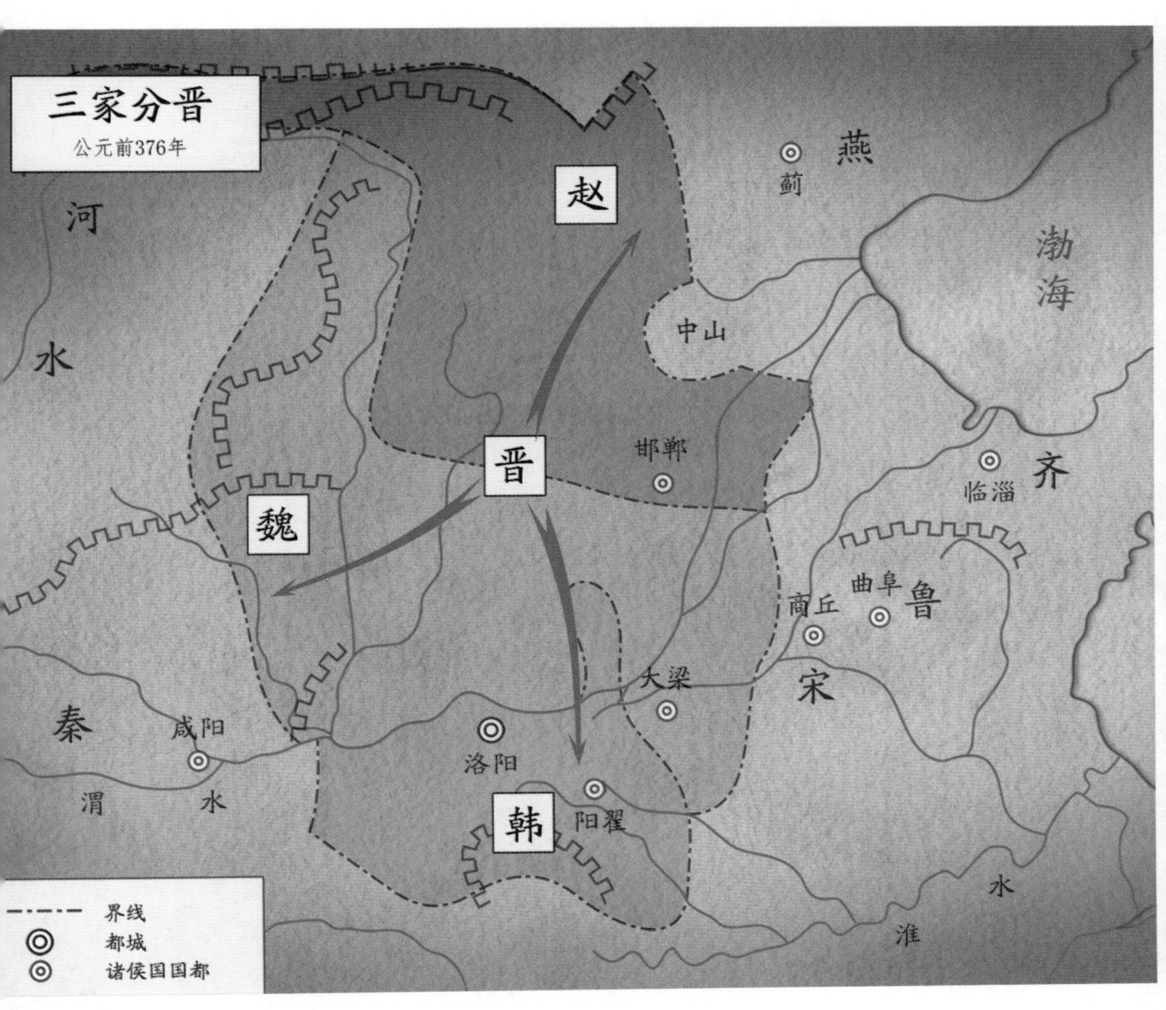

第八十九话 西门豹治水

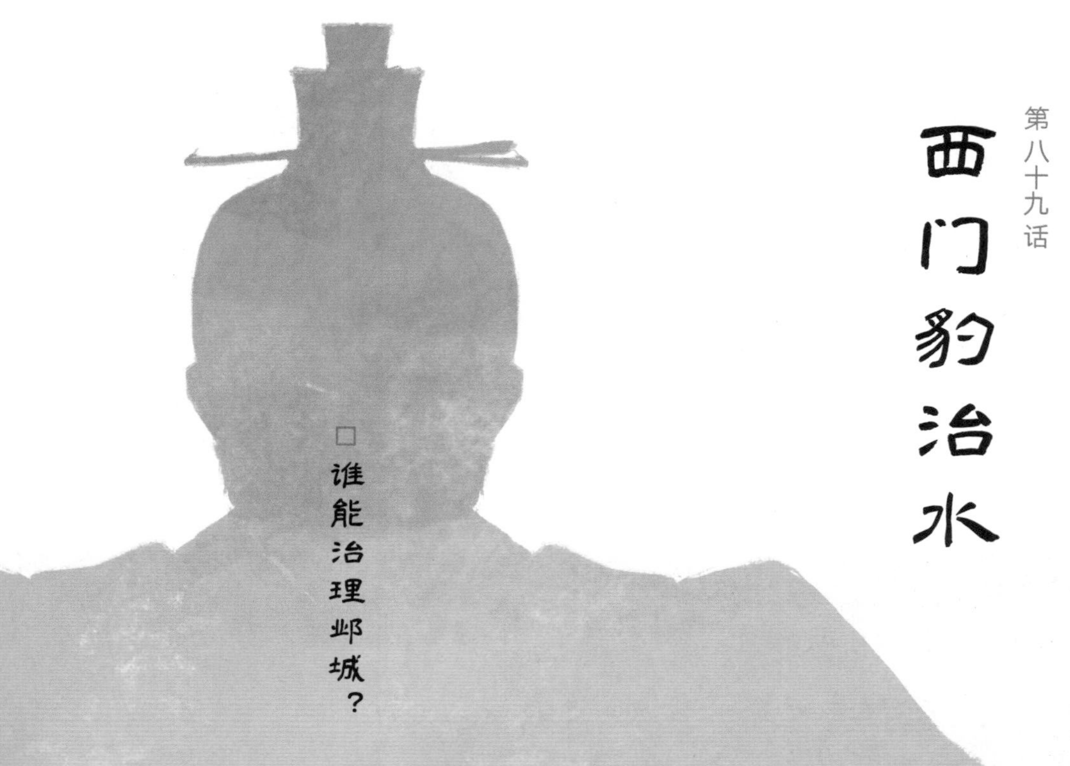

□ 谁能治理邺城？

“邺城？”魏文侯看着眼前的地图，陷入了深思：邺城，据说是颛顼孙女——女修的儿子大业最开始居住的地方，尧舜时属于冀州，西周时属于卫国，春秋时期属于晋国。后来春秋首霸齐桓公修筑了邺城。

而如今，邺城是魏国的了。

是的，欣欣向荣、走向光明的魏国！

魏文侯面带喜色，却又想到，邺城是遏制赵国向南突进中原的战略要地，“邺城，需要一个能臣去守卫！”

魏文侯决定任命西门豹为邺城令。

西门豹奉命来到邺城之后，经常走上街头。他看到年纪大的老人，就主动去询问：“老人家，在这里过日子可好？有没有什么烦心事？”

几个老人却唯唯诺诺，面带难色，不敢说。

西门豹发现老人有心事，于是劝老人不必为难，把烦恼说出来，将来自己会想办法为大家解决困难的。

终于，一个白头发老人眼含热泪说道：“大人有所不知，咱们邺城百姓最害怕的，就是河神！”

河神？

难道，这个邺城还真有神仙作怪？西门豹很是疑惑。几个老人看西门豹不明白的样子，便你三言我两语的对西门豹说了起来。

原来，邺城为了避免河水泛滥，一直流行给河神娶新媳妇的传统。

每年到了时候，邺城的三老就以此为明目向老百姓收取钱财。搜刮老百姓的这些钱财有几百万之多，但是他们只用其中的二三十万用来操办给河神娶新媳妇。

西门豹怒道："每年如此？其他的钱……"

"其他的钱，都让他们分了！"几个老人愤愤不平地说。

这还不算，每年到了这时候，女巫就四处寻找漂亮的女孩子。一旦发现了谁家有漂亮的女孩子，女巫马上就说："这姑娘适合作为河神的媳妇。"

于是，官府马上给这女孩子家里送去聘礼，让女孩子穿着新衣服自己居住并且斋戒，还在河边给她修建斋戒用的房子，挂起黄色和大红色的帐子。又过了十几天之后，大家给女孩子准备好出嫁的嫁妆，有床铺枕头等东西。

到了出嫁那天，让新娘子坐在席子上，漂流到河里。

"席子漂在河里怎么会不沉呢？哎，不知道多少年轻的女子就这么白白送命！谁家的父母不心疼女儿？所以很多有女儿的人家，早早搬走逃命去了！大人，你看看这城里，是不是空空荡荡？邺城，是一天比一天人少，一天比一天穷！"

老人含着热泪为西门豹指着城里的空房子说道。

西门豹的手攥成了拳头，"老人家，大家就没有人反对吗？"

老人摇摇头说："没有用，没有用！女巫说，不给河神娶媳妇，就会大水泛滥，邺城就保不住了！"

西门豹心想，这可不是天灾，这是人祸！西门豹于是嘱咐几位老人，到了给河神娶媳妇那天，还请提前告知，自己也想去看看。

人 **颛顼**（zhuān xū）

姬姓，高阳氏，黄帝之孙，昌意之子。上古部落联盟首领，『五帝』之一，人文始祖之一。颛顼不是远古时代具体的人物名称，而是部落首领名称。

□ 河神娶媳妇

过了十来天，又快到给河神娶媳妇的日子。西门豹得到了老人的消息，着手准备起来。

到了举行婚礼那天，西门豹也来到了河边。西门豹仔细一看，河边已经站满了人，为首的就是地方上的三老和官员，以及那些看热闹的有钱人，还有被要求参加婚礼的邺城百姓。

他似乎听到有女子的哭声，那应该就是苦命的新娘。

时辰到了之后，只见形容枯槁的女巫走了出来，她六七十岁，满脸皱纹，半闭着眼睛，神神叨叨。女巫身后跟随着十几个女弟子。

西门豹看着这十几个女弟子扬扬得意的样子，忽然对女巫说："去将新娘子带来，我看看这新娘子漂亮不漂亮？"

女巫有点奇怪，但还是命令手下弟子将新娘带出来。西门豹看到新娘哭哭啼啼，满面惊恐之色，于是大声对父老乡亲们说："这个新娘子不漂亮！这样的新娘，河神娶回去也不会满意的！这样，麻烦女巫前去告诉河神，就宽限几日，我们重新为河神找个漂亮的新娘！"

女巫还没反应过来怎么回事，早有西门豹的手下过来，一把抓住她扔进了河里。河水奔腾而过，打着漩涡，女巫喊了几声，就不见了踪影。

在场的女巫弟子和三老面如土色，吓得要死。

西门豹又说："女巫为什么去了那么久还不回来？这样，麻烦一个女巫的弟子前去通报消息。"

几个西门豹的手下抓住女巫的一个弟子就扔到了河里，这弟子在河里大声呼叫，也是一会儿就踪迹全无。

又过了一炷香的时间，又有两位女巫的弟子被扔下了河里。

周围寂静一片，西门豹笑道："看来河神没有收到我们送去的消息。这可不行，为了避免河神发怒，就麻烦三老走一趟吧！"

三老面如土色，浑身发抖，赶紧跪在地下磕头，磕得头破血流，可还是被西门豹的手下扔到了河里。

所有的地方官员都害怕了，唯恐下一个被扔到河里的就是自己。

幸亏过了一会儿，西门豹没再说让谁去找河神。他目光炯炯有神，盯着各位惊恐的官员说："看来，刚才那几位被河神留下了。大家今天都散了吧！"

邺城的官员们灰溜溜地跑回了家，从此，再没有人敢提给河神娶新娘的事了。

文 引漳十二渠

又称西门渠，是中国古代劳动人民创造的一项伟大工程。据《史记·滑稽列传》记载，“西门豹即发民凿十二渠，引河水灌民田”。引漳十二渠是中国战国初期以漳水为源的大型引水灌溉渠系，灌区在漳河以南（今河南省安阳市北）。

西门豹惩罚了残害百姓的女巫，但邺城的水患依然没有得到根治。要让邺城的老百姓过上好日子，就必须治水。

西门豹对邺城旁的漳水进行了实地勘察，发动老百姓进行治水工程。在他的带领下，老百姓开始开挖十二条水渠，将漳河水引入邺城。

开挖水渠是非常艰苦的工作，费时耗力。刚开始的时候，老百姓都对开挖水渠很不理解，他们觉得太辛苦了。再说，祖祖辈辈都没有用过水渠，靠天吃饭，老天爷自然会下雨的，何必如此辛苦呢？

老百姓对于西门豹的这项决定有所埋怨。

西门豹听说了这些怨言，却没有停止工作。他说：“老百姓，可以和他们共同为成功而快乐，不可以和他们一起考虑事情而烦恼。父老乡亲担心因为我而受苦受累，希望百年之后，百姓的子孙会想起我今天说的话。”

经过艰苦的工作，在西门豹的带领下，水渠终于修好了。这些水渠，不但让邺城的老百姓生活用水方便，而且农业种植也很方便。

邺城很快因此发展起来，邺城的百姓也因此生活富裕，大家这才明白西门豹的苦心。

西门豹治理邺城，一心为民，清正廉洁。因为有了他，邺城老百姓才能过上好日子。西门豹也因此而闻名天下。

西门豹
人物身份 魏国政治家，邺城守
历史影响 破除迷信，兴修水利
智慧值 ★★★
武力值 ★★
生卒年不详

节选自《史记·西门豹治邺》

原文

西门豹曰：
“呼河伯妇来，视其好丑。”
即将女出帷中，来至前。
豹视之，
顾谓三老、巫祝、父老
曰：“是女子不好，
烦大巫妪为人报河伯，
得更求好女，
后日送之。”
即使吏卒共抱大巫妪投之河中。

原文大意 西门豹说：“叫河伯媳妇前来，我看看她长得美不美。”手下立即将那女子叫出帷帐。西门豹看了她一眼，转过头对三老、巫祝、父老们说：“这女子长得不好看，麻烦大巫婆为我入河伯府禀报河伯，请让我们重新寻找一个美丽的女子，改天送去。”他立即命令官吏士卒一齐抱了巫婆投入河中。

刺客聂政

严仲子需要帮助

公元前399年——公元前397年

韩国的韩烈侯当政时，国政混乱，法令经常前后不一。韩国的官员和老百姓看到这些法令都无所适从，不知道该遵守哪一条。于是，韩烈侯任命他的叔父侠累担任相国，并且还很器重大臣严遂。

严遂，字仲子，曾经直接在朝堂上列举相国侠累的过失。侠累因此斥责严仲子，最终严仲子失败并出奔，离开了韩国。虽然遭到侠累的迫害不得不离开了韩国，严仲子却并没有放弃。他一直在寻找侠义之士，希望可以帮助自己刺杀侠累。

严仲子一路行，一路找，到了齐国，终于有人告诉他，在齐国的屠夫中，隐藏着一个侠义之士。

严仲子于是按照消息，寻访了这位义士。此人名叫聂政，是轵县深井里人，据说是为了回避仇人，所以才

名 **镒（yì）**

古代的重量单位，合二十两（一说二十四两为一镒）。

人 **韩傀**

（？—前 397 年），字侠累。战国初期韩国贵族，韩景侯的弟弟，韩烈侯的叔父。严仲子雇聂政杀侠累，于周安王五年（甲申，公元前 397 年），侠累被杀。

带着母亲和姐姐来到齐国，当了一名屠夫。

严仲子带足了酒肉，几次到聂政家里拜访他。他发现聂政虽然是屠夫，身材魁梧，力大无穷，言谈举止却非常合乎礼法。严仲子观察了几次，发现聂政是真正的侠士。

于是，严仲子还特地带着礼物去拜访聂政的母亲。

一次，严仲子请聂政喝酒，酒酣耳热之际，他拿出一百镒黄金送给聂政的母亲。

聂政对此非常吃惊，坚决推辞不要。聂政说："我聂政要侍奉老母，又是逃难来此，家里也穷，没办法才当了屠夫。虽然不是什么光彩的职业，但是通过我的双手劳动所得，也足够供养老母了。实在不能接受您的馈赠。"

严仲子坚持要聂政收下，他索性对聂政说："不瞒你说，我也是被人迫害才不得已漂泊到了齐国。我有个仇人，一直想除之而后快。早听说足下武艺高超，又是一名义士，所以才来交个朋友。这些金子，不过是送给令堂的一点膳食费用。难道我还能别有所图？"

聂政感激严仲子说了实话，对自己毫不隐瞒，却说："我当屠夫也是为了谋生。但老母尚在，聂政不敢以生命来为别人牺牲。"

严仲子听了这话却不以为然，还是坚持要聂政收下。聂政最终还是辞谢了，坚持不肯收这些黄金。

最终宾主尽欢，严仲子才离开了聂政家。

这之后过了很久，聂政的母亲去世了。

聂政悲痛不已，他安葬了母亲，并且为母亲守孝。

守孝期满之后，聂政将严仲子与自己交往的点点滴滴仔细想了很多遍。

聂政认为，自己一介平民百姓，而且还是个屠夫，而严仲子却是诸侯的卿相，两个人的身份一个天上一个地下。但即便如此，严仲子却不远千里，自降身份与自己结交。

对于自己而言，没有什么可以回馈严仲子的深情厚谊的。严仲子还曾经为母亲留下黄金一百镒，这说明他真心将自己当作朋友。虽然身份有差别，但严仲子可谓是了解自己的真朋友。

以前没能回报严仲子的这份友谊，是因为要孝敬老母。如今，母亲去世，自己守孝期满，也该为了朋友严仲子做一点事情了。

于是，聂政前往濮阳，找到严仲子，说："之前没能答应您，是因为老母要侍奉。如今母亲去世，我也守丧结束了，希望有机会为仲子办好这件事。不知道您的仇人是谁？"

严仲子没想到聂政在时隔多年还能找到自己，他很感动，于是告诉聂政，自己的仇人就是韩国的相国侠累。

侠累身居高位，他住的地方守卫森严，要刺杀他非常困难。严仲子准备多派人手，交给聂政指挥。

聂政却说："侠累是韩国国君的叔父，而且手握重权。如果派很多人马刺杀侠累，一不小心走漏了风声，到时候整个韩国都会仇恨您。这件事这样做太危险了！"

于是，聂政坚持一个人单枪匹马到韩国，去完成刺杀侠累的任务。

地 **轵（zhǐ）深井里**

古地名，战国刺客聂政的乡里。

公元前 397 年，聂政告别了严仲子，一个人来到韩国。经过几天观察，他发现侠累这一天正好在府邸，保卫侠累的卫士都手持兵器，严阵以待。

聂政趁这些卫士不注意，忽然暴起冲了进去。他手持长剑，在众人还没反应过来的时候，已经将侠累杀死在堂上。

闻讯而来的卫士们将聂政团团围住，聂政知道，自己今天出不去了。于是他大声斥责这些卫士，和他们搏斗，还杀死了几十个卫士。

最终，聂政开始用剑在自己脸上乱划，将自己毁容，剖腹而死。

据说，聂政刺杀侠累时，白色的长虹直冲上太阳。这表示平民之中有才能有胆识的人在发怒。

韩国人到最后都不知道，这个刺客到底是谁？

于是，韩国人将聂政的尸体放在市场上，悬赏千金，但没有人知道这刺客的来历。

聂政的姐姐聂荌（àn）听说了这件事后，哭着说："这是我的弟弟吧？严仲子知道我的弟弟！"

聂荌马上赶往韩国的都城。到了陈列刺客尸体的地方，聂荌仔细查看，虽然刺客毁容了，但她仍然认得，这是弟弟聂政！

聂荌扑倒在弟弟聂政的尸体上痛哭流涕，她悲痛不已地说道："这是轵深井里的聂政啊！"

旁边的老百姓指指点点说：“这人是个刺客，刺杀了我们韩国的相国，你怎么还敢来认尸呢？”

聂荌哭着说：“我弟弟聂政为了侍奉老母，心甘情愿在市井屠夫中混迹。之所以没答应严仲子的请求，就是因为老母尚在。如今，我们的母亲去世，我也嫁人了，我弟弟才能豁出姓名报答严仲子的恩情。勇士本来就应该为知己牺牲性命。现在因为我还活着，聂政才不惜自己毁容，以免牵连我这个姐姐。我怎么能因为害怕牵连，畏惧死亡，就永远埋没弟弟聂政的名声呢？”

聂荌的话让韩国的老百姓大为震惊，觉得这姐弟俩果然都是心怀大义，不惧死亡。最终，聂荌因为悲伤过度，在弟弟聂政身边死去了。

齐国、楚国、卫国等国家的人听说了这件事，都赞叹聂政是个义士，他的姐姐聂荌也是个烈性女子。

聂政也因此被称为春秋战国四大刺客之一。

（地）**廪丘** 春秋齐地，在今山东菏泽市郓城县西北水堡。

语文一点通

节选自《史记·刺客列传》

原文

杖剑至韩，韩相侠累方坐府上，持兵戟而卫侍者甚众。聂政直入，上阶刺杀侠累，左右大乱。聂政大呼，所击杀者数十人，因自皮面决眼，自屠出肠，遂以死。

原文大意 聂政自带利剑到了韩国，韩相侠累正坐在府上，手持兵器侍卫他的人很多。聂政径直闯了进去，上台阶刺杀了侠累，两旁的人顿时大乱。聂政大声呼喝，击杀数十人，然后自己削烂面皮，挖出眼珠，破肚出肠，随即死去。

聂 政
人物身份 四大刺客之一
历史影响 刺杀韩国相国侠累
智慧值 ★★★
武力值 ★★★
？—公元前397年

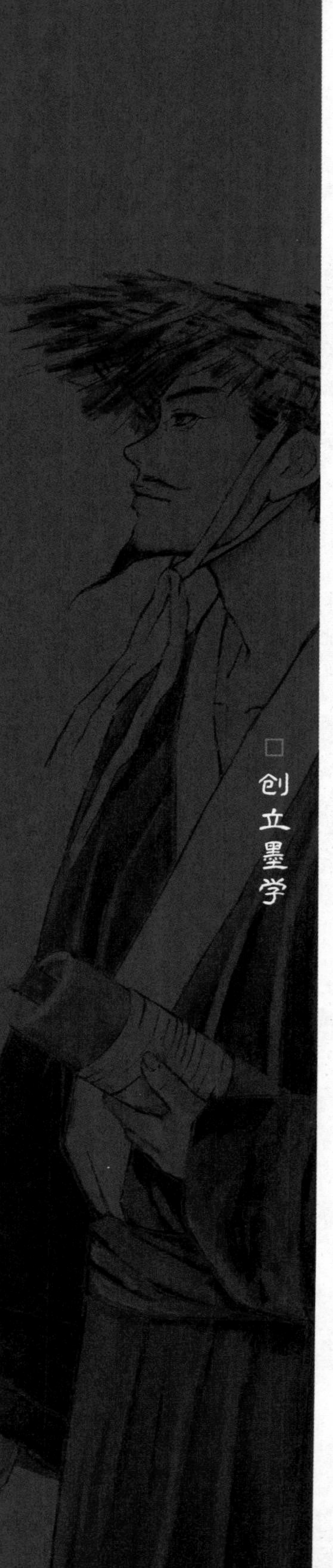

第九十一话 穿草鞋的墨子

名 非乐

禁止音乐。墨子认为凡事应该利国利民，而百姓、国家都在为生存奔波，制造乐器需要聚敛百姓的钱财，荒废百姓的生产活动，还能使人耽于荒淫。因此，他反对从事音乐活动。

墨子，名翟，战国初年宋国人。

据说，墨子是宋襄公的哥哥目夷的后代。但墨子本人出身于平民家庭，是一位平民出身的哲学家。

墨子小时候当过牧童，还学当过木匠，他生活非常简朴。他提倡“量腹而食，度身而衣”，也就是说肚子有多大，就吃几碗饭，身体有多高，就穿多大的衣服。可见，墨子对于生活的需求是基本的，并非追求奢侈享受的生活。

在长期的劳动中，墨子也在学习，他曾学习儒学，但最终形成了属于自己的哲学理论。

墨子穿着草鞋，到处游历。他走访过很多国家，看到了很多关于劳苦大众的悲欢离合，也看到了国与国之间的战争，更看到了贵族老爷们的奢侈生活。

最终，墨子舍弃儒学，创立了自己的学说——墨学。后世的墨者多追随墨子遗风，穿着兽皮和粗布做的衣服，脚上穿着木屐和草鞋，白天和黑夜都不休息。

在墨子看来，当时的人民最大的问题就是“饥者不得食”“寒者不得衣”“劳者不得息”。也就是说，广大劳动人民不停地辛苦劳动，却吃不饱，穿不暖，还要挨饿受冻。墨子将劳动人民的需求称为“三患”。

墨子曾经说过：“现在王公大人治理国家，都希望国家富强，人民众多，刑政治理，然而结果却是国家不得富强而得贫困，人口不得众多而得减少，刑政不得治理而得混乱，完全‘失去所希望得，得到所厌恶得’，这是什么原因呢？”

墨子认为当时的王公大人们追求的是“国家之富”“人民之众”“刑政之治”，墨子将这称之为“三务”。

墨子希望通过自己的思考和努力，在上层贵族的“三务”和劳动人民的“三患”之间寻找解决问题的办法。

墨子得出解决这个问题的办法，首先是大家要“兼相爱，交相利”。也就是大家都要出力、出钱帮助别人，这样就能解决劳动者的“三患”。

但最根本的，还是要让大家各尽所能，禁止浪费。在这个原则上，墨子又提出了节用、节葬、非乐、非攻等主张。

墨子认为，国家要发展，必须选用贤臣，这就是“尚贤”。但他反对贵族专权，认为选拔的贤臣，也应该包括“农与工肆之人”。当然，这是和墨子本人的出身有关。

墨子还反对战争，提出了“非攻”；他反对当时的贵族殉葬制度，认为这是不义的。

墨子的这些观点，代表了出身底层的劳动人民对于当时社会的不满和对于社会改革的想法。所以当墨子广收门徒的时候，就有很多人前来跟随墨子学习，他们被称为“墨家”。

当时信奉墨子学说的门徒众多，这些人被称为“墨者”，他们是一个有组织的团体，最高领导人叫“钜子”。“墨者”生活简朴，纪律严明，他们都听从钜子的领导，信奉“墨者之法，杀人者死，伤人者刑。”

名 节葬

对比儒家主张的“厚葬久丧”，墨家主张节俭，他认为厚葬久丧的结果是伤财与伤生。

名 节用

除去不必要的费用，将财物用到实处。在《墨子·节用》一文里，墨子认为当时的君王生活过于奢侈，宫室、衣服、饮食、舟车用度毫无节制，而将百姓置于困顿之中。因此，墨子提出了“节用”主张，希望君王不要过度役使老百姓，让其能安居乐业，进而成就圣王之道。

名 **非攻**

是指反对一切非正义的战争。是墨学的重要范畴，是墨子军事思想的集中体现。

墨子为了实现自己的理想，周游列国。

他在宋昭公时担任过宋国大夫，最东到达过齐国，北方到达过郑国和卫国，但最终没有诸侯接受墨子的学说。

但墨子始终不气馁，他抓住一切机会，为老百姓争取和平生活的可能。

据说，一次楚国要攻打宋国。能工巧匠公输盘为楚国设计了一种云梯，对于作战帮助非常大。楚国将云梯制造成功之后，准备以此攻打宋国。墨子得知这个消息的时候本来在齐国，为了制止战争，他接连走了十天十夜，到郢都，见到公输盘。

公输盘问墨子来这里有何指教？墨子说："北方有一个人欺负我，希望借助你的力量杀了他。"

公输盘听了很不高兴。

墨子说请允许我送给你十金。

公输盘正色道："我坚守道义，从不无故杀人。"

墨子起身两次行拜礼说："我在北方听说你在制造云梯，将要用它攻打宋国。宋国有什么罪呢？楚国在土地方面有富余，在人口方面却不够。损失不足的人民而去争夺多余的土地，不能叫明智的行为。宋国没有罪却攻打它，不能叫仁爱。明白道理却不向楚王进谏，不能叫忠诚。诤谏却没有达到目的，不能叫坚强。你崇尚仁义，不愿意帮我杀死一个人，却愿意帮助楚国攻打宋国，杀死很多人，不能叫明白事理。"

公输盘被说服了，却说自己不能停止这件事，因为已经禀报了楚王。

墨子于是请公输盘将自己引荐给楚王。

墨子见到楚王之后说：“现在有一个人，丢掉了自己彩饰马车，却想要去偷邻居的破车；丢掉了自己华丽的衣服，却想要偷邻居的粗布衣服，这是什么人呢？”

楚王一听很鄙视，说：“这个人是不是有偷窃的病？”

墨子笑道：“楚国方圆五千里，物产丰富，而宋国地域狭窄，资源贫乏。楚国和宋国相比较，正如彩车与破车、锦绣和破衣。大王您攻打宋国，不就和那个偷窃者一样吗？如果楚国坚持攻打宋国，那么大王一定会因此而丧失道义，并且一定会失败。”

楚王的脸红一阵白一阵，想了半天，找了个借口，说如今公输盘连云梯都造好了，一定能攻克宋国。

墨子胸有成竹，马上请求和公输盘进行模拟演练，看看公输盘能不能攻破自己的防守。

楚王答应了墨子的请求。于是，墨子解下来衣带当作城，用竹片当作攻城器械。公输盘和墨子正式开始攻防演练。

但是，无论公输盘使用怎样的办法攻城，墨子总能化解。最终，公输盘攻城的办法和器械都没有了，墨子还有很多防守办法没有用出来。

公输盘叹气道：“我知道怎么对付你，可是我不说。”

墨子微微一笑道：“我也知道你要怎么对付我，可是我也不说。”

楚王在一旁丈二和尚摸不着头脑，急忙询问：“你们俩到底说什么呢？”

墨子这才禀告楚王：“看来，公输盘最后的绝招，是要杀死我。杀了我，宋国就守不住了。但他不知道，我的学生禽滑厘已经带着三百墨者，他们都带着我的防守武器，在宋国的城墙上严阵以待了。所以即便杀了我，也不能攻破宋国。”

楚王这才心服口服，下令撤退，不再攻打宋国了。

墨子收徒

为了让墨学发扬光大，墨子广收门徒。墨子晚年时，墨家成为和儒家齐名的学说，被誉为“儒墨显学”，成为百家之首。

墨子开办学校，重在学科全面。墨子的学校里开设了文、理、军、工等科目，还是综合性平民学校。许多平民子弟在这里经过学习，成为当时的有用人才，历史上称是“弟子弥丰充满天下”。

墨子在教学中提倡“艰苦实践、服从纪律”，他认为教育的目的是“兴天下之利，除天下之害。”

当时鲁国有个人让自己的儿子跟随墨子学习，但是最终这个学生却死在了战场上。于是，学生家长因此责备墨子，墨子说：“你让自己的儿子来学本领，本领学成，打仗战死，父亲却因此愤怒。这就好像是准备卖粮食，粮食卖完了，你却生气了，岂不荒唐！”

这说明，墨子对于学习的目的是非常明确的，即便是要付出生命的代价，他也认为是死得其所。

墨子对于学生教育也非常严格。墨子有个学生叫耕柱子，此人虽然聪明，却很懒惰，学习不勤奋，不用功。墨子因此总是责备耕柱子。

一天，耕柱子实在忍不住了，就跑去问墨子：“先生，我真的没有什么地方比别人强吗？”

墨子说:“我要去太行山,准备乘坐快马和牛,你觉得应该鞭策哪一个呢？”

耕柱子回答说：“当然是鞭策快马。”

墨子问他：“为什么要鞭策快马呢？”

耕柱子说：“快马感觉灵敏，鞭打快马，可以让它跑得更快！”

墨子笑了，耕柱子这才明白墨子的深意，原来是希望自己如同快马，要奋发上进。

墨子对耕柱子说：“你要像快马一样，力求上进啊！”

这件事让耕柱子很有感触，从此他便勤奋学习，再也不用老师督促了。

墨子去世之后，墨家分为相里氏之墨、相夫氏之墨和邓陵氏之墨三个学派。墨子的弟子收集了墨子的语录和生平事迹，编撰成了《墨子》一书，流传千古。

墨 子
本 名
墨翟
人物身份
古代思想家、教育家、科学家、军事家
历史影响
墨家学派创始人
智 慧 值
★★★★
武 力 值
★
生卒年不详

墨子对后世的贡献

壹 思想创新

墨子思想创新的核心内容是“兼爱”，追求最多数人的最大幸福。（原文：“视人之国，若视其国；视人之家，若视其家；视人之身，若视其身。”——《兼爱中》）

贰 科技创新

《墨经》是中国第一部百科全书式的科学巨著。其中提出了系统性的科学理论，发明了最早的木制飞行器，最早发现了光沿直线传播。除了理论上的知识化、系统化，能工巧匠云集的墨家还制作、发明出辘轳、滑车等可用于生产劳动的器械。

叁 军事创新

墨家机关术和守城术闻名古今。他发明了连弩车、转射机、藉车（类似坦克）、云梯等武器。他反对大国以强凌弱、以大攻小的侵略战争，主张积极防御，制作完善的防守工程和科学的防御武器，成为古代军事宝库中的瑰宝。

肆 逻辑创新

墨子是中国古代逻辑思想的重要开拓者，奠定了中国古代逻辑学的基础。墨子的“墨辩”和印度因明学、古希腊逻辑学并称世界三大逻辑学。

公元前 672年——公元前 379年

第九十二话 田氏代齐

□ 拉拢人心

陈厉公的儿子公子完本来远离陈国权力中心，却因一桩谋杀案而处境尴尬。

公元前 672 年，陈宣公即位之后，杀死了太子御寇，而公子完与御寇的交情很好。

为了躲避这场灾难，公子完只能出奔到齐国。齐桓公很欣赏他，就想任命他为齐国的卿。但公子完推辞道："我这个寄居在外的小臣有幸能够避免种种负担，已经是您给我的恩惠了，不敢再担当这么高的职位。"于是齐桓公任命公子完为齐国工正，管理百工。公子完去世之后谥号是"敬仲"，因为古代"田"与"陈"读音相同，他的后代都改姓"田"。田氏在齐国世袭担任工正的职位，其中一个叫田须无的人深受齐庄公宠爱。

慢慢地，田氏在齐国势力逐渐壮大。在齐国，形成了君侯吕氏、田氏、高氏和国氏四家掌握权力。其中，高氏和国氏世代担任齐国上卿，又与吕氏同样属于姜氏。最终，田氏独自挑战这三家的权力。

虽然是以一敌三，然而田氏最终却在这场权力斗争中胜出。

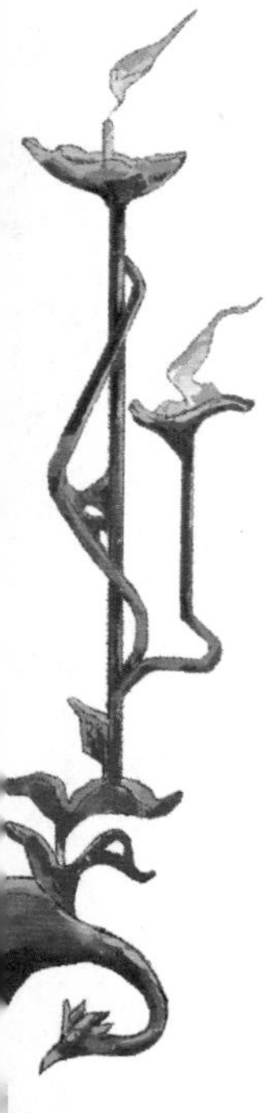

田氏实行了新制度。田桓子当时是齐国大夫，他命令让人们借贷粮食用新制度，借走的多；归还粮食用旧制度，还的少。

齐景公对此不闻不问，老百姓对田氏感恩戴德。从此，田氏在齐国老百姓心目中的地位非同一般。

田恒子去世之后，他的儿子田乞继续侍奉齐景公，是齐国大夫。他向老百姓征收赋税时用小斗收进，赐给百姓粮食时用大斗，暗中向百姓施以恩德。而齐景公对此也不加以禁止。因此田氏得到了齐国的民心，他们的家族势力越来越大，百姓心向田氏。晏子曾经多次向齐景公进谏，但齐景公却不听。

公元前539年，晏婴出使晋国时，曾经对晋国的叔向说过，齐国的政权最终会归田氏所有。因为田氏借公事施恩于民，赢得了齐国百姓的民心。

齐简公时期，田常重新开始收买人心，他用大斗借出粮食给老百姓，到收回粮食时，却用小斗。

在几十年的时间里，齐国老百姓拥护田氏的人越来越多了。齐国人唱歌赞颂他说：“老太太采芑菜呀，送给田成子！”

人 鲍牧

妘姓，鲍氏，鲍叔牙的后代，鲍国的曾孙，
春秋时期齐国齐悼公时期的大夫。

获得民心之后，田氏将手中的剑瞄准了齐国公族。

齐景公去世之前，命令国夏、高张辅佐宠姬芮子生的儿子荼为世子。后来，齐景公去世了，世子荼即位，是为晏孺子。

但田乞对此愤愤不平，凭什么世子荼能即位？我看阳生挺好。原来，齐景公的另一个儿子——阳生，与田乞交情很好。晏孺子即位后，阳生为求自保，出奔到了鲁国。

田乞内心对此很有看法，但是他表面上却对国夏和高张两位大臣恭恭敬敬。

那到底如何实现拥立阳生的目的呢？

田乞决定采用挑拨离间的办法。

田乞对国惠和高昭子两位宰相汇报说："大夫们开始都不拥护晏孺子。如今晏孺子即位，很多大夫因此非常不满，听说他们正在准备作乱犯上！"

田乞到了其他大夫们中间却散布谣言，说高昭子很可怕，为了掌握更多权力，即将要对这些大夫们下手了！

在田乞一番动员、欺骗之下，田乞和其他大夫领兵进入宫里。

高昭子得到消息，马上带领人马和国夏去营救晏孺子。

然而，高昭子的军队不敌田乞手下，因为田乞是早有准备的。最终，晏孺子出奔到了莒国。

田乞马上派人去鲁国接回了阳生，藏在自己家里。

田乞又邀请各位大夫到自己家赴宴，于是齐国的大夫们都到田乞家中饮酒。

酒过三巡，田乞命人打开大堂中央的口袋。只见从里面出来一个人，居然是阳生！

各位大夫面面相觑，目瞪口呆。

田乞却笑着说："这才是齐国的国君呀！拥护阳生，是鲍牧与我商议好的。"

大夫们于是不得不跪拜阳生，并且订立了拥立阳生的盟约。

然而正在这时，鲍牧却怒气冲冲地跑进来说：“大家忘了先君齐景公的遗命了吗？”

原来，田乞说与鲍牧联合，根本是个谎言。

大夫们想要反悔，阳生就磕头说：“你们看我可以就立我，不可以就算了。”

鲍牧担心自己被害，也只能加入拥护阳生的行列，说道：“都是景公的儿子，怎么不可以呢？”

于是，晏孺子被杀死，阳生即位，是为齐悼公。田乞担任了齐国宰相，独揽大权。

田乞去世之后，他的儿子田桓继承相位。齐简公即位后，宠信监止。田桓对此非常不满。田氏和监止形成了对立关系。

监止的手下有一个田桓的远方同族，叫田豹。田豹很得监止的宠信。一天，他对田豹说：“不如我杀光田氏的当权者，让你执掌田氏如何？”

田豹一听吓了一跳，赶紧说自己只不过是田氏的远房，肯定不能服众。

监止却按照自己的目标开始行动了。

田豹对此非常害怕，秘密将这件事汇报给了田桓。

由于监止住在齐简公宫里，于是田桓兄弟四人率领军士冲入宫里。监止拼命反抗。

齐简公听说这件事后很吃惊，还准备攻打田桓。太史子余却说：“田桓没有作乱，他是在为国除害。”

齐简公这才作罢。

人 **阚止**

(?—前 481 年),《史记》作监止，字子我，东周春秋时期齐国的大夫。

田桓听说了这件事，开始很害怕，甚至想要出奔逃走。田子行劝他不要犹豫不决。

田桓于是重整人马冲入宫里，诛杀了监止。在这场混乱中，齐简公畏惧出逃。田氏的部下害怕 齐简公恢复君位后会杀他们，就杀死了齐简公。

田氏于是拥立齐简公的弟弟骜即位，是为齐平公。田常担任相国。

从此，田氏操纵了齐国的政权，削弱了其他家族的势力。

在和其他诸侯交往过程中，田氏利用手中权力结交诸侯，将齐国曾经占领的鲁国、卫国田地归还回去，又和西边的韩、赵、魏订立盟约，并且与南方的吴国和越国互通往来。

田氏实力壮大，田氏的宗族也发展很快。田常本人就有七十多个儿子，这些田氏子弟，后来都被册封为齐国大小都邑的大夫。

田常将齐国平安以东一直到琅琊的地区划分为自己的封地，这片封地比齐平公的领地还要大。

田氏，已经成为齐国实际上的统治者。

历　史　小　课　堂

齐国政治家晏婴早就曾经预言过：“齐政卒归田氏。田氏虽无大德，以公权私，有德于民，民爱之。”田氏代齐，是历经了几代人的努力。从田完当上齐国工正，到田桓子被齐庄公宠信是田氏在齐国站稳脚跟的时候。这之后，以田桓子为代表的田氏开始与吕氏公族进行势力较量。田氏施行私政，与齐国公室争夺民心。田氏取得胜利之后，操控了齐国的实权，齐国之前的大家族高氏、国氏等都被田氏削弱。最后，田氏结交诸侯，又扩大了封地。最终，田氏请出魏文侯求告周天子，取代了吕氏政权。

□中间人：魏文侯

地 阳狐

又称阳狐郭，古邑名，在今河北大名县东北。《史记·田敬仲完世家》：齐宣公四十三年（前413），『伐晋，毁黄城，围阳狐』。

田氏在齐国壮大实力之后，开始操控着齐国这个庞然大物，向其他诸侯进军。

公元前 413 年，齐国进攻晋国，攻打下黄城，围困阳狐。第二年，齐国又攻打了鲁国。齐宣公四十九年（公元前 406 年），齐国攻打卫国，占领了贯丘。

齐宣公去世之后，齐康公即位。

齐康公在位十四年，每天沉湎于酒色，不理朝政。田氏大权在握，取代齐康公，只在一念之间。

公元前 391 年，田和将齐康公放逐到了临海的一座海岛上。田和给齐康公一座城作为食邑，以此让齐康公供奉祖先祭祀。然而，紧跟着，这唯一的一座城也被收回了。

习惯了锦衣玉食的齐康公不得不挖洞为灶，艰难度日。

公元前 390 年，田和与魏文侯在浊泽会面。这次会见的目的非常明确，田和需要名正言顺成为齐国的主人。但田和需要找中间人向周天子汇报这件事，想来想去，还是找到了魏文侯。

魏文侯于是为田和上书周安王，请求立田和为诸侯。周天子对此表示同意。

公元前 386 年，田和被正式册封为齐侯，成为大周认可的一代诸侯。

公元前 379 年，齐康公在凄凉中离开了人世，曾经辉煌一时的齐国吕氏彻底灭亡。

齐国的君侯依然是齐侯，只是再不是吕氏传人，而是被田氏取代。历史上将这称为“田氏代齐”。

第九十三话 吴起变法

□前往楚国

吴起率领魏国军队打败了秦国，被任命为河西郡守。他在河西兢兢业业，不敢有丝毫怠慢，还带领手下修筑了吴城，以抵御秦军。

然而，就在吴起忠心报国的时候，他的功绩引起了其他人的嫉妒。其中一个嫉妒吴起的人，就是刚担任魏国相国的公叔。

公叔的仆人给他出主意，说："吴起为人有骨气又喜好名誉、声望。您可以找机会对武侯说，'吴起是个贤能的人，而您的国土太小了，又和强大的秦国接壤，我私下担心吴起没有长期留在魏国的打算。'武侯束手无策的时候，您就可以建议武侯用下嫁公主的办法试探他。如果吴起有长期留在魏国的心意，就一定会答应娶公主。如果他没有长期留下来的心意，就一定会推辞。用这个办法就能推断他的心志。然后您再找机会和吴起一道回家，故意让公主发怒当面鄙视您。吴起见公主这样鄙视您，那就一定不会娶公主了。"

果然，吴起见到公主居然如此鄙视相国，就婉拒了魏武侯。

魏武侯也因此而不再信任他。

为什么理想距离实现总是差了那么一步？

吴起不甘心，他决定到其他诸侯国寻找机会。

这天下诸侯如此之多，总有能赏识自己的诸侯。

于是，吴起来到了楚国。楚悼王很欣赏吴起。

此时的楚国，虽然实力依然雄厚，但在与晋国的争霸过程中，已经消耗了不少国力。如今，三家分晋，楚国又要面对来自于韩、赵、魏三国的压力。

楚国在公元前 393 年攻打韩国，夺取了负黍。楚悼王还没高兴多久，两年后，公元前 391 年，韩、赵、魏三国再次联合攻打楚国。在大梁、榆关，楚国被打得大败。

大梁，那可是楚国辛辛苦苦从郑国那里夺来的地盘。

楚悼王百般无奈，只能送厚礼去秦国，希望得到秦国的援助。

还好，秦国马上出兵占领了韩国六邑，这引起了韩、赵、魏的联合反击。

韩、赵、魏三国暂时放过了楚国，转而攻打秦国。楚悼王捏了一把冷汗，这韩、赵、魏三家分晋，继承了晋国的武力，难道还继承了晋国的敌人？

看起来，三国不会放过楚国。

不久，韩、赵、魏三国从楚国联合秦国的关系中获得了启发，转而联合齐国。

楚悼王更加发愁了，再要发生战争，楚国恐怕危矣！

地 负黍

古地名，又名黄城，在今河南省登封市大金店镇南城子村西南。三面环水，一面靠山，易守难攻。

地 榆关

古地名，战国时楚国的边境地，在今河南开封市西。一说在今汝州市东南。又说在今中牟县南。《史记·楚世家》中记载：悼王十一年（前391），“三晋伐楚，败我大梁、榆关”。

吴起的机会

文 损有余，补不足

减少多余的，补充欠缺的。

就在楚悼王发愁地不得了的时候，吴起到了楚国。这下楚悼王可抓住了救命稻草，谁不知道吴起用兵如神？听说，就连秦军都曾是吴起手下败将，被打得只有招架之功，没有还手之力。如今，吴起到了楚国，岂不是天助我也？

楚悼王于是任命吴起为宛城守，重点防范韩国和魏国。一年之后，吴起由于表现出色，被楚悼王任命为楚国令尹。

吴起成为楚国一人之下，万人之上的重臣，并且获得了楚悼王的信任和支持。

这是吴起来楚国之前梦寐以求，却不敢想象的。

现在，吴起决定发挥自己的聪明才智，为楚国振兴谋篇布局。

楚国虽然在诸侯中实力出众，但是社会问题也很多。最关键的一点，就是楚国的屈、景、昭三大贵族把持了楚国的国政。这些贵族老爷占据高位，欺压百姓，但对于治理国家，对抗敌人却一点办法没有。

这让楚国国内矛盾丛生，也让楚悼王手中没有能臣可用。

经过多次考察，吴起决定在楚国实行变法。楚悼王对吴起变法，举双手赞成。为了保证吴起变法顺利推进，楚悼王甚至在朝堂上宣布，令尹的命令就如同楚王之令，有敢违抗者，斩！

吴起对此非常感激，于是精心布局，在楚国展开了轰轰烈烈的变法改革。

面对楚国当时的危局，吴起将变法的矛头指向了贵族集团，他变法的要点就是“损有余，补不足。”吴起发现，楚国的贵族集团上逼主，下虐民。所以，他主张凡是封君的贵族，传到三代就取消爵位。国家应该停止对于疏远贵族的

版

古代计量城墙的度量单位。每版高二尺，长八尺。

供给，并且将国内的贵族派去地广人稀的偏远地方。

这其实就是强迫那些贵族带着自己的手下去充实、开发楚国的荒凉地区。因为楚国本来就是地广人稀，很多地方是荒无人烟的。

这几项措施，沉重打击了楚国贵族对于楚国政局的把控，同时开发了楚国的偏远地区，可谓是一举两得。

为了实行对楚国官吏改革，整顿吏治，吴起提出了三点要求：第一就是不能因为个人的“私”妨害公事，更不能让小人谗言掩盖“忠”；第二就是整顿官风，杜绝私下走关系，闭塞“私门之请”；第三就是不允许纵横家四处游说。

这三项措施的推出，整顿了楚国的官风，楚国的大臣们再不能将个人利益置于国家利益之上，大家都一心为国。

吴起还将“两版垣”改为四版筑城法，建设郢都。

在这些变法政策实行之后，楚国的国力大增。但是吴起也因为触动了楚国大贵族的利益，遭到楚国贵族的一致反对。吴起遭受到来自贵族的种种压力。

不过吴起对于这些并不在乎，他依然为了楚国的变法而忙碌着。

经过吴起变法，楚国向南吞并了蛮越，占有了洞庭湖和苍梧郡一带。公元前 381 年，楚国为救援赵国，与魏国进行了艰苦战斗。在这次战斗中，楚国和魏国在州西大战，楚军穿越梁门，驻军于林中，饮马黄河，一直打到了黄河岸边。这一仗，楚国大败魏国，彰显了楚国在变法后的实力。

各路诸侯此时对于楚国都产生了畏惧之心。

□ 吴起之死

公元前 381 年，正当楚国军队在前线捷报频传的时候，楚悼王却去世了。

曾经被吴起触动利益的大贵族对吴起恨之入骨，现在，他们终于等到了反击的时刻。

吴起到治丧处凭吊楚悼王，等待他的却是早已埋伏好的弓箭手。吴起自知这次难逃一死，但他依然运用智慧进行了绝地反击。

吴起逃到楚悼王停尸的地方，躲藏在楚悼王尸体后大喊："群臣作乱，谋害我王！"

这些楚国的贵族为了找吴起报仇，急红了眼，不管三七二十一，就命令手下射箭。

乱箭如雨，吴起被射身亡，但也有很多箭射到了楚悼王的尸体上。

按照楚国的法律，"丽兵于王尸者，尽加重罪"，将被灭三族。

这就是吴起在生命的最后一刻想到反击大贵族的办法。

果然，因为这件事，楚国的大贵族被灭族的有七十多家。

吴起的智慧受到后人称赞，但楚国的贵族难平内心之怒，将吴起的尸体处以车裂之刑。

吴起被害之后，楚国的变法也因此而失败了。楚国在经历吴起变法后短暂的辉煌如同萤火熄灭了，朝政大权又回到了屈、昭、景三大贵族手里，腐败的风气再度席卷了楚国。

语文一点通

节选自《史记·孙子吴起列传》

原文

及悼王死，宗室大臣作乱而攻吴起，吴起走之王尸而伏之。击起之徒因射刺吴起，并中悼王。悼王既葬，太子立，乃使令尹尽诛射吴起而并中王尸者。坐射起而夷宗死者七十余家。

原文大意　悼王一死，王室大臣发动骚乱，攻打吴起。吴起逃到楚王停尸的地方，附伏在悼王的尸体上。攻打吴起的那帮人趁机用箭射吴起，也射中了悼王的尸体。等把悼王安葬停当后，太子即位，就让令尹把在射杀吴起的同时射中悼王尸体的人全部处死，因射杀吴起而被灭族的大贵族有七十多家。

第九十四话

讳疾忌医

□神医扁鹊

扁鹊是渤海郡人，姬姓，秦氏，名越人。他年轻的时候曾经在一家客馆当主管。一次，一个叫长桑君的客人到客馆来，周围的人都对这个长桑君熟视无睹，而秦越人却认为长桑君是个奇人，对他很恭敬。长桑君在这客馆住了很长时间，秦越人一直对他态度很好。一天，长桑君找到秦越人，将自己藏的医方传给了他。

学习了长桑君的医术后，他可以为人诊治五脏内的疾病。

经过刻苦学习之后，终于成为一代名医。他刚开始行医，就在赵国治好了赵简子五日昏迷不醒的难症。秦越人好比通灵的喜鹊一样给人带来希望和欢喜，为人们去除病痛，所以人们亲切地称他为“扁鹊”。

扁鹊学医之后，就游历各国，为各地的人们诊治看病。

一次，扁鹊到了虢国，听说虢国太子暴亡不到半天，还没入殓。于是，扁鹊马上找到中庶子，说自己能让太子复活。中庶子还以为扁鹊疯了，问他：“人死了还能复活？”

扁鹊叹息着说：“假如您不信我说的话，可以试着诊视太子，应该可以听到他耳鸣，看到他鼻子肿了，而且大腿还有湿热之感。”

中庶子觉得扁鹊说得煞有其事，赶紧去汇报。于是，虢国的国君同意扁鹊为太子治病。

扁鹊说：“太子得了‘尸厥’，这是阴阳二气失调，内外不通，上下不通导致的。如今太子虽然气脉纷乱，面色全无，失去了知觉，看起来和死了一样，但是他并没有死。”

之后，扁鹊命令弟子协助自己为太子针灸。针灸过后，很快，太子果然醒了过来。

扁鹊又为太子开出了药方，二十天后，太子就痊愈了。

这件事传闻天下，大家都说扁鹊有“起死回生”的绝活。

公元前357年，扁鹊来到了齐国都城临淄。当时蔡桓公派人招待扁鹊，蔡桓公就是田齐桓公，由于将国都迁移到了上蔡，而被称为蔡桓公。扁鹊仔细观察了蔡桓公一番，说道：“君侯有疾病在皮肤之间，假如不治，病情就会加深。”

蔡桓公平静了一下，发现自己没什么不舒服的地方，就回答说：“寡人没有疾病。”

扁鹊走了之后，蔡桓公对身边的近臣说道：“医生喜欢给没病的人治‘病’，以此来显示自己的本领。”

过了五天，扁鹊又见到蔡桓公，他仔细观察了一番又说道：“君侯的病已经到了血脉，假如不治，恐怕还会加深。”

蔡桓公有点不耐烦，怎么又来了？他淡淡回答说:“寡人没有疾病。”

扁鹊只能告辞走了。

这一次，蔡桓公很不高兴。说了自己没病，怎么总来让我看病呢？在你们医生眼里，是不是所有人都有病？

又过了几天，扁鹊又来拜见蔡桓公。这一次，扁鹊看了看蔡桓公，非常严肃地说道：“君侯的疾病已经发展到了肠胃之间，假如不治，还会加深。”

蔡桓公很不高兴，根本没理睬扁鹊。

扁鹊没办法，只能自己离开了。

又过了几天，扁鹊再次拜见蔡桓公。他仔细看看蔡桓公的脸色，什么也没说，面露惊慌之色赶紧走了。

蔡桓公也很吃惊，马上派手下追上去问问扁鹊，这到底是怎么回事？

蔡桓公的近臣气喘吁吁好不容易追上了扁鹊，急忙询问原因，扁鹊面露难色说道：“疾病在皮肤之间，用热水敷一敷可以治疗；疾病在血脉之中，扎针可以治好；疾病在肠胃之中，吃汤药可以治好；现在，疾病已经到了骨髓，就算是司命星君来了也无可奈何！如今君侯的疾病到了骨髓，臣已经无能为力了。”

近臣将扁鹊的话转达给了蔡桓公，蔡桓公听了半信半疑。

但没多久，蔡桓公突然病发，而且非常严重。蔡桓公赶紧派人去请扁鹊来给自己看病，但是扁鹊已经从魏国取道，前往秦国去了。

扁鹊看病时，已经总结出了后来中医的四诊法：望诊、闻诊、问诊和切诊。他说，如果在病症轻微的时候，能够得到良医及早救治，那么病症很快就好了。但有六种疾病无法医治：病人傲慢不讲道理，或者病人轻视身体看重钱财；或者病人衣着饮食不注意；阴阳五脏不调理；身体太过虚弱不能承受药力；或者迷信巫术，不相信医术。

扁鹊在邯郸，主要为妇女们治病；到了洛阳，他为老人们治病；到了咸阳，扁鹊就为孩子们治病。扁鹊和他的弟子周游列国，成为能为大众治病的“全科医生”。当时天下无人不知神医扁鹊的大名。

在秦国时，扁鹊去见秦武王。秦武王将自己的病情告诉了扁鹊，扁鹊请求秦武王让自己来医治。但是秦武王的近臣却说：“君王的病在耳朵的前面，眼睛的下面，未必能够治好，反而可能使耳朵听不清楚，眼睛看不明白。”

秦武王将这话告诉了扁鹊，扁鹊非常生气。他扔掉了手里的石针说：“君王与懂得医道的人商量这件事是谋划，与不懂得医道的人商量会破坏这件事。凭这件事，就可以了解秦国的内政，君王的一个举动随时都会导致亡国。”

李醯(xī)心里嫉妒扁鹊医术高明,他派出刺客,去暗杀扁鹊,扁鹊因此被害。

天下人得知神医扁鹊被害，无不为之惋惜、悲痛。蓬鹊山的赵国人不远千里，到咸阳找到了扁鹊的头颅，将这头颅埋葬在蓬鹊山下。

后来，人们在这里修建了庙宇，世世代代祭祀神医扁鹊。

直到现在，天下谈论和使用诊脉法的人，都遵从扁鹊的理论和实践。

四诊法

（望、闻、问、切）是中医诊病的基本方法。望诊，用肉眼观察病人外部的神、色、形、态等；闻诊，通过医生的听觉和嗅觉收集病人的气味；问诊，是医生通过跟病人或知情人交谈，了解病人的一些症状；切诊，主要是切脉。

扁鹊
本名
姬姓，秦氏，名越人
人物身份
战国名医
历史影响
奠定了中医切脉诊断方法
智慧值
★★★★
武力值
★★
生卒年不详

语文一点通

节选自《史记·扁鹊仓公列传》

原文

女无美恶，
居宫见妒；
士无贤不肖，
入朝见疑。
故扁鹊以其伎见殃，
仓公乃匿亦自隐而当刑。
缇萦通尺牍，
父得以后宁。
故老子曰：“美好者不祥之器”，
岂谓扁鹊等邪？

原文大意 女子无论美与丑，住进宫中就会被人嫉妒；士人无论贤与不贤，进入朝廷就会遭人疑忌。所以扁鹊因为他的医术遭殃，太仓公自隐形迹还被判处刑罚。缇萦上书皇帝，她的父亲才得到后来的平安。所以老子说：“美好的东西都是不吉祥之物”，哪里说的是扁鹊这样的人呢？

公元前 361年——公元前 338年

第九十五话 商鞅变法

□从魏国到秦国

人 **公叔痤**

（？一公元前361年），战国时期魏国大臣。在临终前举荐了公孙鞅。

商鞅是卫国人，姬姓，公孙氏，名鞅。由于后来被秦孝公封为“商君”，在历史上被人称为“商鞅”。

商鞅是卫国公族，年轻的时候就很喜欢刑名法术之学。魏国变法的李悝，楚国变法的吴起，都是商鞅憧憬的对象。商鞅曾经担任过魏国相国公叔痤的家臣。公叔痤深知商鞅的才能，于是在病重时曾经向魏惠王推荐商鞅，说：“这个年轻人很有才华，可以担任魏国的相国，辅佐您治理国家。”

但公叔痤几天后病情加重，又告诉魏惠王：“主公如果不能任用商鞅，一定要杀了他，不能让他到别的诸侯国去。”

魏惠王听到这样截然相反的意见，认为公叔痤病情严重，所以根本没听公叔痤的建议。

公叔痤想想又不忍心商鞅这样的人才白白被杀，告诉商鞅还是赶快逃跑吧！商鞅却看出，魏惠王不会听从公叔痤的建议，所以并没有着急出奔他国。

商鞅在思考，去哪里能够实现自己的理想呢?

公元前 361 年，秦献公去世，秦孝公即位。当时周王室的力量日益衰微，诸侯之间通过征伐加快扩张势力的状况更加急剧。而秦国地理位置偏僻，从秦穆公去世之后，日益为诸侯疏远。

秦孝公即位后，以恢复秦穆公的霸业为目标，下令寻求国内贤者。秦孝公在求贤令中说，要寻找能够出奇计，让秦国强大起来的人才。

这个消息传到了四面八方，商鞅看到秦孝公的求贤令后，决定前往秦国寻找机会。

商鞅到了秦国之后，通过秦孝公的宠臣景监面见了秦孝公。

名 帝道

指古代理想的帝王治国之道。

人 景监

芈姓，景氏，名监。秦孝公的宠臣。曾经向秦孝公引荐了商鞅，帮助商鞅三次劝说秦孝公，成功地为商鞅变法铺路。

第一次见秦孝公时，商鞅说的是“帝道”。这些迂腐的言论让秦孝公打起了瞌睡。秦孝公气得跟景监说：“商鞅算什么贤人？我看他就是个狂妄之徒！此人绝对不能任用！”

商鞅听景监说了秦孝公对自己的评价后，笑了。

五天后，商鞅再次觐见秦孝公，这次他说的是“王道之术”。秦孝公还是觉得不能任用商鞅。

第三次，商鞅对秦孝公说霸道之术，这次秦孝公对商鞅的说法有所肯定，但是还没有采用。不过，商鞅已经明白了，秦孝公心目中的理想蓝图是怎样的。

于是，最后一次，商鞅对秦孝公讲起了富国强兵之道。这次，秦孝公听得入了迷，两个人因此畅谈了几天也毫不厌倦。

景监非常不理解，于是偷偷找到商鞅询问，这到底是为什么？

商鞅笑道：“大王意在天下，对于耗时太长的帝道和王道不感兴趣。”

名 王道之术

出自古时帝王所用的管理办法。王道之术即采用严格的管理制度和等级层次对百姓进行的管理办法。

名 霸道之术

“霸道”是古代战乱纷纷时诸国所采取的方法。即用强硬的措施攻占敌城。后来的秦始皇正是凭借霸术夺取天下，统一四海的。

□变法：在阻挠中进行

秦孝公得到了商鞅，终于找到了能够帮助自己实现强国的人才，欣喜若狂。但是秦孝公想起来要变法，也很发愁。

他对于秦国的情况心知肚明，秦国地理位置偏僻，旧贵族有他们的既得利益。假如施行变法，一定会面临着这些人的反对和民众的不理解。

于是，秦孝公专门召开了关于准备实行变法的工作会议，对此进行讨论。

果然，会议刚刚开始，旧贵族甘龙、杜挚马上就吹胡子瞪眼表示反对。他们认为，遵循古人不会有过错，遵循礼仪不会产生坏的作用。这二位都是世家大族出身，说话很有分量。

商鞅马上反驳他们说："治理社会不只是一条道路，有利于国家就不必效仿古代。所以商汤、周武王不遵循古道而缔造了王业，夏桀、商纣因为不改礼制而亡国。违反古道的不可以否定，因循旧礼的不值得赞美。"

面对商鞅举出的前朝例子，这些反对派张口结舌，说不出话来。

这次辩论为变法做好了舆论准备。

公元前 356 年，秦孝公任命商鞅为左庶长，实行了第一次变法。

面对秦国很多亟需改革的地方，商鞅公布了一系列的新法规：

首先是法律方面，商鞅将李悝制定的《法经》在秦国颁布，将"法"改为"律"实行，尤其是增加了连坐法，五家为一伍，十家为一什。告发犯罪分子，可以获得奖赏，不告发，就会被腰斩。藏匿奸人，要被判和投敌的敌人一样的罪行，其他九家如果不告发，就会一起被判刑。并且坚持轻罪重刑，商鞅认为这是让人民连轻罪也不敢犯，即“以刑去刑”。

其次是奖励军功，禁止私斗。商鞅颁布了按照军功赏赐的二十等爵制度，这对于老百姓来说是非常具有吸引力的。而宗族子弟，假如没有军功是不能列入公族，也不能享有公族的特权。这就迫使所有的公族，不能躺在祖先的功劳簿上享受。

最后，重农抑商，奖励耕织，特别是奖励垦荒。秦国不但地理位置偏僻，而且地广人稀，商鞅用实际奖励，鼓励民众垦荒，增加国家的经济收入。

除此之外，商鞅还命令焚烧儒家经典，禁止游宦之民，这是在禁止走门路获取官职的行为。

毫无疑问，这些政策法律一经推出，就在旧贵族中引起了轩然大波。秦国国内到处都是反对商鞅的贵族，甚至到处造谣生事。商鞅将这些人称为“乱化之民”，将他们都迁到了边境地区。

变法在秦国艰难开展，终于取得了初步成效。

公元前 352 年，商鞅被升职为大良造，相当于诸侯国中的相国兼将军。

名 **度量衡**

是指在日常生活中用于计量物体长短、容积、轻重的物体的统称。『度』是长度单位的名称；量器是封建社会计量农产品多少的主要器具，容量的计量产生最早；衡，用作重量的单位。

商鞅在秦国的变法初见成效，公元前 350 年，他开始在秦国推行第二次变法。

这次变法主要从经济、政治方面着手。变法废除了贵族的井田制，而是“开阡陌封疆”。原来是百步为亩，称之为“阡陌”，一百亩称之为“封疆”。现在，秦国开拓为二百四十步为一亩，重新设置了“阡陌”和“封疆”。这不但确认了土地所有制，还扩大了政府拥有土地的 授田制度，增加了地税收入。

秦国还开始推行县制，设置了县一级的官僚机构，便于国家巩固统治。

为了争取向中原地区发展，秦国将都城从雍迁到了咸阳。

在经济上，秦国统一了度量衡，开始按户按人口征收军赋。

这些变法改变了秦国人的生活，对于国家有利。但是更多人开始反对变法，太子甚至因此犯法。

面对种种挑战，商鞅说：“法之不行，自上犯之。”本来要处罚太子，但是由于太子身份尊贵，于是处罚了太子的老师公子虔和公孙贾。

此举让秦国人心服口服，大家都开始实行新法。

十年后，秦国的经济迅速增长，社会安定的局面。当时的秦国，路不拾遗，山无盗贼，百姓富裕。

公元前 340 年，商鞅大破魏国军队，收复了河西一部分失地。

因此，商鞅被册封於商十五个邑，号为商君。

然而，旧贵族对于商鞅的仇恨日益增长。公元前 338 年，秦孝公去世了，太子即位，是为秦惠王。

公子虔等人展开了对商鞅的报复，举报商鞅要谋反。在秦国的追捕中，商鞅回到封地，率军攻打郑。

但小小的商地，如何能与强大复兴的秦国相抗衡?

最终，商鞅兵败战死，秦惠王命令将商鞅的尸体处以车裂示众，商鞅的家人也被全部诛杀。

商鞅为变法付出了生命的代价。然而他去世之后，新法并没有被废除，而是继续在秦国实行了下去。

语文一点通

徙 [xǐ] 木立信

节选自 《史记·商君列传》

原文

孝公既用卫鞅，鞅欲变法，恐天下议己。令既具，未布，恐民之不信，乃立三丈之木于国都市南门，募民有能徙置北门者予十金。民怪之，莫敢徙。复曰："能徙者予五十金。"有一人徙之，辄予五十金，以明不欺。卒下令。

原文大意

秦孝公已经任用了卫鞅，卫鞅想要实施变法图强政策，唯恐天下人对自己产生非议。法令已经完备，但没有公布，卫鞅恐怕百姓不信任，于是在国都市场南门立下一根三丈长的木杆，招募百姓有能够搬到北门的就赏给十镒黄金。百姓对此感到惊讶，没有人敢去搬木杆。卫鞅就又宣布命令说："有能够搬过去的就赏给五十镒黄金。"有一个人搬木杆到北门，卫鞅立即赏给他五十镒黄金，以表明没有欺诈。变法的法令终于颁布。

商鞅
本名
姬姓，公孙氏，名鞅
人物身份
法家代表人物
历史影响
商鞅变法
智慧值
★★★★
武力值
★★
公元前390年—公元前338年

公元前369年——公元前286年

第九十六话 追求自由的庄子

□漆园傲吏

庄子名周，是战国时期宋国蒙人，道家学派代表人物。和老子并称为“老庄”。

在庄子的哲学思想中，“道”是核心，也是一种追求生命自由的最基本范畴。这种“道”，庄子认为是一种阴阳之气，他主张人必须追求精神上的自由。生命自由的最佳境界，庄子认为是“逍遥游”。

庄子与宋国人惠施曾经有过许多有趣的辩论。

一次，庄子与惠施在濠水的桥上散步，桥下水流潺潺，有许多鱼儿在水中嬉戏。庄子于是指着水里的鯈（tiáo）鱼对惠施说：“这鯈鱼在水里自由自在，悠然自得，这是鱼的快乐呀！”

惠施反问道：“你又不是鱼，怎么知道鱼的快乐呢？”

庄子却说：“你不是我，怎么知道我不知道鱼的快乐呢？”

惠施坚持说道：“我不是你，固然不知道你。但你也不是鱼，你不知道鱼的快乐，也是可以断定的。”

庄子说：“那就回到我们开头的话题。你说‘你怎么知道鱼的快乐’这句话，就是已经知道了我知道鱼的快乐而问我，而我是在濠水边上知道的。”

这场有趣的辩论，被后人称为“濠梁之辩”。

后来，惠施得到了魏惠王的信任，被魏惠王任命为相国。庄子去拜会这位老朋友，没想到惠施对此感到非常恐慌。

据说庄子刚要前往大梁拜会惠施，就有人对惠施进谗言说：“庄子之所以到大梁来，是因为要取代您的相国之位。”惠施为此非常担忧，甚至在国都搜捕了三天三夜。

庄子对此非常鄙视，于是前去见惠施说：“南方有一种鸟，叫作鹓鶵（yuān chú）。据说，鹓鶵从南海起飞，一直飞到北海去，不是梧桐树它不会栖息，不是竹子的果实它也不会吃，不是甜美的泉水它不会饮用。这时候，有一只猫头鹰拾到了一只腐臭的老鼠，鹓鶵从猫头鹰面前飞过去，猫头鹰看着它，发出怒斥声。现在你也想用梁国来呵斥我吗？”

惠施听完，非常惭愧，不由得面红耳赤。他知道，庄子将自比为鹓鶵，而将他比作猫头鹰。梁国的相位对于他来说，就像那只发臭的老鼠，他是不屑一顾的。

公元前 340 年，庄子担任了漆园吏。这虽然是一个当地的小官，但是庄子学问渊博的名声却传到了四方。

一年后，楚威王派出大夫求见庄子，想要聘用庄子为楚国做事。

庄子见到使者便询问道：“听说你们楚国宗庙里供奉着一头神龟，是真的吗？”

使者说：“确实有此事。”

庄子问：“听说神龟已经死去三千年了？”

使者回答说：“是。”

庄子又问：“据说，神龟的身子被锦缎包裹，装在箱子里？”

使者有点奇怪，但还是回答说：“是的。”

庄子若有所思又问：“这神龟死后这么多年，被你们楚国供奉在宗庙之中，你觉得它尊贵吗？”

使者说：“自然尊贵。”

庄子又问道：“神龟活着的时候，每天在污泥中游来游去，你觉得它低贱吗？”

使者说：“低贱。”

庄子笑道：“假如让神龟来选择，你认为它是愿意一动不动被供奉在尊贵的宗庙里，还是愿意在低贱的污泥中游来游去呢？”

使者回答说：“它应该是愿意在污泥中游来游去。”

话说到这里，庄子大手一挥说道：“既然如此，你可以回去了。告诉楚王，我就好比那只愿意在污泥中游来游去的神龟。”

使者听了这话，这才明白，庄子是不愿意让自己被尊贵的官位束缚住自己。

没多久，庄子就辞去了漆园吏的职位。

名 鹓鶵

鹓鶵是中国神话传说中与鸾凤同类的鸟，又比喻有才望的年轻人。出典《山海经·南山经》：“（南禺之山）佐水出焉，而东南流注于海，有凤皇、鹓鶵。”

□ 庄周梦蝶

人 曹商

曹商是战国时宋国人，记载于《庄子·杂篇·列御寇第三十二》，曹商用丧失尊严作代价去换取财富，招来庄子的痛斥。

文 撮箕（cuō jī）

撮垃圾等用的簸箕。

庄子从漆园吏的职位辞职之后，就开始南游。在楚国，庄子劝谏楚王不要攻打越国。回到故乡后，庄子见到了刚从秦国回来的曹商。当时曹商曾经被宋国委托出使秦国，获得了好几辆车。秦王很欣赏曹商，又赏赐他车百乘。

曹商对此沾沾自喜，见到庄子之后惺惺作态说道："身居偏僻狭窄的陋巷，贫困到自己编织麻鞋，面黄肌瘦，脖颈干瘪，这是我以前不如别人的地方；然而一旦见到了万乘之尊，随从的车辆就有百乘之多，这是我超过他人的地方。"

庄子说："听说秦王有病召见医生，治疗好脓疮疖子的人可以得车一乘，舔痔疮的人可以得车五乘。所医治的方法越卑下，获得的车辆就越多。您难道是去医治秦王的痔疮了吗？为什么得到这么多的车呢？你赶紧离开我这！"

庄子讽刺曹商"舐痔得车"。本来得意扬扬的曹商，为此面红耳赤。

一次，庄子梦见自己变成了一只蝴蝶，轻松自在，在百花间飞翔。梦醒之后，庄子非常吃惊。仔细想想，不知道是庄周梦见变成了蝴蝶呢，还是蝴蝶变成了庄周？

后来，庄子说，庄子和蝴蝶有区别，这就是物、我的交合与变化。

公元前 312 年，庄子的妻子去世了。庄子的老朋友惠施此时也不是梁国的相国，于是前去安慰庄子。

庄子家住在陋巷，连马车都进不去。于是，惠施就在巷口下车，步行进去。庄子的长子前来给惠施行礼，惠施对孩子们表达了慰问。

然而惠施走进灵堂，却发现庄子坐在棺材旁边，两腿像“八”字一样伸着，如同撮箕很不雅观。庄子一点也没有悲伤的样子，看到惠施进来了，也不打招呼，接着手拍着瓦盆唱歌。

惠施实在忍不住了，他指责庄子说：“夫人和你夫妻多年，同甘同苦，为你生儿育女。如今她去世了，你将生死置之度外，不为她哭泣，也可以。但是你现在鼓盆而歌，是不是太过分了？”

庄子却说道：“你说错了。我也是一个人，怎么会不悲伤呢？但是我不能被感情支配，还要想一想。那时候夫人未生，还不是生命。更早呢，不但不是生命，连胚胎也不是。再更早，不但不是胚胎，连魂气也没有。后来恍恍惚惚，阴阳二气交配，成为魂气，再后来成为胚胎，再后来成为幼小的婴儿。她生下来，成为一个独立的生命，经历了种种苦难，又死亡。回顾她的一生，我想到了春夏秋冬的时序更替，多么相似。如今，她要从我家的小屋子迁到天地的大屋子，坦然安睡。我不为此唱歌欢送，反而悲痛大哭，那就太不懂得生命的原理了。想到这里，我就能够节哀顺变，鼓盆而歌了。”

惠施无话可说，只能黯然离去。

庄子晚年在南华山隐居，也曾经与惠施有过多次辩论。

庄子的弟子本来提前准备了很多丧葬之仪，庄子却反对这样做，他嘱咐弟子们说：“我以天地为棺椁，以时间为连璧，星辰为珍珠，万物为我的陪葬。我陪葬的东西难道还不够多吗？哪儿还用得上你说的那么多东西陪葬？”

弟子们害怕这样做，乌鸦和老鹰会吃掉庄子的遗体，庄子却说：“在地上被老鹰吃，在下面被蚂蚁吃，夺过乌鸦和老鹰的吃食，再交给蚂蚁，这是多么偏心啊！”

公元前 286 年，庄子因病去世。

庄 子
人物身份 古代思想家、哲学家、文学家
历史影响 与老子并称“老庄”
智 慧 值 ★★★★
武 力 值 ★
公元前369年—公元前286年

“庄周梦蝶”

节选自 《庄子·齐物论》

原文

昔者庄周梦为胡蝶，
栩栩然胡蝶也，
自喻适志与！
不知周也。
俄然觉，则蘧蘧然周也。
不知周之梦为胡蝶与，
胡蝶之梦为周与？
周与胡蝶，则必有分矣。
此之谓物化。

原文大意 曾经庄周梦见自己变成蝴蝶，是很生动逼真的一只蝴蝶，那是多么愉快和惬意啊！在梦里他不知道自己原本是庄周。突然间醒过来，惊惶不定之间方知原来我是庄周。不知是庄周梦中变成蝴蝶呢，还是蝴蝶梦中变成庄周呢？庄周与蝴蝶那必定是有区别的。这就可以叫作物、我的交合与变化。

“庄周梦蝶”后来特指奇妙的梦境，或者比喻人生变化无常。

第九十七话 孙膑的苦难

□可怕的同学

孙膑是军事家孙武的后代，曾经专门学习兵法。和孙膑一起学习的还有庞涓。孙膑和庞涓是一对非常好的同学，也是很好的朋友。

庞涓先学成本事，于是拜别了老师，告别了同学孙膑，到魏国寻找机会。很幸运，魏惠王很欣赏庞涓，任命庞涓为魏国的将军。

当上了将军的庞涓志得意满，但他心里总有一个隐患。因为庞涓深深知道，自己的同门——孙膑，可比自己本事大多了。等到孙膑学成出山，一旦两军对垒，自己这个将军还能在魏国得意多久?

庞涓为此苦恼不已。

终于有一天，庞涓想到了一个好办法。他给孙膑写了一封信，说自己在魏国得到了魏惠王的欣赏，如今已是魏国领兵的将军了。希望孙膑能够到魏国来，自己可以向魏惠王引荐他，将来一起在魏国做事，还经常能见面，岂不是很好?

这封信看起来情深义重，其实庞涓心里有自己的小九九。

孙膑到魏国之后，庞涓专门设宴款待孙膑，两个久未见面的老同学把酒言欢，气氛非常融洽。

后来，庞涓果然向魏惠王引荐了孙膑。魏惠王见到孙膑非常高兴，说:“先生是孙武后人，能到我们魏国来，实在令寡人快慰！”

庞涓看着魏惠王高兴的样子，还专门提出，可以让孙膑当魏国的客卿，将来孙膑有了功劳，自己甘愿让贤。

魏惠王看着他们两个老同学一片和气，非常高兴，马上下令设宴款待孙膑。

在酒席上，魏惠王和孙膑谈到一些用兵问题，孙膑对答如流。庞涓却从来没听过这些兵法，暗暗吃惊。于是，庞涓不经意间询问孙膑：“难道这是传说中孙武的《兵法》？”

孙膑说正是。庞涓于是提出要借《兵法》看看。孙膑说这书是老师收藏的，自己也没有。

庞涓不死心，接着问：“既然兄长看过了，那是不是能记得？”

孙膑感为谢庞涓特地向魏惠王推荐自己，于是答应默写出一份《兵法》给庞涓。

可是这天晚上，庞涓回到家里却根本睡不着了。他深知，自己本来不如孙膑有本事，如今孙膑的才能，看来更在自己之上。

不除孙膑，将来自己必定要落于下风。

就是这天晚上，庞涓想到了一条除掉孙膑的毒计。

□ 庞涓的毒计

一天，庞涓找到孙膑说：“兄长如今在魏国也安定下来了，为什么不给家里写封信，接家人过来团聚呢？”

孙膑听到这话，眼圈红了，说道：“我从小父母双亡，只有一个叔叔在齐国，还有两个堂兄。后来，赶上齐国大乱，我的家人四散逃离，如今早已不知生死了。”

庞涓听了也深为孙膑感叹。

又过了半年，忽然有人找到孙膑，说有信给孙膑。孙膑很是疑惑，打开信一读，原来是堂兄写来的。孙膑的堂兄在信中说，自从失散之后，自己在宋国给人种地度日，而孙膑的叔叔早已经去世了。现在，孙膑的堂兄回到了齐国，希望孙膑早日去齐国和家人团聚。

孙膑读了信，失声痛哭。来人催要回信，孙膑赶忙给堂兄写了一封回信，说自己在魏国还没有什么建树，将来有所成就，再提回国。

可惜，孙膑并不知道，来人和信，都是庞涓派人伪装的。庞涓得到了孙膑的回信后，马上模仿笔迹，将这封信修改了几句。紧接着，庞涓将这封信密报给魏惠王，说孙膑即将背叛魏国，回到齐国，这信就是证据。

魏惠王读了这封信，又气又急，自己对孙膑这么好，没想到啊，他居然背叛自己！

魏惠王派庞涓处理这件事情。

庞涓找到孙膑，绝口不提自己诬告孙膑的事，反而劝说孙膑，既然得了家书，应该请假回家看看亲人，然后再回来。

孙膑对庞涓的细心万分感激，一点也不怀疑，于是写奏章给魏惠王，想要请假回乡。

庞涓却找到魏惠王说：“臣对孙膑百般劝说，但是他铁了心要去齐国。而且假如不让他回去，他还有威胁的话。”

所以，魏惠王看到孙膑的奏章，气得跳脚，马上命人问罪于孙膑。

就这样，孙膑被庞涓设计陷害，被判刖足后黥面。

只听一声惨叫，孙膑的膝盖骨被挖去了，脸上也被刺上了“私通外国”的字样，还涂上了墨水。

一代英才孙膑，就这样被庞涓设计，成了残疾人。

孙膑被害之后，庞涓在旁边假装痛哭，还派人专门为孙膑治病，调养身体。

所以孙膑一点儿也不怀疑庞涓，甚至还很感激庞涓对自己的深情厚谊。

一个月后，孙膑的伤口愈合了，但再也没办法走路了。

孙膑每天被庞涓派去的人照顾，心里非常过意不去。为了表示对庞涓的感谢，孙膑就开始为庞涓默写那部《兵法》。

由于孙膑有伤，每天默写的字不多。庞涓的亲信经常来催促，终于引起了服侍孙膑的士兵的疑心。这士兵询问为何这么着急？庞涓的亲信不耐烦地说："庞将军说了，写完后，就马上断绝饮食。"

这士兵吃了一惊，又很可怜孙膑，就偷偷告诉了孙膑。

孙膑听了这话如同五雷轰顶，再仔细想想，自己所遭受的一切，果然都是庞涓设计好的。

"好，好，庞涓，你真是我的好同窗！"

从这天开始，孙膑忽然疯了。他不是大怒大骂，就是号啕大哭。就连庞涓来看，孙膑都哈哈大笑说："我有十万'天兵'，谁敢害我？"

庞涓半信半疑，好好的一个人，怎么就疯了呢？

庞涓命人将孙膑拖入猪圈，试探孙膑。孙膑披散头发，在猪圈的污秽之中躺卧，也不嫌弃脏。庞涓送来的食物，孙膑都倒掉了，反而吃猪圈里的猪食。

从此庞涓认为孙膑真疯了，不再管孙膑。

一次，齐国使者偶然见到了孙膑，经过交谈，他觉得孙膑不是凡人。

于是，在齐国使者的帮助下，孙膑终于逃出了魏国，来到了齐国。

一代军事家孙膑，从此远离了陷阱，即将在齐国大展宏图。

孙膑
人物身份 战国时期军事家
历史地位 获得桂陵之战、马陵之战胜利
智慧值 ★★★★
武力值 ★
生卒年不详

节选自《史记·孙子吴起列传》

原文

孙膑尝与庞涓俱学兵法。
庞涓既事魏，
得为惠王将军，
而自以为能不及孙膑。
乃阴使召孙膑。
膑至，庞涓恐其贤于己，
疾之，则以法刑断其两足而黥之，
欲隐勿见。
齐使者如梁，孙膑以刑徒阴见，
说齐使。齐使以为奇，
窃载与之齐。
齐将田忌善而客待之。

原文大意 孙膑曾经和庞涓一道学习兵法。庞涓虽然已经为魏国效力，担任了魏惠王的将军，但是他认为自己的才能比不上孙膑，于是暗地里派人请孙膑来。孙膑到了魏国，庞涓害怕他比自己有才干，很妒忌他，就捏造罪名，根据法律用刑挖去了他两足膝盖骨并在他脸上刺上字，想使孙膑这辈子再也不能在人前露面了。有一次，齐国的使者到魏国都城大梁来，孙膑以一个受过刑的罪犯的身份暗中会见了使者，向他游说。齐使认为孙膑的才能奇异，就偷偷地载着孙膑回到了齐国。齐国将军田忌认为孙膑很有才能，像对待客人一样对待他。

公元前 378年——公元前 320年

第九十八话

田忌赛马

来自失败者的挑战

田忌，妫姓，田氏，名忌，字子期，是战国时期齐国将军。田忌是齐国贵族，他听说了孙膑的遭遇，非常同情，于是将孙膑收为门客。

田忌当时经常与齐威王进行赛马。在每次比赛之前，参加比赛的双方会各自下赌注。每次都要比赛三局，谁的马能赢两局，谁就能获胜。

可惜，田忌每次都是输掉的那个。

这天，田忌兴高采烈外出赛马，没多久便怒气冲冲回来了。孙膑于是询问田忌，发生了什么事情？

田忌火冒三丈说道："太丢人了！本将军的马，难道都是吃素的吗？这次赛马，又输了！"

孙膑暗自发笑，马当然吃素，谁家的马吃荤呢？不过他看田忌怒火中烧，于是提出要看看那些赛马。

田忌一挥手表示同意。于是，孙膑来到了马棚，仔细观察了田忌的赛马。

之后，孙膑对田忌说道：“将军，我仔细看过了您的赛马。其实您的赛马都很优秀，但是这三等赛马，每一等都比大王的赛马差一点儿。”

“哼！”

田忌气坏了，输了，还要承认自己的马不如齐威王！

孙膑说：“其实我有办法可以让您赢得比赛。”

什么？田忌的眼睛顿时睁大了，不是刚才还说自己的赛马不如齐威王的吗？这一转眼又说能赢了齐威王？还真有天兵天将帮忙不成？

孙膑神秘地一笑说：“将军可以相信我，按照我的安排去和大王赛马。这次赛马，您可以多下注，到时候一定能将之前的损失都赢回来！”

田忌半信半疑，但是他看孙膑胸有成竹的样子，决定按照孙膑说得去试一试。

于是，田忌派人去请示齐威王，择日要再次和齐威王赛马。齐威王一听就乐了：“什么？你们将军刚才还输得不够惨？还敢来主动要求比赛？可以啊，看来田将军又要给寡人送钱了，那就择日再比！”

这一天，风和日丽，赛马场上绿草如茵。

今天又是田忌将军和齐威王赛马的日子。齐威王根本不相信，短短几天时间，田忌能有什么办法战胜自己，因此心安理得地坐在上座，等待着看田忌失败后面红耳赤的样子。

可是看起来，田忌今天好像心情不错啊，难道还真是有什么秘密绝招？也好，那就让事实说话吧！

第一场比赛，齐威王派出了自己的上等马。齐威王的这些上等马毛色油亮，四蹄有劲，身体强壮，一看就是千金难求的好马。而田忌派出的比赛马匹，看起来也太普通了吧？也没什么精气神儿，好像还没从前几天的失败中醒过味儿来。

一声号令，只见齐威王的好马如同离弦之箭，转瞬即逝。而田忌的马虽然也努力去跑了，却远远不是齐威王这些好马的对手。

果然，第一局是齐威王赢了。

齐威王安慰田忌道："将军少安毋躁，还有两场比赛，且看后面的比赛结果。"

田忌气得脸都白了，这不是笑话我不行吗？

田忌刚要发作，身边一个坐着轮椅的人轻轻拉了拉田忌的袖子，田忌忽然又忍耐了下来，"是，还有两场比赛，

请大王继续观看。”

齐威王忽然想起来，那坐着轮椅的人，莫不是之前听说被害出奔到齐国来的孙膑？

果然，看来田忌是得到了孙膑的指点，才敢在这么短的时间内前来挑战。

可是田忌的马不如人，还能反败为胜？倒要看看这孙膑有什么妙计！

第二场比赛即将开始，双方比赛马匹入场。齐威王一看，哎呀，田忌从哪儿倒腾来了好马？看起来，田忌这一组赛马不但比自己的马个头儿高，精气神儿还好呢！这，看起来不妙啊！

果然，伴随着发令枪响，田忌的赛马一骑绝尘，远远地将齐威王的赛马甩在后面。这次比赛，是齐威王输了。

田忌高兴地手舞足蹈说道：“多谢大王，承让承让！”

齐威王气得冷哼一声，果然是小人得志！他对田忌说：“田将军好不容易赢了一场就这么高兴？本王可是赢了很多次了！别忘了，我们现在是平局，最终的胜负，还要看第三场！”

田忌嘿嘿笑着不吭声了，但是明显有了底气，胜券在握。

很快，第三场比赛也开始了。说起来也怪了，明明之前每次比赛田忌都输了，田忌的马也不如齐威王的，但是这一次比赛，田忌有如神助，田忌的赛马再一次战胜了齐威王的赛马！

因为之前田忌下了很多赌注，所以这一次胜利，田忌就将之前输的钱都赚了回来，甚至还有盈余。齐威王越想越不对劲，一把抓住田忌说：“田将军到底有什么秘密？为什么本来你的赛马不如本王的，今天却赢得这么轻松？”

□ 胜利的秘密

齐威王输得莫名其妙，输得心不服口不服，他今天必须让田忌说出赢得比赛的秘密。

田忌哈哈一笑回答说：“大王，田忌不敢隐瞒，马还是之前那些马，我田忌怎么可能一下子找到那么多好马呢？但是有高人为我指点迷津，所以这才能侥幸取胜。”

田忌命人将孙膑推了上来，齐威王恍然大悟，果然，是孙膑给田忌赛马出的主意。齐威王问道：“孙膑，快告诉本王，你用了什么高招，让田将军的赛马有如神助？”

孙膑向齐威王施礼后，将自己的计划和盘托出。

原来，孙膑仔细观察了田忌的赛马，发现其实田忌的赛马都不错，只是每个档次的赛马都比齐威王的赛马差了一点儿。但是这一点儿差距，却成为田忌迈不过去的坎儿，让他逢比必输。孙膑于是重新安排了田忌赛马出场的顺序。

孙膑说：“臣建议田忌将军，第一局用下等马对大王的上等马；第二局用上等马对大王的中等马；第三局用中等马对大王的下等马，如此一来……”

“妙啊！如此一来，马还是那些马，但是之前每个档次都略逊一筹的马，变成了每个档次都略胜一筹，怪不得，怪不得田忌赢得了比赛！”

孙膑的解说让齐威王心服口服。他对于赛马的巧妙安排，也让田忌和齐威王都看到了，孙膑是一个具有全局意识、善于排兵布阵的军事家。

从此，田忌和齐威王都十分信任孙膑，相信他一定会为齐国建功立业的。

语文一点通

『田忌赛马』

出自 **《史记·孙子吴起列传》**

这是我国历史上著名的用自己的长处迎战对手短处，从而在竞赛中获得胜利的例子。这则成语也告诉人们，要有全局观念，假如能够获得全局胜利，局部牺牲也是可以接受的。当自己整体实力低于对方，就要巧妙地排兵布阵，赢得整体胜利。

田忌
本名
妫姓，田氏，名忌
人物身份
齐国将军
历史影响
大胜魏军
智慧值
★★
武力值
★★★
生卒年不详

第九十九话 申不害变法

□从郑国到韩国

申不害，也被称为申子，是郑国京邑人，专门研究“黄老之术”。申不害原来是郑国的一个小官，但紧跟着一场变故，打破了申不害原本平淡的生活。

原来，自从三家分晋之后，韩国处于非常不利的地理位置。韩国的东部和北部被魏国包围，西边有秦国，南边是楚国，可谓是强敌环伺。韩国要发展，非常困难。

经过仔细考虑，韩国盯上了郑国。

公元前423年，郑幽公刚刚即位，就被韩武子出兵攻打，郑幽公也因此去世。

韩武子去世之后，他的儿子韩景侯继承了父亲的韩氏宗主位置，也继承了向郑国出兵扩张势力的理想。韩景侯出兵，攻下了雍丘。郑国没办法抵抗，甚至修筑了长城，希望以此让韩国放弃攻打自己。后来韩景侯跟着魏文侯一起攻打齐国，将郑国丢到了九霄云外，这才让郑国获得了一段喘息的时间。

公元前385年，韩国再次攻克了郑国的阳城。公元前375年，韩哀侯终于攻克了郑国的都城新郑，并将韩国都城迁移到了新郑。

曾经诞生过“春秋小霸”——郑庄公的郑国，就这样黯然退出了历史舞台。

兼并郑国之后，韩国的国力迅速提升。

申不害由此成为韩国人，从郑国的小官，转而成为韩国小官。

□

登上相位

韩国在韩、赵、魏三国中属于实力比较弱小的国家，因此总是面临尴尬的处境。申不害抓住了几个抉择的关键时刻，获得了韩昭侯的欣赏。

公元前 354 年，魏国讨伐韩国，并且包围了宅阳。韩昭侯心急如焚，大臣们无计可施。现在明摆着韩国不是魏国的对手，要投降肯定是心有不甘，要打，那肯定也是打不过，到底如何是好?

在大臣们束手无策的时候，申不害给韩昭侯出了一个主意。申不害对韩昭侯说："要解除这场兵祸，于今之计只有示弱。现在鲁国、宋国和卫国要去朝见魏国，大王不如执圭去拜见魏惠王。您只要这样做了，一定能够让魏惠王心满意足，这样我国的危急就可以迎刃而解。"

韩昭侯一听有点犹豫，执圭，这是古代臣子朝见天子才有的礼节，意味着韩国向魏国服软了?

申不害明白韩昭侯爱面子，又劝说韩昭侯："大王不必犹豫。魏惠王得到您的拥护，一定会骄傲自大。而别的诸侯也会因此同情我国。这反而使我们能够让魏国在诸侯中影响力减弱。"

韩昭侯只能采取申不害的建议。

孔子的六世孙子顺对韩昭侯说："您是一世明君，申不害是一世贤相。韩国和魏国力量相等，然而您却能以手执圭拜见魏侯，不是您喜欢卑贱却讨厌尊贵，忧虑过度从而失策。我们和强敌为邻国，动辄有灭亡的危机。但强大的军队也难以对抗两支队伍，所以您才能委屈自己跟随魏国，这是为了图存。申不害考虑到这点才进言，是忠臣；您能采纳申不害的建议，是明君。”

果然，魏惠王看到韩国示弱，非常高兴，马上下令魏国军队撤退，还和韩国结为友好邻国。

申不害一个建议，就让韩国从被动挨打的局面走向了和平，韩昭侯因此对申不害刮目相看，将申不害看作是重要的谋士。

公元前 353 年，魏国包围了赵国的邯郸。赵成侯派出使者向齐国和韩国求援，韩昭侯又疑惑了：到底救还是不救呢?

韩昭侯问计于申不害，但申不害并不了解韩昭侯的心意如何，于是说等考虑成熟再回答韩昭侯。申不害请韩国的名臣分别去向韩昭侯进言，讨论是否要出兵救援赵国。

申不害从韩昭侯的回答中了解到韩昭侯的意见，然后进言韩昭侯，可以联合齐国救援赵国。

后来，有了齐国田忌发兵，孙膑为军事，齐国围魏救赵，韩国从旁协助，终于将魏国打得大败。

公元前 351 年，韩昭侯任命申不害为韩国相国，希望申不害能够在韩国实行变法，让韩国更加强大。

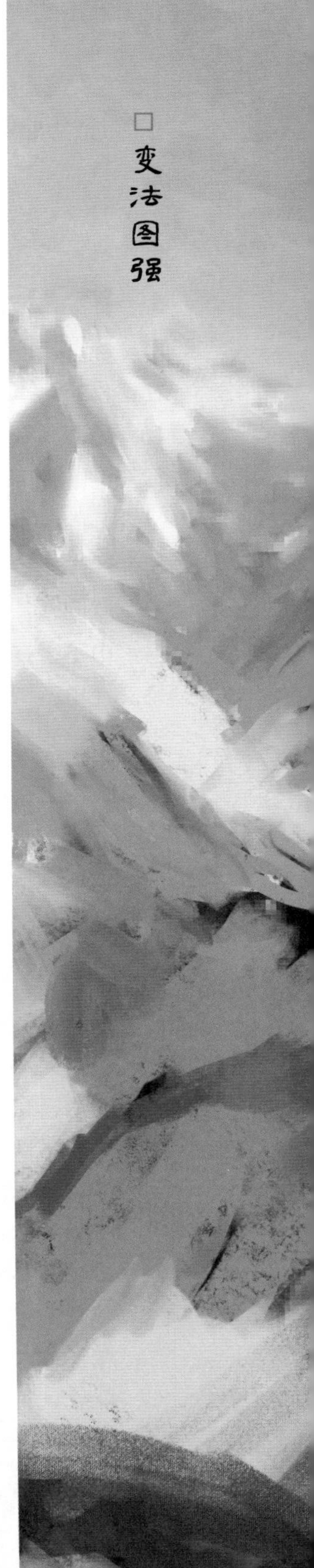

文 **“治其要”“操其柄”**

出自《申子·大体》，“君治其要，臣行其详。君操其柄，臣事其常”。意为，君主应总揽大权而不亲细务，臣下则应只亲细务而不揽大权。

申不害对于如何变法，有自己的主张。申不害认为，一个国家要强大，必须实行中央集权的君主专制体制。这是当时诸侯争霸的形势决定的，申不害认为，在当时，唯有君主专制最能集中全国的力量，是争霸和自卫的最佳方式。他认为，在“明君”的周围，环绕着这个国家的大臣们不能专权。不能有大臣蒙蔽君主，让君主的权柄落到某个权臣手中。

国君要掌握“本”“治其要”“操其柄”。那么，国君怎样才能控制这些根本呢？申不害认为，这就要讲究统治的“术”了。

申不害所说的“术”，其实就是指国君任用、监督、考核大臣的办法。在任命官员之前，国君应该对官员能力进行考核，看看这个官员人品如何，能力如何，是否对于国君和国家忠诚？从而选拔出优秀的人才担任官员。

申不害要求官员们只能处理自己职权范围之内的事情，不能越级办事。不是自己职权范围内的事情，即便知道，也不能随便讲。

为了加强韩昭侯的统治，申不害在改革中首先向韩国的侠氏、公厘和段氏开刀。这些曾经在韩国发展壮大的大家族,他们的权柄被收回,他们的财富被收归国有,他们私有的城池也被摧毁了。

这样，曾经对韩国产生威胁的大家族被铲除了，而国家实力增强了。

这之后，申不害又自请为韩国上将军，收编贵族私军为国家军队，壮大了韩国的军事实力。

在经济方面，申不害鼓励百姓多垦荒，多种地。

与此同时,韩国的手工业也积极发展起来,特别是韩国的铸造业非常发达。在诸侯中有“天下之宝剑韩为众”，“天下强弓劲弩，皆自韩出”的传言。

申不害变法，他讲“术”，并不是不讲“法”。他所说的“术”，是在执行法的前提下使用的。“术”，其实是君主掌控臣子的手段和方法，而“法”是公开的，是大臣和百姓都要遵守的行为准则。

经过申不害变法，韩国拥有了强干的官吏队伍和强大的军队，在经济方面也欣欣向荣。

申不害在韩国担任了十五年相国，他内修政教，外应诸侯，让韩国强大起来。在申不害担任相国的十五年内，韩国老百姓生活富裕，国家强大，诸侯中没有敢侵犯韩国的。

历　史　小　课　堂

在法家众位代表人物中，申不害重“术”，商鞅重“法”。但申不害并不是排斥“法”，他所推崇的“术”也是在执行“法”的前提下使用的。

申不害认为，君主专制是当时最能集中国家力量的政权形式，也是一个国家争霸的最佳组织形式。君主要统治国家，就要依靠“权势”。申不害所推崇的“术”，就是君主驾驭臣子的方法。所以申不害强调，君主要“操杀生之柄”，要求臣子绝对服从君主，也就是“尊君卑臣”。但申不害并不是主张君主事事亲为，而是主张君主“无为”，君主通过驾驭大臣，实现治国安民的目标。

申不害
人物身份 战国思想家，法家重要人物
历史影响 推行韩国变法
智慧值 ★★★
武力值 ★
公元前385年—公元前337年

公元前354年——公元前351年

第一百话 围魏救赵

□强大之后的危机

变法图强成为诸侯国之间的主旋律，很多国家通过变法，强大了起来。比如魏国的李悝变法，秦国的商鞅变法，齐国的齐威王改革。这些更加强大的诸侯国开始拉拢小国家，组成依附自己的团体，进而达到扩张势力的目的。

在各国势力开始扩张的时候，争斗就在所难免。

公元前354年，赵国为了扩张势力攻打卫国，这引起了魏国的干涉。因为卫国已经入朝于魏国，赵国此举，无疑是对于魏国实力的挑战。

于是，魏国派出军队包围了赵国的邯郸。赵国形势危急，只能派出使者，向齐国求救。

在齐国召开的工作会议上，邹忌明确表示反对，然而大臣段干朋却认为应该救援赵国。齐威王于是询问段干朋，为什么要救援赵国？

段干朋回答说："救援赵国，对齐国有利。试问，倘若眼看着魏国攻破了邯郸，让魏国扩大了势力，对齐国有什么好处？如果救赵，军队驻扎在赵国郊外，这就使赵国不被攻伐而魏军也会完好无损。所以，不如向南进攻魏国的襄陵，使魏军疲惫，即使邯郸被攻克，我们也可以利用魏国的疲惫使它受挫。"

这句话打动了齐威王，于是齐威王决定出兵救援赵国。

于是，齐国派出田忌为大将，孙膑为军师，率领齐国军队救援赵国。孙膑本来说自己遭受过酷刑，身体有残疾，推辞了齐威王的任命。但齐威王见识到了孙膑的才干，坚持任命孙膑为军师。齐威王让孙膑坐在带有帐篷的车子里跟随大军出动，为田忌出谋划策。

孙膑为田忌分析了魏国的军事部署。孙膑说：“魏国实力大增，但是现在攻打赵国，魏国的精锐部队都在外，国内实力空虚。和魏国军队硬碰硬不是明智之举，现在最好是紧急出动，奇袭魏国都城大梁。这样，魏国无论如何也不会让都城大梁有失，所以那时候赵国的被围困自然就因此而解了。”

田忌觉得孙膑说得很有道理，就按照孙膑的建议排兵布阵。

当时魏国的将军庞涓率领着八万魏国精锐部队，围困邯郸。孙膑建议田忌，一部分齐军向南进攻战略要地——平陵，另一部分齐军则开始急行军，目标是魏国都城大梁。

为什么要攻打平陵？

孙膑认为，平陵虽然城池小，管辖的地区却很大，人口众多，兵力也强，是魏国东阳地区的战略要地。从地理位置上来看，平陵南边是宋国，北边是卫国，是名副其实的兵家必争之地，难以攻克。攻打平陵，由于必须经过市丘，容易被切断粮道，此举也可以让魏国主将庞涓迷惑，认为齐国将领无能。

孙膑建议由临淄、高唐的都大夫率领当地齐军攻打平陵，吸引庞涓的主力部队。果然，这两位都大夫不负众望，率领自己的军队被庞涓打的大败。

这给魏国军队留下了一个印象：齐国军队作战水平不行，根本不是魏国的对手。

田忌率领齐国军队一路疾驰，直奔大梁而去。庞涓得到这个消息非常惊讶，齐国难道不是来救援赵国的，是来抄我们魏国老底儿的？

大梁是魏国都城，一点闪失都不能有。一旦大梁有失，整个魏国的根本就动摇了。这个代价太大了，大到让庞涓不敢冒一点儿险，只能赶紧撤退。

在齐军即将与心急火燎的魏军相遇的关键时刻，孙膑又给田忌出了两个主意。

孙膑认为，目前若要突袭大梁，务必要命令轻快的战车直接奔袭大梁郊外，以此激起敌人的怒气。让庞涓对齐军愤恨，为什么打乱魏国辛苦得来的机会？

但是在奔袭过程中，又要分散队伍，让敌人觉得齐国军队经过长途奔袭，势单力薄。这样可以让庞涓轻敌。

试想，庞涓得到了敌人已经打到家门口的情报，又得知敌人实力薄弱，还能不着急，还能不轻敌吗？

田忌觉得孙膑说得太对了，马上命令齐军贯彻执行孙膑的命令。

果然，庞涓得到这些情报分析之后，得出了孙膑想要的结果。魏国军队抛弃了辎重，轻车追赶，急行军撤退。

孙膑早就命令齐军的主力部队在桂陵埋伏了重兵，将庞涓的部队一举击败，并且抓获了庞涓。

桂陵之战以齐国大胜结束，孙膑在战斗中避实击虚，围魏救赵，成为历史上著名的战例。齐国达到了救援赵国的目的，就不再进攻魏国都城大梁。

孙膑在桂陵之战中的沉着冷静，提出的战略在桂陵之战中起到了关键作用。而魏国的庞涓在没有了解清楚敌情的情况下就贸然出动，陷入了齐军的陷阱。

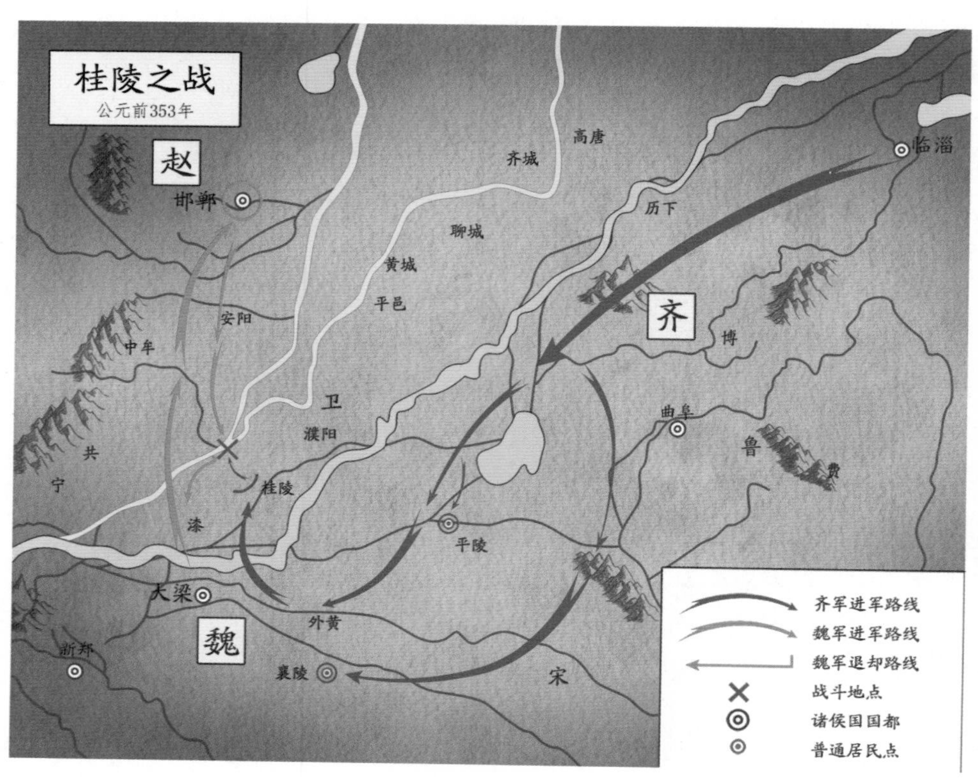

文一点通

语

『围魏救赵』

出自《史记·孙子吴起列传》

通过袭击敌人后方，迫使敌人不得不撤退的战术。是逆向思维的结果。孙膑看到了魏国攻打赵国，导致国内空虚的情况，所以趁机包围魏国，从而避实就虚，迫使魏国不得不为自保撤退，达到对赵国的救援目的。从表面上看，这是舍近求远，但实际上是抓住了问题的本质，解决问题的根本，从而达到一招制胜的目的。

□大战之后

在齐国和魏国发生战斗的时候，其余的诸侯国也抓住时机，纷纷开始拓展自己的地盘。

公元前 354 年，秦国借魏国包围邯郸的时机，打败了魏国军队，夺取了少梁，占据了安陵、山氏等地，将秦国的势力推进到了魏国和韩国的交界地区。

桂陵之战时，楚宣王也派出楚国军队救援赵国。但最终，魏国军队还是攻破了赵国都城邯郸。

公元前 352 年，魏惠王调用韩国军队，打败了包围襄陵的宋、齐、卫联军。齐国国军没办法，只能请楚国大将景舍出面斡旋，才达到了停战的局面。

公元前 351 年，魏惠王和赵成侯在漳水边结盟，魏国从邯郸撤退。差不多在同时，齐国释放了魏国将军庞涓。

《吕氏春秋》评价说，魏国对于邯郸围困三年，造成了魏国军队、百姓的疲敝，国家耗费了很多军费，国库空虚。魏国的民众对此议论纷纷，非常不满，其他诸侯国对魏国也非常不满。

从此，魏国开始衰落。

第二百〇一话

马陵之战

□逢泽之会

桂陵之战后，魏国虽然保存了实力，但是在这场疲于奔命的战斗中，也损失了实力，特别是魏国军士们的自信心受到了打击。

这之后，秦孝公几次打败魏国，河西之地的一部分也被秦国收复。魏国虽然仍然是诸侯中的强国，但实力已经严重滑坡。

为了和秦国一较高低，魏惠王召集了很多小的诸侯会盟。当然，这次会盟表面上的目的是为了朝见周天子，但仍然引起了秦孝公的担心。

公元前 344 年，商鞅游说魏惠王，劝说魏惠王先称王，再图谋吞并齐国和楚国。这让魏惠王的野心蠢蠢欲动，于是，魏惠王自称为“夏王”，还摆出了天子的排场。

膨胀的魏惠王决定效仿齐桓公，要九合诸侯。魏惠王请诸侯参加逢泽之会，宋国、卫国、邹国、鲁国等国君都参加了这次会盟，秦国也派出了公子少官参加会盟。然而，韩国和齐国却没来参加会盟。

这可让魏惠王的自尊心和野心一起受挫，他马上出兵攻打韩国。

要说魏国的实力还是比韩国强得多。公元前 342 年，魏国向韩国进攻，韩国果然溃不成军，只能转而求助齐国。

韩国和魏国斗得你死我活，打得筋疲力尽，这时候，齐国的援军到了。

和上次一样，齐国的军队依然是田忌为主将，孙膑为军师。魏惠王派出了太子申和庞涓为大将，率领十万大军迎战齐国军队。

一场恶战就在眼前。在这场你死我活的战斗中，究竟谁能获得胜利呢?

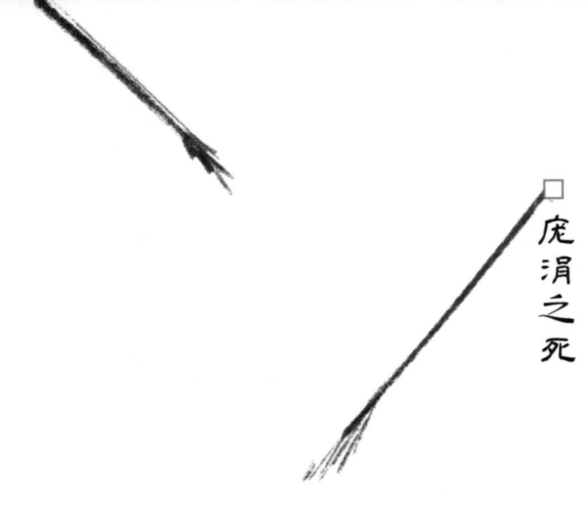

庞涓之死

对于魏国而言，战胜齐国的意义远比战胜韩国重大。战胜了齐国，可以报之前桂陵之战战败的仇，又可以战胜敢管闲事的齐国，扫除将来魏国扩大势力的障碍。

新仇旧恨，让魏国的大将和士兵对齐国军队恨之入骨。

这种迫切心情造成了魏国军队的急躁，孙膑在仔细勘查了敌情之后，定下了“减灶诱敌”的计策。

田忌觉得孙膑的计策很妙，于是齐军马上将这个计策执行下去。

三天之内，齐军军营内做饭的灶从十万减少到五万，又从五万减少到了两万。

探子将消息汇报给庞涓之后，庞涓仔细思考了片刻，忽然笑道：“看来，我们魏国的十万大军，吓破了齐军的胆子！这齐军的军灶逐日减少，说明齐军私下逃跑的士兵不在少数！孙膑，我看你这次还能逃到哪里去！”

于是，庞涓命令魏国军队全力追击。果然，这一次追击非常有成效，魏国军队是追着齐军跑，齐军真是被吓破了胆子。

庞涓急于求胜，又觉得齐军不堪一击，索性派出精锐部队轻装上阵，日夜兼程追赶齐军。

齐军没命的逃跑，魏军玩命的追。

终于，魏军将齐军追赶到了马陵。马陵，周围都是深山涧谷，丛林密布。假如在这里设伏军，是最难令敌人发现的。

孙膑早命令齐军的一万名善射的弓箭手埋伏在马陵道路两旁，约定到了晚上，看到火光，就一起射箭。

庞涓带着手下精锐部队，轻车简从，一路风尘仆仆，终于追到了马陵。这时候正是傍晚时分，光线很暗。马陵又都是峡谷，道路狭窄。庞涓只能命令手下小心慢行。

正走着，庞涓模模糊糊看到路旁有一棵大树，这大树被人剥掉了树皮，上面好像写着什么字。庞涓仔细去看，却又看不清楚。他心里忽然涌起一股不祥的感觉，庞涓赶紧命令手下点火去照亮，看看到底写得是什么?

火把点起来了，庞涓定睛一看，只见上面写着:

"庞涓死于此树下"!

"不好，中埋伏了，撤，快撤退!"

电光火石之间，庞涓猛然明白了，为什么齐军这次会如此不堪一击，如此急于逃命。这一切，都是孙膑的计策!

然而已经晚了，就在庞涓大喊撤退的时候，孙膑一声令下，万箭齐发，将拥挤在谷中的魏国军队当成了活靶子，腥风血雨，就此展开。

那些侥幸活着的魏国士兵想要挣扎着逃命，然而山谷两头早就被齐军用车马堵住，水泄不通。

逃? 往何处逃?

此刻的魏军，上天无门，入地无门。

庞涓眼见自己的手下一个个倒在了血泊里，眼看魏军的惨败势不能免，只能感叹一声，横剑自刎。

这一仗，魏国军队的主力被齐国全歼，主将庞涓自杀，太子申被俘虏。

这是魏国自建国以来，从未有过的惨败。

魏国在派出太子申为将军，统率全国兵力迎战齐国军队的时候，曾经有宾客断言，太子申年幼，又没有战斗经验和领兵经验，而齐国的田忌却是老将，孙膑更是善于用兵。所以此战，魏国必定失败，而失败一定会导致魏国大将被擒。

事实正是如此，庞涓率领魏国军队，非常配合地踏入了孙膑设计的埋伏圈，葬送了魏国全部主力军队。

马陵之战过后，曾经不可一世的魏国从此逐渐走了下坡路，一蹶不振。

而齐国则由于马陵之战的胜利，拯救了韩国，加上上一次桂陵之战对赵国的援助，齐国的威望直线上升。在诸侯心目中，齐国实力出众，惩恶扬善，是东方强国。

当魏国的实力减弱的时候，周边的秦国又开始乘虚而入。公元前 341 年，齐国、秦国和赵国起而攻打魏国，魏国面临着三面作战的窘迫处境。

魏国被秦国步步紧逼，公子卬、将军魏错先后被秦军俘虏，形势非常紧迫。

在这种情况下，魏国不得不被迫对齐国俯首称臣，并且在公元前 336 年采纳了相国惠施的建议，“合于齐楚”。按照惠施的建议，魏国应该朝见齐国，这样可以激怒楚国，达到刺激楚国攻打齐国的目的。

于是，魏惠王不得不联合韩国国君和周围的其他小国，拜见齐威王。

公元前 336 年，魏惠王和韩昭侯拜见齐威王于东阿，公元前 335 年，魏国和韩国又在甄拜见齐威王。在这两次拜见中，魏惠王和韩王都戴着布冠，变相承认了齐威王的霸主地位。

公元前 334 年，魏惠王还带领着韩昭侯等诸侯，到徐州拜见齐威王，并且尊称齐威王为“王”。与此同时，齐威王也承认了魏惠王的王号，这就是历史上的“徐州相王”。

果然，如惠施所料，这次的“徐州相王”成功激怒了楚国。公元前 333 年，楚威王亲自率领楚国大军包围了徐州，打败了齐国将军申缚。齐国接连战败，不得不向楚国求和。

庞涓
人物身份 魏国名将
历史影响 陷害孙膑，兵败身死
智慧值 ★★★
武力值 ★★
？—公元前341年

马陵之战
节选自《史记·孙子吴起列传》
原文

庞涓果夜至斫木下，
见白书，乃钻火烛之。
读其书未毕，
齐军万弩俱发，
魏军大乱相失。
庞涓自知智穷兵败，
乃自刭，曰："遂成竖子之名！"
齐因乘胜尽破其军，
虏魏太子申以归。
孙膑以此名显天下，
世传其兵法。

原文大意 庞涓果然当晚赶到砍去树皮的大树下，见到白木上写着字，就点火照树干上的字。还没读完，齐军伏兵就万箭齐发，魏军大乱，失去照应。庞涓自知无计可施，败局已定，就拔剑自刎，临死前说："倒成就了这小子的名声！"齐军乘胜追击，把魏军彻底击溃，俘虏了魏国的太子申回国了。孙膑也因此而名扬天下，后世社会上流传着他的《兵法》。

审读推荐 | 陈诗宇　《汉声》编辑《国家宝藏》服饰顾问，工艺美术史学者

全文审读 | 杨笑然　北京一零一中学历史教师

文字作者 | 张　园　现当代文学硕士，自由撰稿人。喜马拉雅签约主播，主讲《〈古文观止〉背后的故事》（订阅听众一万人）；读者 · 新语文公众号签约撰稿人；在期刊发表多篇文学赏析、历史文章，曾经出版历史作品《有趣又好读的古诗文》。

漫阅童书

漫阅童书是一家集童书出版、版权授权与运营、图书销售、供应链服务于一体的多平台综合性传媒公司，以推动全民阅读为己任，以提高中国儿童阅读心智为目标，致力于打造和推广适合中国家庭阅读的精品原创童书。2020 年荣获当当平台飞速增长供应商荣誉称号。

策 划 人 | 刘润东　魏　诺

统筹编辑 | 王琪美

装帧设计 | 刘雅宁　张立佳　辛　洋　马司雯

少年读春秋战国

胜者为王

漫阅童书 著·绘

北京理工大学出版社
BEIJING INSTITUTE OF TECHNOLOGY PRESS

图书在版编目(CIP)数据

少年读春秋战国：全四册 / 漫阅童书著绘. -- 北京：北京理工大学出版社, 2023.9

ISBN 978-7-5763-2681-9

Ⅰ. ①少… Ⅱ. ①漫… Ⅲ. ①中国历史—春秋战国时代—少儿读物 Ⅳ. ①K225.09

中国国家版本馆CIP数据核字(2023)第143095号

责任编辑：王琪美　　　**责任印制**：王美丽
责任校对：刘亚男

出版发行 / 北京理工大学出版社有限责任公司
社　　址 / 北京市丰台区四合庄路 6 号
邮　　编 / 100070
电　　话 / (010) 82563891（童书售后服务热线）
网　　址 / http://www.bitpress.com.cn

版 印 次 / 2023 年 9 月第 1 版第 1 次印刷
印　　刷 / 北京尚唐印刷包装有限公司
开　　本 / 710 mm × 1000 mm　1/16
印　　张 / 49.5
字　　数 / 400 千字
审 图 号 / GS（2022）5577号
定　　价 / 168.00 元（全四册）

图书出现印装质量问题，请拨打售后服务热线，负责调换

序

亲爱的家长们和小朋友们：

在孩子们的成长过程中，学习历史是一项非常重要的任务。历史不仅可以帮助我们了解过去，还能够培养孩子们的思考能力、判断力和价值观。而其中，春秋战国时期作为中国历史上的一个重要阶段，对于我们理解中国文化和思想的演变有着深远的影响。因此，推荐给大家一套非常出色的书籍——《少年读春秋战国》。

这套书在诠释春秋战国历史时有着独特的亮点。

首先，书中明确而清晰地展示了时间线，将每一个故事串联起来。孩子们可以通过阅读这本书，清晰地了解到春秋战国时期各个事件的发生顺序，有助于他们建立起对历史进程的整体把握能力。

其次，以历史人物群像为特点。生动的描写，使孩子们能够深入了解每个人物的思想和作为，帮助他们树立正确的人生观和价值观。

全书还配有精美的插画，将春秋战国时期的场景和人物栩栩如生地展现在孩子们面前，增加了阅读的趣味性和吸引力。孩子们不仅可以通过文字理解历史，还能通过栩栩如生的画像感受历史，使学习过程更加生动有趣。

让我们一起走进《少年读春秋战国》，重温那段辉煌的历史，感受智慧与勇气的交织，为孩子们的历史学习之旅注入新的活力。希望家长们能够鼓励孩子们阅读这套书，让他们在阅读中收获知识、成长智慧，为未来的人生道路打下坚实的历史基础。

陈诗宇

目录

公元前334年——公元前333年

第一百〇二话 苏秦合纵六国

穷困潦倒

苏秦是洛阳人，家里人以务农为业。但苏秦少年立大志，早年间曾经到齐国，拜鬼谷子先生为师学习。他在求学期间，刻苦攻读。学成之后，马上外出游历，希望在各诸侯国中寻找到能够施展才华的舞台。

苏秦在外游历多年，不但没找到合适的工作，反而将多年积蓄花得一干二净。最后，苏秦没办法，只能回到家里。

苏秦穷困潦倒，损失了多年的时间和金钱，家里的兄弟姐妹，甚至妻子都因此看不起他。

苏秦虽然惭愧，却并没有放弃自己的理想。他仔细思考了自己的经历，认为还是功夫没到位，能力也不够出众。要想实现理想，不磨砺本领怎么能行？

苏秦下定决心，将家里的藏书全部仔细学习了一遍。尤其是他发现了家中藏书——《阴符》以后，据说这本书是姜太公所写，收录了姜太公的兵法和谋略。苏秦仔细研读了这本书，用了一年的时间，终于找到了可以说服诸侯的关键所在。苏秦激动不已，说：“凭这些，就足以说服诸侯了！”

于是，苏秦打点行装，准备出门周游列国，实现自己的理想。

人 鬼谷子

王氏，名诩，别名禅，道号鬼谷子。战国时期传奇人物。著名谋略家，纵横家的鼻祖，被后世尊为“谋圣”。他的智慧造就了苏秦、张仪等众多风云人物。

地 **洛邑**

周朝都城洛阳的古称，“八方之广，周洛为中，谓之洛邑”。东周时期，周平王迁都洛邑，至周敬王。

地 **巴蜀**

中国西南以四川盆地为主及其周边附近地区，地处长江上游。其与汉中地区和关中地区均为古代封建王朝必争之地。

苏秦第一站到了洛邑，求见周显王。然而东周的大臣对苏秦议论纷纷，指指点点，周显王也根本不信任苏秦。

于是，苏秦奔赴第二站——秦国。

苏秦到了秦国之后求见秦惠王，他劝说秦惠王道：“秦国四面关山险要，又有渭水横贯，东有关河，西有汉中，南有巴蜀，北有代马。秦国地势险要，又是肥沃的府库，加上百姓众多，士兵训练有素，足以靠这些兼并天下了。”

但秦国刚刚处死了提出变法的商鞅，秦惠王此时很痛恨四处游说的人，所以苏秦这次到秦国，又失败了。

于是，苏秦前往赵国。

但当时赵肃侯的弟弟赵成为国相，赵肃侯封他为奉阳君。奉阳君不喜欢苏秦，导致苏秦在赵国也失败了。

苏秦这次游历，一出手三战皆败。但他毫不沮丧，他坚信自己的才华一定会有人欣赏的。

公元前 334 年，苏秦第四站，来到了燕国。

在燕国，苏秦一等就是一年多，才见到了燕文侯。苏秦见到燕文侯，先为燕文侯分析了燕国的优势，苏秦说：“燕国纵横两千多里地。燕国军队几十万人，兵车六百辆，战马六千匹，国家储存的粮食够吃好几年。燕国为什么能够不被其他诸侯侵犯呢？”

这个问题一下吸引了燕文侯，他马上仔细听苏秦讲。

苏秦笑道：“那是因为赵国在燕国的南边遮蔽着。秦国和赵国大战五次，秦国胜了两次，赵国胜了三次。这两国各有损失，而燕国却可以趁此机会发展壮大。赵国假如要攻打燕国，只需要一声令下，不到十天，几十万赵军就会驻扎到燕国边境，顺利的话，不用四五天，赵国就可以陈兵燕国都城之下。如今，燕国不忧虑百里以内的祸患，却重视千里之外的敌人，真是没有比这更错误的决策了。所以希望大王与赵国合纵，燕国就不会有祸患了。”

燕文侯忧心忡忡说：“先生所言极是。如果您能用合纵的办法确保燕国无事，寡人必定倾国相从。”

燕文侯命人赠送一大批金银珠宝和车马给苏秦。

苏秦再次来到赵国。

此时，奉阳君已经去世，苏秦于是对赵肃侯说：“如今，国家太平，百姓生活安定最为重要。请让我为您分析赵国的外患，假如赵国与齐国、秦国为敌，百姓必定无法安宁；如果依靠秦国攻打齐国，或者依靠齐国攻打秦国，都将引起战争。如果大王与秦国或齐国交好，秦国或齐国必定依靠这种关系去削弱韩国和魏国。魏国衰弱就会割让河外，韩国衰弱就会割让宜阳。将这两个地方割让了，赵国的上郡就会陷入困境，赵国将孤立无援。燕国是弱小的国家，不值得忧虑。

“秦国为何不敢攻打赵国呢？因为害怕韩国和魏国在背后暗算。假如韩国和魏国不能抵挡秦国，势必向秦国臣服，那时候，秦国一定会攻打赵国。”

赵肃侯一听就急了，马上询问苏秦，到底有什么办法可以避免这种危机产生？

苏秦说：“诸侯的土地合在一起是秦国的五倍，诸侯的士兵合在一起是秦国的十倍。假如六国能够结为整体，一心向西攻打秦国，秦国还能赢吗？到时候六国合纵，秦国的军队一定不敢出函谷关侵犯六国了。大王您的霸业就成功了。”

赵肃侯觉得苏秦说得很有道理，于是送给苏秦香车、宝马，黄金、白璧，请苏秦游说其他诸侯同意合纵。

地 渭河

古称渭水，是黄河的最大支流。

地 关河

函谷关与黄河。

地 汉中

位于陕西省西南部，因『汉水』流经此地而得名，自古就有『天汉』，『汉家发祥地』之称。是『秦之咽喉』，更是『兵家必争之地』。

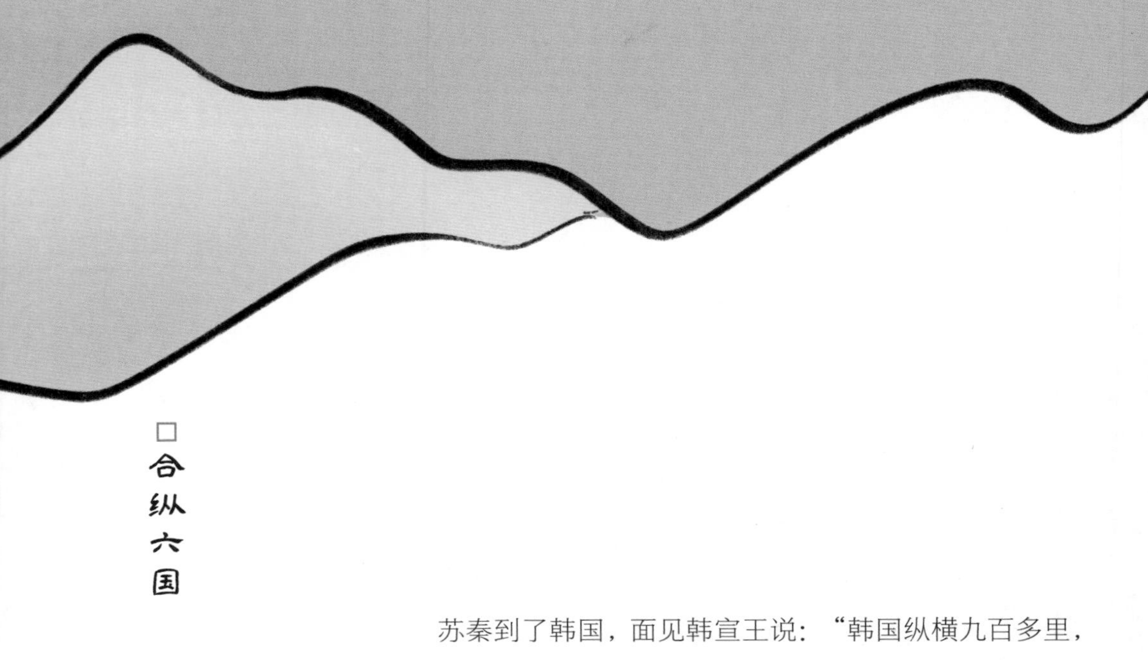

苏秦到了韩国，面见韩宣王说：“韩国纵横九百多里，士兵有几十万，而且冶炼铸造业雄霸诸侯。天下的硬弓强弩都出自韩国，士兵们的铠甲、盾牌、宝剑也都能以一敌百。以韩国兵力之强盛，加上大王的贤明，却要臣服于秦国，受到天下人耻笑，希望大王考虑清楚。”

韩宣王有点儿尴尬，于是赶紧请苏秦谈谈有什么办法。苏秦说：“假如大王臣服于秦国，势必割让宜阳、成皋。今年割地求和了，难道秦国明年就不会来索取了？用韩国有限的土地博取秦国没有止境的索取，最终结果又如何呢？”

韩宣王感到万分羞愧，于是同意合纵，反抗秦国。

苏秦又来到了魏国，他对魏襄王说：“大王国土纵横千里，魏国人口众多。可是一旦您受人蛊惑，侍奉秦国，等秦国侵略魏国的时候，哪位诸侯都不会帮您了。我听说越王勾践用三千疲惫兵士就活捉了吴王夫差，周武王只用了三千兵士就制服了商纣王。而大王您有二十万精锐部队，却要以臣子的身份侍奉秦国，将来还要用割地的方式表现自己的忠诚。还请大王听我的建议，六国齐心抗击秦国。”

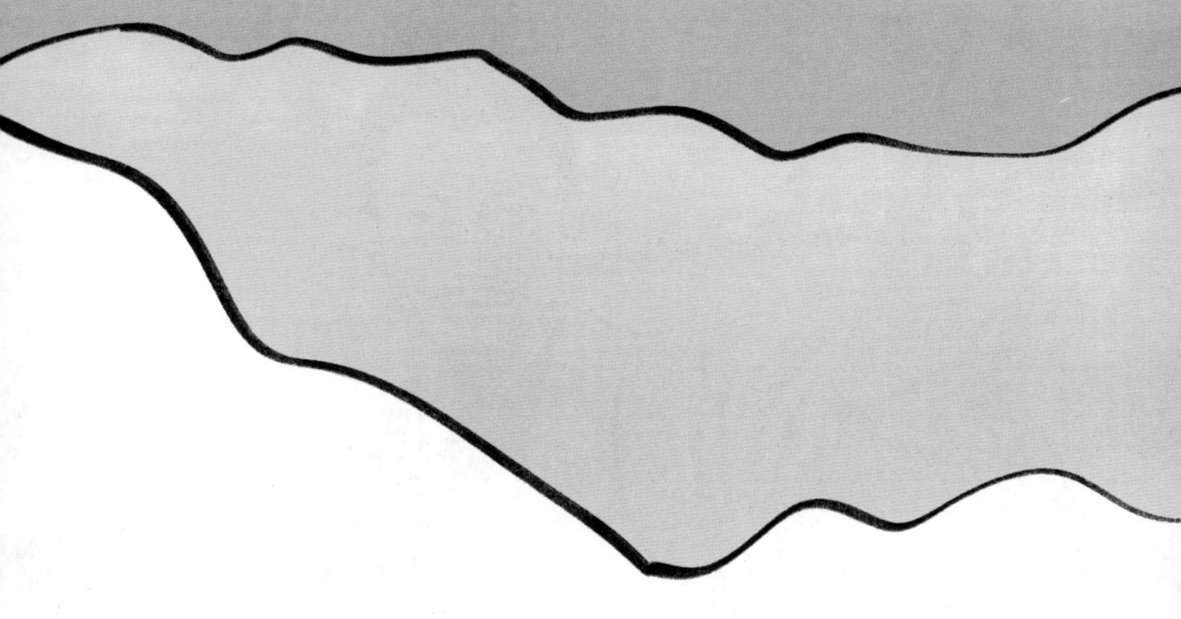

魏襄王也很羞愧，同意了苏秦的建议。

然后苏秦来到齐国，面见齐宣王。他对齐宣王说：“齐国四面天险，兵精粮足，国力强盛。韩、魏与秦国接壤，如果交战，十日便可分出胜负。但齐国有险地，易守难攻，距离秦国遥远，秦国对齐国构不成威胁。在这种情况下，齐国还要侍奉秦国，是贵国的战略有误。”齐宣王于是同意苏秦的建议，与其他诸侯合纵。

苏秦马不停蹄到了楚国，对楚威王说：“楚国地方有五千余里，军队有百万之众，粮草足够用十年。这是楚国称霸的资本，如果您也侍奉秦国，那么诸侯就没有敢反抗秦国的了。对于秦国而言，最大的忧患就是楚国。合纵成功，楚国能称王，连横成功，秦国会称帝。所以最好合纵诸侯，对抗秦国。”

楚威王于是同意了苏秦合纵的请求。

经过苏秦的游说，六国终于达成了合纵联盟，齐心抗秦。苏秦被任命为从约长，担任六国相国之职，同时佩戴六国相印。

苏秦终于凭借聪明才智，实现了自己的人生理想。

苏 秦
人物身份 纵横家、外交家、谋略家
历史影响 合纵六国，担任“从约长”
智慧值 ★★★★
武力值 ★
？—公元前284年

语文一点通

“悬梁刺股”

出自　《战国策·秦策一》

原　　文　读书欲睡，引锥自刺其股，血流至足。

原文大意　（苏秦）夜里读书困怠的时候，他就用锥子刺自己的大腿来（防止瞌睡），鲜血一直流到脚踝。

这个成语表现苏秦刻苦读书的奋斗精神，激励人们发奋图强，努力读书，为了理想而奋斗。

“前倨后恭”

出自　《战国策·秦策一》《史记·苏秦列传》

原文大意　苏秦开始游学回家，贫困窘迫，家人都很鄙视他。后来，苏秦合纵六国，佩戴六国相印回到故乡，家里人都匍匐在地，不敢抬头看他。苏秦于是问嫂子：“何前倨而后恭也？”意思是，为什么以前傲慢，后来恭敬呢？嫂子回答：“因为您地位显贵，钱财多啊。”

这个成语用来形容前后对人的态度截然不同。

公元前 328年——公元前 317年

第一百〇三话 张仪相秦

□求见老同学

张仪是魏国安邑人，年轻时曾经拜在鬼谷子先生门下学习游说之术。张仪和苏秦是同学，在学习过程中，苏秦自认为不如张仪。

张仪学成之后，拜别老师，前去游说诸侯，希望找到实现自己理想的舞台。

在楚国，张仪陪着楚国相国喝酒。谁知就在酒席上，楚国相国发现丢失了一块玉璧。本来欢快的宴饮变得气氛尴尬，大家都在猜测是谁偷走了那块玉璧。

楚国相国的门客议论纷纷，忽然有人说："张仪是个穷小子，品行恶劣，一定是他偷走了玉璧！"

这个推论太欺负人了，张仪气得浑身颤抖，难道穷人就一定是小偷吗？然而这些门客不分三七二十一，将张仪绑了起来，还私自拷打。

张仪被打得鼻青脸肿，但始终不肯承认自己偷窃了玉璧。这些人没办法，只能将张仪释放了。妻子看到张仪被打得青一块，紫一块，很心疼，于是埋怨他说："如果您当时不学游说，又怎么会遭到如此侮辱呢？"

张仪听了这话反而笑了，他问妻子说："你看看，我的舌头还在不在？"

妻子很奇怪，于是回答他说：“舌头在呀！”

张仪笑道：“这样就够了。”

原来，张仪的意思是，挨打没关系，只要舌头还在，就还能游说，实现理想。

当时苏秦已经说服了赵王，开始进行合纵诸侯的行动。但是此时，苏秦最担心的就是秦国攻打诸侯各国，让这些诸侯因此而胆怯，不敢加入合纵，对抗秦国。最好有人能够去秦国，说服秦王。

苏秦思来想去，只有老同学张仪是最佳人选。于是，苏秦暗中派人找到张仪，告诉张仪苏秦已经获得赵王认可的事情，并指点张仪，何不前往赵国去求见你的老同学苏秦，实现自己的理想呢?

这消息对于张仪而言，无异于是久旱得雨。张仪马上打点行囊，风尘仆仆赶到赵国，求见苏秦。

但是为苏秦守门的仆人却不为张仪通传。

张仪等了好几天，才见到苏秦。张仪发现，自己的老同学变了。苏秦衣着华丽，趾高气扬，再不是当年和蔼可亲的老同学了。

面对落魄的张仪，苏秦非但没有一点同情心，还很是鄙视。他让张仪坐在堂下，赏赐张仪吃奴仆吃的饭菜。

张仪很是尴尬，苏秦还指责张仪说：“凭借您的才能，居然还能落魄至此?我难道不能推荐您，让您获得富贵吗?这不过是您不值得推荐罢了。”

这些话，让张仪心如刀割。

贫穷，落魄，就可以被侮辱吗?

张仪明白，老同学苏秦是不可能推荐自己了。再待下去，只能自取其辱。

还能去哪儿呢?

张仪想到，如今赵国最畏惧的是秦国。也罢，既然苏秦在赵国，那么我就到秦国去。

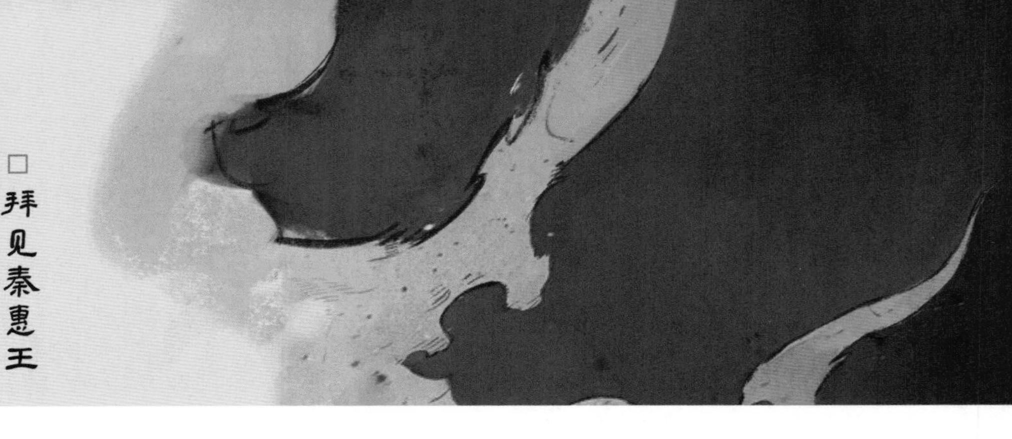

□ 拜见秦惠王

张仪离开赵国之后不久，苏秦就找到自己的一个门客说：“我的老同学张仪是有才能的人，我可能还比不上他。现在我侥幸比张仪先获得重用，但是要说能掌握秦国大权，唯有张仪。可是张仪现在境遇困窘，没有机会。我为了激发他的斗志，曾经故意侮辱他。现在，希望你能替我暗中帮助张仪。”

苏秦将自己的计划汇报给赵王，并派门客跟踪张仪。当张仪穷困潦倒的时候，还让门客拿出车马、钱财供张仪使用。

于是，张仪在不知情的情况下获得了苏秦的帮助，终于见到了秦惠王。秦惠王很欣赏张仪的才干，于是任命张仪为秦国客卿。

张仪在秦国找到了属于自己的舞台，准备报答那位帮助过自己的门客。这时，这位门客才告诉张仪，所有的一切，都是苏秦的安排。

张仪听说后，又是感动，又是惭愧，他对门客说：“这些都是我曾经研究过的权谋，没想到，到了自己身上就反应不过来了！我没有苏秦高明。请您替我感谢苏先生，只要苏先生当政，张仪绝不敢图谋赵国。”

后来，苴（jū）国与蜀国互相攻伐，两个国家都派出使者前来秦国求援。开始，秦惠王想要攻打蜀国，又担心蜀国道路狭窄，出兵不利。这时候，韩国又趁机攻打秦国，秦惠王又想先攻打韩国，再讨伐蜀国，不过这样一来，获得胜利的可能性又降低了。到底该如何是好？秦惠王内心犹豫不决。在秦惠王面前，张仪和司马错展开了辩论。

张仪的建议是应该先攻打韩国。他对秦惠王说：“我们应该先和魏国亲近，与楚国交好，然后出兵前往三川，阻塞屯留要道，断绝魏国到韩国南阳的道路。到那时，可以请楚国出兵逼迫南郑，我国攻打新城、宜阳，从而直逼西周、东周的城郊，再攻占楚国、魏国的土地。而蜀国不过是西边偏僻国家，像戎狄一样落后。就算我们攻占了蜀国，也会耗费军力，并且不能扬名天下。如今三川、周室如同天下的朝廷和集市，大王您不去那里争夺，反而到戎狄那种落后的地区去，这距离帝王的功业太遥远了。”

司马错却认为，攻打蜀国可以开疆拓土，并且比较容易办到。而且攻克了蜀国，天下人不会认为秦国残暴，而攻打韩国，挟持周天子，那会非常大逆不道。假如攻打韩国，逼迫周王室，一旦这二者联合，加上其他诸侯，就是秦国没办法战胜的了。

秦惠王听从了司马错的建议，当年十月就攻占了蜀国，平定了叛乱。秦国的势力更加强大了。

公元前 328 年，秦惠王派出张仪和公子华攻打魏国蒲阳，并且占领了蒲阳。张仪劝说秦惠王不如将蒲阳还给魏国，并且派出公子繇（yáo）去魏国作人质，这样魏国一定会以礼相待的。

果然，秦惠王这样做了之后，魏国将上郡十五县和少梁献给他表示感谢。

于是，秦惠王任命张仪为相国，位居百官之首。

公元前 325 年，秦惠王也自立为王，而魏惠王和韩宣惠王为了联合起来对抗秦国，互相尊称为王。

公元前 324 年，秦惠王派出张仪占领了魏国的陕，并修筑了上郡要塞。张仪在秦国推行的连横策略获得了成功，秦国对外兼并土地，秦惠王获得了三川、巴蜀、上郡和汉中广阔的土地。

公元前 322 年，张仪被秦国免去相国之位。为了实现秦国兼并其他诸侯的目标，张仪前往魏国担任相国。他的目的就是说动魏国先投靠秦国。

但魏惠王不听张仪的游说之词。秦惠王大怒，攻占了魏国的曲沃和平周。

公元前 319 年，魏襄王即位后，与秦国爆发了战争，导致魏国战败。

公元前 317 年，在惨败的事实面前，魏襄王终于退出合纵。张仪回到秦国，重新担任秦国相国。在张仪的斡旋下，魏国重新臣服于秦国。

齊
秦
秦
宋
魯
韩
楚
吴
越
张 仪
人物身份
纵横家、外交家、谋略家
历史影响
首创“连横”，破六国合纵
智慧值
★★★★
武力值
★
?—公元前309年

语文一点通

节选自 《史记·张仪列传》

原文

“亲魏善楚，下兵三川，塞什谷之口，当屯留之道，魏绝南阳，楚临南郑，秦攻新城、宜阳，以临二周之郊，诛周王之罪，侵楚、魏之地。周自知不能救，九鼎宝器必出。……今三川、周室，天下之朝市也，而王不争焉，顾争于戎狄，去王业远矣。”

原文大意 “我们先与魏国亲近，再与楚国交好，然后派兵前往三川，堵住什谷的入口，阻塞屯留的要道，使魏国到韩国南阳的道路断绝，让楚国出兵逼近南郑，秦国则攻打新城、宜阳，从而径直逼近西周、东周的城郊，声讨周王的罪过，再攻占楚国、魏国的土地。周王自知局势无法挽救，一定会献出九鼎宝器。……如今的三川、周室就如同天下的朝廷和集市啊，大王您不到那里去争夺，反而到戎狄那样落后的地区去争夺，这距离您的帝王霸业太遥远了。”

公元前372年——公元前319年

第一百〇四话 孟子见梁惠王

□『亚圣』孟子

孟子，名轲，字子舆，邹国人。孟子是鲁国宗室孟孙氏的后代，曾经师从孔子之孙子思的门人学习。

孟子很小的时候，父亲就去世了。他的母亲一手将孟子拉扯大，而且母亲对于孟子的教育很重视，要求十分严格。一开始，孟子家在墓地旁边，孟子就每天和邻居的小朋友学着前来扫墓的人祭拜，玩举办丧事的游戏。母亲看到这一幕非常焦虑，深知不能再住在这里。

于是，孟子的母亲带着孟子搬家了，这次，他们住在了集市里。可是，孟子这回又和邻居小朋友学着集市中的商贩吆喝着卖东西。母亲看到了又说："这地方也不适合我的孩子居住。"

母亲带着孟子第二次搬家，这次他们住到了屠夫家附近。孟子在这里，又学着屠夫杀猪宰羊，母亲叹息道："看来，这个地方也不适合我们居住。"

于是，母亲带着孟子第三次搬家。这一次，他们住到了学校附近。每个月初一，这里的官员都要去文庙进行跪拜，孟子于是学着礼貌待人。母亲终于欣慰地笑了："这才是我的孩子应该居住的地方！"

这就是历史上著名的"孟母三迁"。

因为母亲的精心引导，孟子一心向学，终于成为战国时期著名的思想家和教育家。在元代，孟子被追封为"亚圣，"和孔子并称"孔孟"。

孟子非常推崇孔子的见解，他以孔子的继承人而自居。在政治上，孟子推崇"仁政"和"王道"，这是对当时诸侯之间为了争夺地盘，经常发动战争的一种反驳。孟子希望国君能够施行"仁政"，把人本性中的"善"推广下去。虽然当时战争不断，但孟子是反对战争的。

人 匡章

（生卒年不详），战国时期齐国名将，人称章子或者匡子。

为了将自己的理想付诸实践，孟子曾经周游列国。他希望有诸侯国的君主能够欣赏他的学说，在国内推行“仁政”。

孟子到齐国后，发现当时齐国名将匡章被认为是“不孝”，但孟子还是对他很礼貌，又与匡章同游。

但齐威王并不能施行“仁政”，于是孟子很失望，连齐威王赠送给他的一百镒黄金都没有接受，就离开了齐国。

后来，孟子路过宋国见到滕文公，鼓励他要学习“先王”，这样一定可以治理好滕国。

没多久，孟子离开了宋国回到邹国。当时邹国和鲁国发生了冲突，邹穆公问孟子说：“我的官吏死了三十三个，老百姓却没有一个为他们牺牲的。杀他们吧，杀不了那么多；不杀他们吧，实在是恨他们眼睁睁看着长官被杀不去营救，到底应该怎么办才好呢？”

孟子想了想回答说：“灾荒时节，您的老百姓中，年老体弱的抛尸于山沟，年轻力壮的四处逃荒，差不多有上千人。而您的粮仓里堆满了粮食，货仓里堆满了珠宝，官吏们却从来不向您报告老百姓的情况。这就是他们不关心老百姓并且残害老百姓的表现啊！曾子曾经说过，‘小心啊，你怎样对待别人，别人也会怎样对待你。’现在的情况就是老百姓对他们的报复了。请不要归罪于老百姓！只要您施行仁政，老百姓自然会亲近官员，也肯为他们牺牲了。”

这说明，孟子看待问题，不是看问题表面，而是深刻挖掘问题背后的根本原因。

之后，孟子又去过滕国，但他看到滕国国君自身难保，根本不会施行自己的政治主张。

于是，孟子准备离开滕国，到魏国去。

□
孟子在魏国

人 魏惠王

即梁惠王。战国时，魏国首都是大梁，所以魏通常也被称为梁。

公元前 320 年，孟子离开滕国，来到了魏国。魏惠王是魏国第三代国君，后被称为梁惠王。魏惠王将魏国迁都于大梁，开凿了鸿沟，开创了魏国的武卒选拔制度，又修筑了长城。然而在军事上，魏惠王遭受了桂陵之战和马陵之战两次大失败，导致魏国国力一蹶不振。

不过，魏惠王后来与齐国国君在徐州会面，互相尊称为王，后来又联合韩国、赵国、燕国、中山国对抗秦国。

可以说，魏惠王是一个雄心勃勃，却屡遭失败的君主。

孟子拜见魏惠王，魏惠王一见面就问孟子："老人家，你不远千里而来，一定是有什么对我国有利的高见吧！"

孟子却说："大王，何必说利呢？只要说'仁义'就行了。大王说，'怎样使我的国家有利'，大夫说，'怎样使我的封邑有利。'一般的老百姓说，'怎样对我自己有利。'这样的结果是，上位的人与下位的人争夺利益，国家就陷入到危险之中。在一个拥有一万辆兵车的国家里，杀害国君的人，一定是拥有一千辆兵车的大夫；在一个拥有一千辆兵车的国家中，杀害国君的人，一定是拥有一百辆兵车的大夫。这些大夫在一万辆兵车的国家中拥有一千辆兵车，在一千辆兵车的国家中拥有一百辆兵车，他们的拥有不算不多。如果以道义为后，以利益为先，不夺得国君的地位便不会满足。从来没有讲'仁'的人却抛弃父母的，从来没有讲'义'的人却不顾君王的。所以，大王只说'仁义'就行了，为什么一定要说'利'呢。"

孟子在这里，对魏惠王强调的是，追求利益，将造成一个国家的人民利欲熏心，无所不为，而一个国家要有序发展，讲"仁义"才是根本。

魏惠王对孟子说："我对于国家够尽心了。河内发生了灾荒，我就把那里的老百姓迁移到河东去，把粮食运去赈灾。河东发生了灾荒，我也这么做。我也考察过邻国的政务，没有哪个国家的国君像我这样为百姓操心了。但是邻国的人口并没有减少，而我国的人口也没有增多，这是什么缘故呢？"

人 **曾子（公元前 505 年—公元前 435 年）**

姒姓，曾氏，名参，字子舆，鲁国南武城人。春秋末年思想家，儒学大家，孔子晚年弟子之一，儒家学派的重要代表人物。

孟子说："大王喜欢打仗，请让我用打仗作为比喻。打仗的时候，敲响战鼓，刀光剑影，士兵们丢盔弃甲，拖着兵器逃跑。有的士兵逃跑了一百步停下来，有的士兵逃跑了五十步停下来。如果凭借自己只逃了五十步就嘲笑那些逃跑了一百步的士兵，会怎么样呢？"

魏惠王笑道："不应该嘲笑啊，只不过后面的士兵逃到了一百步罢了，同样都是逃跑呀！"

孟子说："假如大王明白这一点，就不要指望老百姓比邻国多了。不耽误老百姓的农时，粮食就吃不完；细密的渔网不放到鱼塘捕捞，鱼鳖就抓不完；按照时令采伐山林，山里的木材就用不完。假如粮食和鱼鳖吃不完，木材用不完，老百姓养家糊口、办理丧事就没有遗憾了。老百姓没有遗憾，这就是王道的开始。五亩地的宅第，房前和屋后多种桑树，五十岁以上的人就能穿上丝棉袄。鸡、猪、狗这类家畜不错过它们的繁殖时节，七十岁以上的人就能吃上肉了。对于有一百亩田地的农家，不要占夺农田，几口人就可以不饿肚子了。搞好教育，让年轻人明白孝敬父母、敬爱兄长的道理，头发花白的老人就不用扛着东西赶路了。七十岁的老人能穿上丝织品，吃上肉，老百姓不挨冻受饿，做到这些还不能统一天下的，是绝不可能的。现在，富人的猪狗吃着人的粮食，却不知道制止；道路上有饿死的人，却不知道开仓赈济；人饿死了，却说，'这不是我的责任，这是收成不好'这跟把人刺死了，却说，'这不是我杀的人，是兵器杀的'又有什么区别呢？大王请您不要责怪年成不好，只要推行仁政，天下的老百姓就都会投奔您来了。"

然而，魏惠王关心的不是"仁政"，而是能够具体报复其他诸侯国的办法。所以，孟子的回答得不到魏惠王的重视。

到了第二年，魏惠王去世，魏襄王即位。孟子便离开魏国，到齐国去了。

孟子
本名
名轲，字子舆
人物身份
哲学家、思想家、教育家，儒家代表人物
历史影响
与孔子并称“孔孟”
智慧值
★★★★
武力值
★
公元前372年—公元前289年

语文一点通

“孟母三迁”

节选自 《孟子题辞》

原文

三，
是多次的意思。
孟子的母亲为了使孟子接受良好的教育，
多次搬家。
现在这个成语用来形容教子有方。

“五十步笑百步”

节选自 《孟子·梁惠王上》

原文

本来指打仗的时候退后了五十步的人
嘲笑后退了一百步的人，
现在用来比喻自己和别人有一样的错误，
只是程度轻一些，
可是却嘲笑别人。

公元前318年——公元前311年

第一百〇五话

子之乱政

□看到白马

六国同意了苏秦倡议的合纵之后，获得了相对和平的发展时期。尤其是地处偏僻的燕国，更是远离战争。燕王哙（kuài）即位三年，趁着燕国发展的大好形势，在公元前 318 年曾经联合楚国、韩国、魏国和赵国攻打秦国。但这次主动出击未能获胜，五国联军只能无功而返。

从此，燕王哙将国政委托给相国子之，自己能沉醉于饮酒作乐。子之行为果断，处理政务非常明智，深得燕王哙的信任。随着子之执掌燕国的时间越来越久，他的野心也逐渐膨胀起来。子之总在想，到什么时候，自己才能成为燕国真正的主人呢？

为了试探手下侍从是否忠实于自己，子之找了一天专门进行测试。当侍从们环列堂下，等待子之训话的时候，他忽然故作惊慌指着门外说："那是什么跑过去了？难道是白马吗？"

侍从们丈二和尚摸不着头，都说没看到。可是有一个侍从出去看了之后，马上回来报告说："刚才果然跑过去一匹白马。"

于是，子之明白此人是忠实于自己的，可以重用。

苏秦还在燕国的时候，子之曾经与苏秦结为亲家，还与苏秦的族弟苏代有深交。子之要实现夺取燕国的目标，必须求助于苏代。

苏代学习哥哥苏秦，苦读纵横之术。燕王哙很欣赏苏代。子之为了实现自己的野心，就派苏代去齐国侍奉在那里当人质的燕国公子。苏代在齐国也获得了齐宣王的重用。

公元前 318 年，苏代完成任务返回燕国后，燕王哙特地询问苏代说："齐王是想称霸吗？"

苏代却说："齐王一定不能称霸的。"

燕王哙很奇怪，为什么苏代如此肯定齐王不能称霸呢？苏代回答说："因为齐王并不信任他的大臣。"

燕王哙于是想到了燕国，觉得唯有信任大臣，才能君臣一心。从此，燕王哙更加信任子之。

子之感激苏代为自己说话，特地送百金给苏代，并且对苏代的话也大多听从。

一天，燕王哙和大夫鹿毛寿聊天，问鹿毛寿："从古到今这么多君主，为什么人们唯独称赞尧舜呢？"

鹿毛寿本来就是子之的党羽，一听这话马上回答道："大王，尧舜之所以到现在都被后人称为明君，那是因为尧肯禅让天下给许由，许由不接受，所以尧得到了"让天下"的美名却最终并未失去天下。如果您现在把国家让给子之，子之一定不敢接受，这就表明您和尧有同样高尚的品德。"

燕王哙听了这话沉思片刻，又问鹿毛寿："寡人想要禅让燕王之位给相国子之，这件事，你觉得可行吗？"

鹿毛寿一听激动地喊了起来："大王，您要是真这么做了，和尧舜有什么不同呢？"

燕王哙于是召集燕国群臣，把国家托付给子之，子之的地位就更加尊贵了。

有人对燕王哙说："大禹本来选中了益为继承人，但却仍然用儿子启的手下为官。所以大禹年老之后，启才能带领手下攻打益，并且夺取了天下。大王既然要禅让燕王之位给子之，那官吏全是太子平的手下，这其实还是将天下传给了太子平。"

燕王哙想了想，便将俸禄三百石之上的官吏印信全部收上来交给了子之。

于是燕王选一良辰吉日，举行了声势浩大的禅让仪式。这一次，子之没有推辞，他心安理得地接受了燕王哙的禅让，并且祭祀了天地。

待仪式完成之后，子之身穿燕王的服饰，南面称王。燕王哙到别宫居住，子之成为燕国真正的主人。他任命苏代、鹿毛寿为上卿。

人 尧、舜、禹

古代中国历史中，自黄帝之后，黄河流域又先后出现了三位部落联盟首领。传说中尧又称陶唐氏，发祥地在今山西汾河流域的运城和临汾（古称河东地区）；舜又称有虞氏，出生在姚墟。大禹，姒姓夏后氏，名文命，字高密，号禹，后世尊称大禹，夏后氏首领。

子之执掌燕国三年，大乱。

燕国的很多老臣对此非常不满，当然，最为不满的，还是太子姬平。燕国的将军市被与太子姬平联合起来，准备推翻子之的统治。

此时，齐国得到了燕国即将发生动乱的消息，齐国的将军纷纷进言于齐宣王，说这可是攻打燕国的好时机。此时出兵，必定能攻克燕国。

齐宣王马上派出使者找到燕国的太子姬平，说齐国愿意支持太子姬平，整顿君臣之义。

有了齐国的支持，太子姬平更有底气了。他马上集合起手下人马，包围了燕国王宫，攻打子之。但子之为政多年，手下也有一批死士。所以这次太子姬平的突然袭击并没有取得胜利。

这令燕国的形势更加混乱。

就在太子姬平心急如焚的时候，更糟糕的事情发生了。姬平的盟友——将军市被，居然带领着手下开始攻打他。

所幸最终结果是太子姬平战胜了，他杀死了将军市被，还将市被陈尸示众。

这场混战持续了几个月，造成燕国死亡几万人。

所有的燕国人都看不透，燕国的未来到底会如何？所有的燕国老百姓都在担心，也许明天，自己和家人就将死于莫名其妙的动乱。

此时，孟子对齐宣王说：“现在攻打燕国，就等同于周文王和周武王讨伐商纣王的时机，切莫错失良机。”

齐宣王马上命令匡章为将军，率领十万大军，攻打燕国。燕国老百姓痛恨子之让和平的燕国陷入如此混乱之中，纷纷打开城门，迎接齐国军队。

燕国的士兵不上战场，也不关城门，他们用消极怠战表达自己对子之的不满。

于是，齐国大军势如破竹，五十天就攻破了燕国都城。

燕王哙和子之都被齐军杀死了，造成燕国混乱的罪魁祸首付出了生命代价。

然而齐国军队却并没有撤退的意思，将军匡章也不约束手下兵士。于是，齐国的士兵在燕国欺辱百姓，最终，燕国老百姓纷纷起来反抗，驱逐齐军。

匡章遭遇到燕国老百姓的坚决反抗，只能撤退到齐国。齐宣王本来想扶立太子姬平，但燕国的老百姓不但痛恨子之，也痛恨造成这一场大祸的太子姬平。

当时赵国想要夺取中山，不想看到燕国就此混乱破灭，于是，公元前 311 年，赵武灵王扶立太子姬平之弟——姬职即位，是为燕昭王。太子姬平对此坚决反对，甚至出兵攻打燕昭王。多亏易王后坚决支持自己的儿子燕昭王。易王后为了帮助燕昭王，便求助于自己的父亲秦惠王。秦惠王联合魏国，进攻燕国，终于荡平了太子姬平的军队。姬平兵败自杀。

从此，燕国在燕昭王的领导下进入和平发展时期。

节选自 《资治通鉴·周纪》

原文

或曰：
“禹荐益而以启人为吏，
及老而以启为不足任天下，
传之于益。
启与交党攻益，
夺之，
天下谓禹名传天下于益而实令启自取之。
今王言属国于子之而吏无非太子人者，
是名属子之而实太子用事也。”
王因收印绶，
自三百石吏已上而效之子之。

原文大意 【有人对燕王哙】说：“夏禹推荐益做自己的接班人，可是用的人都是夏启的手下。等到禹老了，传位于益，夏启带领他的人起兵攻击益，夺取了天下共主的地位。人们都说夏禹名义上传位给益，实际上真正的继承人是启，是让启自己去取天下。现在大王你说是把国家禅让给了子之，但任用的官吏没有不是太子一党的，名义上是让国给子之，实际上还是想让太子继位。”于是燕王哙重新任用官员，把俸禄三百石以上的官员都换成了子之的人。

公元前313年——公元前238年

第一百〇六话 荀子游学

孔子学说的继承人

荀子，名况，字卿，战国时期赵国人。荀子的先祖是春秋时期晋国的正卿荀林父。由于荀林父曾经担任过晋国的中行将，所以他的后代都被称为中行氏。荀寅与赵鞅斗争失败后，中行氏为了避祸又改姓“荀”氏。

荀子广泛接受了先秦各家的思想，融汇了儒、道、墨、法诸家形成其综合百家的思想体系。他的学说也具有独创性，如《荀子·非十二子》中对先秦各学派代表人物进行了批判，并在此基础上吸收各家思想，继承发展了儒家学说。

荀子认为，“天”是自然的，认为人定胜天。西周时期，思想家都认为天是具有人格色彩的，所以人们相信“天命”。而荀子却相信“天人相分”，强调天与人各有职分，无法互相取代，也不能彼此僭（jiàn）越；只有天、地、人各司其职，世界才能有序运行。

人 **荀寅**

晋国六卿之一。公元前 497 年赵鞅杀邯郸大夫赵午，与赵午交好的荀寅和范吉射起兵伐晋国赵氏。反被另外四卿所谋逐。

荀子还提出了著名的“性恶论”，认为人一出生就具有感官上的要求，所以人饿了要吃饭，冷了要穿衣，劳苦了要休息，耳目爱好声色。荀子认为，人这种对于物质生活的欲求与道德礼仪规范是相冲突的，所以必须用礼义加以引导。

荀子推崇礼治，但认为“礼”起到“化”的作用，而“法”起到“治”的作用。所以，荀子非常看重“礼”，提倡礼、法并重。他认为只有运用“礼义”才能统一天下，而国君应该“以德服人”。

荀子五十岁时，到齐国游历。荀子在齐国，曾经三次担任稷下学宫祭酒。

稷下学宫是齐威王时修建的，位于齐国都城临淄稷门附近。齐威王原本一心饮酒作乐，但是在邹忌等大臣的劝谏下痛下决心，决定要在齐国改革。而稷下学宫，就是齐威王改革的一项重要措施。

稷下学宫是世界上第一所官方举办、私家主持的高等学府，当时很多专业人士都曾经来稷下学宫游学，为战国时期的“百家争鸣”创造了良好的环境。

当时“诸子百家”中几乎每个学派（诸如儒家、道家、法家、名家、兵家、农家、阴阳家等）都有顶尖人才在稷下学宫讲学。当时闻名天下的学者，如孟子、邹子、田骈、申不害等人，都曾经在稷下学宫讲学。

各位专家学者在稷下学宫不但讲学，进行研究学问，而且互相辩驳，进行思想上的交锋。

在稷下学宫的各位专家们中，邹衍的学说有很多空洞论辩，阴阳家邹奭（shì）的文章很周密，却难以实行；而齐国的思想家淳于髡（kūn）虽然身高不满七尺，言行滑稽，与他交谈，却总能学到一些精辟的言辞。

而荀子是其中最为年长、资历最深的宗师。荀子担任祭酒时，也是他思想成熟，并且吸引了众多弟子，形成自己学派的时期。

但到了齐湣王时期，韩珉为相国，齐国多次要攻打宋国。稷下学宫的学者对此议论纷纷，荀子等学者多次上书，劝说齐湣王不要发动战争。然而，齐湣王对此根本听不进去，齐国踏上了战争的道路。

荀子对此心灰意冷，于是就离开了稷下学宫。

地

稷下学宫

世界上最早的官办高等学府，也是中国最早的社会科学院、政府的智库。始建于齐桓公田午时期。位于齐国国都临淄（今山东省淄博市临淄区）稷门附近。祭酒是稷下学宫的最高行政长官。

□ 从秦国到楚国

秦国在变法图强之后，对赵国虎视眈眈。身为赵国人，荀子一直对秦国充满兴趣，这到底是怎样的一个国家？为什么能击败赵国？

公元前 264 年，荀子应秦昭襄王之聘，前往秦国，观察秦国的百姓是如何生活的，以及秦国的吏治如何。

经过实地走访，荀子发现，秦国的官吏工作认真，敬业守法，没有互相勾结，也不拉帮结派。

荀子甚至认为，“秦四世有胜，数也，非幸也。”他认为，秦国现在的发展水平是几代秦国国君和百姓努力的结果，并非偶然得来。但同时，荀子也认为，秦国过于重视刑法吏治，对儒家君子不以为然。

于是，在面见秦昭襄王的时候，荀子和秦昭襄王讨论了儒家学说对于国家到底是否有用？

面对着这位儒家大学者，秦昭襄王坦言：“儒家学说对于国家是无用的，所以秦国禁止儒学。”

荀子明白在秦国不会有实现理想的机会，于是他离开了秦国，前往楚国。在楚国，荀子得到了相国春申君的欣赏。荀子被任命为兰陵令，然而荀子实在是太有名了，有很多

人嫉妒荀子。于是有小人向春申君进谗言，说：“从前，商汤和周武王都是凭借百里之地起家，从而夺取了天下。如今，荀子也是天下贤人，您也给他百里之地，楚国恐怕也要危险了。”

这话得到了春申君的认可，于是他就辞退了荀子。荀子感到莫名其妙，于是离开楚国，到了赵国。荀子名满天下，赵国任命荀子为上卿。但事实上，荀子只是空有一个高官的名号，并没有实权，也无法实现自己的理想。

于是，又有人对春申君进言道：“从前伊尹离开了夏朝投奔了殷人，结果殷商兴起，夏朝灭亡。管仲离开了鲁国到齐国，于是鲁国衰弱，齐国强大了。现在荀子也是天下贤人，他离开了楚国，楚国的处境恐怕也要危险了。”

春申君又觉得这个人说得很有道理，于是派人去赵国，将荀子请了回来，重新请荀子担任兰陵令。

春申君去世之后，荀子也被罢官。从此，荀子在兰陵居住，一心著书。荀子的文章善于运用比喻和排比，语言丰富多彩，逻辑性强。他写的文章，已经从语录体发展到了标题论文，代表着我国古代说理文走向了成熟。

因为拥有多年的从政经历，又有对于诸侯的实地考察，荀子成为儒家的一代宗师。

战国时期著名的政治家韩非、李斯，和西汉的相国张苍，都是荀子的学生。

荀子去世之后，被安葬在兰陵。他的著作集中在《荀子》一书中，流传至今。

荀 子
本 名
名况，字卿
人物身份
思想家、哲学家、教育家
历史影响
儒家学派代表人物
智慧值
★★★★★
武力值
★★
公元前313年—公元前238年

历　史　小　课　堂

荀子是百家争鸣时期的集大成者，儒家思想的代表人物。他对于当时各家学派都有所批评，但唯独推崇孔子的思想，认为是最好的治国理念。荀子吸收和发展了儒家的思想和理论，形成了自己的思想。他主张“礼法并施”，也就是将儒家的礼制思想和法家思想相结合。荀子还提出了“制天命而用之”的人定胜天思想。荀子反对鬼神迷信，提出了性恶论，认为人对于物质生活的天然欲求是与道德礼仪规范相冲突的。荀子重视教育和习俗对于人的影响，强调学以致用。

公元前313年——公元前311年

第一百〇七话 张仪戏楚

张仪的诺言

自从张仪来到秦国为相国，秦国通往兼并的道路上又加速了。公元前313年，秦国已经占据了当时重要的战略要地：曲沃和商於之地。张仪向秦惠王献计，要“以秦、韩与魏之势伐齐、楚”。在这两大势力的斗争中，楚国成为第一个被攻打的对象。

楚国对此也很警惕，派出了柱国景翠率领楚国大军，争夺曲沃和商於之地。景翠将楚国大军分布在鲁国和齐国边境，以及魏国和韩国的南边，展开了长达三千七百里地的战线。

秦楚大战一触即发。

秦惠王决定要先瓦解齐国和楚国的联盟，还要回去楚国在曲沃和商於之地的进攻态势。

于是，张仪自请前去楚国，游说楚怀王。

楚怀王听说张仪来了，亲自安排张仪住进了楚国最上等的宾馆。楚怀王问张仪：“我们这种偏僻、鄙陋的国家，您用什么来指教我呢？”

张仪对楚怀王行礼之后侃侃而谈：“大王，如果您听从我的意见，就请贵国与齐国绝交，解除盟约。我们秦王最推崇楚王您，最痛恨齐王，我也是这样。如今，秦王想

曲沃，今山西曲沃、侯马一带；“商於之地”是两个地方，商指商县，今河南淅川西南；於又称於中，在今河南西峡东，两地相邻，合称为“商於之地”。曲沃和商於之地成为当时秦国向外进攻的两大堡垒。

又称上柱国，战国时楚国设置，原为保卫国都之官，后为楚国武官最高级别。

要讨伐齐王，只是因为齐国与楚国交好，所以才特地前来咨询您的意见。假如大王能够与齐国断绝关系，我就愿意奏请秦王献出商於之地六百里的土地，让秦国的女子前来服侍大王，充任您的侍妾。到时候我们秦国与楚国之间婚姻往来，娶妇嫁女，永结兄弟之好。”

张仪这话说得非常动听，楚怀王听到张仪说要割让商於之地给楚国，高兴得心花怒放，眉飞色舞，马上就同意了张仪的请求。楚国的大臣们都来祝贺，说这都是大王您的英明果断，治国有方，才能让秦国不远千里来和我们楚国结盟啊！如此一来，楚国实力又将大增了！

楚怀王不由得飘飘然起来。

正在高兴之时，大臣陈轸忧心忡忡对楚怀王说：“大王，张仪可不是一个能相信的人。还请大王仔细考虑，不要轻信张仪。”陈轸早年曾经在秦国为官，当时由于陈轸经常代表秦国出使楚国，张仪曾经说陈轸在出使楚国的时候出卖了秦国的情报，还请秦王杀掉陈轸。

但陈轸很聪明，对秦惠文王说，假如自己对秦国不忠，那么楚王也不能相信他会忠实于楚国。

秦惠文王觉得陈轸说得有道理，于是，陈轸化解了这次危机。

然而，秦惠文王毕竟还是重用张仪，所以陈轸不得不离开了秦国，到楚国为官。

楚怀王对陈轸的遭遇心知肚明，但是他觉得陈轸这个时候说出劝阻的话实在是大煞风景。于是，楚怀王皱着眉头，非常不悦问陈轸：“满朝文武都在祝贺，你为什么要这么说？”

陈轸严肃地回答道：“大王，臣并非要故意与您作对。实在是根据臣的分析，商於之地不但我们楚国得不到，最终的结果一定是齐国与秦国联合起来。这两个国家一旦联合起来，那么我们楚国到时候就会大祸临头了。”

楚怀王吓了一跳，张仪不是说秦国要攻打齐国吗？他们怎么会联合起来呢？

陈轸看出来楚怀王并不相信，又继续分析道：“秦国之所以对大王您如此恭敬，只是因为齐国和楚国现在联合起来了。如果大王按照张仪说的话去做，一定会让楚国孤立无援。秦国怎么会为了一个孤立无援的楚国，心甘情愿白白送上商於之地呢？那可是秦国将士们血战到底才得到的。张仪回到秦国之后，一定会背信弃义。假如我们楚国与齐国断交，秦国马上就会成为我们楚国的祸患，攻打我们楚国。现在，最好的办法就是我们楚国和齐国表面断交，但是暗中联系，派人跟着张仪去秦国。假如张仪说话算话，真的献给大王商於之地，那么我们再和齐国断交也不晚。假如秦国说话不算话，那么我们也没有什么损失。”

但是楚怀王根本听不进去陈轸的建议，商於之地好像无法抵抗的诱惑，让楚怀王一心要按照张仪方法去做。

楚怀王斥退了陈轸，还说让他等着瞧，自己很快就要能到商於之地了。

□ 六百里，六里？

有张仪的承诺在先，想到即将到手的商於之地，足足六百里啊，楚怀王睡着了都能笑出声。

在楚怀王的直接过问之下，楚国很快与齐国断绝了关系，废除了与齐国的友好盟约。

楚怀王送给张仪很多金银珠宝，还将楚国的相印颁发给了张仪。这一切都办完之后，楚怀王派出楚国的一位将军跟着张仪到秦国去接收商於之地。

张仪坐车赶回秦国，下车的时候就假装没拉住车上的绳索，跌下去扭伤了脚。

张仪于是跟秦王请了病假，一连三个月没上朝。曾经承诺过要割让商於之地的事自然也没了下文。

楚国的将军心急如焚，但是又无可奈何，只能派人送信给楚怀王说明秦国的情况。

楚怀王一听张仪告假，一下子愣住了。他仔细想了想，忽然一拍大腿说道："哎呀，是不是张仪觉得我和齐国断交这事做得不够彻底呢？"

楚怀王马上派出使者到宋国去，借了宋国的符节到齐国，去辱骂齐宣王。

齐宣王莫名其妙又恼羞成怒，马上斩断了符节，转而和秦国结盟。

等秦国和齐国结盟之后，张仪才对楚国的使者说：“我有秦王赐予我的六里封地，我愿将它献给楚王。”

使者眼珠子瞪得溜溜圆，但这是在秦国，他知道争论也不会有什么用处，只能灰溜溜地回到了楚国。

使者回到楚国之后，将张仪的话转达给楚怀王，楚怀王气得差点烧了自己的宫殿。好你个张仪，你欺人太甚了！

楚怀王马上出动楚国的军队攻打秦国，但是却遭受到秦国和齐国两个国家的一致反击。楚国战败，丧失了丹阳、汉中的土地。楚国军队被斩首八万，并且丧失了六百里地的土地。

楚怀王因为这次失败更加愤怒，再次发动楚国大军攻打秦国，结果这次楚国又遭遇到了惨败。韩国和魏国也趁机攻打楚国，一直打到了邓。

没办法，楚怀王只能退兵，楚国不得不割让城池，并与秦国签订和约，这才结束了战争。秦国夺得了楚国的黔中郡。楚国从此不能再对秦国构成威胁。

秦国的势力发展到中原地区，国力更为强大。

节选自 《史记·张仪列传》

原文

张仪至秦，详失绥堕车，不朝三月。楚王闻之，曰：“仪以寡人绝齐未甚邪？”乃使勇士至宋，借宋之符，北骂齐王。齐王大怒，折节而下秦。秦齐之交合，张仪乃朝，谓楚使者曰：“臣有奉邑六里，原以献大王左右。”楚使者曰：“臣受令于王，以商于之地六百里，不闻六里。”还报楚王，楚王大怒，发兵而攻秦。

原文大意 张仪到达秦国后，在上车时假装没有拉住绳子而从车上掉下来，摔伤了，因此三个月没有上朝。楚怀王听说这件事后，说：“张仪是因为我与齐国断交得不够彻底吧？”于是派勇士前往宋国，借了宋国的符节，进入北边的齐国，大骂齐王。齐王非常愤怒，折断符节，归附了秦国。秦国与齐国创建了邦交后，张仪才上朝，对楚国的使臣说：“我有秦王所赐的六里封地，愿意把它献给你们大王。”楚国的使臣说：“我奉楚王的命令，来接受商於六百里的土地，不曾听说是六里。”使臣回国后向楚怀王复命。楚怀王勃然大怒，立刻出动军队攻打秦国。

第一百〇八话 赵武灵王改革

□五国会葬

公元前 326 年，赵肃侯去世，魏国、楚国、秦国、燕国、齐国五个诸侯国派出了精锐部队万人前来赵国参加会葬。

为什么赵肃侯会赢得这么多诸侯的尊重？因为赵肃侯当政时，听从了苏秦的建议，参加合纵。在赵肃侯的领导下，各国联军重挫魏国的发展势头，扫除了赵国向中原挺进的最大障碍。在诸侯战争频发的时代，有了赵肃侯的领导，赵国从未落入下风。

所以，当赵肃侯去世时，五国会葬，以表达对赵肃侯的尊重。但这五国也有自己的小心思，那就是伺机而动，看看是不是有机会在赵肃侯去世的时候对赵国实行打击报复。

十五岁的赵雍在父亲的葬礼上，要同时面对来自五国虎视眈眈的窥视。一个不小心，赵国就将万劫不复。好在父亲赵肃侯留下的忠臣肥义对赵雍鼎力支持。经过慎重考虑，赵雍决定对这五国采取针锋相对的政策。此时，赵国不能示弱，倘若此时示弱，或者暴露出任何漏洞，紧跟着的，就将是来自五国的攻伐。

于是，代郡、太原郡、上党、邯郸的赵国军队进入了一级戒备。

与此同时，赵雍派出使者去联合韩国和宋国。从地理位置上来看，韩国和宋国位于秦国、魏国、楚国和齐国之间。赵国对于韩国和宋国的联合，等于让秦、魏、楚、齐陷入了腹背受敌的境地。

这还不够，赵雍又派人拿出金珠宝贝送往越国和楼烦，请越国派出军队攻打楚国，请楼烦派出军队骚扰燕国和中山国。

在赵雍的安排下，五国一时之间都陷入新的麻烦中。

赵雍命令前来参加会葬的五国军队都不得进入赵国境内，只允许这五国的使者带着吊唁物品进入赵国，赵国会有专门的大臣接待这些使者，送他们进入邯郸吊唁赵肃侯。

五国发现赵国戒备森严，自己又麻烦缠身，已经没有机会攻打赵国，只能打消了借吊唁赵肃侯攻打赵国的念头。

赵雍即位，是为赵武灵王。

在还未登上王位之前，赵武灵王已经通过了一场严峻的考验，接下来，他便将带领赵国，展开一场轰轰烈烈的变革。

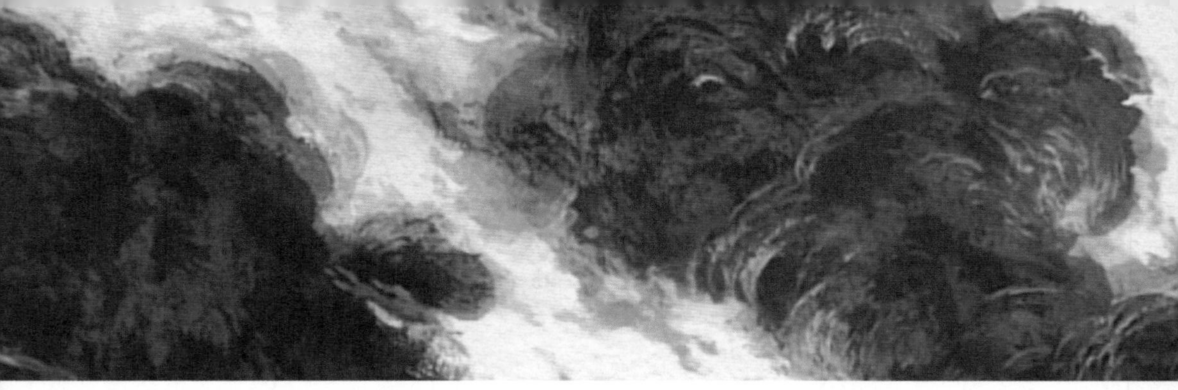

(地) **东胡**

中国东北的古老游牧民族，活动在滦河中上游及其东北部。

(地) **林胡**

又称林人、儋林，为林中胡人之简称，生活在森林中。

虽然赵国从五国会葬的危机中安然度过，然而此时的赵国，已经不复是赵肃侯时期强大的赵国，完全是一个进入衰落时期的国家。

就连中山这样的小国都敢在赵国头上动土，经常骚扰赵国。赵国在和其他诸侯国之间的战斗中，也经常吃败仗。

在仔细进行考察之后，赵武灵王发现，目前骚扰赵国的主要是游牧民族。因为赵国东北与东胡相接，北面是匈奴，西北是林胡和楼烦。这些游牧民族特别擅长骑马射箭，所以他们的骑兵经常骚扰赵国边境。

赵武灵王对于这些游牧民族敌人进行了一番考察，发现游牧民族战斗力很强，就连衣着、生活方式都很适应作战。这些游牧民族穿的是窄袖短袄，而不是中原地区的宽袍大袖，这样特别适合作战。游牧民族的骑兵、弓箭，也比中原地区的战车、长矛更灵活。

赵武灵王对手下大臣说："游牧民族的骑兵来如飞鸟，去如绝弦，作战反应非常迅速。这或许就是他们驰骋沙场、所向披靡的原因。"

赵武灵王经过慎重思考，决定要在赵国实行改革，就是"胡服骑射"。

强敌环伺中的赵国必须改革，才能迎来生的机会。然而，赵国的大臣中却有很多改革的反对派。

公子成支支吾吾说道："我们现在去穿胡人的衣服，这就是对于自古以来教化的一种改变。"

话音未落，赵文也认为，"穿什么衣服也是有常规制度的，这可是礼治啊！"

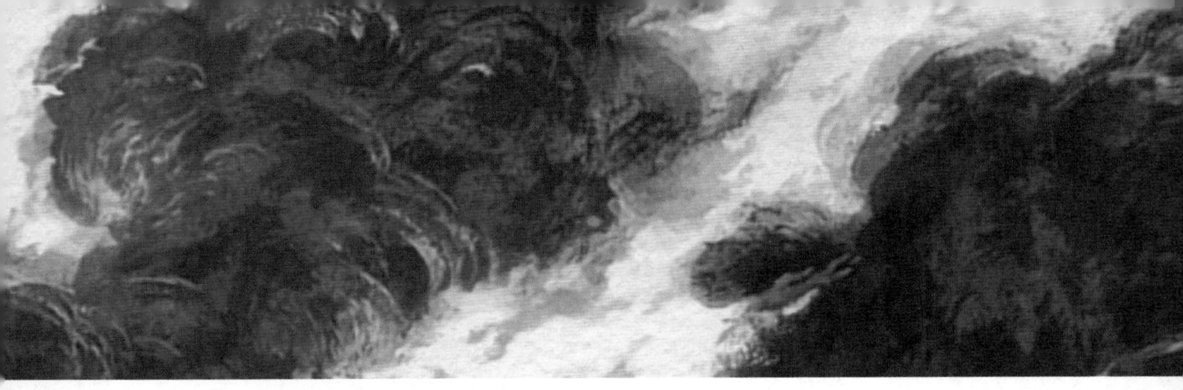

赵造说得就更严重了，他说：“假如是圣人，那么不改变老百姓，也能实现教化；假如是智者，那么不会改变习俗也会进行变动。”

穿胡服，已经被反对派认为是背叛了祖先和礼治。

赵武灵王听着这些反对的意见，脸色逐渐冷了，跳不出老祖宗的条条框框，谁来给赵国一条生路？难道就谨守教条，慢慢被其他国家蚕食灭亡不成？

赵武灵王对这些老臣的反对意见进行了逐条批驳，他认为，治理国家不一定非要按照古礼。凡是用古代的道理治理国家，那就是不通达于事情的变化。

肥义等大臣对赵武灵王的改革表示了支持。

于是，为了让赵国走向富国强兵的道路，赵武灵王在公元前 **307** 年宣布，实行改革，命令赵国人“易胡服，改兵制，习骑射”。

赵武灵王所说的胡服，就是当时胡人穿的服装，这些服装都是短装，束有皮带，用带钩，穿皮靴。赵武灵王命令穿胡服，不光士兵要穿胡服，就是赵国的老百姓和大臣也都要穿。

这当然引起了很多赵国贵族的反对，但赵武灵王坚持说服他们，“只要对赵国的富强有利，何必要拘泥于古人的礼法呢？”

为了推行改革，赵武灵王身先士卒，自己先穿起了胡服。他先在家族中推广胡服，逐渐地，朝廷之中大臣们也开始穿着胡服，军队中的士兵们也开始穿胡服。

穿胡服，特别适应在马上训练。从这之后，赵国开始学习胡人骑马射箭的战术，赵国军队的实力有了大幅提高。

(地) 楼烦

楼烦是北狄的一支，约在春秋之际建国，其疆域大致在今山西省西北部的保德、岢岚、宁武一带。兵将强悍，善骑射，对相邻的赵国构成极大威胁。

改革之后

实行改革之后，赵国军队机动灵活，也促进了中原民族和游牧民族的融合，减轻了中原地区对于游牧民族的轻视心理，增强了游牧民族对于中原民族的归附心理，即促进了民族融合。

但对于赵武灵王而言，更大的收获还是在军事方面。

当军事改革小有成效之后，赵武灵王决定对赵国的第一个心腹大患——中山国动手。中山本来是白狄族，曾经被魏国攻占。但没多久，中山国就摆脱了魏国控制，复国了。

从地理位置上来看，中山国正好位于赵国的中间，只有一小块与燕国接壤。因为中山国这个“夹心”，赵国的国土四分五裂。代郡、邯郸、上党郡等重要赵国城邑，因为中山国而交通受阻。

因为中山国的存在，赵国虽然都城在邯郸，但邯郸对于赵国全境的控制力度并不强。

这还不算，更让赵武灵王难以忍受的是，齐国和燕国经常与中山国联合，密谋对付赵国。这无异于在赵国的“心脏”插入了一把匕首。

于是，在改革初见成效之后，赵武灵王于公元前306年攻打中山国。这次出击，赵国所向披靡，军队所到之处，战无不胜。林胡王献上马匹，表示以后臣服于赵国。

公元前305年，赵武灵王再次出动大军攻打中山国。这一次出兵，赵武灵王亲自率领左、右、中三军，势如破竹，向北打到了华阳，向南打到了石邑、封龙，中山王不得不献出四邑求和。赵武灵王在攻打下来的区域设置了九原郡和云中郡。公元前296年，中山国为赵国所灭，赵武灵王终于除去了心头大患。

赵国经过了胡服骑射的改革，攻占了大片土地，收编了林胡和楼烦的军队，军事实力大为增强。

语文一点通

“胡服骑射”

出自　《战国策·赵策二》

胡：古代指北方和西北的少数民族。战国时，赵武灵王在军事上推行“胡服骑射”，他命令赵国军队和人民，学习西北游牧民族的服饰，学习骑马射箭。通过推行胡服骑射，赵国逐步开展军事改革，军队实力强大起来。这之后，赵国先后打败了中山国、林胡等，从此强大起来。

公元前 311年——公元前 307年

第一百〇九话 秦武王举鼎

□重用大力士

公元前 311 年，秦惠文王去世，他的儿子嬴荡即位，是为秦武王。

秦武王从小就很喜欢大力士，特别喜欢和大力士们做一些关于比力气大小的游戏。秦国的大力士乌获、任鄙是秦国出名的勇士，深得秦武王宠信。秦武王还封乌获和任鄙为秦国的大官。

消息传到各国，齐国有一个大力士孟贲（bēn），也想到秦国碰碰运气。于是孟贲不远千里来到秦国，拜见秦武王。秦武王看到孟贲也是力大无穷，非常高兴，就将孟贲也拜为大官。从此，乌获、任鄙和孟贲都成为秦武王身边的宠臣、亲信。

满朝文武大臣，要说秦武王不喜欢的，还真有一个，那就是曾经为秦国立下汗马功劳的张仪。秦武王还是秦国太子的时候就很不喜欢张仪，等到他即位之后，大臣们看出秦武王对张仪的厌恶，就纷纷进谗言。有的大臣专门找到秦武王说：“张仪这个人反复无常，不讲信用，而且出卖国家。他的目的就是图谋国君的恩宠。假如我们秦国一定要重用张仪，那么必然会受到天下人耻笑。”

消息传了出去，其他国家的国君知道张仪地位即将不保，于是纷纷退出了与秦国的“连横”，重新参加了“合纵”，共同对付秦国。

一时间，秦国内忧外患，危机即将爆发。

张仪也听说了其他大臣在拉帮结伙攻击自己。他深知，现在已经不是支持自己的秦惠文王在世的时候了，面对这个厌恶自己的秦武王，形势再发展下去，自己即将大祸临头。

于是，张仪找到秦武王觐见说道：“我有一计要禀告给大王。”秦武王斜着眼睛问张仪：“是什么计策呢？”

张仪头也不敢抬，恭恭敬敬回答说：“为秦国社稷考虑，只有东方诸侯国发生战乱，秦国才可以因此多多获得割地。

听说，齐王非常厌恶我，凡是我张仪在的地方，齐王必定会兴兵讨伐。所以，张仪恳请前往魏国，相信只要我到了魏国，齐国一定会出兵攻打魏国。等到齐国和魏国打得不可开交的时候，我们秦国就可以趁机出兵攻打韩国，直逼周朝都城，挟持天子，那时候您就可以成就帝王霸业了。”

秦武王觉得张仪这个计划还不错，于是就派三十辆兵车送张仪到魏国。齐湣王得到张仪前往魏国的消息，果然出动齐国军队攻打魏国。当所有人都认为张仪危险的时候，张仪却派出门客冯喜到了楚国。冯喜将张仪的计划和盘托出，借楚国使者之口转达给了齐湣王。齐湣王知道后果然退兵了。

攻打韩国

人 甘茂

姬姓，甘氏，名茂，下蔡（今安徽颍上甘罗乡）人，战国中期秦国名将。其孙为秦国著名的少年丞相甘罗。

人 樗里疾

又称严君疾，嬴姓，名疾，因居樗里（今西安西北），故称樗里疾。此人足智多谋，擅长外交、军事，秦人誉为“智囊”。

秦武王虽然年轻，但是很有抱负。在他心目中，秦国就应该是高于六国的。秦武王看到六国都有相国，于是就将秦国的相国改为丞相。

公元前 309 年，秦武王即位两年，他在秦国设置了丞相的官位，而且是分为左右丞相各一人。秦武王任命甘茂为左丞相兼上将军，任命樗（chū）里疾为右丞相。这两位丞相上任之后，就开始在秦国疏通河道、修路筑桥，办了很多实事。

秦武王非常高兴，马上派人准备金珠宝贝，送甘茂到魏国。

公元前 308 年，甘茂出使魏国。他用“将来共同分享攻克韩国的利益”为诱饵，说动了魏国。魏国不但同意不再支持韩国，还派出军队帮助秦国攻打韩国。

甘茂回到秦国之后，与秦武王订立了息壤之盟。甘茂认为，宜阳坚守难攻，到时候秦武王如果听从了国内大臣的进言，难免会动摇进攻宜阳的决心。秦武王却通过和甘茂订立息壤之盟，表示自己一定会坚决支持甘茂，绝不会动摇的。

甘茂攻打宜阳的战斗异常惨烈，秦国士兵对宜阳进攻了五个月，死伤众多，依然没有成功。樗里疾等大臣对秦武王纷纷进言表示反对继续攻打宜阳。秦武王于是派人召回甘茂，决定退兵。甘茂见到秦武王，却说道：“您可不要忘记了息壤之盟。”

秦武王权衡再三，还是决定相信甘茂，坚守息壤之盟，于是调集了全部兵力，让甘茂进攻宜阳。

甘茂在宜阳城下宣誓，要以“宜阳之郭为墓”，并且拿出自己的财产奖赏部下。秦国的士兵看到主将甘茂与敌人誓死决战，全体士兵斗志昂扬。

公元前 307 年，秦军攻克宜阳，斩首六万。

秦军夺取了武遂并修筑城池，占据了贯通韩国南北的交通要道。韩襄王没办法，只能派使者到秦国谢罪，与秦国议和。

名 息壤之盟

为攻打韩国，秦武王与甘茂在息壤，签订盟约，约定在没有攻占下宜阳城之前绝不退兵。

秦武王执政后一帆风顺，拿下了宜阳之后，他每天都在想一件事，那就是出三川，图谋周室。

平时没事的时候，秦武王就和一帮大力士角斗，摔跤。

公元前 307 年八月，秦武王在洛阳，与孟说比赛，看谁能举起“龙文赤鼎”。

其实，秦武王举鼎就包含着问鼎中原，窥视周室的心思。

但谁都没想到，力大无穷的秦武王，虽然勉强举起了龙文赤鼎，但是这沉重的大鼎却压得他双目出血、双腿骨折。

周围的人惊慌失措，急忙将秦武王扶到床榻上，还请医生为他诊治。

但是一切都晚了，秦武王这天晚上由于伤势过重去世了，年仅二十三岁。

孟说因此被灭族，而发展势头良好的秦国陷入空前的混乱。由于秦武王并没有儿子，大臣们只能迎接秦武王同父异母的弟弟，还在燕国为人质的公子稷即位，是为秦昭襄王。

历 史 小 课 堂

秦武王是秦惠文王之子，历史上关于他最著名的记载，就是最终的“举鼎而死”。然而，秦武王虽然孔武有力，却并非头脑简单之辈。秦武王即位之后，在政治上驱逐了张仪，设置了丞相一职。他即位不久，就派出甘茂出使魏国，说动了魏王，借路讨伐韩国。秦军攻克宜阳，斩首六万。在秦武王的部署下，秦国和魏国结盟，牵制楚国。后来，秦武王还平定了蜀乱。在经济上，秦武王还命令甘茂等人更修田律、修改封疆、疏通河道、修桥筑堤。西汉著名文学家贾谊对此的评价是：“孝公既没，惠文、武、昭襄蒙故业，因遗策，南取汉中，西举巴、蜀，东割膏腴之地，北收要害之郡。”

第一百一十话

焚券市义

孟尝君田文是战国四公子之一，孟尝君是他去世后的谥号。孟尝君的父亲田婴是齐威王之子、齐宣王之弟，曾经担任过十多年齐国的相国。然而，孟尝君的母亲却只是父亲的一名小妾，在家里地位不高。田婴有四十多个儿子，孟尝君从小没有得到过父亲的重视。

但是随着年龄渐长，他的聪明才智让他在这个大家庭中鹤立鸡群。后来，孟尝君逐渐成为父亲的接班人，在齐国乃至其他国家都威名赫赫。

孟尝君招揽各路贤人，据说他有门客三千。其他诸侯国的能人，甚至是犯罪逃亡的人都前来投奔他，而孟尝君对他们都很好。

有一个叫冯谖（xuān）的人，家里穷困潦倒，实在没办法生活了。他只能托人，求到了孟尝君门下，希望有机会成为孟尝君的门客，借以谋生。

孟尝君按照惯例询问道："请问您有什么爱好吗？"

冯谖回答说："没有什么爱好。"

孟尝君又问："请问您有什么能耐吗？"

冯谖回答道："没有什么能耐。"

冯谖面色平静，孟尝君却很诧异，其他人请求来当自己的门客，无不要标榜自己有这样或者那样的本领、才能，这位冯先生，倒是个奇人。

虽然冯谖说自己没有什么本事，但是孟尝君还是让他当了门客。

冯谖如愿以偿，留在孟尝君家里。然而，孟尝君身边的下人却因为冯谖什么也不会而看不起他，每天只给他吃些粗茶淡饭。

过了一段时间，冯谖手持长剑，靠在门上唱歌："长剑，长剑，回去吧！吃饭没有鱼。"孟尝君听到了不由得笑了，命令手下，以后给冯谖吃饭也要上鱼，要像对待别人一样对待冯谖。

又过了几天，冯谖又开始手持长剑，靠在门上唱歌了："长剑，长剑，回去吧！出门没有车。"孟尝君的手下觉得很可笑，就告诉了孟尝君。孟尝君一听也开怀大笑，说就给冯谖车子，和其他人出门要乘车待遇一样。

这两件事情办完之后，冯谖得意扬扬。他坐着孟尝君给他的车子去看以前的朋友，还对朋友说："孟尝君非常尊重我。"

但是没过多久，冯谖又开始手持长剑，靠在门上唱歌了，他说："长剑，长剑，回去吧！没有钱养家。"

孟尝君的手下觉得这个人真是贪得无厌，马上将此事汇报给孟尝君。但是孟尝君并没有生气，他派人去了解冯谖的情况。原来，冯谖家中还有一位老母亲需要奉养。于是孟尝君派人按时给冯谖的母亲提供生活用品和食物。

从这以后，冯谖再也不唱歌了。

□ 薛地收债

孟尝君由于家里有门客三千，花费巨大。为了有钱供养这些门客，孟尝君曾经派人到自己的封地——薛地放债，收取利息，弥补家里的开支。但是这些钱放出去一年多了，还没收回来。孟尝君决定在门客中找一个人去薛地替自己收债。

有人推荐冯谖，说这位冯先生看着很会辩论的样子，又没有其他的本领，不如派冯先生去收债吧！

孟尝君于是请冯谖到薛地完成替自己收债的任务，冯谖一口答应了。

冯谖收拾好了行囊，带着契约，准备前往薛地。临走之前，冯谖问孟尝君："收债之后，我应该为您买些什么回来呢？"孟尝君想了想说："看看我家里没有的东西就可以买回来。"

冯谖于是向孟尝君告别，快马加鞭，来到了薛地。

冯谖派手下召集起应该还钱的人，先收利息。结算之后，应该收取利息十万，但是有很多家老百姓没钱还债。

冯谖就用手头收到的利息买了酒肉，召集所有借过钱的人来对账。这些借钱的人内心忐忑不安，但是到了之后，冯谖却绝口不提收债，而是劝大家一起喝酒。

在喝酒的过程中，冯谖了解到这些百姓家里的情况，这时候才拿出了契约，让大家一起对账。

冯谖宣布，凡是有能力还钱的，那么就订下将来还钱的日期；如果实在困难，没能力还钱的，则由冯谖手绘债券。

冯谖假借孟尝君的命令，对没能力还钱的老百姓都免去了债务，还烧毁了契约。

所有人都感动极了，特别是那些穷苦的老百姓，都流下了泪水。

冯谖对这些老百姓说："孟尝君之所以借贷给各位，是要给没有资金的人提供资金，以便将来从事生产；孟尝君之所以要向各位要债，是因为他已经没有钱供养门客了。现在，富裕有钱的人约定了将来还债的日期，没钱、无力还债的人烧掉契约，废除了债务，请大家开怀畅饮！有这样的封邑主人，将来怎么能背弃他呢？"

所有的人都站了起来，大家自发地连续跪拜两次，表达内心对于孟尝君的感激之情。

冯谖烧毁契约的消息传到了孟尝君耳中，他因此非常愤怒，马上派人召回了冯谖。

孟尝君怒斥冯谖说："本来我的封地就少，老百姓借了钱，也从来都不能按时归还。现在，门客连吃饭的钱都不够了，所以才请先生您去薛地收债。然而我听说，先生您置办了酒肉宴席，居然烧掉了契约？这到底是怎么回事？"

冯谖面对孟尝君的怒火却依然很平静，他回答说："如果我不置办酒席，就不能召集到所有的欠债人，也没有机会了解那些人的真实情况。富裕的人，订立将来还债的时间。而那些穷困的人，即便是派人监视着，十年也还不起债。时间越长，利息越多。到了真正还不起的时候，欠债的人就会逃跑。假如催促太紧，不但没办法偿还债务，而且上面还会认为您贪财好利不爱惜百姓。下面则会认为您冒犯国君，这不是用来彰显您名声的做法。我烧掉那些没办法偿还的债券，废弃了那些有名无实的账簿，是让薛地的老百姓信任您，彰显了您善良的好名声，您还有什么疑惑的呢？"

这一席话说得孟尝君哑口无言。但是孟尝君心里还是觉得冯谖此事办得不妥，于是就怒斥冯谖："算了，先生你还是别说了吧！"

又过了一年，有人在齐王面前进谗言，中伤孟尝君。孟尝君被罢免了相国之位。当孟尝君被罢免后回到自己的封地时，距离薛地还有一百里地，老百姓们早就自发地在路边迎接孟尝君。

孟尝君感动极了，这才知道冯谖焚券示义的用意。孟尝君热泪盈眶，感动地对冯谖说："冯先生，您为田文买到的'义'，我今天终于看到了！"

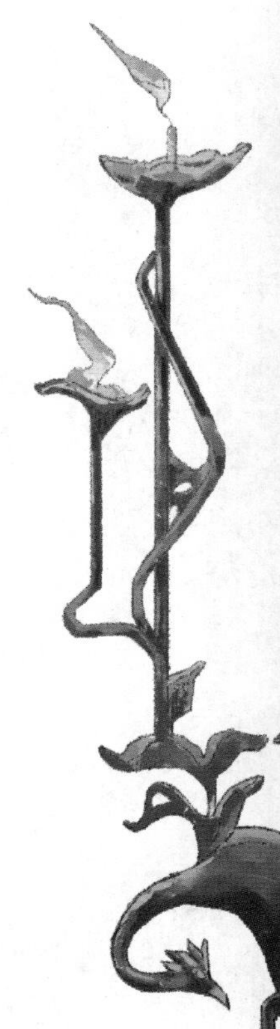

语文一点通

“焚券市义”

市：买。义：道义，民心。
用烧掉债券来收买人心。

“冯谖弹铗”

出自《战国策》，指有才华的人暂时处于困境，心中不平，表示渴望得到任用。

公元前
299年

第一百二十一话

孟尝君智离咸阳

□孟尝君为秦相

孟尝君担任齐国相国以后，声名显赫。他倡导以齐国为主，联合其他国家攻打秦国的计划，获得了胜利。

秦昭襄王也听说了孟尝君的大名，想要请孟尝君来秦国。为了表示自己的诚意，秦昭襄王还派出泾阳君到齐国为人质，请孟尝君来秦国相见。

孟尝君的门客们对此非常担心，都不同意他去秦国，但是无论谁劝孟尝君，他都不听。就在这时候，门客苏代对孟尝君说："今天早上在外面，我看到一个木偶人和土偶人在谈话。木偶人说，'天下雨的时候，你就要坍塌了。'土偶人却反驳道，'我本来就是泥土做的，即便坍塌了，也是回归泥土。如果天真的下雨了，雨水冲着你跑，那可不知道要将你冲到哪里去了。'如今的秦国是虎狼之国。假如您执意要去，一旦回不来，您还能不被土偶人嘲笑吗？"

这句话说到了孟尝君的心坎里。去秦国固然有机遇，但是危险恐怕更大！孟尝君便决定不去秦国了。

公元前 299 年，齐湣王派孟尝君到秦国。秦昭襄王大喜过望，马上任命孟尝君为秦国的相国。

秦国有大臣劝说秦昭襄王道："孟尝君的确是个有本事的人，但他和齐王本来就是同宗。如今，他担任了秦国相国，如果有什么大事，一定先为齐国打算，然后才会考虑秦国。那时候，秦国岂不是危险了？"

秦昭襄王心想的确有这个危险，于是罢免了孟尝君，还将他囚禁起来，准备杀掉。

情况怎么会急转直下？其实，孟尝君担任秦国相国，在各国引起了不安。尤其是赵国，生怕秦国和齐国这两个强大的诸侯国联合起来不利于赵国。于是，赵国促使秦国免去了孟尝君的相位，并且派楼缓入秦为相。

人 楼缓

赵国人，战国中后期著名纵横家。前后侍奉赵武灵王和秦昭襄王两位著名的君王，活动的时间跨度有四十多年。

□危机重重

孟尝君被囚禁之后马上意识到，现在已经是生死关头。秦昭襄王囚禁自己，一定是为了避免自己为他国所用，下一步就是要杀掉自己了。

如何摆脱困境?

孟尝君派出门客求见秦昭襄王的宠妾，希望她能够帮助自己脱困。但这位宠妾却开出条件说：“让我帮忙可以，除非把那件白色狐裘送给我。”

白色狐裘?

倒是有一件，也称得上是极品，洁白无瑕，价值千金，而且是全天下唯一的一件极品。

然而，那件唯一的白色狐裘已经送给了秦昭襄王。

孟尝君愁眉苦脸，看起来，是天要亡我!

孟尝君的门客们讨论了半天，也没有办法。

就在大家都束手无策的时候，有一个瘦小的人站了出来说：“主公，我能拿到那件白色狐裘！”

“你？”孟尝君看着这位门客，此人其貌不扬，身材瘦小，他有这个本事？孟尝君有点不相信。

这位门客虽然能力不强，但是有一门绝技，就是会披上狗皮盗窃。

于是，这天晚上，门客化装成狗，钻到了秦昭襄王的府库中。半夜时分，他果然成功盗出了那件白色狐裘。

孟尝君第二天一大早就派人将这白色狐裘献给了秦昭襄王的宠姬。这位宠姬得到了白色狐裘，心满意足，于是向秦昭襄王说了些孟尝君的好话。秦昭襄王便释放了孟尝君。

孟尝君被释放之后，马上改名换姓，更换了通行证。他带领门客，快马加鞭，逃出了城关。半夜的时候，孟尝君已经到了函谷关。

秦昭襄王放走了孟尝君之后，越想越后悔。孟尝君不但能力强，而且拥有三千门客，手下强者如云。这样的强者，无论到了哪个诸侯国都将是秦国的心腹大患！既然不能用，就应该下决心杀掉孟尝君，以绝后患！自己怎么这么糊涂，居然就这么将他放走了呢？

秦昭襄王想来想去，还是决定杀掉孟尝君最为稳妥，于是马上派人去寻找孟尝君。谁知道，手下来报告，说孟尝君已经逃跑了！

岂有此理！

秦昭襄王大怒，马上派人飞车去追捕孟尝君。

孟尝君和门客在函谷关等候，此时还是半夜时分，天上群星闪烁，所有的人都在沉睡中。

但孟尝君心急如焚，只有现在出了函谷关才能确保安全，留在这函谷关内一刻，随时都有被秦昭襄王抓走的可能。那时候想要再逃跑，难如登天。

就在所有人心急的时候，一个门客对孟尝君说："主公，我有办法让这函谷关的鸡提前打鸣。"根据关法规定，鸡叫了，才能放来往客人通过函谷关。可是，现在是半夜时分，有什么办法能让函谷关的鸡提前打鸣呢？难道鸡还能听从号令不成？

孟尝君心里有点不信。

这门客禀告过孟尝君之后，独自走到一边，只见他用手捂着嘴，"咯咯咯！咯咯咯！"他居然发出了清脆的鸡叫，这声音穿透了黑夜，如假包换。

很快，一声接一声的鸡叫在函谷关内响了起来。

看来，这函谷关内的鸡，果然是听号令的！

守卫函谷关的士兵打着哈欠出来了，嘴里还嘟囔着："什么鬼天气，鸡都叫了，天还这么黑？”

孟尝君等人不敢作声，等守关的士兵查验过了身份凭证，等待开门。

“吱扭扭……”

伴随着一阵让人牙酸的声音，沉重的函谷关大门打开了。

孟尝君等人策马飞驰，如同箭一般离弦而去，消失在沉沉的夜色中。

他们刚刚离开一顿饭的工夫，追赶的秦军来到了函谷关。谁知孟尝君等人早已经通关离去了，这些秦国士兵只能垂头丧气回去复命。

最初，孟尝君将擅长盗窃和能学鸡鸣的两位门客安排在去秦国的宾客中，门客们都感觉非常羞耻。如今，孟尝君在秦国险些遇难，多亏了他们才侥幸脱险。从此，大家都佩服孟尝君招揽门客不分等级的做法。

孟尝君离开秦国之后路过赵国，赵国的平原君以贵客的规格招待孟尝君。赵国的老百姓听说齐国的孟尝君来了，大家都到路上去观看，希望看看这位天下闻名的孟尝君，看看他是怎样的一个人？

然而孟尝君骑马过来之后，赵国的老百姓都很失望，还议论纷纷，说：“孟尝君这样的大英雄，大丈夫，怎么居然是个瘦小的男人？”

这话传到孟尝君耳中，让他愤怒不已。

孟尝君的门客和他一起下马，砍杀了数百人，毁了一个县才离开。

等孟尝君回国之后，齐湣王为派孟尝君去秦国感到羞愧，就任命他为齐国相国，执掌齐国国政。

语文一点通

“鸡鸣狗盗”

出自《史记·孟尝君列传》

原指学鸡鸣骗人，装成狗的样子盗窃。后来比喻低贱的技能或行为，也指具有这种行为或技能的人。

孟尝君
本　名
妫姓，田氏，名文
人物身份
齐国相国，战国四公子之一
历史影响
广招贤才
智慧值
★★★
武力值
★
生卒年不详

公元前307年——公元前264年

第一百一十二话 魏冉五度为相

□拥立昭王

秦武王因为举鼎意外去世之后，秦国陷入了争权夺利的斗争中。因为秦武王没有儿子，他的母亲惠文后准备扶立公子壮，并称公子壮为“季君”。然而，秦宣太后和她同父异母的弟弟魏冉则拥立从燕国回来的人质——公子稷为秦王，赵武灵王对秦国的局势也很关注，他也支持公子稷。

最终，在魏冉的支持下，公子稷即位，是为秦昭襄王。两派之间这场为了争夺秦王之位的斗争，进行了三年之久。魏冉利用手中的兵权镇压了季君和惠文后等人。秦昭襄王那些反对他的兄弟，都被魏冉诛灭了。

秦昭襄王即位之后，魏冉就被任命为将军，守卫咸阳。由于当时秦昭襄王年纪小，所以由他的母亲芈八子，

现在的宣太后主持朝政，宣太后的弟弟——魏冉手握大权。当时，秦昭襄王的同母弟公子市被封为泾阳君；公子悝被封为高陵君；宣太后同父的弟弟芈戎被封为华阳君，后来改封为新城君。

公元前300年，秦国丞相樗里疾去世，秦国派出泾阳君到齐国为人质，赵国人楼缓担任了秦国丞相。楼缓不但是赵国人，而且还曾经是赵武灵王和赵昭襄王的大臣，对于赵国的国情了如指掌。楼缓是战国时期著名的纵横家，他担任秦国丞相，对赵国是一个危险，随时可能影响赵国的利益。

于是，赵国派出仇液到秦国游说，请求让魏冉担任秦国丞相。如何让魏冉成为秦国相国？仇液的门客宋公给仇液出主意说："您到了秦国之后，如果秦王不听您的建议，楼缓一定会因此怨恨您。不如您对楼缓说，'请让我出于对您的考虑，劝说秦王任用魏冉为丞相会有所保留。'秦王见到您身为赵国使者，对于此事却并不热心，一定会感到奇怪。假如到时候秦国不听您的建议，楼缓依然为秦国丞相，那么您将赢得楼缓的好感；如果秦王听从了您的建议，让魏冉为丞相，那么魏冉也会感激您。"

仇液到了秦国按照宋公的建议行事，果然，秦国任命魏冉为丞相。

最终，秦国出现了宣太后专制，魏冉擅权，泾阳君、高陵君等人富于王侯的状况。

魏冉担任秦国丞相之后，对于周边的韩国和魏国进行了一系列征伐。

公元前 293 年，魏冉推举任命白起为将军，并派白起率领军队攻打韩国和魏国。这次战斗震惊了诸侯，秦军在伊阙获得大胜，斩首二十四万，并且俘虏了魏国将军公孙喜。第二年，秦军夺取了楚国的宛、叶两座城池。

这场胜利之后，魏冉称病，秦王任用客卿寿烛为丞相。但第二年，秦王将寿烛免职，仍然任用魏冉为丞相，并且封魏冉为穰侯，封地在穰，之后又加封陶邑。

从此魏冉被称为穰侯。

魏冉被封后的第四年，带领秦国军队攻打魏国。这一次，魏国被迫献出了河东方圆四百里的土地。在这之后，秦国又吞并了魏国的河内地区，夺取了魏国大小城邑六十多座。

秦国一时之间实力大增。

公元前 288 年，在魏冉的主持下，秦昭襄王自称西帝，尊齐湣王为东帝。但一个多月后，两国先后取消了帝号仍然称王。这之后，魏冉又先后三次担任了秦国丞相。他所推荐的白起，攻克了楚国郢都，被封为武安君。

公元前 275 年，魏冉再次担任秦国丞相，并带兵攻打魏国。魏国将军芒卯战败逃跑，魏冉率领秦国军队包围了魏国都城大梁。眼看这次魏国即将面临一场劫难，魏国的大夫须贾前来游说魏冉。

须贾对魏冉说："听说有些魏国的高官对魏王说，'从前魏惠王进攻赵国，夺取了三梁，攻下了邯郸。赵王却不肯割地，反而让邯郸失而复得了。齐国人攻打卫国，攻下了卫国的国都楚丘，杀死了卫国将军子良。卫国人不肯割地，反而让楚丘失而复得。卫国和赵国之所以能保全国土，是因为他们能忍受苦难，重视割地的问题。宋国、中山国多次遭到攻打而被迫割让土地，所以国家才灭亡。卫国、赵国的做法是值得学习的，而宋国、中山国的做法则应该引以为戒。’”

须贾的话是对于这几个诸侯国在战乱中自保的经验总结，这引起了魏冉的注意，他非常认真地听须贾继续说道：“那大臣又对魏王说，‘秦国蚕食魏国，又占有了原来晋国的土地，战胜韩国后，韩国被迫割地八个县，韩国还没来得及割地，秦国的军队就又出动了。秦国哪儿有满足的时候呢？如今，秦国打败了芒卯，他们的目的就是让大王割地。大王如果背弃了楚国和赵国，割地求和，那么将会引来楚国和赵国的愤怒。假如这两个国家抛弃了我们，争着侍奉秦国，秦国联合楚国和赵国再来攻打魏国，那时候魏国想不灭亡都不可能了。希望大王一定不要讲和，如果要讲和，就要少割让土地，还要互相交换人质。否则，一定会被人欺骗。’”

这段分析让魏冉佩服，魏国虽然战败，但魏国毕竟还是有能人的。须贾又告诉魏冉，魏国已经调集了一百个县的精锐士兵来保卫大梁，这些士兵有三十万之众。秦军攻城困难重重，一旦有所疲惫，有士兵逃跑，那么魏冉的封邑——陶邑怎么能保得住呢？不如趁魏国现在迟疑，割地讲和，对秦国最为有利。

魏冉明白了魏国已经看穿了秦国的目的，也有所应对，于是就解除了对大梁的围困。

第二年，魏国背叛了秦国，与齐国形成合纵联盟。秦国再次攻打魏国，斩首四万，还驱逐了魏国将军暴鸢，占领了魏国的三个县。魏冉也因此再次增加了封邑。

相位被免

公元前 275 年，魏冉与白起、客卿胡阳率领秦军攻打赵国、韩国和魏国。秦军的铁蹄扫荡了三晋大地，大败芒卯，斩首十万人，并夺取了魏国的卷、蔡阳、长社，赵国的观津。但很快，秦国将观津还给了赵国，还派兵增援赵国，拉拢赵国一起攻打齐国。

齐襄王听到这个消息吓得脸都白了，马上请苏代暗中给魏冉写了一封信。苏代故意假装不相信秦国会支持赵国攻打齐国，说自己非常明白，打败了齐国，就会让赵国强盛起来，而赵国与秦国素来有战争，这样对秦国不利。一旦齐国被攻破，就无法削弱三晋和楚国，还有可能造成齐国投靠三晋和楚国的局面。到时候三晋、楚、齐一起对付秦国，岂不糟糕？

苏代还问魏冉，秦国占有了安邑，韩国一定会丧失上党郡。夺取天下肠胃之地，与借出军队又担心它不能返回，哪个更有利呢?

苏代的分析让魏冉心服口服，于是率领大军返回秦国。

公元前 271 年，魏冉与客卿灶商量，想要攻打刚邑、寿邑来扩大自己的封地。魏国人范雎自称是张禄先生，嘲讽魏冉为了讨伐齐国，居然越过三晋去攻打齐国。张禄以此游说秦昭襄王，获得了重用。范雎对秦昭襄王揭露宣太后独断专行，魏冉独揽大权，泾阳君、高陵君生活奢侈，富比王侯。

秦昭襄王因此罢免了魏冉的丞相之位，还命令泾阳君等人都到自己在关外的封地去。

魏冉身为穰侯，在离开函谷关的时候，带走的财货、家产多达一千辆车。关吏检查车辆的时候吃惊得闭不上嘴，无数的奇珍异宝，比秦王的珍藏还要多。

后来，魏冉死于陶邑，并安葬在那里。后来，秦国后来将陶邑收回，并设立为郡。

魏冉
人物身份 秦国大臣，号穰侯
历史影响 推荐白起，独揽大权
智慧值 ★★★
武力值 ★★★
？一公元前264年

节选自 《史记·穰侯列传》

原文

宣太后二弟：其异父长弟曰穰侯，姓魏氏，名冉；……武王卒，诸弟争立，唯魏冉力为能立昭王。昭王即位，以冉为将军，卫咸阳。诛季君之乱，而逐武王后出之魏，昭王诸兄弟不善者皆灭之，威振秦国。昭王少，宣太后自治，任魏冉为政。

原文大意 宣太后有两个弟弟：她的异父长弟叫穰侯，姓魏，名冉；……武王死后，他的弟弟们争相继承王位，只有魏冉有能力选择并拥立了昭王。昭王即位后，便任命魏冉为将军，卫戍咸阳。他曾经平定了季君公子壮和一些大臣的叛乱，并且把武王后驱逐到魏国，昭王的那些兄弟中有图谋不轨的全部诛灭，魏冉的声威一时震动秦国。当时昭王年纪还轻，宣太后亲自主持朝政，让魏冉执掌大权。

公元前 284年——公元前 279年

第一百二十三话

乐毅攻齐

□燕赵共相

乐毅是中山国人，他的祖先乐羊曾经是魏文侯手下大将，为魏国攻克中山国立下战功。中山国复国之后，又被赵武灵王所灭，从此乐毅就成了赵国人。

乐毅从小就喜欢兵法，还很聪明，于是赵国有人推荐他为官。燕国发生子之之乱时，赵武灵王听从了乐毅的建议，联合楚国、魏国讨伐齐国，从而迫使齐国撤退，保全了燕国。后来，赵国又支持公子职即位，是为燕昭王。

燕昭王即位之后，一直痛恨曾经攻打燕国的齐国，总想着要报仇雪恨。然而，凭借燕国这样一个国家，地理位置偏僻，国力弱小，又如何能向强大的齐国复仇呢？

燕昭王于是礼贤下士，广招天下英才。

此时，也就是在赵武灵王去世后，乐毅离开赵国，出使到了燕国。燕昭王知道乐毅是一个难得的人才，于是以宾客的礼节款待乐毅。乐毅很谦让，后来决定留在燕国之后，燕昭王就任命乐毅为亚卿。

但要想向齐国复仇，依然是很不现实的。齐湣王南征北战，在重丘战胜了楚国相国唐昧，在观津打败了魏国与赵国，这之后又联合韩、赵、魏三国攻打秦国，还曾经帮助赵国灭掉了中山国，又打败了宋国。在齐湣王的统治下，齐国扩张了一千多里的国土。齐国的国力空前雄厚，齐湣王也和秦昭襄王各自自称为“帝”，但不久后就自己取消了东帝的称号。

当时，很多诸侯都想背叛秦国，归附齐国。然而齐湣王有一个缺点，那就是他太自大了，在老百姓面前很骄横。齐国的百姓已经不能忍受齐湣王的暴虐统治。

燕昭王觉得这个时机可以把握，于是询问乐毅，现在是攻打齐国的时机吗？

乐毅回答说：“齐国，曾经是诸侯霸主，如今也保存着当年的基业。要想攻打齐国，就必须联合赵国、楚国和魏国一起。”

燕昭王觉得，这个机会必须把握，于是派乐毅出使赵国，与赵惠文王订立盟约。又向楚国和魏国派去使者，并请赵国说服秦国也来参加这次会战。

赵惠文王很欣赏乐毅，将赵国的相国大印授予了乐毅。乐毅于是成为赵、燕共相和指挥五国联军的统帅。

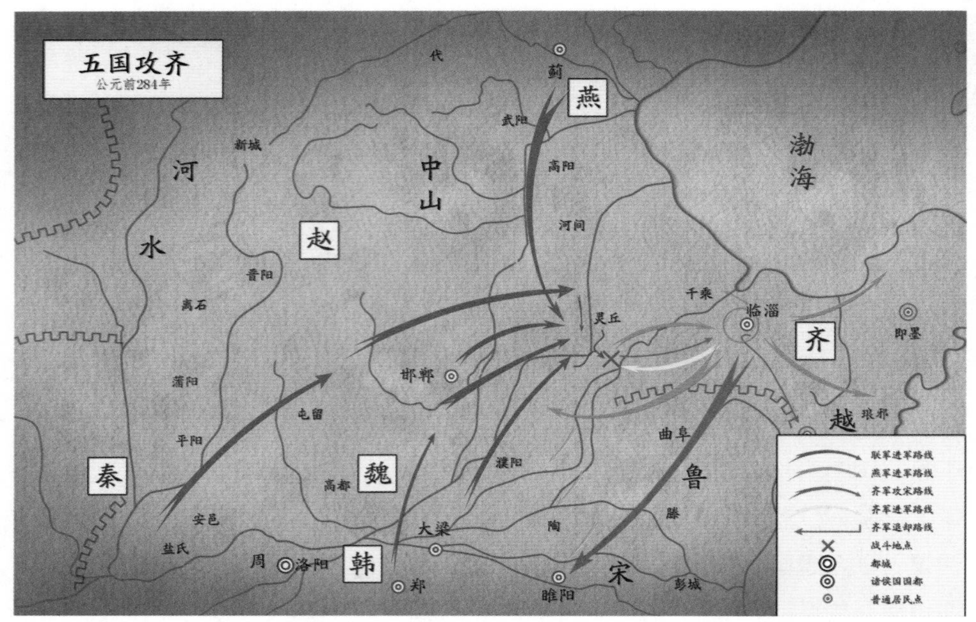

□ 所向披靡

名 **相邦**

简称相。战国时百官中官职最高者。

齐国面临着前所未有的危机，假如这次战败，齐国将会被五国联军瓜分殆尽。

齐湣王急得眼睛都红了，赶紧命令大臣们想办法。但是齐国的大臣，面面相觑，没有人能破解这个危局。

公元前 284 年，乐毅会合秦、韩、赵、魏五国军队，从赵国的东南边攻打齐国的济西地区，首先攻占的据点是灵丘。五国联军来势汹汹，齐国境内严阵以待。齐国调用了全国的主力军，以触子为将军，在济上迎敌。

齐湣王急于求得胜利，在战争即将开始的时候派去使者对触子说:“如果不能出战，就将歼灭你的宗族，掘掉你的祖坟！”

触子非常为难，面对着强大的敌人，根本没有胜利的把握。终于，在两军对垒之际，双方刚一交战，触子就命令鸣金收兵。齐国军队不敢和如此强大的敌人正面对战。

五国联军趁机追击，使齐国军队四散溃败。

齐军的统帅触子不知所踪，没人知道他去了哪里，也没有他的音讯。齐国军队另外一位将军达子统领着齐国的残余部队撤退到了都城临淄。达子请求齐湣王，现在应该给士兵多发赏金，鼓舞士气。但是骄傲的齐湣王根本不肯。齐湣王非常生气地说："你们这些残存下来愚弱无能的家伙，怎么能给你们钱？"于是，在接下来的战斗中，齐军再次惨败，达子战死，齐国都城临淄被攻破。强大的齐国在更加强大的敌人面前溃不成军，国内也乱作一团。齐湣王能够选择的，唯有出奔。

然而骄傲的齐湣王，即便是出奔，也不忘摆架子。开始，齐湣王出奔到了卫国，卫国的国君让齐湣王居住在自己的王宫，还对齐湣王俯首称臣，并且提供给他一切用具。然而齐湣王表现得却非常傲慢，愤怒的卫国人便开始侵扰。

没办法，齐湣王只能离开了卫国，先后到了邹国和鲁国。他依然没有反思，还是非常傲慢。于是，邹国和鲁国都不收留他，齐湣王只能逃亡到了莒。

这时候，楚顷襄王为了也能够瓜分齐国的土地，就打出了救助齐国的旗号，派将军淖（nào）齿率领楚国军队到了齐国。齐湣王没有看穿楚国的用心，还因此非常兴奋，觉得齐国复兴有望了。齐湣王便委任淖齿为相邦。

但是没多久，淖齿就杀死了齐湣王，还夺取了之前被齐国占有的淮北之地，甚至和燕国一起瓜分齐国占领的土地和宝物。而乐毅在攻占临淄之后，派士兵将齐国的奇珍异宝和齐国宗庙祭祀的器物都掠夺了过来，并且运送到了燕国。

燕昭王看到无数从齐国运来的奇珍异宝，欣喜若狂，他终于战胜了不可一世的齐国，报仇雪恨了！

燕昭王亲自带着慰问品到济水岸边慰劳燕国军队，奖赏燕国士兵，并且将昌国分封给乐毅，称乐毅为昌国君。

乐毅继续带领燕国士兵在齐国苦战。经过五年的时间，乐毅攻下了齐国大小城邑七十多座，这些城邑，都成了燕国的属地。现在，只剩下莒和即墨两地还没有被攻克。

在乐毅的奋战下，燕国从一个偏僻之地的小国，前所未有地强大起来。还剩下的莒和即墨，乐毅也并不担心。他认为，如今是需要攻心的阶段。如果完全靠战争，不能赢得人心。就算是攻克了这两个城邑，齐国人也不会心服口服。于是，乐毅对齐国围而不攻，对已经占领的齐国领土进行了减少赋税，还保护齐国本来的习俗和文化，优待当地的地方名流，以此来收买人心。

乐毅希望，从根本上让齐国民众归顺燕国。

但是他却不知道，留给他的时间，已经不多了。

乐 毅
人物身份 军事家，战略家
历史影响 攻克齐国
智慧值 ★★★
武力值 ★★★
生卒年不详

节选自 《史记·乐毅列传》

原文

于是使乐毅约赵惠文王，别使连楚、魏，令赵说秦以伐齐之利。诸侯害齐湣王之骄暴，皆争合从与燕伐齐。乐毅还报，燕昭王悉起兵，使乐毅为上将军，赵惠文王以相国印授乐毅。

原文大意 燕昭王于是派乐毅去与赵惠文王签订了盟约，另派出使臣去联合楚、魏两国，让赵国用进攻齐国带来的好处去说服秦国。诸侯们认为齐湣王骄横残暴，对自己终究有害，都争着参加合纵，与燕国联合攻打齐国。乐毅回到齐国向燕昭王报告之后，燕昭王派出国内所有军队，任命乐毅担任上将军，赵惠文王把赵国相国的大印授予乐毅。

公元前
281年

第一百一十四话 完璧归赵

和氏璧的传说

楚国人卞（biàn）和一次去荆山砍柴，无意中发现了一块璞玉。虽然未经雕琢，卞和却认为这里面蕴藏着一块宝玉，于是，带着这块璞玉，将它献给了楚厉王。

楚厉王一看，这不就是一块石头吗？经过仔细的研究，楚国的大臣得出了结论：这就是一块普通的石头。

楚厉王勃然大怒，好你个卞和，居然敢戏弄我！楚厉王命令手下，削去卞和的左膝盖骨，作为惩罚。

后来，楚武王即位，卞和又去向楚武王献宝。

经过仔细的研究，楚国的大臣得出了结论：这的确是一块普通的石头。

于是，楚武王命令手下，削去卞和的右膝盖骨，作为惩罚。

岁月变迁，楚武王去世之后，楚文王即位。

卞和抱着这块宝玉在荆山脚下日夜哭泣。他内心为这块宝玉鸣不平。卞和一连哭了三天三夜，流干了眼泪，椎心泣血。

楚文王得知了这件事情，于是派出使者询问卞和。

卞和说："我不是为自己遭受酷刑而悲伤，我是悲伤

这块宝玉居然无人能识。”

楚文王命令手下打开了宝玉，发现这石头里面果然是一块难得一见的宝玉。

于是，楚文王命令手下将这块宝玉打磨出来，用卞和的名字为这块宝玉命名为——“和氏璧”。

和氏璧成了楚国的国宝，从来不会随意让人观看。后来，楚国向赵国求婚，和氏璧就从楚国到了赵国。

赵惠文王得到了和氏璧，还没高兴几天，就因为和氏璧而苦恼起来。原来，秦昭襄王派人给赵惠文王送去了一封信，说秦国愿意用十五座城池交换和氏璧。

这件事让赵惠文王苦恼不已，他为此召开了紧急会议，商议如何应对。

赵惠文王说：“假如我们将和氏璧给了秦国，秦国不给我们城池，那我们赵国就白白受骗；要是不给秦国和氏璧，又恐怕秦国的军队马上就会攻打我们赵国。如何解决这件事情，真是个难题。派谁去担任使者，圆满完成这件事情，也找不到合适的人选。”

大臣们面面相觑，都没有办法。

就在赵国大臣们束手无策的时候，宦者令缪（miù）贤对赵惠文王说：“大王，我的门客蔺相如可以作为这次出使秦国的人选。”

赵惠文王很奇怪，问缪贤：“你凭什么这么肯定你的门客一定能够胜任这次任务？他有什么过人之处吗？”

缪贤回答道：“蔺相如是臣的门客。之前，臣因为犯罪，所以想逃跑到燕国去。蔺相如为此阻拦我，问我为什么要去燕国？我回答说，因为我曾经跟随大王在边境上与燕王会面。当时，燕王曾经私下握着我的手说，愿意与我交朋友。所以我相信，燕王会厚待我。没想到，蔺相如却为我分析，说赵国强，燕国弱，而我受宠于赵王，这才是燕王想要与我结交的原因所在。假如我出奔燕国，燕王由于害怕赵国，必定不敢收留我，甚至还会将我绑起来送回赵国。所以他建议我不如脱掉上衣，袒露脊背，去向赵王请罪，这样或许还能避免祸患。我正是因为听了蔺相如的建议，才这样做的。很侥幸，大王也赦免了我。所以我认为，蔺相如有勇有谋，派他为使者出使秦国，再合适不过了。”

于是，赵惠文王马上召见蔺相如，询问他现在赵国应该怎么办?

蔺相如思考了片刻，回答赵王说：“如今，秦国强，赵国弱，所以赵国不能拒绝秦国。”

赵惠文王又问：“那假如秦国得到了和氏璧，却不肯割让答应过的城池该怎么办？”

蔺相如说：“秦国现在请求用十五城交换和氏璧，如果赵国不答应，那是赵国理亏；赵国如果给了秦国和氏璧，秦国不给赵国说好的十五城，那是秦国理亏。所以这两种情况比较一下，宁可答应秦国，让秦国理亏。”

赵惠文王又问：“那你觉得，谁能担任这次出使秦国的使者？”

蔺相如说：“假如大王确实无人可派，臣愿意护送和氏璧入秦。城池如果归属了赵国，臣就将宝璧留给秦国；如果城池不归赵国，臣一定将和氏璧完好无缺地带回来。”

赵惠文王于是派蔺相如为使者，护送和氏璧入秦。

秦昭襄王坐在章台上，神色焦急。蔺相如见到秦昭襄王，先行礼，然后献上和氏璧。

秦昭襄王高兴地哈哈大笑，捧着和氏璧仔细观看了起来。过了一会儿，秦昭襄王又命人将和氏璧传递给章台上侍奉的大臣们观看。之后，秦昭襄王又命人叫来自己的妻妾，让她们也来观看和氏璧。

秦国的大臣无比激动，都一起欢呼万岁。

蔺相如冷眼旁观，发现秦昭襄王根本没提一句要割让城池给赵国。蔺相如忽然站起来禀报说："大王，和氏璧上其实有一块瑕疵，请让我指给您观看。"

这句话让秦昭襄王很是诧异，他赶紧命人将和氏璧交给蔺相如。

蔺相如拿到和氏璧，迅速后退，靠在了柱子上，他双手将和氏璧高高举起，满面怒色，痛斥道："大王想要得到和氏璧，送信给赵惠文王。赵惠文王召集大臣们商议，大臣们都说，秦国贪得无厌，并不会和我们交换城池，只不过是空口白话欺骗我们罢了。大臣们都不同意将和氏璧送到秦国，但我认为，平民百姓交往也不互相欺骗，何况是两个国家呢？况且，为了一块和氏璧惹怒秦国，也不应该。于是，赵王斋戒五天，派我为使者，命我在朝堂上恭敬地献给秦王和氏璧。为什么赵国要如此？那是尊敬大王，并且表达我们的敬意啊！如今，大王在一般的亭台接见我，礼节傲慢；得到了宝璧，将其传给妻妾们观看，如此戏弄于我。我看大王并没有用十五城交换和氏璧的诚意。所以，我现在要收回和氏璧。如果大王要逼我，我就与和氏璧一起撞碎在柱子上！”

蔺相如怒目圆睁，眼睛斜视着柱子，看样子马上就要抱着和氏璧向柱子撞过去！秦昭襄王心疼和氏璧，赶紧劝蔺相如，何必如此认真呢？他马上叫来秦国的官员，拿地图指给蔺相如看即将要割让给赵国的十五城。

蔺相如明白这不过是秦昭襄王的缓兵之计，于是假装同意，提出秦昭襄王也应该如同赵惠文王一样，斋戒五天，在朝堂上举行隆重的仪式，才能进行交换。

秦昭襄王没办法，只能同意了蔺相如的请求。

五天后，交换仪式在秦国朝堂如期举行。蔺相如却对秦昭襄王说：“秦国自从穆公以来，没有一个君主是坚守盟约的。我害怕对不起赵国，已经派人将和氏璧送回了赵国。大王可以派使者到赵国，先将十五城割让给赵国。如今，秦强赵弱，赵国得到了城邑是不敢不给大王和氏璧的。”

秦昭襄王吃惊极了，但现在即便杀了蔺相如也得不到和氏璧，反而会和赵国友谊无存，只能放蔺相如回去。

蔺相如回国之后，赵惠文王认为他身为使者不辱使命，封他为上大夫。

秦国没有将十五城给赵国，赵国也没有给秦国和氏璧。

语文一点通

“完璧归赵”

出自《史记·廉颇蔺相如列传》

秦王倚仗强势，假借以十五座城池交换，意图抢夺赵国的和氏璧。蔺相如机智果敢，既保全了赵国的玉璧，又没给秦国落下把柄，还为赵国赢得了一个好名声。原本指蔺相如护送和氏璧完好从秦国回到赵国，后来比喻将原物完好无缺地归还给本人。

蔺相如
人物身份 赵国上卿，著名的政治家、外交家
历史影响 完璧归赵，渑池之会
特殊技能 赤胆忠心劝谏
智慧值 ★★★★
武力值 ★
生卒年不详

公元前 284年——公元前 279年

第一百一十五话 田单救齐

□退守即墨

田单是齐国远方宗室，早年间曾经担任临淄的市掾（yuàn），管理临淄的市场秩序。

乐毅率领五国联军攻打齐国之后，齐国七十多座城池都被乐毅攻克，唯独剩下莒和即墨两地。后来，楚国以救援齐国的名义发出大军，齐国人以为救星到了。没想到，楚国将军淖齿却杀死了齐湣王，意图瓜分齐国土地。愤怒的齐国老百姓杀死了淖齿。

在战乱开始的时候，齐国人四处逃难。大家拖家带口，慌不择路。田单也带着家人踏上了逃难之路，但是他的逃难与众不同。在即将出发的时候，田单让家人将大车的轮轴都砍短了，而且在外面还包上了铁皮。等到所有的车子都准备妥当，田单才率领家人踏上了逃难之路。

家人非常不理解，为什么不赶紧逃跑呢？为什么要砍短轮轴，还包裹上铁皮呢？

在逃难的路上，因为担心追兵，齐国人惊慌失措，你争我赶。一辆辆逃跑的大车在路上经常发生碰撞，很多人由于车子被碰撞坏而不得不停了下来。然而，田单修整过的车子却非常坚固，一次也没有发生故障。田单家族的车子一路安全，顺利抵达了即墨。

即墨是齐国比较大的城邑，这里在战争爆发之前就有非常丰富的物资，也有一定的防守条件。

即墨大夫在随后的战斗中阵亡后，即墨的老百姓都认为田单是一个充满智慧的人，就推选田单为即墨守将。

田单对当时的形势进行了分析，他看出乐毅将要实行攻心政策，暂时不会对即墨发动战争。这时正是即墨组织防备武装的最好时机。

田单利用这个宝贵的时机，集结了七千多士兵，对这些士兵进行整编、训练。他带领士兵们修筑了即墨的城墙，加强了防守力度。

田单不但亲自巡视，而且和即墨军民同甘共苦。平时没事，田单就编织草器，或者拿着锹劳动。田单将自己的族人和妻妾都编入了行伍，把家里的食物分发给士兵们。

即墨的老百姓和士兵都认为自己选对了人，虽然燕军势大，但是在田单率领下，即墨一定可以保证平安。

乐毅在齐国稳扎稳打，虽然没有战斗，但是他相信，拿下最后两座城池不过是时间问题。

然而乐毅想不到，留给他的时间已经不多了。

公元前279年，燕昭王去世了，太子乐资即位，是为燕惠王。

燕惠王还是太子的时候，就与乐毅有过节。消息传到田单耳中，他马上明白，乐毅最大的支持者——燕昭王不在了，乐毅即将面临最大的危机。最好有办法让乐毅的危机早一点到。

田单日思夜想，终于想到了一个好办法。他派出一些探子进入燕国，没几天，燕国流言四起。

在燕国的大街小巷，老百姓都在议论纷纷，“乐毅将军既然能够攻下齐国七十多座城池，为什么单单留下莒和即墨两座城池不打呢？”

“哎，我看呀，乐毅这是故意的。”

“我可听说了，乐毅和我们的新国君有些矛盾，他拖延攻打齐国最后两座城池，就是准备留在齐国，好称王呢！”

“可不是，听说，齐国害怕的就是燕国派出别的将军去！”

谣言不胫而走，没几天，燕惠王也得知了这些谣言。本来燕惠王心中就因为过去的矛盾对乐毅颇不放心，如今看来，乐毅莫不是真想要称王了？

燕惠王派将军骑劫代替乐毅攻打齐国，命令乐毅马上返回燕国。

乐毅接到命令真是又气又怕。气的是自己浴血奋战，攻克齐国七十多城就这么被燕惠王因为个人恩怨一笔勾销；怕的是，燕惠王如今召自己回去，恐怕不怀好意。

乐毅思来想去，实在害怕自己回到燕国后被杀害，于是决定出奔。

乐毅从齐国纵马狂奔，一路向西，重回赵国。

名

火牛阵

战国齐将田单发明的战术。燕昭王时，燕将乐毅破齐，田单坚守即墨（今山东平度）。公元前279年，燕惠王即位。田单向燕军诈降，使之麻痹，又于夜间用牛千余头，在牛角上缚上兵刃，尾上缚苇灌油，以火点燃，猛冲燕军，并以五千勇士在随后冲杀，大败燕军。

燕惠王派骑劫代替乐毅率领燕军，可乐坏了田单。田单知道，自己的反间计成功了，齐国有救了！

接下来，田单又用了一系列计谋。

田单命令即墨城中的老百姓，每到吃饭的时候，一定要把饭菜摆在庭院中祭祀他们的祖先。于是，每到吃饭的时候，各家各户都摆出来香喷喷的饭菜，吸引的一群一群的飞鸟在即墨城上空盘旋，还有胆子大的鸟儿飞下来啄着吃那些饭菜。

燕国人观察到了这一点，觉得非常奇怪。

一天，田单又对手下士兵说，“将会有神人下凡来教导我。”士兵们将消息传播给了即墨的老百姓，大家都很期待，难道真有神人要救助即墨了？

有一个士兵跑到田单面前说：“我可以当您的老师。”但说完这个士兵就逃跑了，田单赶紧过去把这个士兵请回来。田单请这个士兵面向东坐着，用对待老师的礼节来对待这个士兵。

士兵有点儿害怕了，对田单说：“我欺骗了您，其实我是没有那个能力的。”

田单悄悄对士兵说：“千万别把这件事情告诉别人，泄露了这个秘密，对即墨不利。”

于是田单就奉士兵为老师，每次发布命令，都说是奉了神人的旨意。

田单对旁人说：“我现在担心的就是燕军割掉俘虏的齐国士兵的鼻子，并且将他们赶在前面与齐国作战。假如燕国这么做，那么齐国一定会被攻占了。”

燕国人听说了这个消息，马上割掉了齐国俘虏的鼻子，还让他们在军队的前面冲锋陷阵。

即墨城里的人看到自己的同胞被燕国人虐待割去了鼻子，还被赶着冲在前面作战，都愤恨不已。每个即墨人都很同情被俘虏的齐国人，也特别害怕成为燕国的俘虏。

田单又说：“我实在是害怕燕国挖掘我们在城外的坟墓，侮辱我们的祖先。他们要是那么做了，我就会痛心不已。”

燕国人得到这个消息，果然挖掘了即墨人在城外的坟墓，还焚烧了那些挖掘出来的尸体。

即墨人从城墙上看到城外祖先的坟墓被挖，还被焚烧了尸体，都痛哭流涕。他们对齐国的仇恨更加深了一层。

田单又下命令，让即墨城中的老人、妇女去城墙上守备，年轻的士兵都躲藏起来。

这天，田单还派出了使者，说要投降燕国。即墨城的首富拿出了无数金珠宝贝，贿赂燕国将军，说即墨人苦不堪言，即将投降燕国。到时候，希望能够保全他的家人。

此时，燕国军队已经围困即墨三年了，所有燕国的士兵都希望马上攻克即墨。这样，阔别故乡的燕国士兵，就可以回到亲人身边。

燕国士兵都知道即墨快要投降了，军心涣散，无心防守。

田单明白，反击的时候到了。

一天晚上，田单命令手下，将早就收集好的一千多头牛装扮起来。这些牛都在角上绑着利刃，牛尾巴绑上了浸透了油的芦苇，身披五彩龙纹外衣。

只听田单一声令下，即墨士兵点燃了牛尾的芦苇。芦苇熊熊燃烧，牛感到疼痛难忍，于是撒腿狂奔。与此同时，五千精锐士兵紧随在火牛之后，即墨城里的老百姓敲鼓助威，摇旗呐喊。

燕军士兵睡梦中只听得杀声震天，仓促起来迎战，却看到无数怪物，头上有刀，身后是火，太可怕了！

燕军慌忙撤退，齐军紧追不舍，即墨的老百姓也都出城助阵，将燕军杀得大败。

在田单带领下，齐国收复了被燕国攻占的七十多座城池，齐国老百姓恢复了安宁的生活。田单摆下的阵法，被称为“火牛阵”。

后来，齐国人迎接齐湣王之子法章即位，是为齐襄王。田单由于打败燕军有功，被封为安平君。

田单
人物身份 齐国名将
历史影响 击败燕国军队
智慧值 ★★★★
武力值 ★★★
生卒年不详

历史小课堂

火牛阵

这是战国时期齐国将军田单发明的战术。

公元前 284 年，燕国将军乐毅率领五国联军讨伐齐国。乐毅率领大军一举攻克齐国七十多座城池，只剩下莒和即墨两座孤城。在生死存亡之际，田单被即墨军民推举为将军，镇守即墨。

公元前 279 年，燕昭王去世，燕惠王即位。燕惠王派将军骑劫代替乐毅攻打齐国。田单于是趁机诈降，趁着燕军不防备，他又命令手下在夜里准备一千多头牛，在牛角绑上利刃，在牛尾绑上灌油的芦苇。到了夜里，田单命令点燃牛尾，一千多头愤怒的火牛充当了先锋，五千齐国勇士跟随在后，杀得燕军丢盔弃甲，并杀死了燕国将军骑劫。从此之后，田单趁胜追击，收复了齐国陷落的七十多座城池。

公元前282年——公元前279年

第一百一十六话 渑池之会

——赵王害怕的会盟

公元前282年，秦国派出大将白起，攻克了赵国两块地方。一年后，秦国再次派出军队与赵国作战。这次，赵国惨败，损失了两万多名士兵，不过，秦国的攻势也因此停止了。可以说，赵国付出了惨痛的代价，暂时停止了秦军的进攻。

公元前279年，秦昭襄王准备攻打楚国，于是想与赵国议和，免除后顾之忧。秦国派出使者到赵国，约赵惠文王在渑（miǎn）池会面。渑池在西周时是雒邑的边邑，春秋时期属于郑国。后来，韩国灭亡了郑国，渑池就属于韩国。

对于这次会面，赵惠文王是不想去的。毕竟，要见面的是秦国，这如狼似虎的国家，听起来就令人胆寒。

蔺相如和将军廉颇都建议赵惠文王参加这次会面。假如赵惠文王不去，就显得赵国软弱胆小。

于是，赵惠文王万般无奈之下只能动身前往渑池，蔺相如跟随赵惠文王参加这次会面。将军廉颇将赵惠文王送到边境，并且对赵惠文王说道："大王此去渑池，估计路程和会见礼仪结束，再加上您返回的时间，不会超过三十天。如果三十天您还没回来，就请您允许我们立太子为王，以断绝秦国的妄想。"

赵惠文王虽然害怕，但也知道廉颇是为了赵国，为了让自己不成为秦国威胁赵国的筹码。赵惠文王同意了廉颇的建议。

□ 会盟惊魂

在渑池，赵惠文王见到了傲慢的秦昭襄王。两个国家的大王在完成会盟之后，参加了酒宴。

赵惠文王胆战心惊，总害怕秦国会忽然对自己不利，会不会绑架自己呢？或者，干脆派人暗杀自己？他巡视四周，小心观察着。

秦昭襄王却得意洋洋，聚精会神地观看舞蹈演出，还对着这些表演的人指指点点。酒酣耳热之际，秦昭襄王忽然斜着眼睛瞥着赵惠文王说道："听说，赵王您爱好音乐。今日欢聚，不如请您鼓瑟吧！"

赵惠文王的脸先是红了，又发白了，他真想不通，一个国家的大王，怎么会如此无耻，会这样无端侮辱别人！这不是明摆着羞辱赵国吗？

赵惠文王想要拒绝，但是看看秦昭襄王带有威胁的眼神，忽然感到一阵胆寒。秦昭襄王，不知道早就想好了什么暗害自己的办法。没办法，赵惠文王只能万分委屈，弹奏了一曲。音乐声无比幽怨，似乎在倾诉着无限的委屈。

这一段时间漫长又难熬，终于，赵惠文王的演奏结束了。他脸色煞白，端起酒杯，一饮而尽。

秦昭襄王嘿嘿一笑，大手一摆。只见秦国的史官上来启奏，"某年某月某日，秦王与赵王一起饮酒，令赵王弹瑟。"这史官说完，将这句话写在了随身带的竹简上。

赵惠文王的手握成了拳头，原来秦昭襄王不但要当面侮辱自己，还要将这些记载在历史中，让子孙后代嘲笑自己！赵国这人，可丢大发了！

就在秦国官员一个个得意万分，哈哈大笑的时候，蔺相如忽然镇定自若地站起来，对秦昭襄王说：“赵王私下曾经听说大王您擅长演奏秦国当地的音乐，请允许我为您捧上盆缶，让我们大家互相娱乐。”

“你！”秦昭襄王气得吹胡子瞪眼，这蔺相如，居然敢命令我演奏音乐？吃了熊心豹子胆吗？秦昭襄王马上傲慢地拒绝了蔺相如，他说：“寡人从不为旁人演奏。”

蔺相如目光炯炯，瞪视着秦昭襄王说道：“大王，在这五步之内，我蔺相如将要将脖颈里的热血喷溅在大王身上！”秦昭襄王眼看着蔺相如怒发冲冠，眼睛里喷射着愤怒的火光，眼神恨不能杀死自己。

秦昭襄王不可抑制地打了个哆嗦，他知道蔺相如是非常勇敢的。早在送和氏璧到秦国的时候，蔺相如孤身一人，就敢提前派人将和氏璧送回赵国。这个人，根本不怕死！惹急了这样的人，后果不堪设想。

秦昭襄王有些后悔，怎么刚才忘记了，还有蔺相如这样一个不怕死的在跟前。

现在就尴尬了，不弹奏一下，恐怕蔺相如马上就会和自己拼命。弹奏一下？丢不起这人啊！

秦国的侍从们慢慢从周围包围了上来，想要捉住蔺相如，最好能杀死他。但是蔺相如大义凛然，他站直了身体，怒喝一声，“哈！”这一声如同雷震，饱含正气，吓得秦国的侍卫们站在那儿不敢动了。

秦昭襄王眼看蔺相如一步步逼近自己，内心充满了恐惧。算了，豁出去了！

秦昭襄王不得不说道：“将缶拿来！”

秦昭襄王不情不愿，勉强敲了几下缶。这算不上是音乐，没有什么节奏和旋律。

但是蔺相如大义凛然，马上叫赵国的史官上来，他对史官说：“记下来，某年某月某日，秦王为赵王击缶。”

赵国史官马上打开随身携带的竹简，将这句话记了下来。

秦昭襄王气得脸都黑了。

本来是想给赵国一个下马威，如今示威不成，反让蔺相如占了先机！

秦国的大臣气不过，马上有秦国的大臣对赵惠文王说："请赵国用十五座城邑为秦王献礼。"

此言一出，大众哗然。

这是要明抢啊！

秦昭襄王得意扬扬地看着蔺相如，你们赵国如何应对？答应，你就是卖国贼；不答应，你就是和秦国过不去！

蔺相如迅速对秦昭襄王说道："请秦国用咸阳向赵王献礼。"

咸阳？

秦昭襄王差点把嘴里的酒喷出来。

那可是秦国的都城！

好你个蔺相如，你看着客气，就提了一座城邑，但上来就要了我们秦国的都城啊！

秦昭襄王明白，只要蔺相如在，秦国别想占到赵国一点儿便宜。

于是，渑池之会在你来我往的唇枪舌剑中结束了。由于有蔺相如和秦国针锋相对，秦国也得到消息，赵国部署了大批军队在边境，所以秦国始终未敢对赵国有所行动。

渑池之会结束之后，赵惠文王深感蔺相如的勇敢和才智过人，而且他在渑池之会上的功劳最大，这是无可争议的。

正因为有蔺相如在，相对于实力较弱的赵国，才能不被强横的秦国欺凌。

所以，赵惠文王将蔺相如封为上卿，这个官位在将军廉颇之上。

历　史　小　课　堂

“渑池之会”

出自　《史记·廉颇蔺相如列传》

公元前 279 年，秦昭襄王为集中力量攻打楚国，主动与赵国交好，约赵惠文王会于渑池（今河南省渑池县）会谈。在赵王被迫鼓瑟的情况下，蔺相如为了使赵国取得对等的地位，据理力争，使秦王不得不击缶。接着，秦向赵索要十五城，蔺相如寸步不让，反击道，用秦国国都作为交换，使秦王毫无所得。最终，蔺相如机智地保护了赵王的安全并且使其不受羞辱，为赵国立下了大功勋。

公元前
279年

第一百一十七话 将相和

□ 廉颇的愤怒

由于渑池之会的功劳，蔺相如被封为上卿。赵国人都为拥有蔺相如这样智慧勇敢的贤人感到高兴。

可是有一个人听到这个消息却无比愤怒。

他就是将军廉颇。

廉颇是中山郡人，也是赵国名将，他和秦国的白起、王翦，以及赵国的李牧被后人称为“战国四大名将”。廉颇在赵惠文王时期，曾经带领赵国军队深入齐国，攻占了阳晋，令各方诸侯震惊。

廉颇听到蔺相如被封上卿，愤愤不平，和身边人说道：“我是赵国的将军，有攻城野战的大功劳。而蔺相如，他只不过是能说会道才立了功。现在，蔺相如的地位却在我之上，何况他本来不过是个平民。我真是感到羞辱，位居蔺相如之下，真让人难以忍受。”

周围的人想要劝廉颇，又觉得他说得也有道理。将军获取的战功，都是浴血奋战拼搏得来的。

廉颇越想越生气，于是对大家说道：“等我碰见蔺相如，我一定要羞辱他！”

看起来，这位廉颇将军是要和蔺相如过不去了。

消息传出去之后，蔺相如却没有生气，而是开始处处躲避廉颇。

到了上朝的时候，大臣们要按照官衔排定位次，蔺相如却总是推脱说自己有病，避免和廉颇去争前面的位次。

又过了一段时间，蔺相如外出的时候，远远地看到了廉颇的车马，马上就命令手下掉转车子，另外找一条路。

于是，廉颇自从口出狂言，要和蔺相如过不去之后，居然一次也没有机会碰到蔺相如。

廉颇也觉得很奇怪，同朝为臣，蔺相如怎么忽然变得这么神秘呢？

蔺相如的门客们看到他总是委屈自己，躲避廉颇，纷纷议论，认为他一定是害怕廉颇的威风。时间久了，这些门客觉得蔺相如胆小怕事，于是就一起找到蔺相如说："大人，我们离开了亲人前来跟随您，是仰慕您的高风亮节。现在您和廉颇将军官位相同，廉颇却总是恶语相向。而您却总是躲避廉颇，是因为害怕他吗？这也太过分了，就算是普通人都会觉得羞耻，何况您是身为将相的人呢？我们这些人反正也没有出息，不如您就允许我们告辞吧？"

蔺相如听到这些话，不但没有生气，反而笑了。他想了一下，问这些门客说："各位，你们觉得廉颇将军和秦王比，谁厉害呢？"

门客们很奇怪，回答说："当然是秦王厉害。"

蔺相如说："以秦王的威势，我却敢在朝堂上呵斥他，羞辱秦国的大臣。怎么会害怕廉颇将军呢？"

门客们更加奇怪了，于是一起问道："那您为什么总是躲避廉颇将军呢？"

蔺相如回答说："秦国强大，赵国比秦国弱。但是秦国为什么打不过赵国呢？那是因为有我和廉颇将军在！如果我们两个人互相争斗，不能共存，那赵国将何去何从？我之所以这样忍让，就是要把国家的利益摆在前面，将个人的私怨放在后面。"

门客们心服口服，对蔺相如的敬佩之情更加深了。他们决定留下来，继续追随蔺相如。

蔺相如的话传到了廉颇耳中，廉颇听了之后愣了半天，他心里万分愧疚。

自己身为一个将军，南征北战，不惧生死，到了名利关头，不还是将个人利益放到了国家利益前面吗？就从这一点看，蔺相如就比自己高尚！

廉颇羞愧不已，决定亲自登门谢罪，求得蔺相如的原谅。

廉颇命令手下找来很多带刺的荆条，自己赤裸着上身，将这些带刺的荆条捆绑在自己身上。这些荆条锋利无比，将廉颇的身上刺得鲜血淋漓。

但是廉颇却好像丝毫没有感受到疼痛，唯有如此，才能让他有一些赎罪的感觉。

廉颇命令手下代为引路，自己背负着荆条，步行到蔺相如家里请罪。

路上跟随着无数的老百姓在围观，大家都很吃惊，议论纷纷。谁都不知道，威风凛凛的廉颇将军，到底做错了什么事情？他为什么要这样羞辱自己？

就这样，廉颇背负荆条，后面还跟随着很多的老百姓，一行人来到了蔺相如家门口。蔺相如的门客看到了，赶紧去请蔺相如出来。

蔺相如赶紧让人打开大门，快步走出来扶起来廉颇，连连说："将军何必如此？蔺相如愧不敢当啊！"

廉颇满脸通红，瓮声瓮气道歉说："大人，是廉颇小气了！廉颇为了个人名利，处处与大人为难，今日，廉颇向大人道歉！"蔺相如非常感动，赶紧解开廉颇的绳索，拿下那些荆条，说："将军言重了！不必说了，蔺相如从来不会将廉颇大人视为对手！你我二人携手，都是为了赵国的未来！"

"好！好！"

围观的人群爆发出阵阵叫好声，赵国的老百姓都为蔺相如的高义和廉颇的道歉叫好。

从此以后，廉颇和蔺相如结为生死与共的好友，成为赵国的股肱之臣。

廉颇和蔺相如和好的故事，被人们称为——"将相和"。

语文一点通

"负荆请罪"

出自《史记·廉颇蔺相如列传》

原故事中，蔺相如出于国家大义对廉颇处处退让，廉颇得知后，羞愧难当，肉袒负荆，向蔺相如谢罪。后来指主动向别人认错，并且自请接受严厉的惩罚。

廉 颇
人物身份
赵国将军，战国四大名将之一
历史影响
攻克齐国，取阳晋
智 慧 值
★★
武 力 值
★★★
生卒年不详

公元前 317年——公元前 278年

第一百一十八话 屈原投江

郢都新秀

屈原出生于楚国丹阳秭（zǐ）归，芈姓，屈氏，名平，字原，又字灵均。屈原从小就很喜欢读书，而且也很会读书。通过博览群书，屈原拥有了强大的内心，也树立了远大的志向。

屈原是楚国的贵族，但是他从小生活在老百姓中间，居住在乐平里。小时候屈原就注意到平民的疾苦，尤其是同情那些贫穷的老百姓。

公元前 317 年，屈原担任了楚国的左徒。他关注到当时旧贵族在楚国发展道路上的阻碍，说服楚怀王开始变法改革。在接下来几年中，屈原一直努力推行变法，楚国的面貌焕然一新。

随着变法不断进行，楚国的旧贵族不但利益受到损害，还将面临着覆亡的命运。

于是，他们开始了对于屈原的攻击，一时间关于屈原的流言蜚语四散而走，他们希望通过对屈原的打击，阻止楚国进行变法。

公元前 314 年，屈原被罢免了左徒之职，担任三闾大夫。

一年后，秦国派出张仪来到楚国，请求楚国和齐国绝交。张仪告诉楚怀王，自己愿意请求秦王割让商於之地六百里给楚国。楚怀王利欲熏心，居然同意了。当楚国与齐国真正绝交之后，张仪却反悔了。他说大概是楚怀王听错了吧，他可以将秦王给他的六里之地送给楚怀王。

这种欺骗加羞辱让楚怀王恼羞成怒。楚国兴兵攻打秦国，最终的结果却是惨败，连汉中郡都被秦军占领，这就是历史上著名的“丹阳之战”。丹阳之战后，楚国在蓝田再次被秦军打败。

接二连三的失败让楚怀王开始反思，应该如何对秦国进行有力的反击?

终于，楚怀王想通了，既然秦国不希望楚国与齐国联合，楚国就偏要反其道而行之，就是要和齐国联合起来对抗秦国。

于是，楚怀王起用屈原，让他出使齐国，希望再次与齐国展开联合，一起对付秦国。

公元前311年，秦国要挟楚国，希望得到黔中的土地，秦国愿意用武关以外的土地来进行交换。但是楚怀王内心充满对张仪的仇恨，他更希望抓住张仪，一雪前耻。楚怀王对秦国使者说：“寡人不愿意交换土地，只希望得到张仪，就愿意给秦国黔中之地。”

张仪得到消息，主动请命前往楚国。

果然，张仪到了楚国之后，楚怀王马上就将他囚禁起来，准备杀掉张仪。楚国大夫靳尚和张仪之前就关系很好，此时便去见楚怀王的夫人郑袖。

靳尚对郑袖说：“夫人知道您将要被大王遗弃吗?”

郑袖吃了一惊，赶紧问这是为什么?

靳尚说：“秦惠文王特别宠信张仪，如今准备用上庸六个县的土地贿赂楚国，还要将秦国的美女送给楚王。楚王看重土地，就会敬重秦国，秦国的美女也会受到宠爱。如此一来，夫人也即将被嫌弃。夫人不如替张仪求情，让大王释放张仪。”

郑袖觉得很有道理，于是日夜向楚怀王说情。最终，楚怀王动摇了，赦免了张仪，甚至还很优待他。

等屈原从齐国出使归来，知道张仪已经回到了秦国。屈原特别愤怒，问楚怀王：“大王为何不杀了张仪?”楚怀王也后悔了，但悔之晚矣。

㊔ 丹阳之战

公元前312年秦国与楚国之间的大战，秦军斩首楚军八万多人，楚国大将军屈匄、裨将军逢侯丑等七十余位将领被秦军俘虏。

秦国对楚国征伐不休。

公元前 304 年，屈原被流放到汉北。屈原看穿了秦国吞并天下的意图，也憎恨小人，是这些小人在楚国散布谣言，兴风作浪，让君主得不到正确的意见，让楚国利益受到损害。

屈原忧心国事，也痛心楚怀王不能明辨忠奸，被谗言迷惑了，就创作了《离骚》。

公元前 299 年，楚怀王即将与秦国会盟。屈原已经从汉北返回郢都，就与昭雎苦劝楚怀王，不要参加武关会盟。屈原对楚怀王说："秦国是如同虎狼一样的国家，不可信。大王不如不参加此次会盟。"

然而，楚怀王的小儿子子兰却害怕楚怀王不参加武关会盟，会引起秦国的反感，力劝楚怀王一定要去武关。

最终，楚怀王启程，前往武关。

结果，楚怀王刚一进入武关，就被秦军扣留，并被押

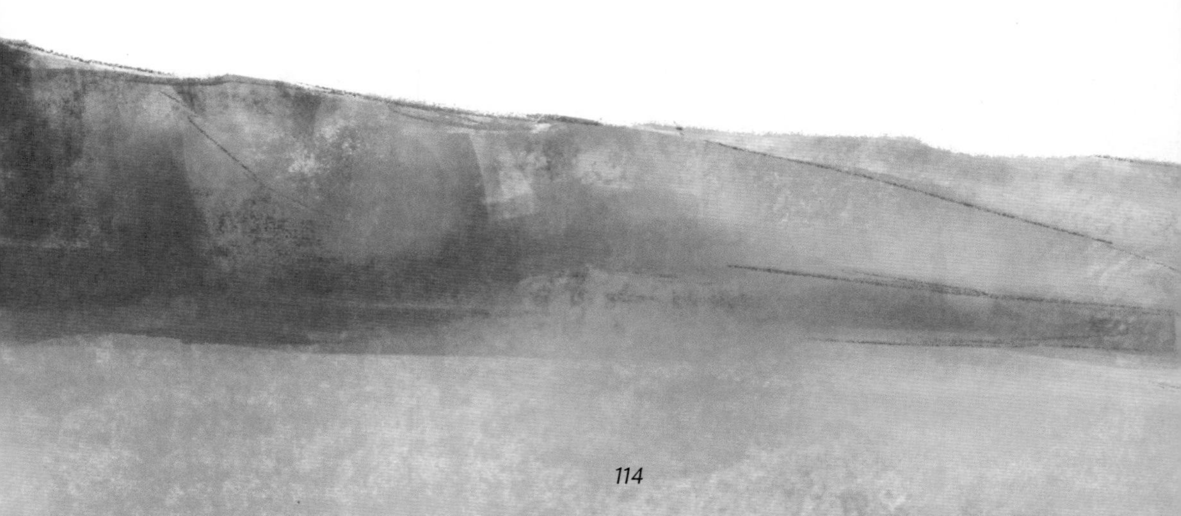

到咸阳。原来，所谓武关会盟，原本就是秦国的一个阴谋。秦国扣押了楚怀王，以此为要挟，要求楚国割让巫郡和黔中郡。

楚国从齐国迎回了太子横，拥立为楚顷襄王，子兰为令尹，拒绝了向秦国割让土地。

秦国兴兵攻打楚国，楚军再一次惨败，被斩首五万，最后秦军攻克了楚国十六城。

公元前 296 年，楚怀王在秦国去世，秦国将楚怀王的尸体送回了楚国。秦国和楚国绝交。

楚国人都抱怨子兰劝楚怀王入秦，屈原也为此而怨恨子兰。他创作了很多文章，抒发自己对于国家的惦念之情。令尹子兰得知屈原怨恨他，恼羞成怒，就让上官大夫在楚顷襄王面前说屈原的坏话。

就这样，屈原被免去三闾大夫之职，放逐到了江南。

自沉于汨罗江

公元前 294 年，屈原被放逐到了南方偏僻的地区。这长达十六年的时间中，屈原从郢都出发，经过了夏首，从洞庭湖入长江，离开了夏浦，最后抵达陵阳。

屈原心怀故土，眼看着楚国在和秦国的斗争中逐渐衰弱，却无能为力，内心充满痛苦。在被放逐的十六年中，屈原创作了大量文学作品，用来抒发自己内心的情感。

公元前 293 年，秦国送信给楚国，决定和楚国决一胜负。

公元前 280 年，秦国将军司马错攻打楚国，楚国不得不割让了上庸、汉北；第二年，秦国将军白起攻打楚国，一举拿下了邪、邓和西陵。

公元前 278 年，白起攻占了郢都。

楚顷襄王只能带着那些掌权的贵族，一起逃跑。

楚国的都城——郢都落入秦国之手。楚国，一个曾经辉煌的国度，最终走到了没落的一天。

屈原得到消息之后，内心痛苦，五内俱焚。他一个人披着头发，行走在水泽边。屈原脸色憔悴，形容枯槁。渔夫看到他，于是问他："您不是三闾大夫吗？为什么在这里？"

屈原回答说："整个世界都是混浊的，只有我一人清白；众人都是沉醉的，只有我一人清醒。因此我被放逐了。"

渔夫问："既然整个世界都是浑浊的，为什么您不能随大流而推波助澜呢？大家都沉醉，为什么您不吃酒糟，喝薄酒？为什么要怀抱美玉一样的品质，让自己被放逐呢？"

屈原说："我听说，刚洗过的头，一定要弹去帽子上的灰沙，刚洗过澡的，一定要抖掉衣服上的尘土。谁能让自己清白的身体蒙受外物的污染呢？宁可投入长流的大江葬身于鱼腹，又哪能使自己高洁的品质，去蒙上尘世的尘垢呢？"

说完这些话，屈原便写了《怀沙》赋。

然后，屈原抱着石头，自投汨罗江而死。

屈 原
本 名
芈姓，屈氏，名平
字原
人物身份
楚国诗人、政治家
历史影响
创立楚辞，中国浪漫
主义文学奠基人
智慧值
★★★★
武力值
★
公元前340年—公元前278年

历史小课堂

屈原是我国伟大的爱国主义诗人，
是“楚辞”的创立者和代表作家，
也是我国浪漫主义文学的奠基人。
他创作了《离骚》《九歌》《九章》《天问》等诗歌，
在我国古代文学史上留下了浓墨重彩的一笔。
郢都被攻破后，
屈原在农历五月初五自投汨罗江，
以身殉国。
人们为了纪念屈原，
在这一天赛龙舟、吃粽子，
拜神祭祖、祈福辟邪。
端午节成为我国四大传统节日之一。

公元前 271年——260年

第一百一十九话 范雎相秦

□大放异彩

范雎是魏国芮城人，他出身贫寒，但是从小就立下大志，有远大的理想。他足智多谋，能言善辩，但是在魏国却一直得不到重用。

范雎曾经周游列国，希望有国君能够采纳自己的主张，实现理想。但是最终没有成功，所以只能回到了魏国。本来希望能够担任魏王的大臣，但是家里太穷了，没有钱供他寻找人为他推荐，只能先在魏国中大夫须贾门下做事。

田单凭借自己的智慧，一鼓作气为齐国复国。魏王知道这个消息可吓坏了，担心得吃不下饭，睡不着觉。

齐国复国，魏王为什么如此担心害怕呢？

因为魏王也曾经派出军队，追随燕国，一起攻打齐国。所以，魏王现在特别害怕齐国报复魏国。

思来想去，魏王派出中大夫须贾出使齐国，希望和齐国修好议和。范雎以舍人的身份跟随须贾出使齐国。

到了齐国之后，齐襄王一看到魏国使者就气不打一处来。好啊，现在看到齐国复国了，你们来议和了，早些年你们不是追着我们打吗？不是想要瓜分我们齐国的土地吗？

齐襄王责问魏王，为什么如此反复无常？并且说，齐

国先王之死就是与魏国有关！

齐襄王气势汹汹，须贾唯唯诺诺，一句话都说不出来了。就看见齐国朝堂上大臣们对着魏国使者怒目相向，齐襄公愤怒质问，而魏国的使者却脸红脖子粗，一副做了亏心事的模样。

就在这时，须贾身后的范雎挺身而出。范雎不卑不亢，反驳齐襄王道："贵国的先王齐湣王为人残暴，导致五国愤恨，难道只是魏国吗？如今大王您威武盖世，应该考虑如何重振齐桓公、齐威王的余烈。如果您斤斤计较当年齐湣王的恩怨，只知道责备别人，自己却不知道悔改，恐怕还会重蹈覆辙！"

这一番话铿锵有力，没想到齐襄王听了不但不生气，反而从心底里佩服范雎的胆量和才干。

齐襄王退朝之后，马上派出齐国的大臣，前去劝说范雎留在齐国，担任齐国的客卿。

成为齐国这样大国的客卿，当然可以实现自己的理想。但是范雎却义正词严地拒绝了，他对齐国的大臣说："臣和魏国使臣一起来到齐国，若不与他一起回到魏国，无信无义，还配为人吗？"

齐国的大臣将范雎的话禀告齐襄王，这样，齐襄王更加敬重范雎的为人和品德。齐襄王特地赏赐给范雎十斤黄金，还有牛、酒等礼物。然而，范雎对于这些物品都坚决推辞了。

后来，范雎将这些事情汇报给须贾之后，须贾让范雎封还黄金，留下牛、酒，范雎这才从命。

范雎凭借自己的智慧和勇敢帮助须贾化解了难题，但是他不知道，须贾表面上很平静，内心却嫉妒极了。自己一个堂堂正正的使者，居然不如一个舍人受重视？范雎凭什么踩在我头上？

须贾完全不记得，是范雎为自己解围，让魏国这次出使圆满成功。他内心只是在嫉妒，范雎凭什么受到齐国的厚待？

回到魏国之后，须贾在相国魏齐面前诬告范雎，说范雎出卖国家，收受贿赂，私通齐国。

魏齐听了之后勃然大怒，也不去调查事实真相如何，马上派人将范雎抓来，严刑拷打。

可怜范雎被打得浑身是血，肋骨被打折了，牙齿也被打掉了。这群人下手狠毒，范雎被打得奄奄一息。就在意识混乱之际，范雎决定装死自保。他闭气僵卧，一动也不动。

打手们还以为把范雎打死了，赶快去向魏齐汇报。

魏齐当时正在招待宾客，就命人将范雎包裹上芦苇，扔到厕所里，还让来的宾客轮流往范雎身上撒尿。

范雎内心充满耻辱，但是为了活命，也只能咬牙忍耐着。到了半夜时分，范雎偷偷一看，旁边只有一个士兵在看守自己，就悄悄对他说：“我受了重伤，就快要死了！假如您能让我死在家里，方便家人收殓，改日我的家人一定会用重金答谢您的！”

这人看范雎可怜，想着又有钱可以赚，就报告魏齐，说范雎已经死了。魏齐喝得高兴，就让人将范雎的“尸体”扔到荒郊野外去。

范雎这才脱身，回到了家里。

第二天，魏齐醒来又后悔扔掉了范雎，派出人到处搜索。

幸亏有魏国人郑安平的帮助，将范雎藏了起来。

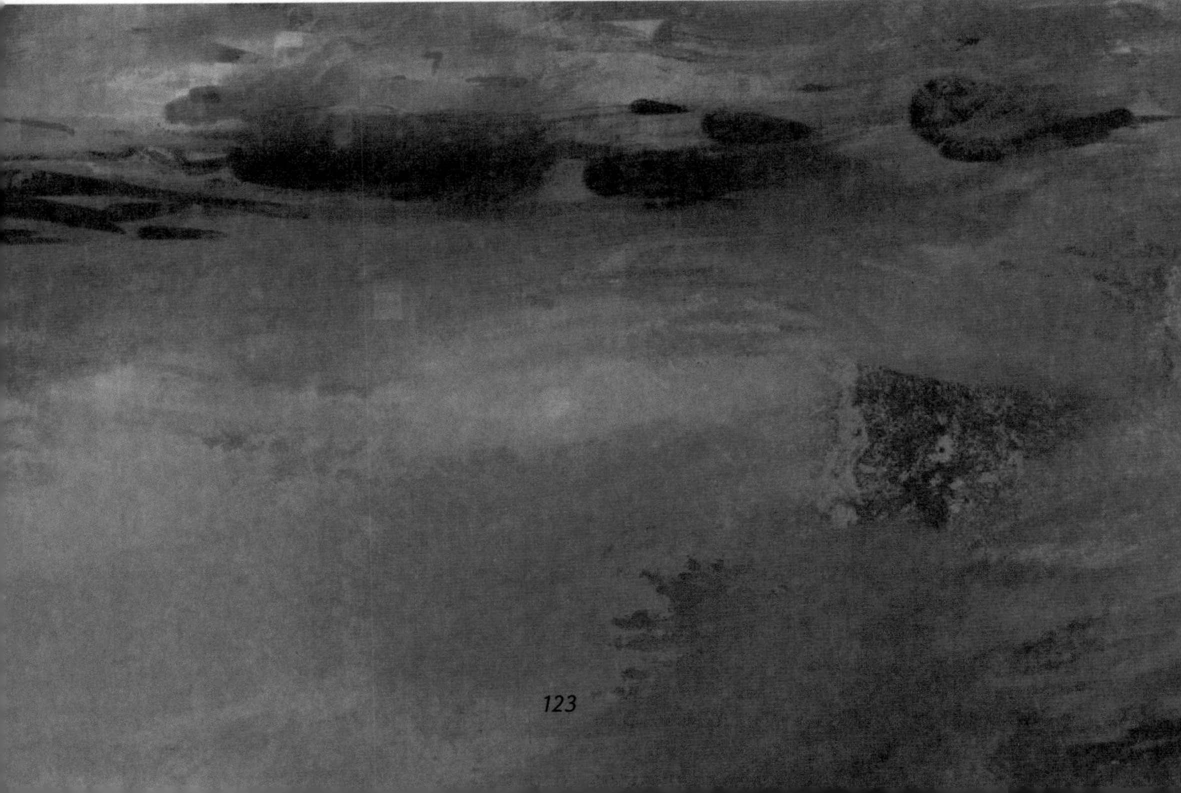

范雎养好身体之后，改名为“张禄”，几经周折到了秦国。

当时，秦昭襄王已经夺取了楚国的郢都，攻破了齐国。但是秦昭襄王相信武功，从来不相信那些说客。

范雎在秦国一年多，也没获得面见秦昭襄王的机会。于是，他给秦昭襄王上书，请求拜见秦昭襄王。秦昭襄王召见范雎，可是范雎到了宫里却一通乱走，甚至走到了秦昭襄王面前。宦官发怒驱赶范雎说：“大王来了！”

范雎故意说：“秦国哪儿有大王？秦国只有太后和穰侯罢了。”

秦昭襄王于是赶紧来迎接范雎，并且向范雎虚心求教。范雎为秦昭襄王分析了秦国的形势，认为秦国是建立王业的好地方。但是现在秦国固守关内十五年，是因为穰侯出谋划策时未能尽忠心，而秦昭襄王的计策也有失误之处。

秦昭襄王一听，更加恭敬，请求范雎指点自己。

范雎说：“先前穰侯越过韩国和魏国去进攻齐国，这可不是好计策。出兵少了，不能损伤齐国，出兵多了，秦国自己会受损失。大王当时是不是想要秦国出兵少，让魏国和韩国尽遣兵力配合秦国？这就不符合情理了。这两个友邦，其实对秦国并不是真正的友好。”

秦昭襄王急忙问，那应该怎么办呢？

范雎说：“大王不如远交近攻。大王必须亲近中原国家，把它们作为掌握天下的关键，并且以此威胁楚国和赵国。

人 **穰侯**

穰侯一般指魏冉。因食邑在穰（战国韩邑，今河南省邓州市），号曰穰侯。

楚国强大，您就接近赵国，赵国强大，您就接近楚国。如此一来，楚国、赵国都亲附您，齐国就恐惧了，必定拿出厚礼侍奉秦国。齐国侍奉秦国，就可以将韩国和魏国乘势收服了。”

但秦昭襄王觉得魏国变化无常，没办法拉拢、亲近。范雎建议秦昭襄王可以先说好话，不行就割让土地，假如还不行，那就出兵攻打魏国。

秦昭襄王采纳了范雎的建议，任用范雎为丞相，并且削去了穰侯、华阳君、宣太后的权力。

公元前 268 年，秦国派出五大夫攻占魏国怀邑，两年后又夺取了邢丘。

范雎又经过仔细研究，建议先攻打韩国，因为韩国与秦国地势交错，是秦国心腹大患。

秦国用范雎“远交近攻”的策略，在这之后，攻占了赵国三座城池和韩国几十座城池。

通过对过去战争的研究，范雎也在思考，为什么秦国攻打魏国多次也不能伤害魏国？最终，范雎得出了结论，秦国要完成统一大业，不但要“攻地”，还要“攻人”。

秦昭襄王为了给范雎复仇，写信请平原君来秦国。曾经侮辱过、迫害过范雎的魏齐，本来是藏在平原君家里的，最终被迫自杀。赵王将魏齐的头颅送到了秦国，秦昭襄王这才放平原君回到了赵国。

在范雎的努力下，秦国瓦解了合纵，实现了真正的有效作战。在之后著名的长平之战中，范雎设计，防止各国合纵，最终孤立了赵国。范雎又用反间计，让赵国派出无能的赵括代替老将廉颇，获得了长平之战的胜利。

范雎，终于在秦国实现了自己的人生理想。

范　雎
人物身份
秦国宰相，政治家、
纵横家、军事家
历史影响
远交近攻，蚕食诸侯
智慧值
★★★★
武力值
★
生卒年不详

历 史 小 课 堂

范雎向秦昭襄王提出的“远交近攻”政策，为秦日后统一天下奠定了战略基础。“远交近攻”政策，让秦明白，在七雄并起的时代，秦国如何在复杂的形势下逐步扩大势力，蚕食诸侯。秦国在扩张的同时，将军事和外交结合得更加紧密，攻地和攻心并重。秦昭襄王之后，李斯等人的战略构思继承了这一策略。在统一战争中，秦国首先打击赵国，之后趁势攻击韩国，然后灭魏国，控制了整个中原地区。在这之后，秦国南下，消灭了楚国，最后集中兵力，消灭了燕国和齐国。秦国经过十年战争，最终统一了天下。

第一百二十话 李牧大破匈奴

□ 如此名将

李牧，赵国柏仁人，他与白起、王翦、廉颇并称为“战国四大名将”。李牧是赵国名将，他驻守赵国北部，在代地雁门郡驻扎部队，防范匈奴。作为驻守边境的将军，李牧有权在这里设置官吏。当时李牧驻守所在地的租税都送入了自己的幕府，作为李牧手下军队的军费。

李牧每天都命令手下宰杀几头牛犒劳士兵，还亲自教士兵们射箭骑马，命令手下小心看守烽火台。对于匈奴的动向，李牧也非常重视，他经常派人去查看敌情。

但有一天，李牧居然发布了这样一条命令：假如遇到匈奴入侵，就要赶紧收拢军队，撤退到营地防守。谁敢去追捕敌人，一律斩首。

这条命令引起了轩然大波。

将士们天天训练，难道是为了遇到敌人逃跑吗？所有的人都觉得不可思议，这位李牧将军，是不是也太胆小了？

然而军令如山，假如谁敢违抗，下场就是砍头。

所以这些士兵们虽然心里直犯嘀咕，嘴上也不敢说什么。

于是，一遇到匈奴军队入侵，烽火台上燃起了烽火，李牧的手下不是冲锋陷阵，而是迅速集合，退回营地。匈奴人马在赵国的土地上猖狂叫嚣，但是赵国的军队却坚守不出。

一连几年都是如此。虽然避免了损失，但是匈奴人却都认为，赵国的这个将军李牧，根本就是个胆小鬼！

不光是匈奴人这么想，就连李牧的手下士兵，也都这么认为。士兵们每天辛苦训练，看到了敌人却不能战斗，大家都觉得平时的训练纯属白耽误工夫。这个胆小的将军，还配当将军吗？

时间久了，军队中议论纷纷，大家都说李牧胆小，根本不敢和匈奴人作战。

后来，赵王得知了李牧驻守边境的情况，非常愤怒。赵王恨不能找到李牧踢他两脚，李牧啊李牧，国家信任你，我给你军队，给你军费，就是为了让你当缩头乌龟的？

赵王越想越生气，就派出一个大臣去军营训斥李牧。

大臣到了李牧的营地，将赵王的话传达给李牧，说得那叫一个难听！李牧的手下一个个面红耳赤，恨不能找个墙角钻进去。可是李牧却恭恭敬敬，非常坦然，完全看不出他有什么羞愧之处。

这位大臣回去复命之后，李牧还是老样子，命令手下士兵，一旦匈奴来犯，坚决不许出战！马上退回营地，有敢违抗军令者，斩！

看来，这位李牧大人还真是油盐不进啊！

有人将李牧的反应告诉了赵王，赵王彻底心灰意冷了。

李牧啊李牧，原来你还是个死不悔改的胆小鬼！

赵王对李牧失望了，命人召回了李牧，另派了一位将军代替李牧守卫边境。

李牧生病

赵王派出的将军来到了边境，他倒非常勇敢，只要匈奴来犯，必定领兵出战。可惜，每次出战，都是一场败仗。

隔几天，只要看到烽火台上燃起了烽火，赵国边境的老百姓就赶紧逃跑到安全的地方。他们知道，将军马上就会率领军队出战，而且一定会战败。战败之后，等待他们的就是来自匈奴的抢掠。

一年多的时间里，赵国的边境就一直在重复这件事。时间久了，老百姓纷纷逃跑到了内地，因为军队在边境上天天打败仗，根本没办法种地，更别提平安生活了。

赵王看着堆成山的奏章，感到非常头痛。

为什么勇敢的将军总是失败呢？就不能有一个既勇敢又能打胜仗的将军吗？

赵王思来想去，还得是李牧！他虽然胆小，但是只要他在边境，总能保证边境一方平安。

于是，赵王只能派大臣请李牧出山，继续担任驻守边疆的将领。

但是这位大臣回来却苦着脸禀告说：“大王，李牧将军病了，恐怕无法担此重任。”

什么？

赵王眼珠子瞪得溜圆，病了？这么巧吗？

赵王心想，李牧这是在闹情绪了，他身体那么强壮，又会武艺，还能领兵，怎么会生病呢？赵王就亲自上门，坚决要求李牧带兵驻守边疆。

李牧想了想说：“大王如果一定要用我，我还是会像之前那样做。您如果同意了，我才敢奉命前去。”

赵王于是答应了李牧的要求。李牧打点行装，再次来到了阔别已久的边境。

名 襜褴

战国时分布在今山西省朔州市北至内蒙古自治区的民族，从事畜牧，精骑射。公元前 244 年被赵国名将李牧率军攻灭。

李牧来到边境之后，又按照老办法命令士兵：平时加强训练，一旦遇到匈奴来犯，马上撤退回营地。这一次，所有人都用响亮的口号回答李牧。这些士兵们总是打败仗，实在是没有斗志了。

于是，接下来的几年时间内，赵国的军队一遇到匈奴就马上撤退。匈奴人都在传说，那个胆小畏战的李牧又回来了！

李牧每天巡查士兵们训练，不敢有一丝一毫懈怠。

几年后，李牧发现，士兵们经过几年的休养生息，战斗力增强了，而且斗志昂扬，士气宏壮。

李牧明白，和匈奴一战的机会，到了。

于是，李牧命令手下，精选了一千三百辆战车和一万三千匹战马，又精选了最勇猛的将士五万人，擅长射箭的士兵十万人。

李牧将这些精选出来的人马精心组织，进行了实战演练。

过了一些日子，李牧命人将大批的牛、羊等牲畜放出去，漫山遍野都是。

匈奴人派出了小部队偷袭入侵，抢夺牛马。李牧命令手下，可以迎敌，但是必须惨败。

尝到了甜头的匈奴人壮起了胆子，匈奴的单于率领大部队入侵赵国。一时间，漫山遍野都是匈奴的骑兵。

但是匈奴骑兵一到赵国，就接连陷入了李牧的陷阱。李牧早就安排好了奇兵，并且兵分两路对匈奴骑兵进行了包围。

这一仗打得昏天黑地，这一仗打得气势如虹。

在李牧精心部署下，赵军歼灭匈奴十多万人马，还将襜褴（chān lán）族灭族，打败了东胡族，收降了林胡。就连匈奴的单于都仓皇逃跑。

经过这一仗，之后的十多年间，匈奴都不敢靠近赵国边境的城镇。

所有人都知道，赵国将军李牧，不愧是名将！

李 牧
人物身份
赵国将军，战国四大名将之一
历史影响
抵抗匈奴，抵御秦国
智慧值
★★★
武力值
★★★★
？一公元前229年

节选自《史记·廉颇蔺相如列传》

原文

於是乃具选车得千三百乘，
选骑得万三千匹，
百金之士五万人，彀者十万人，
悉勒习战。大纵畜牧，人民满野。
匈奴小入，佯北不胜，以数千人委之。
单于闻之，大率众来入。
李牧多为奇陈，张左右翼击之，
大破杀匈奴十馀万骑。

原文大意 于是李牧就准备了精选的战车一千三百辆，精选的战马一万三千匹，敢于冲锋陷阵的勇士五万人，善射的士兵十万人，全部组织起来训练作战。同时让大批牲畜到处放牧，放牧的人满山遍野。匈奴小股人马入侵，李牧就假装失败，故意把几千人丢弃给匈奴。单于听到这种情况，就率领大批人马入侵。李牧布下许多奇兵，张开左右两翼包抄反击敌军，大败匈奴，杀死了十多万人马。

公元前264年——公元前260年

第一百二十一话 长平之战

□ 令人为难的上党郡

秦国采用范雎“远交近攻”的策略，首先出兵攻打韩国。从公元前264年开始，秦国的将军白起先后攻占了陉城等九城，之后两年，白起又率领秦军攻占了南阳和野王。

韩国的上党郡成了一块孤零零的飞地，再也不能和韩国相连接。眼看秦国的铁蹄就要踏上韩国大片国土，韩桓惠王坐立不安，决定派阳成君到秦国，献上上党郡十七城给秦国求和。然而，上党郡的郡守冯亭却不愿意苟且偷生，投降秦国。他和上党郡的老百姓商议之后，决定将上党郡的十七城献给赵国。冯亭的目的，当然是借助更加强大的赵国一起对抗秦国。

凭空就能得到上党郡十七城，赵孝成王却因此犯愁了。赵国该何去何从呢？他召集众位大臣商量。

平阳君赵豹对此表示了坚决反对，他对赵孝成王说道：“大王，冯亭此举，不过是嫁祸给赵国，大王千万不要上当！秦国已经开始用牛耕田，以‘水漕通粮’支持前线军需，还用田地奖赏军功。如今的秦国，早已今非昔比，不是我们赵国可以挑战的！”

赵孝成王觉得平阳君说得有点道理，可是那上党郡十七城，好像“一个热气腾腾的大肉包子”，就在自己眼前晃来晃去。要白白放过，实在是不甘心！

平原君赵胜对赵孝成王说：“大王何必犹豫。就算是我们出动百万大军，夜以继日地攻打，要攻下一座城池也是很难的。如今不费吹灰之力，白白得到十七座城池，这么大的好处，大王不可错失良机！”

赵孝成王又问平原君道：“假如我们接受了上党郡，秦国一定会派武安君白起攻打。那时候谁能抵挡秦国军队呢？”

平原君说道：“别人比不过白起，但是廉颇英勇善战，就算在野战方面比不上白起，守城是一定没问题的。”

于是，赵孝成王采纳了平原君的计策，封冯亭为华阳君，派平原君接收上党郡；同时，还派廉颇率领大军驻守在长平，防备秦军攻打。

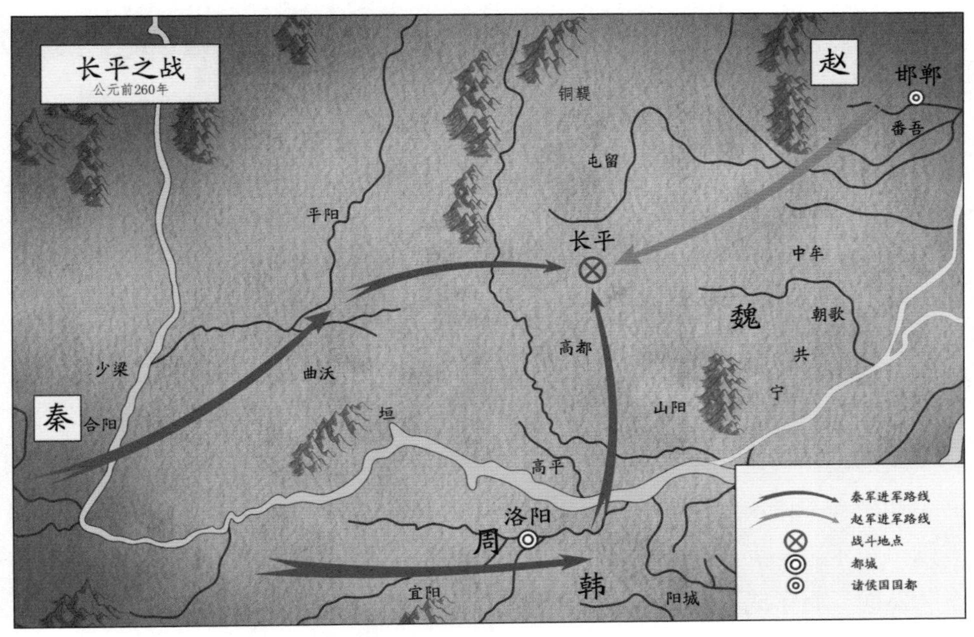

攻克上党

裨将

副将的意思。

一切正如平阳君所言，秦昭襄王得知赵国接受了上党郡十七城，恼羞成怒，派兵攻打赵国。

公元前 260 年，长平之战爆发。

秦国派出将军王龁（hé）攻打长平，赵国的将军廉颇迎战。四月，秦军将赵国裨将茄一举斩杀。七月，廉颇命令军队修筑壁垒坚守，秦军攻占了赵国西边的壁垒。

面对秦军凌厉的攻势，赵军坚守不出。在长平左右五十多里的山路上，赵国修筑了坚固的壁垒。赵国和秦国的百万大军，就在壁垒两面对峙。时间久了，赵孝成王对于廉颇坚守不出很有意见，觉得廉颇畏惧秦军，久拖不决，几次派人去责备廉颇。

形势紧迫，赵孝成王召楼昌和虞卿商议，说想让军队轻装疾进，全力追赶敌军。楼昌建议派使者与秦军讲和，虞卿问赵孝成王："大王，您认为秦军的目的是打败赵军呢，还是不打败呢？"赵孝成王说："当然是打败赵军了。"

虞卿说："建议大王派使者带着贵重的礼物亲附楚国和魏国。这样，秦国必定怀疑天下诸侯要合力抗击秦国，一定会因此而恐惧。假如这样，就可以和秦国讲和了。"

然而，赵孝成王没有听从虞卿的建议，转而与平原君商量和秦国议和的事

情。

最终，赵孝成王派出郑朱到秦国议和。

赵孝成王又问虞卿，“郑朱去秦国议和，如今已经被秦国接纳。你怎么看这件事情？”

虞卿叹息道：“大王达不到讲和的目的，赵军必然会被打败。天下诸侯庆贺秦国取得战争胜利的人都到秦国去了，郑朱在赵国身份尊贵，秦国必定会尊重郑朱，并昭告给天下。楚国和魏国看到赵国与秦国讲和，必定不会来救援赵国。秦国如果知道天下诸侯都不救援大王，您想讲和，也不可能成功了。”

果然，一切如虞卿所料，秦国热情接待赵国使者郑朱，甚至放出风声，说赵国和秦国已经议和了。

当然，秦国此举的目的，就是麻痹诸侯，让其他国家不要救援赵国。

不知不觉，赵国与秦国在长平已经对峙了三年之久。

这时候，秦国的丞相范雎，派人带着千金到赵国邯郸。范雎决定用“反间计”，助秦国赢得长平之战的胜利。

没多久，邯郸开始流传着这样一个消息：廉颇其实很容易对付，秦国最害怕的，其实是赵国马服君赵奢的儿子赵括。赵奢是赵国名将，他曾经在阏与之战大败秦军，被赵惠文王封为“马服君”。在赵国，赵奢与廉颇、蔺相如职位相等，平起平坐。

赵括由于是名将赵奢之子，被赵国人称为“马服子”。赵括从小就学习兵法，还自认为天下没有人能比得上自己。一次，赵括和父亲赵奢谈论兵法，就连赵奢也难不倒他。但是赵奢却认为赵括并不懂兵法，赵括的母亲非常奇怪，就询问原因。赵奢回答说：“战争事关将士们的生死存亡，赵括却说得如此轻松。将来赵国不用赵括为将则已，如果真用了赵括，赵国一定会惨败。”

□纸上谈兵者败

赵孝成王此时陷入了困境。

他对于廉颇坚守不出感到不满，然而燕国的名将乐毅刚投奔赵国不久，还不是承担重任的时候。

既然有消息说秦国军队害怕赵括，不如就找来赵括谈谈。

赵孝成王召见赵括问他能不能在长平战胜秦国军队？赵括非常有把握地说道：“假如秦国派白起为将军，我还得考虑对付他。但现在来的是王龁，他不过是廉颇的对手。如果以我为将，打败他不在话下。”

于是，赵孝成王决定用赵括为将，代替廉颇。

赵括的母亲得知这个消息，马上上书给赵孝成王，阻止任命赵括为将军。赵孝成王很奇怪，询问赵括的母亲原因。

赵括的母亲回答说：“赵括的父亲当将军时，由他父亲亲自招待吃饭的人有十多人，被认为是朋友的有几百人。就连大王和王族赏赐的财产都会分给士兵和部下，一旦接受了军令，就不过问家事。现在，赵括当了将军，军吏没有一个人敢抬头看他。大王赏赐的金帛，他也都收藏了起来。天天寻访便宜的房产。赵括和他父亲太不同了，还请大王不要让他担任将军。”

但是赵孝成王决心已定，赵括的母亲就请求，将来赵括不称职，不要株连自己。赵孝成王答应了她的请求。

但赵国不知道的是，秦国已经暗中派出白起为将军，领导长平之战。

公元前 260 年七月，赵括一到长平就马上命令军队出击，而白起则命令秦国军队假装溃败。赵军进攻顺利，秦军退入壁垒，赵军却无法攻破秦军的壁垒。就在赵国军队进攻的时候，白起已经命令一支两万五千人的军队绕到赵国军队的后面，切断了赵军的后路，又命令一支五千人的军队切入赵军和营垒之间。这样一来，赵国军队被分为两支孤立的军队，赵军的粮道也被切断了。

赵括发现中计了，马上命令赵军停止进攻，就地筑造营垒坚守不出。

秦昭襄王得知长平之战已经进入到关键时刻，亲自到河内郡，加封当地百姓晋爵一级，并征调河内郡十五岁以上的青年到长平战场，拦截赵国的援军和粮草。

公元前 260 年九月，赵军主力部

队已经断粮四十六天。很多赵军因为饥饿或者突围死去了。士兵们为了活命，开始互相残杀，以获取食物。

赵括将剩下的赵军组织成四支部队，轮番突围了四、五次，但是秦军的包围如同铁桶一样，密不透风。

所有的突围都失败了。

赵括亲自带兵战斗，被秦军射死。

剩下的赵国士兵没办法，只能选择投降。然而白起却说："赵国士兵反复无常，如果不杀了他们，将来一定会再生事端。"

白起仅仅释放了二百四十名赵国士兵回到赵国，剩下的四十多万赵国士兵，全部被秦军活埋了。

赵孝成王十分后悔，当时没有听平阳君赵豹的建议，因为贪图上党郡十七城，反而损失惨重；又因为赵括的母亲曾经劝谏赵孝成王不要用赵括为将，所以没有诛杀赵括的母亲。

经过三年的对峙，秦国和赵国都发生了经济上的困难。尤其是赵国，从此元气大伤，再也没有能力与秦国抗衡。秦国扫清了障碍，加快了统一的步伐。

历　史　小　课　堂

长平之战是公元前260年在赵国长平一带，秦国和赵国爆发的大规模战争。这次战争的起因，是秦国和赵国争夺上党。战争开始时，赵国坚守不出，秦国于是用计让赵王换掉廉颇，任命赵括为将。而秦国将军白起采取了佯败后退，诱敌出击、分割包围、切断粮道等战术，夺得了长平之战的胜利。秦国胜利之后，坑杀了赵国军队约45万人，这一仗让赵国元气大伤，而秦国则加速了统一天下的步伐。这也是我国古代军事史上最早、规模最大、最彻底的大型歼灭战。

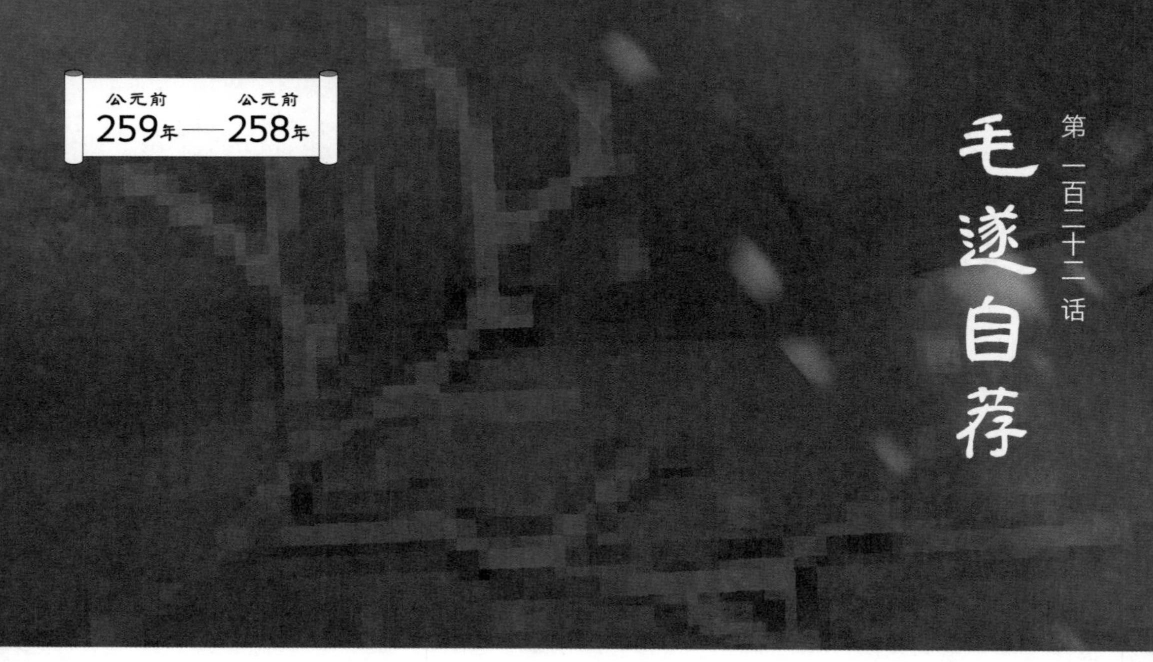

第一百二十二话 毛遂自荐

邯郸保卫战

长平之战后，秦国加快了对韩、赵、魏三国的征伐。

公元前 259 年，在秦国的压力之下，韩国不得不献出垣雍。这样，秦国因此加强了对魏国的控制。

与此同时，秦军兵分两路攻打赵国。司马梗挥师北上，攻下了太原郡和上党郡，王龁攻占了皮劳和武安。这年十月份，秦国五大夫王陵率领秦国大军包围了邯郸。

赵国国内民众心急如焚。

有人为保护赵国，对秦国的丞相范雎进言，说赵国如果被攻打亡国，那还不是武安君白起功劳最大？那时候，白起论功行赏，就会排在您的位置之上了。

范雎为此非常嫉妒白起。

于是，范雎向秦王建议，如今秦国军队征战不休，非常疲惫。不如准许韩国和赵国割地议和，也让我们的士兵得到休息。

结果，赵国派出使臣，讲定割让六城议和。正月，秦国撤军。

白起为此对范雎非常有意见。

赵国的大臣虞卿也反对赵国割地，他认为这是用有限的土地去满足秦国无限的欲望。

果然，到了这年九月，秦国再次派出大军，派五大夫王陵攻打邯郸。

赵国经历了长平之战，死伤惨重。当时赵国死去的人没有人埋葬，生病的人得不到治疗。但是在这样艰苦的情况下，赵国人齐心协力，共同奋斗。君主放下架子和官员交心，官员推心置腹对待死士。平原君这样的 赵国贵族，都散尽家财，还命令自己的妻妾去军营为赵国军士缝补衣服。

赵国在重大伤亡之后，反而能万众一心，对抗秦国。

公元前258年，王陵战斗失败，秦昭襄王派白起代替王陵。然而，白起称病推辞了。秦昭襄王于是任用王龁为将军，范雎推荐郑安平为将军，率领五万大军，带着粮草支援王龁。

秦国的进攻日益强烈，赵国的邯郸城内粮草耗尽，只能向魏国和楚国求救。

□

不辱使命

公元前 258 年，平原君赵胜奉命出使楚国求救。平原君计划在门客中选拔二十个文武双全的人跟随自己出使楚国，可是怎么选，都只能选出十九个人。

平原君正在为难，门客中有一个叫毛遂的人忽然主动说：“公子，我愿意跟随您去楚国！”

平原君仔细一看，对这个人没什么印象，于是便问他：“先生在赵胜门下几年了？”

毛遂回答说：“三年了。”

平原君感叹道：“有能力的人在这世上，就如同是锥子装在口袋里一样，他的锋芒很快就会显露出来。现在先生在我这里已经三年了，而我却没听说有人称赞过您，您还是留下来吧！”

平原君的意思是，毛遂能力平平，还不够资格入选出使楚国的团队。

毛遂听后，一点儿也不生气，反而说：“如果您早一天把我放在口袋里，整个锥子早就扎出来了，岂止是露出一点点锋芒呢？”

这句话充满智慧，平原君于是便同意毛遂参加出使楚国的团队。

平原君的使团到了楚国之后，对着楚考烈王陈述联合起来对抗秦国的利害关系。可是一直从日出讲到了日中，楚考烈王还在犹豫不决。

就在众人束手无策的时候，毛遂拔剑走上前去，对平原君说道：“合纵的利害，两句话就说完了，怎么从日出说到了日中？”

楚考烈王觉得此人非常无礼，于是怒斥毛遂道：“还不赶紧下去！我和你主子说话，你来干什么？”

毛遂手中按着剑，大声对楚考烈王说道："大王您之所以敢呵斥我，不过是仗着楚国人多势众。现在我距离大王十步之内，大王您就不能仰仗人多势众了。因为大王您的命就悬挂在我毛遂的手上！"这句话说完，楚考烈王吓得脸色易变，不敢争执，只能静静听毛遂说话。

毛遂又继续说道："我听说，商汤以七十里地称王于天下，周文王以百里之地使诸侯臣服，这难道是凭借他们的士卒多吗？这是因为他们能够根据形势来振奋威力。现在楚国的国土有五千里，楚国的军队也有百万之众，这是可以成就霸王的资本。以楚国的强悍，天下诸侯没有可以阻挡的。白起，不过是个平庸之辈，他率领了几万人，带领军队与楚国作战，一战攻克了鄢、郢，再战则火烧夷陵，三战就羞辱了大王您的祖先。这是百年必报的怨恨，赵国也替您感到耻辱。然而大王您却不知道这耻辱，合纵是为了楚国，并不是为了赵国。"

毛遂一席话说得楚考烈王面红耳赤，羞愧不已。他只能嘴里答应着，同意参加合纵。

于是，毛遂马上命人取来鸡、狗、马的鲜血，倒入铜盘。毛遂将这鲜血献给楚考烈王，请楚考烈王与平原君歃血为盟。

平原君回到赵国之后，楚国就出兵十万救援赵国。

平原君对此深有感慨，他说："我鉴别天下的贤人成百上千，自以为很有眼力，可是对毛先生却看错了。毛先生到了楚国，使我赵国比九鼎还重。毛先生的三寸之舌比百万大军还强。"平原君于是将毛遂视为自己的上等宾客。

毛遂
人物身份 平原君门下食客
历史影响 说服楚王参加合纵
智慧值 ★★★
武力值 ★
生卒年不详

语文一点通

成语“毛遂自荐”
出自 《史记·平原君虞卿列传》

平原君门下食客毛遂自荐，
跟随平原君前往楚国，
游说楚王参加合纵。
后来比喻自告奋勇，
自荐参加重要的任务。

“脱颖而出”
出自 《史记·平原君虞卿列传》

毛遂曰：“臣乃今日请处囊中耳。使遂早得处囊中，乃颖脱而出，非特其末见而已。”

原指锥子尖透过囊袋显露出来，比喻有才能的人得到机会后，将全部本领发挥了出来。

信陵君，名魏无忌，号信陵君，是魏安釐王的弟弟。范雎担任秦国丞相之后，获得了秦昭襄王的重用。为了报复曾经羞辱过自己的魏国相国魏齐，范雎多次建议秦国攻打魏国。魏安釐王和信陵君对此都非常担忧。

信陵君身为战国四公子之一，为人仁慈，礼贤下士。当时各国的能人纷纷投奔信陵君，成为他的门客。据说，在最为鼎盛时期，信陵君有门客三千。这时候信陵君手下能人辈出，信陵君本人威名远扬，诸侯各国接连十多年都不敢冒犯魏国。

然而，日子久了，信陵君的威名让他的哥哥魏安釐王也感到了震惊和忌讳。

据说，一次信陵君与魏安釐王正在下棋，忽然有北边边境的军情报告，说赵国出兵攻打魏国，即将进入魏国边境。魏安釐王一听就急了，马上扔掉了棋子，准备召开战时工作会议，商议对策。

信陵君笑着对哥哥魏安釐王说："大王不必惊慌，不过是赵王打猎，并不是要进攻我国。"

信陵君拉着魏安釐王继续下棋，魏安釐王却心急如焚。万一真是赵国入侵，那可不是小事！

魏安釐王坐立不安，根本没心思下棋。过了一会儿，又有人来报告，果然是赵王打猎，并不是进攻魏国。

魏安釐王非常惊讶，就问信陵君怎么知道的？

信陵君淡淡说道：“臣的食客中有一个人，能深入赵国宫廷，打听到赵王的秘密。所以对于赵王的行动，臣都会知道一些。”

魏安釐王听后，从此对信陵君有所忌讳，再不敢用信陵君处理国事了。

但信陵君对此并不在意，还接着寻访贤者。

当时魏国有一位隐士，已经七十多岁了，名叫侯嬴，是大梁夷门的守门小吏。信陵君听说了侯嬴的贤名，于是前去拜访，还送上了厚礼。

然而侯嬴却说：“我几十年坚守自己的操守，不能因为家贫就收受公子的厚礼。”

信陵君不但不生气，还大摆宴席，宴请宾客。

当所有宾客都到来之后，信陵君就亲自带着随从，空出车上尊贵的左位去迎接侯嬴。

侯嬴见到信陵君，一点儿也不惊讶。他整理了一下自己破旧的衣服，直接坐在了车子的左位上。信陵君对侯嬴毕恭毕敬。侯嬴又说：“公子，我有个朋友在市场的屠宰场，希望您屈尊带我去拜访他。”

信陵君马上驾驶着车子前往街市。

侯嬴到了之后，下车去见朋友朱亥。侯嬴和自己的屠夫朋友——朱亥聊起了天，旁若无人。偶尔，侯嬴还会用眼角瞥一眼信陵君。然而，信陵君没有一点儿不高兴的意思，他手里握着缰绳，还是非常恭敬。

信陵君家里高朋满座，魏国的宗室贵族、将军大臣、达官贵人都在等着信陵君开席。这时候，却有人传话，说信陵君在给侯嬴驾车。这些贵人和信陵君身边的人都很不满，暗中咒骂侯嬴。

信陵君将侯嬴请到家中，吩咐开席。所有的宾客都非常吃惊。

在大家酒酣耳热之际，信陵君又亲自为侯嬴敬酒。侯嬴却说：“今日我为公子尽力了。侯嬴地位低微，公子却对侯嬴毕恭毕敬，还亲自驾车，甚至屈尊带我拜访朋友。我为了成就公子，故意在街市中让公子久待。这样，魏国人都认为我侯嬴是小人，公子是高尚的人，能礼贤下士。”

信陵君对侯嬴心服口服。这次宴会之后，侯嬴便成了信陵君的上等宾客。

侯嬴向信陵君推荐了他的朋友朱亥，说朱亥很有能力，但是大家都不了解他，所以朱亥埋没在屠夫中了。信陵君多次拜访朱亥，朱亥却并不答谢，信陵君也觉得他是个怪人。

□勇救赵国

长平之战发生后，赵国再无力对抗秦国，而秦国则加快了对赵国的攻伐。

公元前257年，秦国派出大军，包围了赵国都城邯郸。

生死存亡，就在这一念之间。

平原君是赵国的丞相，他让自己的妻子给魏国送信，请求救援。因为平原君的妻子是信陵君的姐姐，他想，魏国总不会看着赵国这样的姻亲之国就在眼前覆灭吧？

魏安釐王得到消息，果然派出将军晋鄙率领魏国十万大军前去邯郸救援。

然而，秦昭襄王得到魏国出兵的消息却一点也不惊慌，他只是派出使臣去魏国给魏安釐王送了个口信。秦国的使臣对魏安釐王说："我们秦国攻打下赵国，只不过是时间问题。诸侯中有敢救援赵国的，等攻克赵国之后，一定先派兵攻打它。"

秦昭襄王赤裸裸的威胁，他让魏安釐王吓得魂不守舍，他马上命人阻止晋鄙继续前进，命令晋鄙率领军队在邺城驻扎。这样，原本前来救援赵国的魏国，成了观看秦国和赵国决战的看客。

平原君等得心急如焚，左等右等，就是不见魏国军队前来救援，于是派使臣前去魏国告急，还责备信陵君说："我赵胜之所以愿意与魏国结亲，就是因为仰慕公子您的高义，知道您能扶危济困。如今邯郸被围，情况已经到了最危急的时刻。说不定邯郸早晚就要投降秦国，可是魏国的援兵至今不到。公子能帮助别人脱困的高义又表现在哪里？再说，就算公子不把赵胜放在眼里，让我投降秦国，难道连你的姐姐也不怜惜了？"

信陵君得到平原君的口信，更加焦急，多次催促魏安釐王出兵救援赵国。可是魏安釐王惧怕秦国，完全不敢出兵。

信陵君万念俱灰，但是他不能眼睁睁看着赵国灭亡，于是召集了自己的门客，凑齐了一百多辆战车，准备到战场上和秦军决一死战。

信陵君的车队路过东门时，他特地去见侯嬴，将自己要与赵国赴死的决心告诉了侯嬴。然而侯嬴却只是淡淡说了句："公子努力吧！臣老了，不能同行。"

信陵君走出去几里路，还是觉得心里难过，他想自己对侯嬴礼数周到，

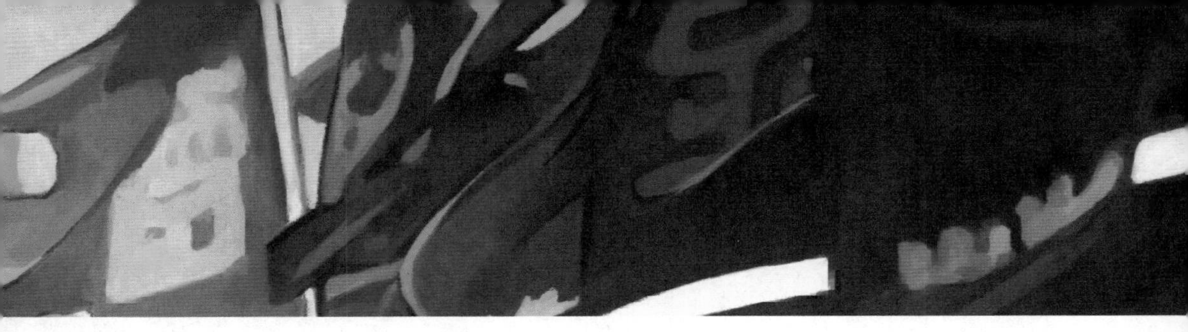

天下无人不知。可是如今自己就要赴死，侯嬴居然什么也没说？

信陵君于是再度返回东门，询问侯嬴。侯嬴笑道："我就知道您会回来的！公子您招揽贤才，天下闻名。如今却带领着您的门客亲自去和秦军拼命，这不是以肉饲虎吗，有什么用？能打败秦军吗？"

信陵君两次郑重向侯嬴行礼，询问对策。

侯嬴将旁边的人都遣散，秘密对信陵君说："我听说，晋鄙的兵符就放在大王的卧室里。而如姬最为大王宠爱，可以偷出兵符。听说如姬的父亲被人杀害，如姬一直想复仇，只是一直没能如愿。公子如果派门客杀了如姬的仇人，如姬一定会为您在所不辞。得到虎符，夺了晋鄙的兵权，北边可救援赵国，西边可抵抗秦国，这才是春秋五霸的伟业啊！"

信陵君依计行事，果然通过如姬，得到了兵符。临走的时候，侯嬴又推荐朋友朱亥与信陵君一同前往，以免晋鄙不听号令。

于是，信陵君与朱亥等人告别了侯嬴。侯嬴由于年老未能同行，却说等信陵君到达晋鄙军中，他会面向北方自刎，感激信陵君的知遇之恩。

信陵君拿着兵符调动晋鄙军队，晋鄙果然非常怀疑，为什么这么重大的事情，信陵君孤身前来？朱亥趁晋鄙不注意，用藏着的四十斤重的铁锥砸死了晋鄙。

信陵君于是接管了晋鄙的军队，命令父子都在军队中的，父亲回家；兄弟同在军中的，兄长回家。经过整顿，信陵君掌管了八万精兵。

魏国的八万精兵奔赴邯郸，秦军撤退，邯郸之围得以解困。赵孝成王和平原君亲自迎接信陵君，而平原君替信陵君背着装满箭的箭囊走在前面，赵孝成王多次拜谢信陵君。

从此，平原君再也不敢与信陵君相比。

魏安釐王却恼怒信陵君盗窃兵符，还杀害了晋鄙。信陵君让手下带着魏国军队回国，自己和门客们则留在了赵国。

信陵君
本　名　魏无忌
人物身份　战国四公子之一，魏安釐[lí]王弟
历史影响　窃符救赵，两度破秦
智慧值　★★★★
武力值　★★★
？——公元前243年

历史小课堂

『窃符救赵』

公元前257年，邯郸被围，
赵国向魏国求助。
然而，魏国害怕秦国，不敢出兵救援。
信陵君魏无忌听从侯嬴的计策，
借魏王宠姬如姬之手窃取兵符，救援赵国。
信陵君此举不但救援了赵国，
也挫败了秦国扩张的势头，
巩固了魏国的地位。
这种不顾个人安危、
心怀天下的大义为国人称赞。

公元前 314年——公元前 238年

春申君黄歇

第一百二十四话

□令尹黄歇

黄歇青年时期四处游学，增长见识。他由于口才特别好，获得了楚顷襄王的欣赏。秦国在攻打诸侯过程中，曾经对楚国攻势凌厉，逼得楚顷襄王甚至不得不将都城迁徙到了陈县。为了缓和与秦国的关系，让楚国赢得喘息的时机，楚顷襄王派黄歇出使秦国。

公元前 272 年，黄歇奉命出使秦国。

到了秦国之后，黄歇发现秦昭襄王已经命令大将白起连同韩国、魏国一起进攻楚国，而且军队已经准备完毕，即将出发。

黄歇知道情况紧急，马上上书秦昭襄王。黄歇为秦昭襄王分析当时的情况，说秦国和楚国都是强大的国家。两个强国作战，必定会两败俱伤。到时候，韩、赵、魏甚至是齐国都会坐收渔翁之利。所以，秦国不如与楚国结盟，联合起来对付其他国家。

这道理说得合情合理，秦昭襄王命令白起停止出发，还派人给楚国送去了厚礼，与楚国结为盟友。

这之后，楚顷襄王派黄歇和太子熊完到秦国当人质。黄歇因此停留在秦国有十年之久。

公元前 263 年，楚顷襄王病重，然而秦国却不同意放太子熊完回国。

黄歇知道秦国的丞相范雎与太子熊完关系很好，于是找到范雎说："丞相，如今楚王病重。假如太子回国即位，一定会对秦国感激不尽，到时候楚国和秦国会保持一个友好的关系。假如不放太子回国，楚国必定会另立太子，那时候楚国和秦国关系就会破裂，秦国留下的太子熊完还有什么用处？"

范雎将黄歇的话转达给了秦昭襄王，但秦昭襄王却命人到楚国探听楚顷襄王病情到底如何。

黄歇明白此计不成，就对太子熊完说："秦国不放您回国，不过是想要好处。但是大王病重，阳文君的两个儿子就在国内。假如大王去世，太子不在楚国，阳文君的儿子一定会被立为新的楚王。为今之计，不如让太子出奔，逃离秦国。臣留在秦国，以死承担责任。"

于是，太子熊完被黄歇派人护送回国。等熊完安全到了楚国，黄歇才向秦昭襄王禀明真相。秦昭襄王本来非常生气，想让黄歇自尽谢罪。然而范雎却对秦昭襄王说；"等太子熊完即位，黄歇必定获得重用。不如送黄歇回去，表示秦国对楚国的善意。"

这句话点醒了秦昭襄王，于是他派人送黄歇回国。

三个月后，太子熊完即位，是为楚考烈王。

公元前 262 年，出于对黄歇的感激和信任，楚考烈王任命黄歇为楚国令尹，并封他为春申君，将淮河以北十二县的土地分封给春申君。

然而春申君深知，如今的楚国今非昔比，不但与秦国经常发生战争，在淮北也经常与齐国发生战争。春申君建议将淮北划分为郡治更为有利，还献出了自己淮北的十二个县划入江东。楚考烈王同意了他的建议。

春申君招揽四方贤才，与齐国的孟尝君、赵国的平原君和魏国的信陵君并称战国四公子。

□ 移花接木

公元前 257 年，秦国围困邯郸。赵国派出平原君赵胜向楚考烈王求援。最终，楚考烈王派出春申君率领大军救援赵国，楚、魏、赵三国联军打败了秦国，使赵国转危为安。

公元前 256 年，春申君奉楚考烈王之命讨伐鲁国。第二年，春申君率领的楚军灭亡了鲁国。经过这两场战斗，春申君在诸侯中威名远扬。

于是，春申君趁机为楚国招揽有用的人才，最顶峰的时候，春申君的门客数量居于战国四公子的首位。

然而，春申君的门客有很多虚荣浮夸，奢侈好斗。有一次，赵国的平原君派门客拜访春申君，春申君将赵国的客人安排在最上等的住处住下。平原君的门客为了显示赵国的富有，特地在头上插着玳瑁做的簪子，还亮出带有珍珠宝玉的剑鞘。当他们装扮一新前去拜访春申君时，却发现春申君的门客就连鞋子上都装点着名贵的宝玉。这让平原君的门客不由得自惭形秽。

由于秦国势力的迅速壮大，各国诸侯订立了盟约，共同讨伐秦国。他们选出楚考烈王担任六国盟约的首脑，让春申君担任主事。然而六国的合纵军队曾经攻打到了函谷关，最终却被秦国打败了。

楚考烈王因此而归罪于春申君，开始冷落他。

由于秦国步步紧逼，楚国不得不将都城又从陈迁徙到了寿春，春申君到了封地吴，同时执行令尹的职务。

当时楚考烈王没有儿子，春申君为楚国没有继承人而感到担忧。他选了很多女子献给楚考烈王，但是楚考烈王却依然没有子嗣。

赵国的李园准备将妹妹献给楚考烈王，听说了这件事，就找机会，成为春申君的侍从。一次，李园故意延迟了从家里返回的时间，春申君询问他原因。李园故意说："齐王派使者要迎娶我妹妹，由于款待使者，所以延误了回来的时间。"

春申君于是便想见见李园的妹妹。李园因此得到机会，将妹妹献给了春申君。

李园得知妹妹已经怀孕了，就让妹妹实行了下一步计划。李园的妹妹找机会劝说春申君道：“大王很宠信您，如今您担任楚国令尹已经有二十多年。但是大王如今没有儿子，将来万一大王去世，他的兄弟即位成为楚王，您还如何保住令尹之位呢？”

这句话说中了春申君的心事，他沉吟不语。

李园的妹妹又说自己如今怀孕，还没有旁人知道，不如将来请春申君将自己献给楚王，假如上天保佑，自己能生个儿子，那时候春申君的儿子做了楚王，楚国岂不是为春申君所有？

春申君于是秘密将李园的妹妹送走，过了一阵子献给了楚考烈王。

后来，李园的妹妹果然生了个儿子，被楚考烈王立为王后，这孩子也被楚考烈王立为太子。

但春申君想不到的是，李园为了避免消息走漏，秘密安排了刺客，准备杀死春申君灭口。这件事情，他在楚国的国都内已经有一些人听说了。

公元前238年，楚考烈王病重。春申君的门客朱英对春申君说道：“这世上有不期而至的福，也有不期而至的祸。如今您在这生死无常的世上，侍奉喜怒无常的君主，又怎么会没有不期而至的人呢？”

朱英的话让春申君很疑惑，他便问朱英：“什么叫不期而至的福？”

朱英回答春申君道：“您担任楚国令尹二十多年，虽然名义上是宰相，但是实际上却是楚王。如今楚王病重，命在旦夕，您辅佐幼主，好像伊尹、周公一样，将来等君主长大再将权力交还给他，不就等于您南面称王据有了楚国？这就是不期而至的福。”

春申君又问道：“那什么是不期而至的祸呢？”

朱英说：“李园不执掌国政，就是您的仇人。他豢养刺客已经许久了。大王一旦去世，李园一定会抢先入宫，并且杀您灭口。这就是不期而至的祸。”

春申君又问道，“那什么叫不期而至的人呢？”

朱英说：“假如您安排我为郎中，将来楚王去世，李园抢先入宫，我替您杀掉李园。这就是不期而至的人。”

春申君却根本不相信，他认为李园是很好的人，还让朱英放弃这个打算。

朱英明白，春申君不会采纳自己的建议，就从楚国逃跑了。

十七天后，楚考烈王去世了。李园果然抢先入宫，并在棘门埋伏了刺客。春申君进入棘门，果然被刺客杀害。李园的妹妹所生的那个孩子即位，是为楚幽王。

不但春申君被害，就连他的家人都被李园满门抄斩。

黄歇
本名
黄歇
人物身份
楚国相国，战国四公子之一
历史影响
援赵灭鲁
智慧值
★★★
武力值
★
公元前314年—公元前238年

节选自 《史记·春申君列传》

原文

春申君为楚相四年，
秦破赵之长平军四十馀万。
五年，围邯郸。
邯郸告急于楚，
楚使春申君将兵往救之，
秦兵亦去，春申君归。
春申君相楚八年，
为楚北伐灭鲁，
以荀卿为兰陵令。
当是时，楚复强。

原文大意 春申君担任楚国宰相的第四年，秦国击败坑杀了赵国长平驻军四十多万人。第五年，秦军包围了赵国都城邯郸。邯郸向楚国告急求援，楚国派春申君带兵去救援邯郸，秦军解围撤退后，春申君返回楚国。春申君担任楚国宰相的第八年，为楚国向北征伐、灭掉鲁国，还任命荀卿担任兰陵县令。这个时候，楚国又兴盛、强大起来。

公元前256年——公元前251年

第一百二十五话 李冰修建都江堰

□劈山

李冰，是战国时期著名的水利工程专家。秦昭襄王任命李冰为蜀郡守。李冰到了蜀郡之后，发现蜀郡的老百姓生活得非常不容易。他走访了当地的老百姓，终于发现了蜀郡自然灾害的奇特之处。

原来，岷江从岷山发源之后，一路奔流，到了灌县就进入了平原。此地地形复杂，又有很多的泥沙，让船只在这里航行非常困难。到了洪水泛滥的时候，岷江的西边大河奔腾，而东边却要忍受干旱之苦。

要让蜀郡的老百姓过上好日子，就必须治水。

然而，要在这么复杂的地形上治水，谈何容易？

李冰带领着儿子李二郎，还有一些手下，进行了仔细的勘查。经过了仔细勘查之后，李冰就设计了详细的施工方案，着手这项浩大的工程。

李冰修筑都江堰工程的第一步，就是劈开玉垒山，因为正是玉垒山阻止了岷江向东流淌。

要劈山？这是闻所未闻的事情。所有人都为李冰捏了一把汗。

刚开始的时候，李冰单纯依靠人工，劈山简直就是一个笑话。进度太缓慢了。于是，李冰闲来无事就经常去找那些民工聊天。他一直坚信，经常和石头打交道的民工一定比自己更有办法。

终于，在走访了数不清多少民工之后，李冰得到了更为有效的办法，那就是用火。当熊熊烈火燃烧起来，持续不断地烘烤坚固的岩石，最终让这些岩石产生了裂缝。

劈山的进度因此加快了。

谁说劈山不可行？

在李冰和工匠们齐心协力的奋战下，大山也被劈开了约二十米的口子。

由于这个口子形状如同宝瓶，被命名为“宝瓶口”。

□ 鱼嘴

李冰命令手下修筑了都江鱼嘴。这其实就是人工修筑的一条大堰，因为头部像鱼头，所以称之为“鱼嘴”。由于这都江鱼嘴，上游奔腾而来的江水被分成了内、外两股，大堤西面的是外江，这是岷江的主流；大堤右面的是内江，这是用于灌溉东面田地的水渠。

但是，汹涌而过的江水给李冰出了第一个难题。

当修筑大堤的石块被扔到江心的时候，澎湃而过的江水威力无穷，总是将那些大石头带入了漩涡，很快就被冲得无影无踪。这样，就没有办法让大堤修起来。

大家为此愁眉不展，设计得再好，修不成，还不是天上的月亮，看起来挺美?

李冰想了想，让人用竹子编成了一些大竹笼。这些竹笼的长度有十米，宽也超过了半米，的确非常巨大。李冰让人将大石块先装入竹笼，然后再将这个竹笼推入江底。

这次，任凭江水再汹涌，也没法冲走这么巨大的竹笼。就这样，蜀郡的老百姓克服了第一个困难，分水鱼嘴终于在大家的努力下修筑了起来。

由于分水鱼嘴的修筑成功，岷江水被分为了两股。曾经汹涌的江水再也不能肆虐，而是顺从地流淌着。这样，即便是下大雨，将来也不会有大水灾发生。

而那些饱经干旱的土地，也终于获得了江水的灌溉，老百姓都欢呼不已。有了水，将来蜀郡为干旱所苦的老百姓就能摆脱干旱的灾难了。

李冰一个人在大堤旁走着，走着。他在想，假如下大雨，发生了更大的水患，分水鱼嘴还能奏效吗？

经过实地考察和思考，李冰又带领大家修筑了飞沙堰。

飞沙堰也是用那些特大的竹箱子装满了大石头修筑的。因为投入江水中的石头是装入编好的竹箱子之中的，可以控制水流的高度。

为什么要叫飞沙堰呢？

因为通过这个大堤，还要排出泥沙。将多余的泥沙排出去，整个水道不会因为淤积的泥沙而产生危险，实在是一举两得。

竹子在蜀郡随处可得，用竹子编成的大竹笼，又长又粗，里面填满了大石头。这活儿非常辛苦，但是大家没有一个人叫苦。因为所有人都明白，只要修成了这项浩大的工程，蜀郡的老百姓以后就再也不用忍受洪水肆虐和干旱之苦了！

成群结队的老百姓跟随着李冰带来的人，大家日日夜夜在岷江边忙碌。每个人都是干劲满满。

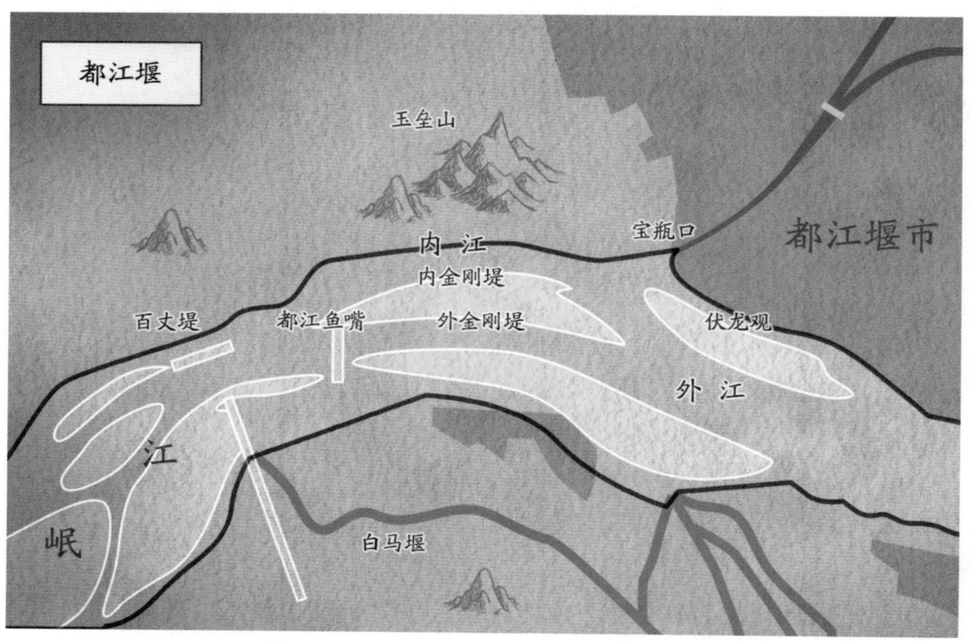

神兽

㊔ 水则

立于水中测量水位高低的标尺。最早的水则是李冰修都江堰时所立。

在修筑都江堰时，李冰见证了大自然的伟大力量。但是他更相信，人定胜天。为了让岷江再不泛滥，李冰命人雕刻了五头石犀。

这些石犀身材巨大，每一只都有两米高，三米长，重达八吨之巨。更有意思的是，这些石犀的头特别长，是身长的三分之二。石犀身上肌肉纵横，如同铠甲。

这五只石犀被分开安放，两只放在府中，一只在桥下，两只在水中。事实上，这些神兽有“镇压水精”的目的，就是俗称的镇水神兽。但石犀还有一个功能，那就是可以当作水则，也就是用来衡量水位的水尺。根据水位到达石犀不同的位置，后来的人可以依据此判断水位，淘挖泥沙。

岷江江水中的泥沙是影响到都江堰水利工程的一大要素，为了保证都江堰的平安，就必须经常进行水道泥沙的淘挖。李冰对此进行了深刻思考，他总结了六个字的诀窍，那就是“深淘滩，低作堰”。意思是，每年都要进行水道淤积泥沙的清理，这样可以让岷江水畅通无阻。而飞沙堰的大堤不能修得太高，既可避免江水外溢，也能避免影响汛期泄洪。

都江堰水利工程修筑完成之后，为蜀郡后来成为天府之国奠定了坚实基础。

南北朝时，人们为了纪念李冰，在都江堰修筑了二王庙。在二王庙的石壁上，镌刻着李冰的治水秘诀“深淘滩，低作堰”。

修好都江堰水利工程之后，李冰还继续主持修建了蜀郡其他水利工程。后来，李冰因病去世，被安葬在蜀郡。

李 冰
人物身份 蜀郡太守
历史影响 修建都江堰水利工程
智慧值 ★★★
武力值 ★
生卒年不详

节选自 《史记·河渠书》

原文

於蜀，
蜀守冰凿离碓，
辟沫水之害，
穿二江成都之中。
此渠皆可行舟，
有馀则用溉骈，
百姓飨其利。
至于所过，
往往引其水益用溉田畴之渠，
以万亿计，
然莫足数也。

原文大意　在蜀国，有蜀太守李冰凿开离堆，用来避沫水造成的水灾；又在成都一带开凿两条江水支流。这些河渠的水深都可以行舟，有剩余的就用来灌溉农田，百姓因此而获利。至于渠水所过的地区，人们往往又开凿一些支渠引渠水灌溉农田，数量之多不下千千万万，但不足以数记。

秦国丞相 吕不韦

奇货可居

吕不韦是卫国商人，在阳翟做生意。吕不韦经常在各地来往，通晓商品在各国的价格和买卖行情。经过长期的奔波买卖，吕不韦成了家有千金的富商。

公元前 265 年，秦国的安国君被立为太子。安国君有二十多个儿子，唯独他最宠爱的华阳夫人却没有儿子。安国君排行在中间的儿子名叫异人，被送去赵国当人质。当时秦国和赵国发生了很多次战争，所以异人在赵国的处境很艰难，不但不被赵国重视，甚至生活困窘，缺乏日常生活的费用。

在邯郸，大商人吕不韦见到了落魄的异人却欣喜异常，说："嬴异人就是一件奇货啊，可以囤积居奇，将来一定会高价售出。"

吕不韦于是去拜访异人，他对异人说："我可以光大您的门庭。"异人却根本不相信吕不韦说的话，只是淡淡回答说："您还是先光大自己的门庭吧，然后再来光大我的门庭。"吕不韦却坚持说："我的门庭，需要等光大了您的门庭之后才能光大。"这句话说到了异人的心坎上，

他明白了吕不韦的言外之意，于是两人迅速攀谈起来。

吕不韦关切地对异人说：“您的父亲安国君如今被立为秦国太子。您在兄弟里排行当中，母亲又不受宠，就不用指望争夺太子之位了。现在您在赵国这样的敌国为人质，一旦秦国与赵国开战，公子您性命难保。”

吕不韦这一席话说尽了异人的尴尬处境，但是异人唯有叹息，他问吕不韦：“的确如此，但是我又能怎么办呢？”

吕不韦目光灼灼，他对异人说：“公子如果信任我，我有办法让公子您回国，并且继承王位。听说安国君宠信华阳夫人，而华阳夫人无子，可以从她身上想办法。我知道您客居于此，生活贫困，也拿不出钱财结交宾客。虽然吕不韦不是那么富有，也愿意为了您去秦国游说。希望通过我的努力，能让安国君立您为太子。”

异人听了这话非常激动，马上表示同意吕不韦的安排。吕不韦于是给异人留下了五百金，当作异人在赵国生活的费用。吕不韦又拿出五百金，购买金珠宝贝，前往秦国。

吕不韦游说秦国

吕不韦到了秦国之后，带着礼物去见华阳夫人的弟弟阳泉君。吕不韦行礼之后，献上给阳泉君的礼物。但是紧跟着，他就大呼小叫起来：“阁下，您的宾客位高权重，而太子门下却没有显贵。您的府中珍宝无数，这可不是什么好事。一旦大王驾崩，太子执政，阁下就到了生死关头了。”

阳泉君大吃一惊，赶紧询问吕不韦有什么好办法？

吕不韦马上为阳泉君献计说：“您的姐姐华阳夫人没有子嗣，而安国君看中的儿子是子傒。将来一旦子傒即位，那么华阳夫人必定门庭冷落。如今，在邯郸为人质的公子异人德才兼备，但却没有母亲在宫里护佑。异人在邯郸，无日不想回到秦国。只要华阳夫人帮助异人将来即位，异人必定感激华阳夫人。这样，华阳夫人虽然无子，日后有靠。”

这一番话说动了阳泉君。于是，阳泉君将吕不韦所说的话转达了华阳夫人。

阳泉君为吕不韦引荐，吕不韦得以拜见华阳夫人。吕不韦见到华阳夫人马上说：“异人在邯郸思念夫人，他把夫人当成自己的亲生母亲，日夜哭泣，思念安国君和您。”

华阳夫人听了很高兴。

吕不韦又带着礼物拜会了华阳夫人的姐姐，希望她的姐姐能够劝说华阳夫人帮助异人。吕不韦说：“听说，用美色侍奉别人，一旦不再美丽，宠爱也就随之减少。夫人如今被安国君宠爱，又没有儿子，不如在安国君的儿子中，早结交一个孝顺、有本事的人，立他为继承人。那么华阳夫人的未来就有保证了。等到将来年老色衰，想要和安国君说上一句话，也是不能了。夫人如果帮助了异人，将来一生在秦国都会受到尊敬。”

华阳夫人听到了这些话，找机会和安国君哭诉，希望能够立异人为继承人。

果然，安国君和华阳夫人刻好了玉符，还让吕不韦带着礼物回邯郸看望异人。

安国君要求赵国送异人返回秦国，却被赵国拒绝了。吕不韦于是去拜见赵王。就在吕不韦说动赵王的时候，秦国却派兵围攻邯郸。

邯郸被围，两国开始生死交战。

赵国准备杀死异人。吕不韦拿出六百斤金子送给守城的官员，趁乱带着异人逃到秦国的军营。

异人回国之后，吕不韦让他身穿楚国的服装拜见华阳夫人。因为华阳夫人是楚国人。果然，华阳夫人看到异人身穿楚服非常高兴，将异人认作儿子，还给他改名为“子楚”。

公元前 251 年，秦昭襄王去世，安国君即位，是为秦孝文王。一天，秦孝文王命子楚诵读诗书，子楚却说自己从小没有老师教导，所以不擅长诵读。

一天，子楚趁着秦孝文王有空，建议他将边境的城门晚开早闭。原来秦孝文王也曾经在赵国羁留，如今即位为王，却没有派人去安抚曾经的故人。“难道他们不会有怨恨吗？所以要小心防备。”

秦孝文王觉得子楚说得有道理，华阳夫人又在旁边建议，“子楚这么有才华，何不立为太子？”

于是，秦孝文王立子楚为太子。

秦孝文王举行加冕仪式三天后，就因为疾病突然去世了。

子楚即位，是为秦庄襄王。

秦庄襄王于是尊华阳夫人为华阳太后，尊生母夏姬为夏太后。

公元前 249 年，秦庄襄王任命吕不韦为秦国的丞相，并且封吕不韦为文信侯，还将洛阳的十万户作为吕不韦的食邑。

三年后，秦庄襄王去世了，他的儿子嬴政即位。嬴政尊吕不韦为相邦，称呼他为“仲父”。

吕不韦依然在秦国稳居丞相之位，他的家仆就有一万人之多。

吕不韦当年“奇货可居”的筹谋，终于到了收获阶段。吕不韦看到战国四公子广招门客，威风八面，也希望秦国不落下风。于是，吕不韦也开始招揽天下能人异士，还给他们提供优越的生活。最多的时候，吕不韦的门客也有三千人。

吕不韦让自己的门客将自己的见闻都记载下来，命名为《吕氏春秋》。吕不韦认为这本书包含了天地万物古往今来的事情，他还命人将这本书抄写在布匹上，将内容发布在咸阳的城门上。吕不韦命人悬挂着千金的赏金，吕不韦宣布，谁能对《吕氏春秋》中的文字增减一字，就奖励一千金。

但是最后，也没有一个人能做到。

名 《吕氏春秋》

又称《吕览》，是在秦国相邦吕不韦的主持下，集合门客们编撰的一部杂家名著。成书于秦始皇统一中国前夕。《吕氏春秋》集先秦诸子百家之大成，是战国末期杂家的代表作。

吕不韦
人物身份
秦国丞相，政治家，思想家
历史影响
扶立秦庄襄王
智慧值
★★★
武力值
★
？—公元前235年

语文一点通

“奇货可居”

节选自 《史记·吕不韦列传》

原文

子楚，
秦诸庶孽孙，
质于诸侯，
车乘进用不饶，
居处困，不得意。
吕不韦贾邯郸，
见而怜之，
曰：
“此奇货可居。”

原文大意 子楚是秦王庶出的子孙，在赵国当人质，他乘坐的车马和日常的用度都不富裕，生活困窘，很不得意。吕不韦到邯郸去做生意，见到子楚后很喜欢，说：“子楚好像一件奇货，可以囤积居奇，以待高价售出。”这个成语的意思是，将稀有的货物储存起来，等待高价卖出去。后用来比喻拿某种专长或者独占的东西作为资本，等待时机，以获取名利地位。

公元前257年——公元前225年

第一百二十七话 信陵君合纵五国

□ 骄傲的信陵君

信陵君窃符救赵之后，留在了赵国。赵孝成王和平原君都非常感谢信陵君，赵国的老百姓也对信陵君感恩戴德。赵孝成王还要将赵国的五座城池封赏给信陵君。

信陵君得到这个消息，居然飘飘然起来，他觉得自己简直太棒了！信陵君居功自傲，有个门客因此劝说信陵君道："公子，有些事情是不能忘记的，但有些事情却不能不忘记。

别人对公子的恩德，公子不能忘记；公子对别人的恩德，希望公子要忘记。何况您假托魏王之命，窃符救赵，夺取了晋鄙的军权，这对于赵国而言是很大的功劳，但是对于魏国而言，您却不能算是忠臣了！公子如今居功自傲，我认为公子不应该如此。”

这一席话，让信陵君想起了无辜被害的将军晋鄙，他从心底里感到惭愧。

从此，信陵君再也不敢骄傲了。

后来，赵孝成王要在庆功宴上感谢信陵君，信陵君却总是很谦虚，赵孝成王甚至不好意思开口谈要封赏给信陵君五座城池的事情。

后来，赵孝成王将鄗封赏给信陵君，魏安釐王也将信陵邑还给了信陵君。但是信陵君并没有回国的打算，依然住在赵国。

一天，信陵君听说赵国有两个隐士，一位叫毛公，藏身于赌徒之间，一位叫薛公，隐没于酒肆之中。信陵君很想拜访这二位隐士，但是他们俩却都躲起来，不肯见信陵君。

后来，信陵君偷偷打听到了毛公和薛公的地址，就步行去拜访他们。三个人见面后，推心置腹，畅谈天下大事。

平原君得知这件事情后，就责备妻子说：“原来我以为夫人的弟弟信陵君是一个天下闻名的贤士，谁知道他如今却和那些赌徒、酒肆的伙计来往。看来，你的弟弟不过是个无知妄为的人罢了。”

平原君夫人将这些话告诉了弟弟信陵君，信陵君马上就要告辞。他说：“我以前听说平原君贤德，所以才舍弃了魏王，救援赵国。现在我才知道，平原君与人交往，不过是显示自己富贵罢了。他不是真心求取贤才啊！毛公和薛公是赵国有名的隐士，我去拜访他们，还怕他们不肯见我。如今平原君居然把我和他们交往看作是耻辱。平原君此人，不值得结交。”

平原君夫人将信陵君的话转告给了平原君。平原君非常羞愧，亲自去挽留信陵君。这件事情传出去之后，平原君的门客离开了一半。天下更多的贤才都去追随信陵君，甘愿当信陵君的门客。

□战胜秦国

信陵君在赵国一住就是十几年，这可急坏了魏安釐王。这十几年来，秦国可是接二连三地攻打魏国，让魏安釐王愁得焦头烂额。

信陵君虽然人在赵国，但是他一直关注着魏国的动向。他当然知道如今魏安釐王为国事心急，但是他也知道，自己这位尊贵的哥哥早就开始猜忌自己，根本不信任自己。再加上上次自己违背了魏安釐王的意愿，窃符救赵，信陵君觉得，魏安釐王心里一定还在怨恨自己。所以，信陵君命令手下的门客不许替魏安釐王的使臣通报传信，违令者死。

这条命令执行了之后，就没有人敢劝说信陵君回魏国了。

一天，毛公和薛公找到信陵君，两个人对信陵君说："公子之所以被赵国如此尊敬，而且名满天下，那是因为有魏国在啊！现在，秦国攻打魏国，魏国情况危急。公子如果不顾魏国，假如秦国攻破了魏国，荡平了您祖先的宗庙，公子还有什么脸面活在这世上呢？"

这些话直击信陵君的内心，他变了脸色，马上吩咐准备车辆，日夜兼程，回到魏国。

信陵君终于在阔别十几年之后回到了魏国，魏安釐王见到信陵君也非常后悔，兄弟俩不由得痛哭流涕。

于是，魏安釐王任命信陵君为魏国上将军，当魏国军队的最高统帅。

公元前 247 年，信陵君派出使者到各诸侯国，商议联合攻打秦国。

这些国家知道信陵君当了魏国的最高统帅，都激动万分。谁不知道信陵君曾经窃符救赵，击败了秦国？各诸侯国都调兵遣将，救援魏国。

此时，秦国已经攻占了魏国三十七座城池，其中包括魏国的汲城和高都。秦军，已经是诸侯中一支难以战胜的骁勇之军。

信陵君明白，对于五国联军而言，最需要的就是士气。

于是，当两军对垒之时，信陵君冒着生命危险冲锋在前，这极大鼓舞了联军的士气。这些士兵迸发出响彻云霄的呐喊，从侧面攻击秦军。

最终，秦军的将军蒙骜腹背受敌，不得不狼狈逃跑。

秦军在不停溃散，五国联军在后面拼命追击，一直追到了秦国的函谷关。五国联军将秦国士兵围困在函谷关，秦军缩在函谷关内，根本不敢应战。

这在曾经的战斗中，还是从来没有过的。

五国联军一连在函谷关外围困了几个月之久，最终秦军还是坚守不出。五国联军只得撤退。

这是合纵诞生之后一次的巨大胜利，也是信陵君第二次击败秦国。

信陵君，已经成为诸侯中威震天下的将军，魏国被围困的局面就此解除。

秦王担心信陵君的存在会威胁到秦国攻打魏国，于是派人带着上万斤黄金到达魏国，实行反间计。

秦国的使者到了魏国之后，用重金买通了晋鄙的门客，让他们在魏安釐王面前诬告信陵君。

于是，晋鄙的门客多次求见魏安釐王，说道："信陵君在其他诸侯国已经十几年了，现在他担任魏国的最高统帅，魏国所有的军队都听从信陵君的指挥。如今，诸侯只知道魏国有信陵君，不知道大王您啊！听说信陵君就要趁着这个时机称王，其他诸侯害怕信陵君的权势，也要共同出面拥护信陵君为魏王呢！"

魏安釐王听了这些话，心如刀绞。本来他就对信陵君有所猜忌，如今这些怀疑在谣言四起的时候，更加膨胀。

秦国也早就知道魏国有间谍安插在秦国，故作不知，还请这些人去祝贺信陵君，问他是否已经自立为王？

魏安釐王每天都被关于信陵君的谣言包围着，逐渐信以为真。

终于有一天，魏安釐王免去了信陵君上将军的职务。

信陵君知道，自己一定是被谣言中伤了。

但是如何解释呢？

假如魏安釐王不信任自己，解释有用吗？

从此，信陵君称病，不再去上朝。每天在家里与宾客豪饮，沉迷于酒色之中。

四年后，信陵君由于过度饮酒导致生病，去世了。能够凭一己之力保护魏国的人，在落寞中离开了这个世界。

也是在这一年，魏安釐王也去世了。

秦国的军队马上出发，一举攻占了魏国二十座城池。

十八年后，秦国彻底消灭了魏国。

节选自 《史记·魏公子列传》

原文

魏安釐王三十年，公子使使遍告诸侯。诸侯闻公子将，各遣将将兵救魏。公子率五国之兵破秦军于河外，走蒙骜。遂乘胜逐秦军至函谷关，抑秦兵，秦兵不敢出。当是时，公子威振天下，诸侯之客进兵法，公子皆名之，故世俗称《魏公子兵法》。

原文大意 魏安釐王三十年（前247），公子派使臣把自己担任上将军职务一事通报给各个诸侯国。诸侯们得知公子担任了上将军，都各自调兵遣将救援魏国。公子率领五个诸侯国的军队在黄河以南地区把秦军打得大败，使秦将蒙骜败逃。进而乘胜追击直到函谷关，把秦军压在函谷关内，使他们不敢再出关。当时，公子的声威名震天下，各诸侯国来的宾客都进献兵法，公子把它们合在一起签上自己的名字，所以世上俗称《魏公子兵法》。

秦
趙
楚
韓

公元前236年——公元前223年

第一百二十八话 老将王翦

□横扫三晋

王翦是频阳东乡人，从小就很喜欢军事，而且擅长用兵。

公元前236年，王翦奉命领兵攻打赵国的阏与。当时，王翦命令秦军中不满百石的校尉回乡，并且将原来军队中的士兵按每十人精选两人的标准留下，从而选拔出真正的精锐部队。王翦带领着自己精选出的部队，十八天就攻克了阏与，同时还攻占了赵国的九座城池。

公元前236年，秦王嬴政正式开始了统一天下的战争。

公元前229年，王翦从上郡出发，直下井陉，与杨端和率领的军队互相呼应，准备歼灭赵国。赵国派出大将李牧迎战。

李牧用兵如神，赵国军队和秦国军队相持了一年多的时间。

王翦明白，只要有李牧在，秦军要想战胜赵国军队，难如登天。

最终，王翦禀告秦王，希望秦王实行反间计。

于是，秦王派出奸细带着金珠宝贝进入了邯郸。秦国的奸细拿出重金收买了曾经诬陷廉颇的大臣郭开。郭开收取了秦国的金珠宝贝，很快就开始散布流言。

没多久，邯郸城里的人议论纷纷，都说李牧勾结秦军，马上就要背叛赵国了。

赵王昏庸无比，听到这些谣言，马上派出宗室赵葱和从齐国投奔赵国的颜聚代替李牧。

李牧深知这一仗关乎赵国的生死存亡，于是用“将在外，君命有所不受”的理由抗拒不从。

但昏聩的赵王，居然命令手下布置圈套，将李牧抓获并斩杀。

三个月后，也就是公元前228年，王翦的大军猛攻赵军，平定了东阳地区。赵王信任的赵葱战死，颜聚在战斗中逃跑了。

秦军攻克了邯郸，赵王和颜聚当了俘虏。赵国的公子嘉逃跑到了代地称王。公元前227年，由于荆轲行刺，秦王震怒，派出王翦攻打燕国。燕王喜与代王赵嘉联合起来抵抗秦军。然而，领兵的太子丹远不是王翦的对手。就在易水河边兵败。王翦攻占了燕国的都城蓟，燕国名存实亡。

公元前222年，公子嘉被俘虏，赵国被秦国所灭。

公元前225年，秦王派王翦的儿子王贲率领秦军北上。王贲用黄河、大沟水淹大梁，使大梁陷入一片汪洋之中。魏王假不得不投降，王贲平定了魏国其他城池。

□攻克楚国

攻克三晋之后，秦王决定向老对手——楚国发动总攻。公元前 226 年，秦王召集群臣，商议如何攻克楚国。王翦认为，要攻克楚国，非得要六十万大军不可。

而将军李信却认为，只要二十万大军就可以了。秦王知道李信勇猛果断，曾经在对燕国的作战中率领轻骑兵大败燕国的太子丹。

秦王心想，王翦还是老了，胆怯怕战。看来，李信更为勇敢。

于是，公元前 225 年，秦王派李信和蒙恬率领二十万大军攻打楚国。王翦明白，秦王不会采纳自己的意见，于是就称病回到家乡养老。

秦军在李信率领下攻克平舆、鄢郢，蒙恬攻克寝丘。

然而与此同时，秦国大臣昌平君以楚国公子的身份在秦军背后反秦，还获得了楚国和原来韩国老百姓的支持。李信不得不分兵去西北秦军后方作战，而楚国的将军项燕却率领楚国军队连续追击李信的军队三天三夜。

最终，李信被楚军打败，楚军攻入秦军两个军营，还杀死了七名都尉，秦军不得不撤退。

秦王得知消息之后，雷霆震怒。他终于明白，看似胆怯的老将王翦，才是能够攻克楚国的最佳将军。

秦王亲自去频阳向王翦道歉，请求王翦出征。秦王对王翦说道：“因为没采用您的计策，如今李信已经让秦军遭受了耻辱。现在，楚军一天天向西进军，将军您虽然有病，难道就忍心抛弃我吗？”

地 平舆

一般指平舆县，隶属于河南省驻马店市。

王翦推辞说：“老臣体弱多病，昏庸无能。还请大王另选能人吧！”

秦王再三表示歉意，最终，王翦表示出征可以，但还是要求必须率领六十万大军，这一次，秦王答应了王翦。

王翦又接二连三请求秦王赏赐自己田宅和园林，说是要留给自己的子孙后代。出关前，王翦又五次请求秦王赏赐自己田地。

这下，就连王翦的部下都觉得他太贪婪，太过分了！王翦却说：“大王生性多疑，如今将秦国全国的士兵都交到了我手中，此时此刻，唯有多多向秦王提出要求，才能表明自己除了金钱以外别无所求。才能打消秦王害怕我拥兵自重的疑心。”

公元前224年，王翦率领秦国六十万大军到达楚国。楚王得知王翦率领六十万秦国军队，如临大敌，也率领楚国全部的军队准备抵抗。然而，王翦到了战场之后，却命令部下修筑了坚固的营垒，坚守不出。

楚军非常奇怪，秦军不远千里来攻打我们楚国，为什么不出战呢？

楚军多次挑战，然而王翦却始终命令秦军不得迎战。

王翦让士兵们每天好好沐浴休息，还供给士兵们上等饭菜，并且亲自和士兵们一起吃饭。

过了一段时间，王翦派人去查看，士兵们在玩儿什么游戏？

手下报告说，“大家都在比赛，看谁投石投得远。”

王翦沉吟片刻说：“现在可以用兵了。”

楚军又接连挑战，王翦依然命令秦军不许迎战。楚军百般无奈，只能往东去了。

然而这一次，楚军却预料错了。就在楚军离开之后，王翦命令士兵出击，马上追击楚军。

无数身强力壮，休养了很久的秦军士兵如同猛虎下山，打得楚军胆战心惊，没有招架之力。

楚军被秦军打败，秦军诛杀了楚军的将军项燕，这一次楚军四散溃逃。

一年多以后，秦国军队俘虏了楚王负刍，秦军乘胜追击，平定了楚国。

在这之后，王翦继续南征百越，又获得了胜利。

地 鄢郢

今湖北江陵、襄阳一带。

地 寝丘

即陵寝之丘。古地名，在今河南省沈丘县东南一带。

王翦
人物身份 秦国名将，战国四大名将之一
历史影响 攻破三晋、燕国、楚国
智慧值 ★★★
武力值 ★★★★
生卒年不详

历　史　小　课　堂

王翦是继白起之后，
秦国著名的将军，
是杰出的军事家。
王翦和白起、李牧、廉颇并称战国四大名将。
王翦足智多谋，却并不暴虐，
他一生征战沙场，
攻克了赵国都城邯郸，
消灭了燕、赵，
率领秦军六十万精锐部队消灭了楚国。
在秦国兼并天下的战争中，
王翦立下了赫赫战功。
《千字文》中对战国四大名将有这样的记载：

『起翦颇牧，用军最精。
宣威沙漠，驰誉丹青。』

公元前

227年

第一百二十九话 荆轲刺秦王

□燕市高歌

樊於期

（？—公元前 227 年），战国末期将领。原为秦国将军，参与了谋反。后畏罪叛逃燕国，被燕国太子丹收留。后为荆轲刺秦，自刎而死。

荆轲是卫国人，他平时喜欢读书和击剑。在卫国，荆轲没有获得重用。后来秦国攻克卫国后，将卫元君的宗室亲戚迁移到了野王。

荆轲于是离开了卫国，开始游历。在榆次，荆轲在游历中遇到了游侠盖聂。盖聂与荆轲谈论剑术，盖聂对荆轲怒目而视，荆轲于是便离开了。有人说盖聂，为何不将荆轲请回来？盖聂说：“刚才我们谈论剑术，他谈的有不对的地方，我用眼睛瞪他。他离开了，应该不会留在这里了。”于是有人去问荆轲的房东，得知他果然已经离开了此地。

荆轲来到燕国之后，和燕国的高渐离成为知己。高渐离是燕国集市上杀狗的屠夫，也很擅长击筑。荆轲喜欢喝酒，他经常来找高渐离，两个人把酒言欢，喝得醉醺醺的，有时候还会哭泣。

但是没有人的时候，荆轲却总是在读书。

燕国的隐士田光觉得荆轲不是凡人，也对他很是敬重。

后来，在秦国当人质的燕国太子丹逃回了燕国。太子丹了解到秦国的战略目标，知道秦国即将开始吞并六国。

眼看大难临头，燕国却无力抵抗，太子丹内心非常苦闷。太子丹前去向他的老师鞠武求教，但鞠武却说，秦国实力雄壮，士兵训练有素，为何非要去触怒秦王的逆鳞呢?

又过了一段时间，秦国将军樊於期出奔到了燕国，而太子丹收留了他。鞠武马上反对说：“秦王本来就很凶暴，何况您现在还收留了樊将军？这就是把肉放到了恶虎经过的小路上，即便是管仲、晏婴也不能为您出谋划策了。希望您快送樊将军去匈奴，消除秦国攻打我们的借口。然后，请您联合三晋与齐、楚，我们就可以想办法对付秦国了。”

太子丹却觉得这计划需要的时间太久了，而且此时将樊於期送走，实在是不够朋友。鞠武于是向太子丹推荐了田光。田光见到太子丹，说自己已经老了，于是推荐荆轲给太子丹。

太子丹与荆轲结识之后，说出了自己的心事，他希望有勇士到秦国，用重利引诱秦王。假如能够劫持秦王，让他归还吞并六国的土地，像曹沫劫持齐桓公一样，就太好了。假如不行，就干脆杀死秦王，这样六国便可以趁机联合，打败秦国了。

荆轲说自己才能不足，恐怕不能胜任。然而太子丹坚决请求，于是荆轲便答应了。

于是，太子丹将荆轲视若上宾，每天都去问候荆轲。太子丹命人给荆轲准备丰盛的宴席，筹办奇珍异宝，还送去宝马和美女。一次，荆轲与太子丹游览东宫池，荆轲拿瓦片去打那池水中的乌龟，太子丹就送给他金丸。他们骑着千里马，荆轲随口说：“听说，千里马肝很美味。”太子丹就命人杀马取肝送给荆轲。观看舞蹈时，荆轲看到美女弹琴，赞叹道：“真是好手！”太子丹就命人砍断了美女的手，用玉盘端着献给荆轲。

太子丹对荆轲有求必应。

于是荆轲说：“太子对荆轲太厚待了！”

□

匹夫一怒

公元前 228 年，秦国将军王翦攻克赵国，俘虏了赵王，将赵国的国土划入秦国版图。秦国大军一路向西，一直到了燕国南边的边境。

太子丹对荆轲说："秦国大军早晚之间就会渡过易水，那时候即便我想要长久侍奉您，又怎么能办得到呢？"

荆轲说："太子不说，我也要行动了。现在到秦国去，但我没有让秦王信任我的东西，就没办法接近秦王。听说，秦王悬赏千金，封邑万户购买樊将军的头颅。如果能够得到樊於期将军的头颅和燕国督亢的地图，献给秦王，秦王一定喜出望外，那样才有机会报答您。"

太子丹却不忍心伤害樊於期，他恳请荆轲另想办法。

荆轲知道太子丹不忍心伤害樊於期，于是私下找到樊於期说："秦国杀害了将军您的父母和亲人，如今听说用千金和万户封邑购买将军的首级。您打算怎么办？"

樊於期仰天长叹，泪流满面，虽然恨之入骨，却毫无办法。

荆轲于是说出了自己的计划，希望用樊於期的首级来换取接近秦王的机会。

樊於期听了之后，马上自刎了。

太子丹得到消息，趴在樊於期的尸体上失声痛哭。但是事已至此，只能将樊於期的首级装进了匣子里，进行下一步。

太子丹找到了天下最锋利的匕首——赵国徐夫人的匕首。太子丹命人用毒水淬炼匕首，经过试验，只要匕首见血，没有不立刻死的人。

太子丹还找到了一位燕国勇士——秦舞阳，去当荆轲的副手。

荆轲还在等一个人，但那个人住得远，还没赶到。太子丹认为荆轲是拖延时间，害怕荆轲反悔，就催促荆轲动身，还说可以让秦舞阳先走。

荆轲发怒了，告辞出发。

太子丹和宾客中知道这件事情的人，都穿着白衣，戴着白帽为荆轲送行。大家来到易水边，太子丹捧上美酒为荆轲送别。河水清清，寒风阵阵，高渐离击筑，荆轲和着拍子唱歌。那歌声慷慨激昂，凄惨悲凉。送别的人都流着泪唱："风萧萧兮易水寒，壮士一去兮不复还！"

所有送别的人都怒目圆睁，头发竖起，甚至将帽子顶了起来。

荆轲上车向秦国进发，连头也没有回。

荆轲到了秦国之后，送厚礼给秦王宠信的中庶子蒙嘉。蒙嘉于是对秦王说："燕王受到大王威风震慑，情愿全国都作大王的臣子。如今，燕国派使者送上了樊於期的首级，还有燕国督亢地区的地图。听说燕王在朝廷举行了隆重的仪式，要献给大王。"

秦王听到这个消息，非常高兴。马上安排最隆重的仪式，要召见燕国的使者。

于是，荆轲捧着装有樊於期首级的匣子，秦舞阳捧着装有督亢地图的匣子，两个人按照正、副使的顺序前进。

然而，到了台阶下面，秦舞阳忽然变了脸色，而且浑身发抖。秦国的大臣都觉得很奇怪，

荆轲笑着禀告说："北方蛮夷之地的粗人，没见过天子，所以胆战心惊。请大王宽恕他，让他能够完成使命。"

秦王于是命令献上地图。

荆轲取过来地图，献给秦王。秦王缓缓打开地图，督亢之地就慢慢展现在秦王面前。秦王目光炯炯，贪婪之色溢于言表。然而，地图展开到了最后，忽然露出一把匕首！

就在所有人还没反应过来的时候，荆轲已经抢过匕首，直刺秦王！秦王大惊失色，赶紧跳起来躲避，结果把袖子都挣断了。秦王想抽出剑自卫，然而剑太长了，情急之中，居然没办法拔出来。

荆轲追着秦王，秦王只能绕着柱子跑着躲避。大臣们都惊慌失措，不知道如何是好。随从的医官夏无且拿自己随身携带的药囊投击荆轲。

侍从们在喊："大王，把剑推到背后！"秦王醒悟过来，将剑推到了背后，抽出剑来。秦王用剑砍断了荆轲的大腿，荆轲倒下了，用匕首投击秦王。可惜，匕首没刺中秦王，却击中了秦王身边的铜柱。

荆轲被刺中了八处，自知没办法完成任务了。

荆轲靠在柱子上笑骂，"大事没能成功，那是因为我想活捉你，迫使你签订契约，归还土地来回报太子。"

秦国的士兵都冲上殿来，杀死了荆轲。

秦王很长时间都感到头晕目眩。

荆　轲
人物身份 刺客
历史影响 刺杀秦王
智慧值 ★★★
武力值 ★★★
？一公元前 227 年

语文一点通

“燕市悲歌”

出自《史记·刺客列传》

讲述了荆轲到了燕国之后，和燕国一个杀狗的且擅长击筑的屠夫高渐离交往。荆轲喜欢喝酒，每天和高渐离等人在燕市上饮酒。喝得似醉非醉，高渐离击筑，荆轲就和着节拍在街市上唱歌，一起娱乐，不一会儿又相互哭泣，好像身旁没有别人。表现朋友之间的情谊和惜别的情怀。

“图穷匕见”

出自《史记·刺客列传》

穷：尽；见，同“现”，显露的意思。

荆轲奉燕太子丹之命刺杀秦王，向秦王献上督亢地图。荆轲预先将匕首藏在督亢地图中，到了秦王面前，慢慢将地图展开，露出匕首。后来指事情发展到最后，显露出真相或者本来意义。

公元前 230年——公元前 219年

第一百三十话

一统天下

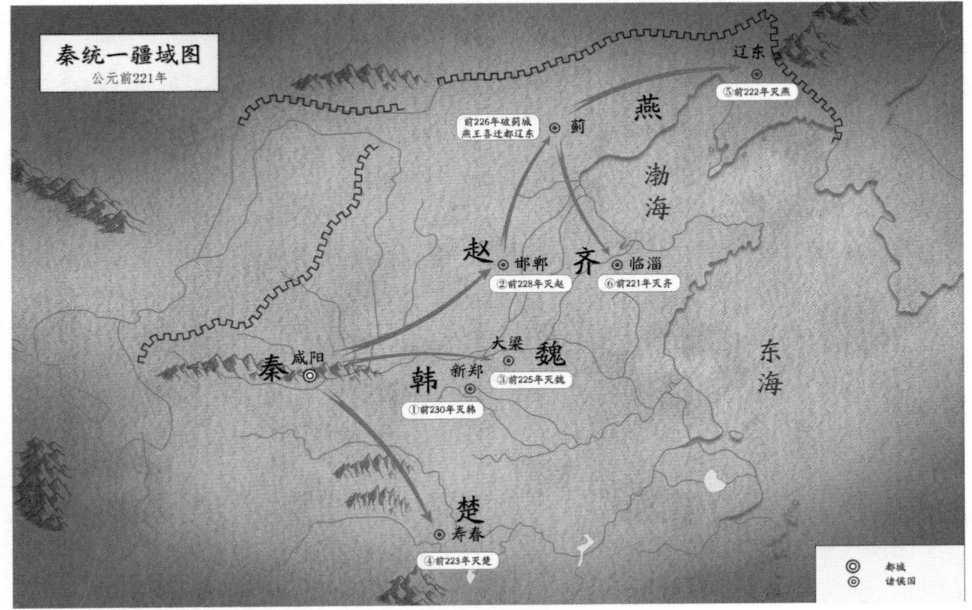

秦王从公元前 230 年开始，用了十年时间，吞并了六国，实现了统一天下的目标。到公元前 219 年，秦国平定了南方的百越。

自此，我国历史上中央集权的多民族国家——秦朝建立了。

秦王嬴政终于成为完成统一大业的君主。

嬴政认为自己的功业是前所未有的，他自己“德兼三皇，功过五帝”。为了彰显自己的伟大，嬴政开始自称为“始皇帝”，这也是我们国家历史上第一个采用“皇帝”称号的君主。

统一之后，秦始皇也继续推行商鞅的法家学说，加强君主统治。秦始皇废除了分封制，建立了从中央到地方的郡县制，将全国分为三十六个郡。

为了让天下更好地融为一体，也为了更好地统治天下，秦始皇还统一了货币和度量衡，并且统一了文字。

为了防范六国的反攻，秦始皇命令六国的贵族都迁徙到咸阳，或者迁徙到西南边远地区。为了防范匈奴，秦始皇命令修筑了万里长城。

秦始皇奠定了我国两千多年政治制度的基本格局，被后人赞誉为“千古一帝”。

在秦始皇的心目中，他的子孙会继承他的皇位，按照顺序统治这个国家，从二世皇帝到三世皇帝……千秋万代。

审读推荐 | 陈诗宇　《汉声》编辑《国家宝藏》服饰顾问，工艺美术史学者

全文审读 | 杨笑然　北京一零一中学历史教师

文字作者 | 张　园　现当代文学硕士，自由撰稿人。喜马拉雅签约主播，主讲《〈古文观止〉背后的故事》(订阅听众一万人)；读者·新语文公众号签约撰稿人；在期刊发表多篇文学赏析、历史文章，曾经出版历史作品《有趣又好读的古诗文》。

漫阅童书

漫阅童书是一家集童书出版、版权授权与运营、图书销售、供应链服务于一体的多平台综合性传媒公司，以推动全民阅读为己任，以提高中国儿童阅读心智为目标，致力于打造和推广适合中国家庭阅读的精品原创童书。2020 年荣获当当平台飞速增长供应商荣誉称号。

策 划 人 | 刘润东　魏　诺

统筹编辑 | 王琪美

装帧设计 | 刘雅宁　张立佳　辛　洋　马司雯